权威·前沿·原创

皮书系列为

“十二五”“十三五”国家重点图书出版规划项目

中国西部发展报告（2018）

ANNUAL REPORT ON DEVELOPMENT IN WESTERN REGION OF CHINA (2018)

新时代西部高质量发展

岳利萍　任保平　郭　晗　等／著

图书在版编目（CIP）数据

中国西部发展报告. 2018：新时代西部高质量发展 / 岳利萍等著. -- 北京：社会科学文献出版社，2018.7
（西部蓝皮书）
ISBN 978-7-5201-2905-3

Ⅰ. ①中… Ⅱ. ①岳… Ⅲ. ①西部经济-区域经济发展-研究报告-2018 ②西部经济-经济改革-研究报告-2018 Ⅳ. ①F127

中国版本图书馆 CIP 数据核字（2018）第 126017 号

西部蓝皮书
中国西部发展报告（2018）
——新时代西部高质量发展

著　　者 / 岳利萍　任保平　郭　晗 等

出 版 人 / 谢寿光
项目统筹 / 丁　凡
责任编辑 / 杨　雪

出　　版 / 社会科学文献出版社 · 区域发展出版中心（010）59367143
地址：北京市北三环中路甲 29 号院华龙大厦　邮编：100029
网址：www.ssap.com.cn
发　　行 / 市场营销中心（010）59367081　59367018
印　　装 / 三河市龙林印务有限公司

规　　格 / 开 本：787mm × 1092mm　1/16
印 张：24.75　字 数：414 千字
版　　次 / 2018 年 7 月第 1 版　2018 年 7 月第 1 次印刷
书　　号 / ISBN 978-7-5201-2905-3
定　　价 / 89.00 元

皮书序列号 / PSN B-2005-039-1/1

本书如有印装质量问题，请与读者服务中心（010-59367028）联系

西北大学“双一流”建设项目资助

Sponsored by First-class Universities and Academic Programs of Northwest University

主要编撰者简介

岳利萍　1978年生，陕西西安人，西北大学经济管理学院副教授、院长助理，经济学博士。教育部人文社科重点研究基地——西北大学中国西部经济发展研究中心副主任。近年来在《光明日报》《中国人口·资源与环境》《改革》《科研管理》等期刊发表论文20余篇。主持国家社科基金青年项目、国家发改委就业司研究项目、陕西省社会科学基金项目、陕西省软科学研究项目等省部级项目6项，作为核心成员参与国家社会科学基金重大项目、国家自然科学基金项目等5项。获得西安市科技进步一等奖、陕西省高等学校科学技术一等奖、陕西省高校人文社会科学研究优秀成果二等奖等3项。

任保平　1968年生于陕西凤县，西北大学经济管理学院院长、博士生导师，南京大学理论经济学博士后。教育部人文社科重点研究基地——中国西部经济发展研究中心主任。兼任中华外国经济学说研究会理事、陕西省外国经济学说研究会会长、陕西省区域经济研究会副会长。2006年入选教育部新世纪优秀人才支持计划，2008年被评为陕西省师德标兵，2009年被评为陕西省教学名师，2011年被评为陕西省新世纪三五人才，2013年当选教育部经济学教学指导委员会委员，2014年入选教育部“长江学者”特聘教授，享受国务院政府特殊津贴专家。2015年入选“百千万人才工程”国家级人选，国家有突出贡献中青年专家。2015年首批入选陕西省哲学社会科学英才支持计划。2017年入选中宣部文化名家暨“四个一批”人才、国家“万人计划”哲学社会科学领军人才，2018年入选陕西省“特支计划”杰出人才，“三秦学者创新团队”带头人。近年来围绕中国经济转型与发展问题，先后在《经济研究》《管理世界》《经济学动态》《经济学家》等期刊发表论文200余篇，被《新华文摘》《人大复印资料》《中国社会科学文摘》转载、转摘40余篇。出版专著《以质量看待增长：新中国经济增长质量的评价与反思》、“中国经济增长质量报告”系列丛书、《中国21世纪新型工业化道路》等10余部，主编、参编教材10余部。获得包括刘诗白经济学奖、教育部第六届人文社会科学优秀成果二等奖、教育部第五届人文社会科学优秀成果三等奖、商务部全国研究成果二等奖等省部级科研奖励10余项。获国家教学成果二等奖2项，陕西省教学成果特等奖1项、一等奖3项。主持国家社科基金重大项目“新常态下地方经济增长质量的监测预警系统和政策支撑体系构建研究”（2015）、教育部重大攻关项目“城乡统筹视角下城乡商贸流通体系建设研究”（2009）、国家社科基金成果文库“经济增长质量的逻辑”（2014）、教育部哲学社会科学发展报告项目“中国经济增长质量发展报告”（2013）、欧盟国际合作项目、国家社科基金项目、教育部规划项目等10余项。

郭　晗　1987年9月生，陕西汉阴人。西北大学经济管理学院副教授，经济学博士。教育部人文社科重点研究基地——西北大学中国西部经济发展研究中心副主任。2017年入选西北大学“青年学术英才”支持计划。近年来在《数量经济技术经济研究》《中国经济问题》《当代经济研究》《当代财经》《学术研究》等期刊发表论文20余篇。其中被《新华文摘》全文转载2篇，被《人大复印资料》全文转载3篇。主持教育部哲学社会科学后期资助项目、国家统计局全国统计科学研究项目、陕西省社会科学基金项目、陕西省软科学研究项目等省部级项目7项，作为核心成员参与国家社会科学基金重大项目、教育部重大课题攻关项目、国家社科成果文库项目等19项。独立出版专著《结构变化与增长潜力：中国潜在经济增长率的测算及其结构转换路径研究》1部，合作出版专著7部，参与编著专著14部。获得西安市社会科学研究优秀成果一等奖、陕西省哲学社会科学优秀成果二等奖、西安市科学技术进步二等奖、陕西省高校人文社科研究优秀成果一等奖、孙冶方经济科学基金会“青年菁英奖”等10余项。

摘　要

“西部蓝皮书”是由教育部人文社会科学重点研究基地——西北大学中国西部经济发展研究中心组织全国长期研究中国西部发展问题的专家学者共同撰写，并由社会科学文献出版社出版的年度专题性研究报告，被教育部列为“十五”期间哲学社会科学研究重大标志性成果之一，从2005年起每年出版一部。

党的十八大以来，西部地区在创新发展、协调发展、绿色发展、开放发展和共享发展方面取得了显著成效。党的十九大报告作出明确判断，我国经济已由高速增长阶段转向高质量发展阶段。中央经济工作会议也提出，我国经济发展进入了新时代，基本特征就是我国经济已由高速增长阶段转向高质量发展阶段。因此，推动西部地区高质量发展，实现两个百年奋斗目标是当前和今后西部地区发展的核心任务和发展主旨。为此，《中国西部发展报告（2018）》围绕“西部地区高质量发展”这一主题展开系列研究。

《中国西部发展报告（2018）》包括总报告、经济高质量发展、社会高质量发展、创新高质量发展、协调高质量发展、绿色高质量发展、开放高质量发展和共享高质量发展等8个部分。其中，“总报告”根据“五大发展理念”的基本内涵，剖析了西部地区进入新时代以来经济社会发展的主要成就和突出短板，评价了过去5年西部地区基于“五大发展理念”的发展情况，提出了西部地区高质量发展的可行路径和政策建议；“经济高质量发展”部分以西部地区经济发展质量提升为核心，分别从西部地区经济发展质量评价、产业发展质量评价和金融发展质量评价等方面对西部地区转变发展方式、优化经济结构、转换增长动力、构建现代化经济体系进行了分析研究；“社会高质量发展”部分以西部地区社会主要矛盾转变为核心，从人民生活高质量和社会发展高质量的评价等方面对西部地区社会高质量发展进行了分析研究，并提出了相关政策建议；“创新高质量发展”部分重点对西部地区创新能力与战略性新兴产业竞

争力、高等教育对科技创新的贡献水平等进行了客观评价和分析，并提出了相关政策建议；“协调高质量发展”部分重点围绕“协调”这一关键词，客观评价了西部地区与东、中、东北地区以及西部地区内部的协调发展状况并提出了相关政策建议；“绿色高质量发展”部分紧扣西部地区资源环境特点，围绕西部地区生态文明建设，建设美丽西部这一宗旨，客观评价了西部地区整体和西北地区绿色发展态势，并指出了西部地区实现绿色发展的可行路径与政策创新；“开放高质量发展”部分围绕“一带一路”倡议下西部地区开放发展的模式和特点，从对外贸易角度客观评价了西部地区的开放发展，探索了构建西部内陆城市全流程开发开放的体制创新路径；“共享高质量发展”部分紧扣“共享”这一关键词，对西部地区精准扶贫和全面建成小康社会进行了系统性评价与分析，以期为西部地区更好地享受社会主义发展成果、更全面地获得自我实现、更大程度地增强西部地区群众获得感提供解决方案。

关键词： 新时代　西部　高质量

目　录

Ⅰ　总报告

Ⅱ　经济高质量发展

Ⅲ 社会高质量发展

Ⅳ 创新高质量发展

Ⅴ 协调高质量发展

Ⅵ 绿色高质量发展

Ⅶ 开放高质量发展

Ⅷ 共享高质量发展

皮书数据库阅读使用指南

CONTENTS

Ⅰ General Report

Ⅱ High Quality Economic Development

Ⅵ High Quality Green Development

Ⅶ High Quality Open Development

Ⅷ High Quality Shared Development

总 报 告

General Report

B.1 新时代西部地区高质量发展的态势与成就

任保平　魏 婕　王竹君　樊思聪*

摘　要： 进入新时代以来西部地区借着“一带一路”的东风迎来了大发展，经济增速在各大区域中一直保持领先态势。本文根据“五大发展理念”基本内涵，首先分析西部地区进入新时代以来经济社会发展的主要成就和突出短板，其次从创新、协调、绿色、开放、共享5个部分构建经济发展质量评价指标体系，分析过去5年西部地区经济社会基于“五大发展理念”的发展情况，最后为西部地区谋求高质量发展提供路径和政策建议。

关键词： 五大发展理念　经济发展质量评价指标体系　高质量发展

* 任保平，西北大学经济管理学院院长、教授、博士生导师，研究方向为中国转型经济的增长与发展；魏婕，西北大学经济管理学院副教授，研究方向为经济增长与转型；王竹君，西北大学经济管理学院博士研究生；樊思聪，西北大学经济管理学院本科生。

党的十九大报告中指出，要“坚持新发展理念”，并将其作为新时代坚持和发展中国特色社会主义的基本方略之一加以强调。发展理念是发展行动的先导，是发展思路、发展方向、发展着力点的集中体现。党的十八大以来的五年，是我国进入新时代的五年，进入新时代以来国家事业发生了历史的变革，很重要的一个方面是坚定不移地贯彻新发展理念。在过去的五年，西部地区借着“一带一路”的东风迎来了大发展，经济增速在各大区域中一直保持领先的态势。所以站在新时代的始点，有必要对过去五年西部地区的发展态势和成绩进行总结和梳理，也有必要对西部地区过去五年贯彻五大发展理念，谋求高质量发展进行研判和反思。鉴于此，本章基于五大发展理念的视角对进入新时代以来西部地区的经济发展态势、成就、经验进行总结，以明晰未来西部地区谋求高质量发展的思路和路径。

一 进入新时代以来西部地区经济社会发展的主要成就和突出短板

高质量的发展就是以五大发展理念为指导的发展，根据五大发展理念的维度，在此我们从创新、协调、绿色、开放和共享五个方面来进行梳理和总结。

（一）五年间西部地区的创新发展

高技术产业规模扩张明显，但研发强度仍远低于全国平均水平，创新能力整体水平西南好于西北，但西北地区追赶明显。

西部大开发战略实施十余年来，西部地区依托丰富的自然资源，国家政策发展迅速，但近些年受资源等方面的约束也越来越大，所以在转变增长方式和谋求可持续发展上做了一系列有意义的努力。近五年，西部地区在创新驱动、创新发展模式等方面取得不错的成绩。

第一，2012～2016 年西部地区的高新技术产业规模扩张的态势明显，特色的高新技术产业群初具规模。从 2012 年开始西部地区整体高技术产业主营业务收入占规模以上企业比重不断呈现攀升的趋势，整体来说各省份高新技术产业正呈现明显扩张的态势（见图 1）。同时西部地区高新技术产业群已初步形成，并具备了一定的规模与开发能力，在航天，核技术，太阳能技术，通信

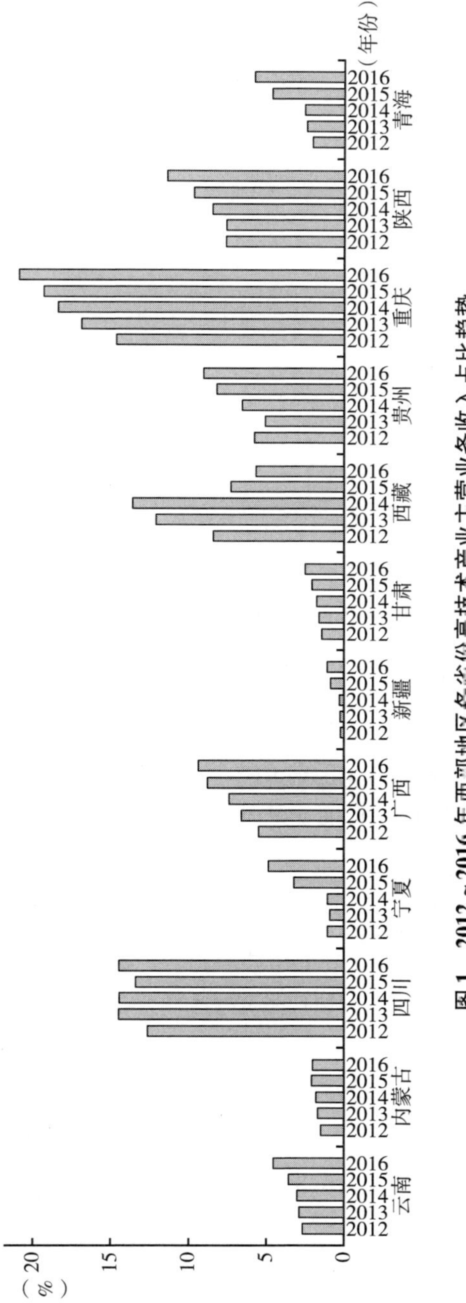

图 1　2012～2016 年西部地区各省份高技术产业工营业务收入占比趋势

系统的数字化、程控化、智能化技术，医药科学和生物医学工程技术等方面居于国内领先地位。特别是大数据和云计算等相关产业在贵州形成了优势，贵州成立全球第一家大数据交易所等，都说明西部地区在创新能力提升方面不断发挥自己的后发优势，正在推进追赶超越、跨越发展。

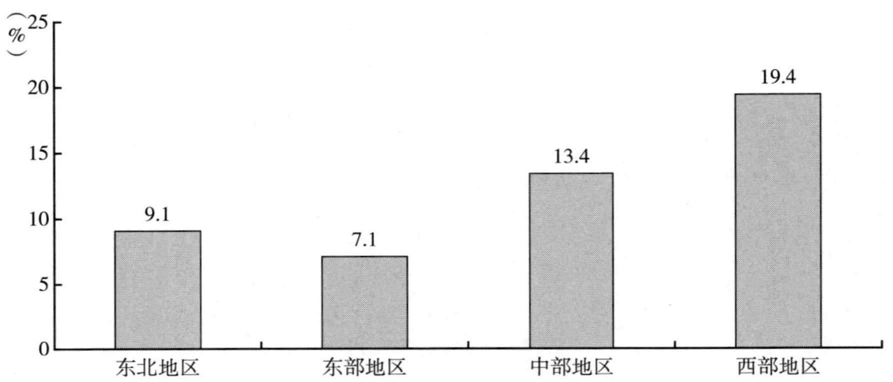

图2　2014年国家高新区（按地区）创新资源集聚的加权增长率对比情况

资料来源：《国家高新区创新能力评估报告2015》。

第二，西部地区研发投入有限，研发强度低于全国平均水平。2016年全国平均R&D强度为2.11%，西部地区近五年虽然R&D经费投入增长明显，但整体来看R&D强度主要集中在1%以下，不仅远低于东部地区的水平，也与全国整体平均水平有差距（见图3）。虽然西部地区诸如重庆、成都、西安均提出了“建设西部创新中心”，但西部地区在研发投入方面结构不合理的问题是通病。一方面，西部地区研发投入过分集中于大型企业，创新型中小企业占主导的局面没有形成，从而辐射带动和溢出效应有限；另一方面，西部地区产学研结合的机制还有待完善，科研活动与产业发展需求结合还不够紧密，有效的技术转移机制尚未形成。同时在西部地区R&D经费内部支出资金占比中，政府资金低于全国水平，财政科技投入聚集度不够。

第三，在西部地区内部，西南整体创新能力水平好于西北地区，但西北地区追赶西南的速度加快①。从2016年西南和西北地区平均值来看，西南地区

① 西南地区包括重庆、四川、广西、云南、贵州和西藏，西北地区包括陕西、甘肃、青海、宁夏、新疆和内蒙古。

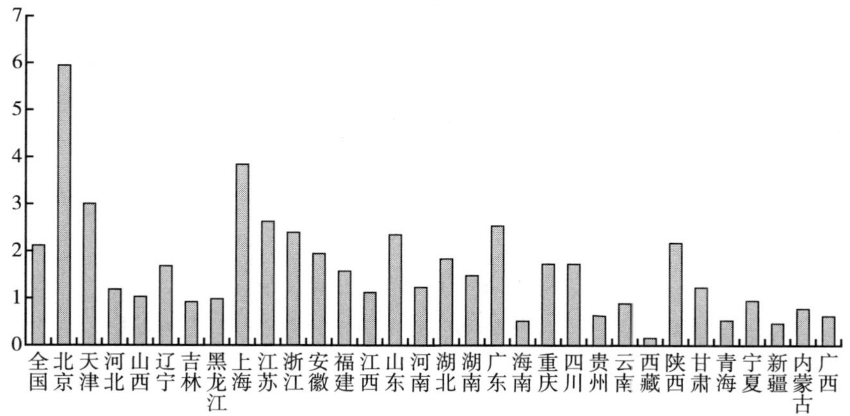

图3　2016 年全国及各省份 R&D 强度对比情况

创新产出每万人专利申请量要远远高于西北地区。同时西南地区的高技术产业主营业务收入占比是西北地区的 2 倍，由此可见，西南地区整体来看创新能力、高技术产业的成熟程度要好于西北地区。但可喜的是近五年，西北地区在每万人高等教育学校数、R&D 活动企业占企业总数的比重、高技术产业主营业务收入占规模以上企业比重方面的平均增长率要高于西南地区，特别是高新技术产业方面西北地区追赶态势十分迅速，可见西部地区内部的创新水平和能力呈现收敛的态势（见表 1）。

表 1　2012～2016 年西南和西北地区创新能力情况对比

地区	类别	R&D 占 GDP 比重（%）	每万人专利申请量（件）	每万人高等教育学校数（个）	R&D 活动企业占企业总数的比重（%）	高技术产业主营业务收入占规模以上企业比重（%）
西南	2012 年平均	0.5116	5.0194	0.0159	8.8046	8.2510
	2016 年平均	0.5968	10.5439	0.0173	14.2333	10.6445
	五年平均增长率（%）	3.9	20.4	2.2	12.8	6.6
西北	2012 年平均	0.5644	4.0700	0.0196	8.2784	2.3122
	2016 年平均	0.6380	8.4649	0.0217	14.6682	4.5972
	五年平均增长率（%）	3.1	20.1	2.6	15.4	18.7

（二）五年间西部地区的协调发展

产业结构不断优化，服务业发展迅速，但区域间经济差距不断拉大，协调能力整体水平西北好于西南。

习近平总书记指出："产业结构优化升级是提高我国经济增长竞争力的关键举措"。随着"一带一路"政策对西部地区经济发展的助力，西部地区凭借丰富的自然资源以及独具特色的人文风光，经济得到迅速发展，产业结构得到不断优化，但是由于西部地区地理发展的局限性，造成区域间发展差距不断拉大，因此仍然需要注重促进西部地区协调发展。

第一，2012～2016 年西部地区的产业结构优化发展较快，服务业发展速度提升显著。从 2012 年开始西部地区第三产业产值与第二产业产值占比有不断提升的趋势，整体来说各省份产业结构呈现不断优化态势（见图 4）。西部地区自实施西部大开发以来，经济快速增长，工业实力显著增强，产业发展整体环境得到不断改善。从产业发展的视角看，西部各省份凭借丰富的自然资源，形成以煤炭、石油、天然气以及矿产资源开采、初加工为共同特征的能矿产业。同时西部地区拥有独特的自然风光以及人文特色，不断加大对旅游资源的开发与利用，促进地区旅游产业的不断发展。2016 年西部地区旅游收入增长率显著高于东中部地区，旅游人次增长率高于东部地区，略低于中部地区（见图 5）。西部地区旅游产业发展的后发与比较优势逐渐凸显，旅游业不断带动西部地区第三产业显著提高。

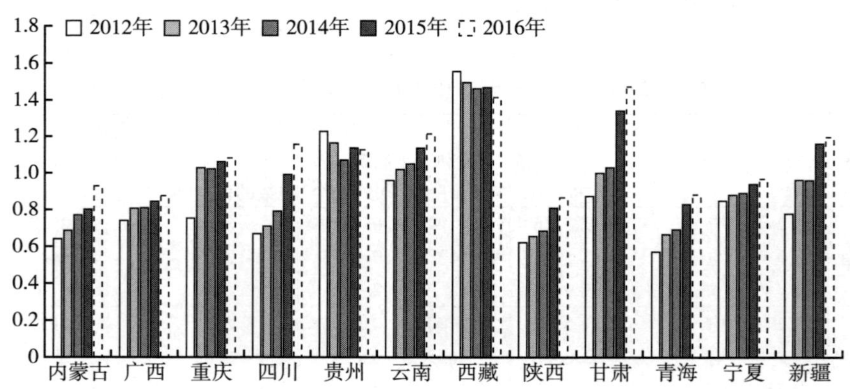

图 4　2012～2016 年西部地区各省份产业结构高级化指数趋势

第二，西部地区区域泰尔指数上升态势明显，地区间经济差距不断扩大。西部地区发展主要以省会等大型城市带动区域经济发展，因此西部地区省份大

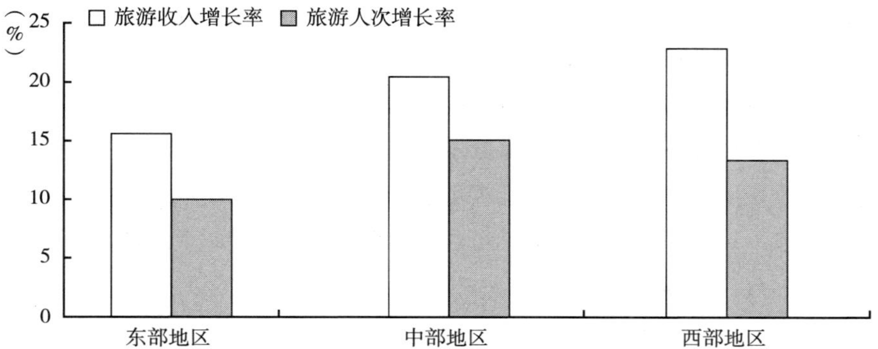

图5　2016年旅游收入增长率、旅游人次增长率区域比较

资料来源：国家旅游部。

多面临区域发展不协调的现状。而且西部地区大部分省份经济发展的客观条件较差，如平原少、山地高原多，土地贫瘠以及交通基础设施较为落后，造成西部地区区域经济差距明显高于东中部地区。“一带一路”政策带动西部地区投入不断增加，西部重点城市交通设施不断改进、经济发展政策不断优化、支柱产业快速成长，带动重点城市经济快速增长，却被动扩大了西部地区区域经济差距（见图6）。

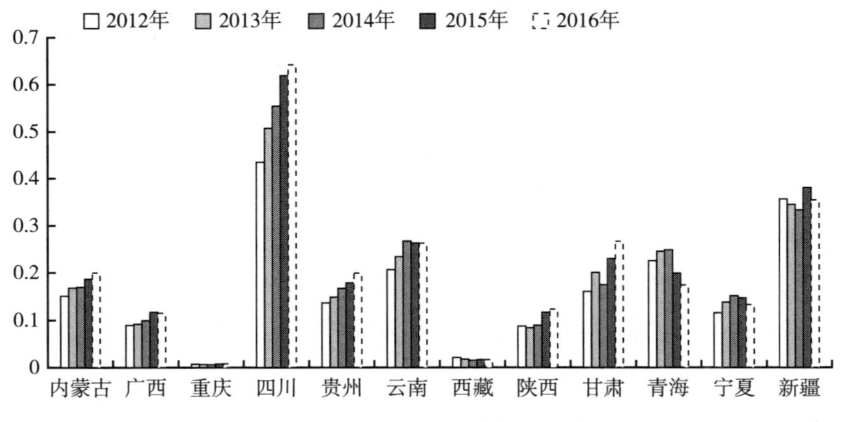

图6　2012～2016年西部地区各省份区域泰尔指数趋势

第三，在西部地区内部，西南地区整体产业结构高级化程度好于西北地区，但西北地区协调性优于西南地区。从2016年西南与西北地区平均值来看，西南地区产业结构高级化指数远高于西北地区，然而产业结构合理化程度却出现西北优于西南的现象，产业就业结构偏离度西北地区同样显著优于西南地区。2016 年西南与西北地区区域泰尔指数与城乡收入差距平均值较为接近，但西北地区区域经济差距增长率远低于西南区域，区域经济差距在不断缩小；城乡收入差距增长率西南地区优于西北地区，城乡收入差距以更快的速度不断缩小。整体可见西部地区内部，西北地区产业协调性优于西南地区，两个地区收入差距都有改进态势（见表 2）。

表 2　2012 ~ 2016 年西南和西北地区协调性情况对比

地区	类别	产业结构高级化	产业结构合理化	产业就业偏离度	区域泰尔指数	城乡收入差距
西南	2012 年平均	0. 9832	0. 6551	33. 01	0. 1492	3. 4208
	2016 年平均	1. 1444	0. 6623	35. 02	0. 2073	2. 8937
	五年平均增长率(%)	3. 90	0. 48	1. 89	8. 62	-4
西北	2012 年平均	0. 7214	0. 4158	15. 28	0. 1827	3. 2888
	2016 年平均	1. 051	0. 3818	17. 47	0. 2084	2. 9921
	五年平均增长率(%)	7. 33	-1. 54	3. 46	3. 44	-2. 29

（三）五年间西部地区的绿色发展

西部地区 PM2. 5 浓度明显改善，优于全国平均水平，但其中陕西、新疆空气质量恶化，绿色环境水平西南好于西北，但西北地区追赶明显。

十九大报告指出建设生态文明是中华民族永续发展的千年大计，提出“加快生态文明体制改革，建设美丽中国”并强调“推进绿色发展”，需要在促进经济持续增长、经济效率不断提高的同时，实行最严格的生态环境保护制度，形成绿色发展和生活方式。西部大开发实施以来，国家把加强环境保护作为西部大开发战略的重要内容，制定一系列政策措施，着力降低西部地区经济发展过程中的资源环境代价，在促进西部地区资源优化利用的同时，改善西部地区环境水平，促进经济社会又好又快发展。

第一，2013 ~ 2016 年西部地区 PM2. 5 浓度有明显改善趋势，优于全国平均水平。2013 年 PM2. 5 数据公布以来，西部地区各省份 PM2. 5 浓度均有明显优化，然而 2016 年大部分省份出现排放量反弹现象（见图 7）。西部地区深居中国西部内陆，具有面积广大、人口稀少、矿产资源丰富等发展特点，同时面临荒漠广布、风沙较多、生态脆弱等环境问题。然而随着国家对环境质量的关注，以及民众环保意识的增强，西部各省份环境质量有显著提升，2016 年 12 月西部地区 PM2. 5 浓度均值低于其他地区（见图 8）。

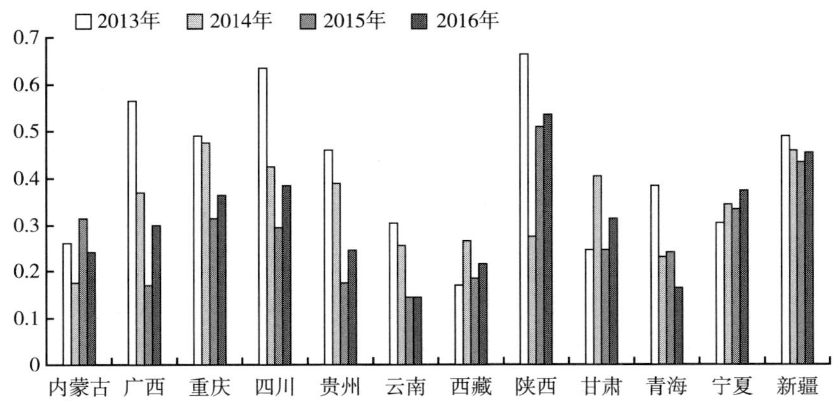

图 7　2013 ~ 2016 年西部地区各省份 PM2. 5 浓度趋势

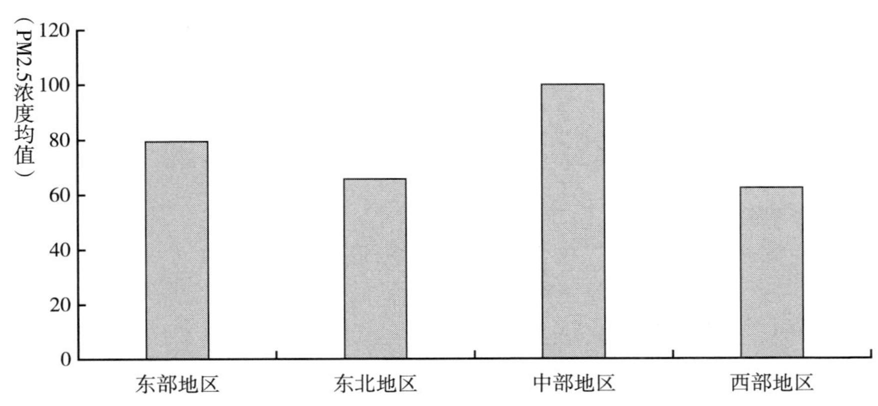

图 8　2016 年 12 月 PM2. 5 浓度均值地区对比

第二，陕西、新疆空气质量有恶化趋势，PM2. 5 浓度远高于全国平均水平。人民网指出 2016 年中国公布的空气质量最差十大城市，西安与乌鲁木齐就位列其中，同时 2017 年全国人大会环境保护部部长指出 2016 年环境质量全国范围总体向好，然而陕西优良天数不增反减，PM2.5 浓度不降反升。西安位于渭河盆地中心地区，北有黄土高原，南有秦岭，地形以及风向的作用共同造成西安成为雾霾重灾区；新疆地区盆地与高山环抱，以及不断缩小的植被覆盖率，造成风沙的不断聚集，造成新疆多个城市成为重度污染地区。陕西与新疆城市发展均以煤炭供电、供暖为主，不仅能源消耗量巨大，更是为城市环境污染带来巨大负担。面对空气质量的不断恶化，西安采用“减煤、控车、抑尘、治源、禁燃、增绿”六大政策，乌鲁木齐“煤改气”助其成为全国首个气化城市，这些举措不仅实现了对自然资源的节约，也促使这些城市环境空气质量得到不断改善。

第三，在西部地区内部，西南地区整体绿色环境水平好于西北地区，但西北地区追赶西南的速度加快。从 2016 年西南和西北地区平均值来看，西南地区 PM2.5、空气质量指数要远低于西北地区，空气质量西南地区明显优于西北地区。同时生活垃圾处理率西北地区 2016 年才达到西南地区 2012 年均值，由此可见整个西南地区绿色环境水平显著高于西北地区。但随着西北地区“煤改气”等一系列环境保护政策的不断实施，绿化覆盖率、生活垃圾处理率的平均增长率高于西南地区，尤其是生活垃圾处理率追赶态势十分迅速，可见西部地区内部的绿色环境水平呈现不断改善的趋势（见表 3）。

表 3　2012～2016 年西南和西北地区绿色环境水平情况对比

地区	类别	PM2.5	空气质量指数	废水排放占比(%)	绿化覆盖率(%)	生活垃圾处理率(%)
西南	2012 年平均	87.5	118.17	12.88	37.27	90.07
	2016 年平均	55.17	82.17	9.8	37.58	96.08
	五年平均增长率(%)	-9.74	-8.28	-6.58	0.45	1.63
西北	2012 年平均	78.3	119.3	11.2	35.57	76.65
	2016 年平均	69.5	101.17	9.1	36.92	91.35
	五年平均增长率(%)	-3.09	-5.05	-5.04	0.95	4.52

（四）五年间西部地区的开放发展

西部地区各省市及自治区对外开放度大幅提高，部分省市及自治区对外开放度稍有起伏，稳中有升，步入良性稳定的发展轨道。但西部地区仍有较多省市及自治区 FDI 远低于全国平均水平，且各省份之间差异明显，对外开放度整体而言西南地区与西北地区发展程度相同，西北地区发展势头迅猛。

在“一带一路”倡议构想提出以后，我国经济发展进入新常态，区域对外开放面临着新的机遇与新的挑战，特别是西部地区作为我国开放战略实施重点，通过加快互联互通、国际物流大通道特别是在西安建设我国内陆最大的物流集散地，扩大内陆开放，积极走向国际市场，参与经济全球化，主动适应新常态。

第一，2011～2016年西部地区各省份对外开放度大幅提高，部分省市及自治区对外开放度稍有起伏，稳中有升，步入良性稳定的发展轨道。整体来看，从2012年起五年间，重庆、四川、陕西对外开放程度大幅提高，其余省市及自治区的FDI稍有起伏，并未呈现出固定的增长或下降的趋势（见图9），但除个别省份和年份，各地FDI均在一定范围内规律波动，发展稳定。西部地区多数省份如西藏、新疆、内蒙古等地皆处于我国边境线，与周边各国接壤，经济开放限制低，力度大，地理位置优越，为涉外人员提供了往来的便利条件，综合开放水平较高。加之国家为区域协调发展和边疆繁荣稳定，出台了一系列优惠政策，使西部地区对外开放度步入良性稳定的发展轨道。

第二，西部地区仍有较多省市及自治区FDI远低于全国平均水平，且各省份之间差异明显。2016年西部地区FDI最高的是四川，941.93亿美元，最低的是西藏，22.59亿美元（见图10）。西部地区各省份面积、地理位置、享受国家政策差异过大，造成FDI差距过大。2016年全国平均FDI为399.23亿元[①]，西部地区大多数省份均与国家平均水平相差较大，仍有提升空间。

第三，从西部地区对外开放度整体而言西南地区与西北地区发展程度相同，但西北地区发展势头较之西南地区更为迅猛。整体FDI平均增速相比较而言，西南地区与西北地区12个省份全部实现了正向增长，就外贸总额占GDP比重平均增速而言，西部地区除广西、陕西、宁夏外均为负向增长。西南地区如重庆是我国长江经济带重点城市之一，它吸引周边外贸货物到长江水运出口，有利于降低西部内陆物流成本；西北地区如陕西建立了西部地区首个文化产业保税园区，填补了西部地区在国际文化贸易方面的空白，FDI平均增速高于重庆、四川，外贸总额占GDP比重平均增速实现正向增长（见表4）。故西南地区与西北地区发展态势相差不大，西北地区发展势头较之西南地区更为迅猛。

① 数据来源：《2016年度中国对外直接投资统计公报》，商务部对外投资和经济合作司。

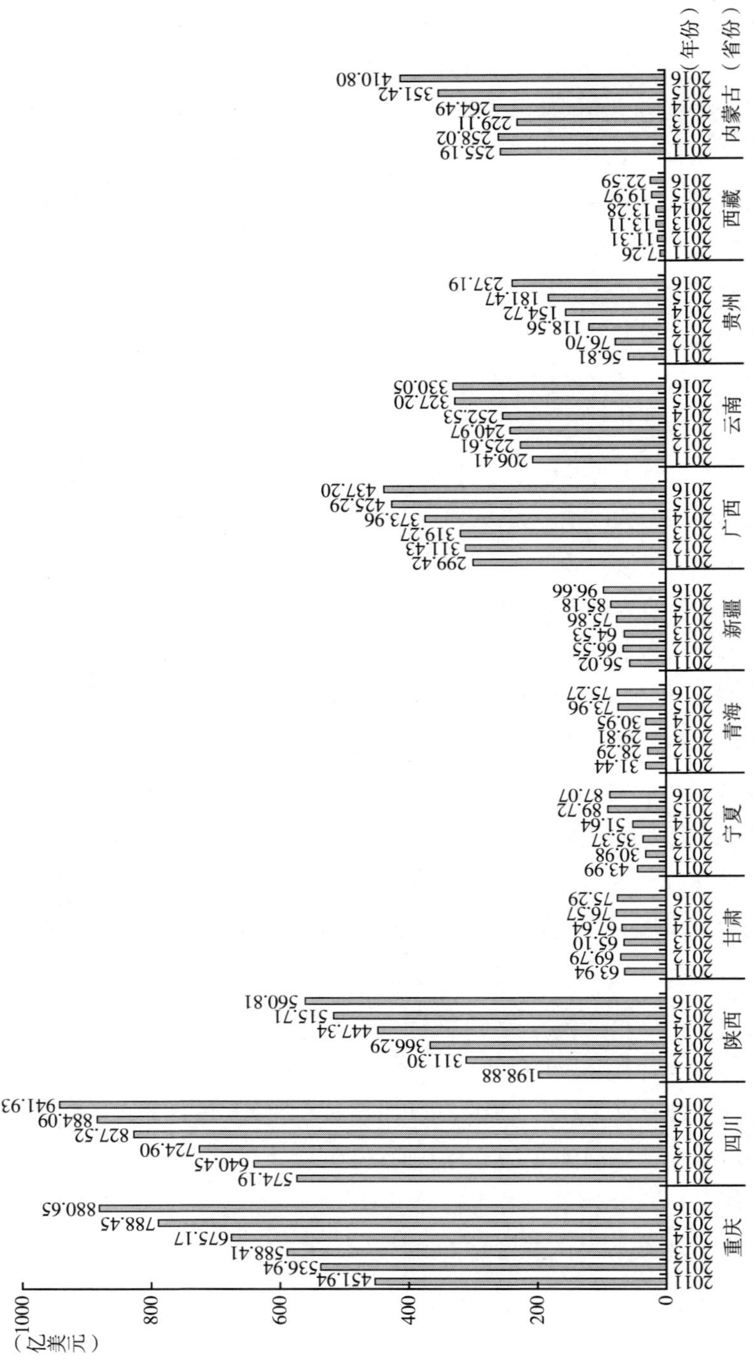

图9　2011～2016年西部地区各省份FDI趋势

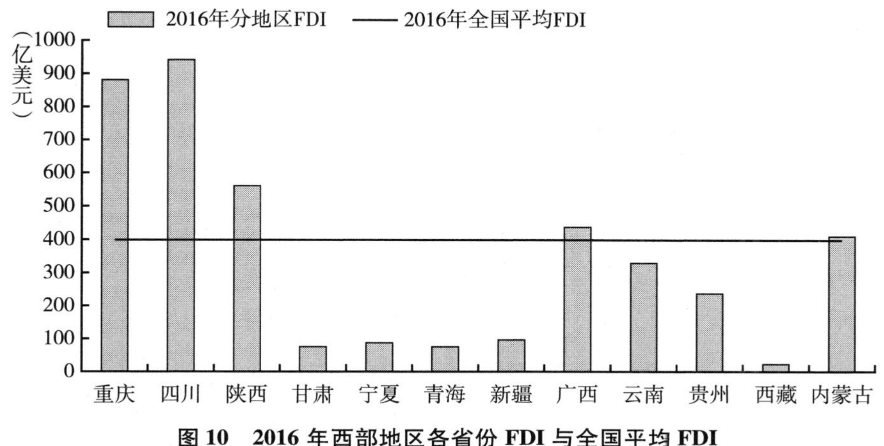

图 10　2016 年西部地区各省份 FDI 与全国平均 FDI

表 4　2012～2016 年西南地区与西北地区对外开放能力对比

西南地区	重庆	四川	广西	云南	贵州	西藏
FDI 平均增速	0.1317	0.1012	0.0885	0.0998	0.3261	0.1888
外贸总额占 GDP 比重平均增速	-0.0668	-0.1183	0.0355	-0.0986	-0.1617	-0.3893
西北地区	陕西	甘肃	青海	宁夏	新疆	内蒙古
FDI 平均增速	0.1585	0.0191	0.2772	0.2948	0.0978	0.1233
外贸总额占 GDP 比重平均增速	0.1081	-0.1190	-0.0070	0.0204	-0.1408	-0.0245

（五）五年间西部地区的共享发展

西部地区农村人口贫困发生率逐年降低且幅度明显，精准扶贫及东西部互惠式扶贫效果显著，千人病床数逐年增加，西部地区医疗水平大规模提升。

我国进入改革的深水区，社会主义经济发展进入跨越阶段，但在经济总量不断扩大、综合国力不断提升的同时，区域经济失衡问题逐渐凸显，西部地区贫困现象普遍存在，医疗卫生条件十分艰苦。我国实行精准扶贫，政府勒令改善西部地区落后的医疗卫生状况，使近五年来西部地区面貌一新。

第一，西部地区农村人口贫困发生率逐年降低且幅度明显，扶贫效果显著。2012～2016 年各省份农村人口贫困发生率逐年降低（见图 11），我国贫困问题在西部特别是“老少边穷”地区集中，主要分布在连片的地区，国家号召县级政府精准扶贫、长期扶贫，使得西部贫困地区的贫困问题得到了有效解决，贫困发生率逐年降低，西部地区共享程度逐年升高。

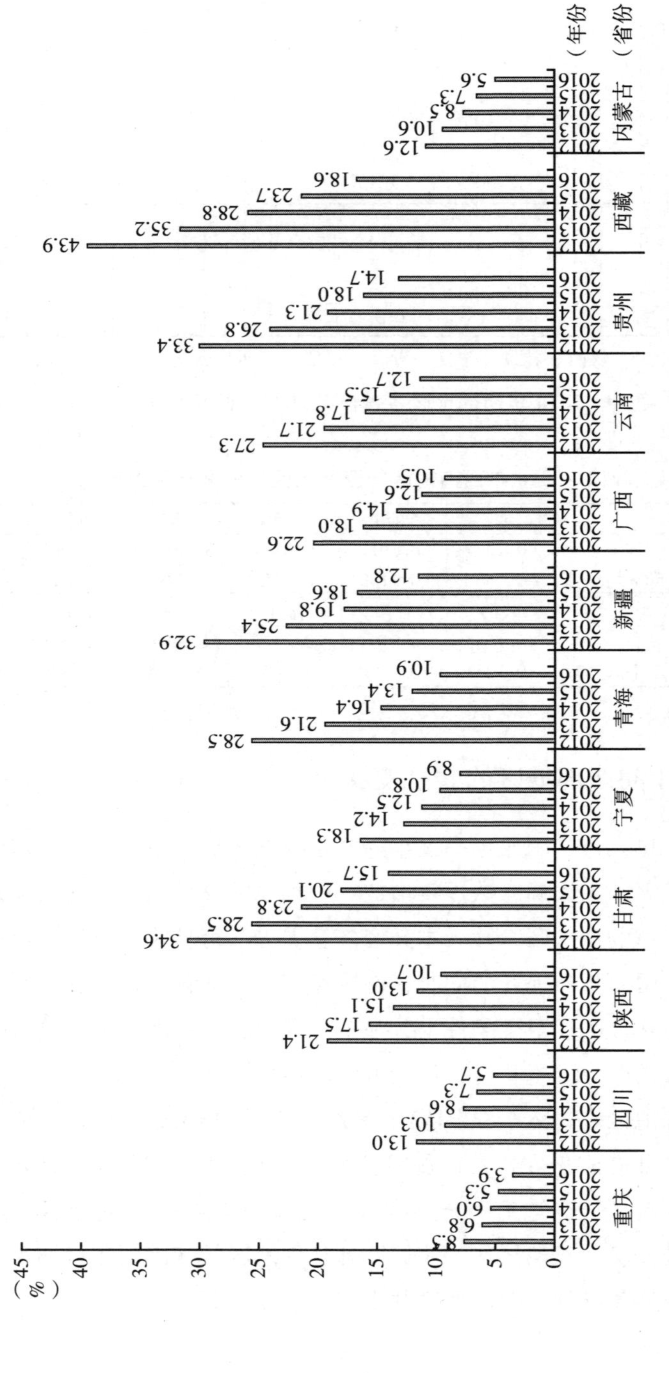

图11　2012~2016年西部地区各省份农村人口贫困发生率趋势

第二，西部地区近五年来千人病床数逐年增加，医疗卫生水平大幅度提升。西部地区从2012年开始每千人病床数逐年增加（见图12），我国西部地区的社会经济水平和基本公共服务水平相对滞后，医疗卫生方面更是面临着巨大的挑战。自从新农合实施以来，西部各地的医疗卫生水平有了明显的提升。

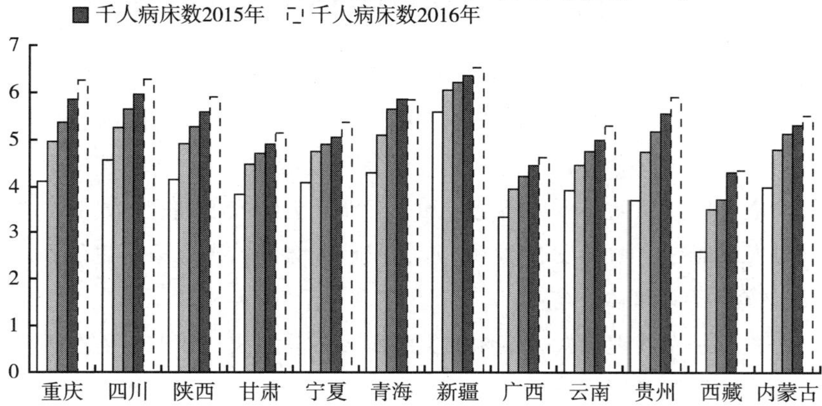

图12　2012~2016年西部地区各省份千人病床数趋势

但对比2016年西部各省份之间千人病床数的情况表现：新疆最高，为6.54，西藏自治区最低，为4.37（见图13），表现出较为明显的医疗水平差异。我国仍需做出努力，实现西部地区医疗卫生的资源共享。

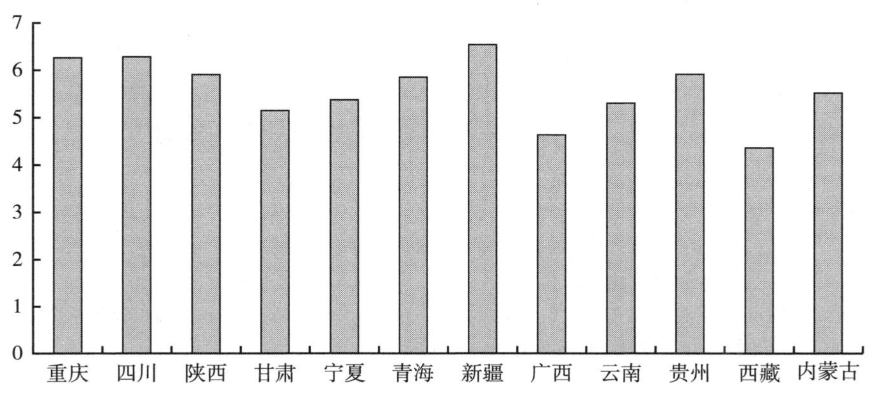

图13　2016年西部地区各省份千人病床数

二　进入新时代以来西部地区经济发展质量的评价与比较

（一）基于五大发展理念的西部地区经济发展质量指数构成

党的十八届五中全会上，习近平总书记提出“创新、协调、绿色、开放、共享”五大发展理念，为解决新常态面临的一系列发展难题提供思想指导与发展方向。党的十九大报告中指出要“坚持新发展理念”，并将其作为新时代坚持和发展中国特色的基本方略之一加以强调。五大发展理念，是我们总结过去，破解发展难题，增强发展动力，厚植发展优势的治本之策，也是我们高质量发展的核心要义和必由之路。

国内关于新发展理念指数编制的文献不多，易昌良（2016）[①] 在标杆分析法的基础上，编制形成以五大理念核心内容为评价体系的发展指数报告；上海社会科学院（2016）[②] 发布了2015年国家和省级区域五大发展理念综合指数及创新发展指数、协调发展指数、绿色发展指数、开放发展指数和共享发展指数。中国社会科学院京津冀协同发展智库京津冀协同发展指数课题组（2017）[③]，从五大发展理念的视角构建了京津冀协同发展指数评价指标体系，并进行指数测算，旨在对京津冀协同发展进行比较与评估。周志鹏（2016）[④] 通过构造山东省五大发展理念的评价指标，对山东省各城市的综合发展情况进行了测评。但此类文献均是单纯构建“五大发展理念”的评价维度和指标，对五大发展理念和高质量的发展之间的关系甚少涉及。

在已有文献基础上，后续研究均认识到“五大发展理念”为评价经济

---

① 易昌良：《2015中国发展指数报告——“创新协调绿色开放共享”新理念、新发展》，经济科学出版社，2016，第123页。

② 上海社会科学院，发布五大理念发展指数，http：//www. sh. xinhuanet. com/2016－12/21/c_135923055. htm，2016－12－21。

③ 中国社会科学院京津冀协同发展智库京津冀协同发展指数课题组：《基于新发展理念的京津冀协同发展指数研究》，《区域经济评论》2017年第3期。

④ 周志鹏：《山东省“五大发展理念”评价研究》，《中国经贸导刊》2016年第7期。

增长质量提供了发展方向和分析框架。范金、姜卫民、刘瑞翔（2016）① 从"五大发展理念"视角，比较了增加值率（VAR）、全要素生产率（TFP）评价经济增长质量的效果。而蔡之兵（2017）②、杨新洪（2017）③ 则以"五大发展理念"作为经济发展质量的理论维度来测度地区的经济发展质量。在此，蔡之兵（2017）每个维度下指标较少衡量有局限性，而杨新洪（2017）只是针对深圳一个市来进行测度，指标局限性和分析问题的区域性都比较突出。

鉴于此，本章在对经济发展质量长期研究的基础上，基于五大发展理念构造评价和衡量经济发展质量的较为全面、客观和可获得的综合指标体系，对西部地区经济发展质量进行评价。在此我们经济发展质量内涵五个维度。一是创新维度。主要通过创新投入、创新产出、创新主体的能力以及创新绩效等方面来衡量地区创新能力。二是协调维度。主要考察衡量地区产业结构合理、区域平衡发展和城乡发展协调等方面。三是绿色维度。测度地区绿色发展和环境友好的水平。四是开放维度。考察地区开放程度，特别是度量地区发展开放型经济、解决发展内外联动的能力。五是共享维度。衡量地区的人民生活水平、社会保障水平以及解决贫困问题的能力，目的是度量发展成果是否更公平惠及全体人民。根据五大发展理念构造的创新、协调、绿色、开放和共享的五大维度，并在五大维度下选取23个基础指标来测度西部地区的经济发展质量，具体经济发展质量指数评价指标体系如表5所示。④

（二）基于五大发展理念的西部地区经济发展质量的评价

1. 西部地区经济发展质量时序层面的特征

在总指数方面，近五年西部地区的经济发展质量呈现稳步提升的态势，

---

① 范金、姜卫民、刘瑞翔：《全要素生产率、增加值率评价经济增长质量的效果比较——基于"五大发展理念"视角》，《桂海论丛》2016年第6期。

② 蔡之兵：《五大发展理念视角下的经济发展方式转型框架研究——以中国31省市为例》，《国家行政学院学报》2017年第5期。

③ 杨新洪：《"五大发展理念"统计评价指标体系构建——以深圳市为例》，《调研世界》2017年第7期。

④ 本文所有数据来源于《中国统计年鉴》、《中国科技统计年鉴》、西部各地区统计年鉴或统计公报、中经网等。

表 5　经济发展质量指数评价指标体系

方面指标	分项指标	基础指标	计量单位	指标属性		
				正指标	逆指标	适度指标
创新	创新投入	R&D 占 GDP 比重	%	√		
	创新产出	每万人专利申请量	件	√		
	创新主体	每万人高等教育学校数	个	√		
		R&D 活动企业占企业总数的比重	%	√		
	创新绩效	高技术产业主营业务收入占规模以上企业的比重	%	√		
协调	产业协调	产业结构高级化指数①	—	√		
		产业结构合理化指数②	—		√	
	产业就业协调	产业就业偏离度③	—		√	
	区域协调	区域泰尔指数④	—		√	
	城乡协调	城乡居民收入差距⑤	—		√	

① 参考干春晖等（2011）提出的产业结构高级化衡量方法，采用第三产业产值与第二产业产值之比作用产业结构高级化的度量。

② 参考干春晖等（2011）提出的产业结构合理化衡量方法，对泰尔指数进行重新定义，计算公式如下：$TL = \sum_{i=1}^{n}\left(\frac{Y_i}{Y}\right)\ln\left(\frac{Y_i}{L_i}/\frac{Y}{L}\right)$，其中 Y 表示产值，L 表示就业，i 表示产业，n 表示产业部门数，如果经济处于均衡状态下，$TL=0$，当 TL 不为 0，表明产业结构偏离了均衡状态，产业结构不合理。

③ 为了准确反映产业的就业结构和产值结构之间的不对称状况，运用结构偏离度指标（某产业结构偏离度 = 该产业 GDP 占比/该产业就业占比）来说明某产业就业结构滞后于产业结构的程度，将所有产业结构偏离度加总就得到该省份产业结构与就业结构的偏离程度，结构偏离度的绝对值越小，结构越均衡，反之，结构越不均衡。

④ 运用泰尔指数测度区域间经济差距，公式为 $TL = \sum_{i=1}^{2}\left(\frac{Y_i}{Y}\right)\ln\left(\frac{Y_i}{Y_i}/\frac{L_i}{L}\right)$，其中 Y 表示产值，L 表示人口数，i 表示城市，由于各个省份市辖过多且不同，因此我们选取各个省份 GDP 最高与最低的两个城市数据进行测度，对于西部各个省份：四川省选取成都市与巴中市，陕西省选取西安市与商洛市，甘肃省选取兰州市与定西市，宁夏选取银川市与固原市，青海省选取格尔木市与玛多县，新疆选取乌鲁木齐市与克拉玛依市，广西省选取南宁市与河池市，云南省选取昆明市与临沧市，贵州省选取贵阳市与铜仁市，内蒙古选取包头市与乌兰察布市，重庆市选取江津区与城口县，西藏选取桑珠孜区与札达县。

⑤ 运用城乡居民收入差距指数测度城乡收入差距，公式为城乡居民收入差距指数 = 城镇居民可支配收入/农村居民人均纯收入。

续表

方面指标	分项指标	基础指标	计量单位	指标属性		
				正指标	逆指标	适度指标
绿色	大气治理	PM2.5	微克/立方米		√	
		空气质量指数①(AQI)	—		√	
	水源治理	废水排放量占 GDP 比重	%		√	
	生态建设	绿化覆盖率	%		√	
	生活环境	生活垃圾无害化处理率	%	√		
开放	资本开放	FDI②	亿美元	√		
		FDI 增长速度	%	√		
	贸易开放	外贸总额占 GDP 比重③	%	√		
	区域开放	境外游客数量占比	%	√		
共享	收入水平	居民人均可支配收入	元	√		
	医疗卫生	千人病床数	张	√		
	公共服务	人均公共财政支出	万元	√		
	精准扶贫	贫困发生率④	%		√	

2012～2015 年增长明显，2016 年相比 2015 年略有回落，但整体来看，过去五年西部地区的经济发展质量明显改善（见图 14）。

在五个分项指数方面，五年来西部地区的创新指数和共享指数呈现持续上升的态势，可以说西部地区在高技术产业发展方面以及精准扶贫方面成绩卓著。在协调指数中，过去五年变化有限，在 4.5～4.8 的区间略有波动，整体变化不大，这再次印证了上文的分析：西部地区在协调方面，虽然在产业结构协调方面取得了一定成效，但区域内的经济协调性降低制约了协调指数的改善。在绿色指数方面，2012～2015 年呈现明显的上升态势，2016 年相比 2015 年略有下降，随着西部地区日益重视环境问题，西部地区过去五年环境整体状况得到了一定的提升，但幅度十分有限。在开放方面，随着“一带一路”倡

① PM2.5 空气质量指数数据来自中国空气质量在线监测分析平台，https://www.aqistudy.cn/，省份排名数据从 2013 年 12 月开始公布，为了可比每年选取同期 12 月份数据进行测度，2012 年用 2013 年数据替代。

② 本文采用外商投资企业投资总额测度 FDI 总量。

③ 本文采用货物进出口总额占地区 GDP 比重进行测度。

④ 数据来自《中国农村贫困监测报告 2017》。

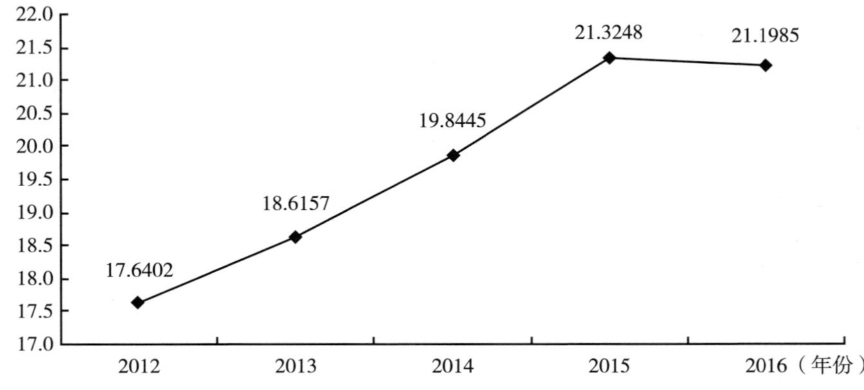

图 14　2012～2016 年西部地区经济发展质量指数趋势

议的推进，向西开放使得西部地区成为受益最大的区域。从 2012 年开始西部地区开放指数持续上涨，2013 年习近平主席分别提出建设“新丝绸之路经济带”和“21 世纪海上丝绸之路”的合作倡议，2015 年《推动共建丝绸之路经济带和 21 世纪海上丝绸之路的愿景与行动》的发布，使得 2015 年西部地区成为“一带一路”政策的丰收年，青海、宁夏在该年 FDI 出现大幅提升，整体带动了开放指数的明显提升。但 2016 年相比 2015 年，忽然激增的态势在改变，进入正常发展状态，带来开放指数略有下降，但整体来看，西部地区在“一带一路”的东风下过去五年在对外开放方面取了不俗的成绩（见图 15）。

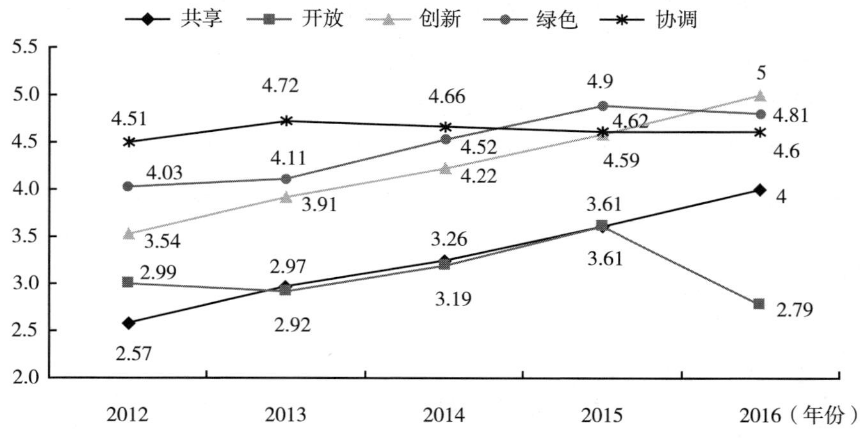

图 15　2012～2016 年西部地区经济发展质量各分项指数趋势

2. 西部地区经济发展质量地区差异的特征

西部地区经济发展质量总指数：渝蒙陕三省领跑，稳定格局基本形成。表6是过去五年西部地区的经济发展质量指数，其中重庆、内蒙古和陕西在五年内均排在前三位，说明在西部地区这三个省的经济发展质量处于领跑态势。相对应地，甘肃、贵州、西藏和青海在西部地区内部发展质量处于相对落后的地位，位于中游的省份分别为四川、宁夏、云南、新疆、广西（见表6）。过去五年个别省份之间略有升降，但西部地区在发展质量方面的格局已经形成，三层次梯队式特征明显。

表6　2012～2016年各年的经济发展质量指数及排序

年份	2012		2013		2014		2015		2016	
地区	总指数	排名	总指数	排名	总指数	排名	总指数	排名	总指数	排名
重　庆	16.5022	1	15.5033	1	14.8170	1	16.1292	1	16.3700	1
四　川	10.9666	6	10.2082	7	9.9787	6	10.8294	4	11.8903	4
广　西	9.6937	9	9.3903	10	9.1466	10	10.1230	8	10.1553	8
云　南	10.7287	7	10.1957	8	9.4050	9	10.3198	7	10.8677	6
贵　州	8.2133	12	7.9819	12	6.6492	12	7.4617	12	8.8977	11
西　藏	12.6241	4	11.7192	5	10.8239	5	10.3739	6	9.3992	10
陕　西	12.8503	3	12.1350	3	13.0106	3	11.2436	3	12.2491	3
甘　肃	8.8571	11	8.9162	11	6.7273	11	8.0031	11	8.2254	12
宁　夏	11.5542	5	11.8004	4	11.2763	4	10.7042	5	11.2350	5
青　海	9.4679	10	9.6078	9	9.4112	8	10.0135	9	9.6881	9
新　疆	10.5283	8	10.6922	6	9.6171	7	9.7250	10	10.4410	7
内蒙古	12.9281	2	12.8789	2	13.4815	2	12.4282	2	13.6347	2

创新指数：直辖市重庆处于绝对领跑地位，西北地区陕西实力较强，宁夏在创新发展方面成绩突出。近五年重庆以绝对优势在创新指数排序中排在第1位。重庆通过建设西部创新中心，在创新驱动“三大支撑”——技术、资本和创新生态上做文章，从而在创新层面领跑整个西部地区。西北地区陕西省排在首位，整个西部地区第2位，该省依托省内不同层级的高新区，发展高新技术产业，促进创新创业生态的形成，带动产业转型升级，使得高新区成为创新驱动发展的重要力量，领跑西北地区的创新发展。另外西北地区宁夏在创新方面也可圈可点，特别是以创新做优特色产业方面取得了显著的成绩（见表7）。

表7　2012～2016年创新指数的排序

地区	2012年排名	2013年排名	2014年排名	2015年排名	2016年排名
重　庆	1	1	1	1	1
四　川	5	5	4	5	4
广　西	7	7	7	7	8
云　南	8	9	8	6	6
贵　州	9	11	10	9	7
西　藏	4	6	6	12	12
陕　西	2	2	2	2	2
甘　肃	6	4	5	4	5
宁　夏	3	3	3	3	3
青　海	12	12	9	11	10
新　疆	11	10	12	10	11
内蒙古	10	8	11	8	9

协调指数：新疆和宁夏在解决不平衡不协调问题中成绩卓著，川陕在协调发展中问题重重。西部地区在协调发展方面，新疆和宁夏在过去五年排在前两位，其中特别是新疆近两年在产业高级化程度方面位于西部地区的前列（见表8），宁夏则在产业协调层面的三个指标产业结构高级化指数、产业结构合理化指数、产业就业偏离度都表现较好，说明新疆和宁夏在解决产业结构不合理问题上近些年卓有成效。相对来说，陕西和四川这两个西部地区发达的省份，在协调发展方面处于末位，最关键在于这两省份在自己省份内部区域之间的发展不平衡问题十分严重，两省省会城市成都和西安一家独大，对区域内的辐射带动作用有限，省内城市之间、不同区域之间良性互动共同发展的格局还没形成。

表8　2012～2016年协调指数的排序

地区	2012年排名	2013年排名	2014年排名	2015年排名	2016年排名
重　庆	3	4	4	3	2
四　川	12	12	12	11	11
广　西	6	6	6	7	6
云　南	8	8	9	9	7
贵　州	11	11	11	12	12
西　藏	10	5	5	4	9

续表

地区	2012 年排名	2013 年排名	2014 年排名	2015 年排名	2016 年排名
陕　西	7	10	10	10	10
甘　肃	9	9	8	6	5
宁　夏	1	1	2	2	3
青　海	5	7	7	8	8
新　疆	2	2	1	1	1
内蒙古	4	3	3	5	4

绿色指数：西部相对发达的省份川渝陕在环境方面均有短板，内蒙古在践行绿色方面成绩卓著。内蒙古和西藏在绿色指数方面近五年排在前列，特别是内蒙古在过去的五年坚持生态优先绿色发展之路，狠抓生态工程落实，打造青山常在、绿水长流、蓝天永驻的美好自治区，取得了较好成绩。相对应的西部较发达的地区重庆、四川和陕西绿色发展都不甚理想，重庆在整个西部地区处于中游位置，而四川和陕西五年基本排在西部地区的倒数位置，生态环境问题在这些省份短板特质明显（见表 9）。

表 9　2012～2016 年绿色指数的排序

地区	2012 年排名	2013 年排名	2014 年排名	2015 年排名	2016 年排名
重　庆	4	4	6	5	6
四　川	11	11	9	7	9
广　西	12	12	7	3	5
云　南	3	3	4	6	2
贵　州	6	6	10	4	3
西　藏	2	2	2	1	4
陕　西	9	9	3	10	10
甘　肃	10	8	12	11	12
宁　夏	8	7	8	9	8
青　海	5	5	5	8	7
新　疆	7	10	11	12	11
内蒙古	1	1	1	2	1

开放指数：川渝稳居西部地区最前列，西北地区个别省份开放发展依然滞后。在开放发展方面，重庆和四川在过去五年基本位于整个西部地区的前两位，川渝两省市在依托“一带一路”倡议，稳步推进企业、产业、市场、人才“四个国际化”，大力发展高层次的开放型经济，同时在探索深化内陆开放方面提供了宝贵的“川渝经验”，领跑整个西部地区的开放。相比起来，西北地区的甘肃、宁夏和青海在开放发展方面位于整个西部地区的后位，仍存在着开放型经济发展起步晚、起点低等共同特征（见表10），在对外贸易、利用外资和对外投资等方面相对比较落后，未来这些省份如何利用“一带一路”机遇，发展开放型经济仍是亟须解决的关键问题。

表10　2012～2016年开放指数的排序

地区	2012年排名	2013年排名	2014年排名	2015年排名	2016年排名
重　庆	2	1	1	1	1
四　川	3	2	2	2	2
广　西	8	9	7	8	6
云　南	7	6	8	5	7
贵　州	11	8	10	12	8
西　藏	1	3	9	11	9
陕　西	4	5	5	6	5
甘　肃	9	12	12	10	11
宁　夏	12	11	6	9	12
青　海	10	10	11	4	10
新　疆	5	4	3	7	4
内蒙古	6	7	4	3	3

共享指数：蒙渝川位列前三态势稳定，落后省份在共享发展方面仍有空间。过去五年内蒙古、重庆和四川在共享发展中分别列西部地区的前三位，三省区领跑西部的格局已经形成。相对比较贫困的省份，甘肃、贵州和西藏在共享发展方面的弱势地位比较清晰，特别是这些地区贫困人口占比较大以及相关设施建设较为落后，都使得这些省区在共享发展方面问题重重，所以这些省份探索如何让发展成果更多更公平地惠及全体人民仍有广阔的空间（见表11）。

表 11　2012～2016 年共享指数的排序

地区	2012 年排名	2013 年排名	2014 年排名	2015 年排名	2016 年排名
重　庆	2	2	2	2	2
四　川	3	3	3	3	3
广　西	9	8	8	11	11
云　南	8	9	9	9	9
贵　州	11	11	10	10	10
西　藏	10	10	11	8	8
陕　西	5	7	6	6	6
甘　肃	12	12	12	12	12
宁　夏	4	5	7	7	7
青　海	7	6	4	4	5
新　疆	6	4	5	5	4
内蒙古	1	1	1	1	1

三　进入新时代以来西部地区经济发展质量与数量的对比分析

根据 2012 年与 2016 年西部地区各省、自治区和直辖市经济发展质量的指数排名，以及西部各省份的人均 GDP 作为经济发展数量指标的排名结果，列出 2012 年与 2016 年我国西部地区经济发展质量与数量的排序及其差异。

从表 12 可以看出，在 2012 年西部地区各省份经济发展质量与数量排序对比中，经济发展质量排序显著高出经济发展数量排序的省份为云南与西藏，这两个位于西南地区的省份虽然经济发展数量不高，但是经济发展质量均较好；经济发展质量显著低于经济发展数量排序的省份为青海与新疆，这两个位于西北地区的省份经济发展数量表现较优，然而经济发展质量却表现较差；其余各省份质量与数量差异不大，但两者排序均靠前的省份为重庆、内蒙古、陕西、宁夏，而排序均靠后的省份为四川、广西、甘肃、贵州。

2016 年西部地区各省份经济发展质量与经济发展数量排序对比中，经济发展质量排序显著高出经济发展数量排序的省份变为云南与四川，这两个省份虽然经济发展数量不高，但是经济发展质量均较好且相较于 2012 年均有所提升；经济发展质量显著低于经济发展数量排序的省份依旧为青海，该省份经济发展数量表现较优，然而经济发展质量却表现较差；其余各省份质量与数量差异不大，但两者排序均靠前的省份为重庆、内蒙古、陕西、宁夏，而排序均靠后的省份为新疆、广西、西藏、贵州、甘肃。

表 12　2012 年与 2016 年西部各省份经济发展质量与数量的排序比较

地区（2012 年）	经济发展质量排名	经济发展数量排名	发展数量与质量之差	地区（2016 年）	经济发展质量排名	经济发展数量排名	发展数量与质量之差
重　庆	1	2	1	重　庆	1	2	1
四　川	6	7	1	四　川	4	7	3
广　西	9	8	-1	广　西	8	8	0
云　南	7	10	3	云　南	6	11	5
贵　州	12	12	0	贵　州	11	10	-1
西　藏	4	9	5	西　藏	10	9	-1
陕　西	3	3	0	陕　西	3	3	0
甘　肃	11	11	0	甘　肃	12	12	0
宁　夏	5	4	-1	宁　夏	5	4	-1
青　海	10	6	-4	青　海	9	5	-4
新　疆	8	5	-3	新　疆	7	6	-1
内蒙古	2	1	-1	内蒙古	2	1	-1

综合五年经济发展质量与经济发展数量的对比结果，可见经济发展质量指数可以更为充分地表现地区经济发展水平。西部各个省份中重庆、内蒙古、陕西、宁夏经济发展质量与数量均位于前列，各方面指数表现优异。云南凭借绿色发展维度的显著优势提高自身经济发展质量，但在其他维度方面差强人意，造成经济发展质量无法实现对地区经济数量增长的拉动；四川创新、开放、共享三大发展维度均有高速发展，不断提升经济发展质量，然而由于绿色、协调发展维度的落后，造成四川经济发展数量并没有出现显著提升。青海经济发展数量位列西部地区中段，受制于创新与开放发展维度，青海经济发展质量令人担忧。西部地区其他省份经济发展质量各维度均较差，造成经济发展质量与数量均落后于其他省份。

四　西部地区谋求高质量发展的路径和政策

我们对过去五年西部地区的经济发展的态势、取得的成就和存在的短板进行了总结和梳理，并在此基础上基于五大发展理念测度并研判了西部地区的经济发展质量。针对上述分析结果以及发现的问题，下一步宜采取必要的措施，以推动西部地区谋求高质量、实现更高水平的持续发展。

第一，西部地区要坚定实施创新驱动战略，发挥后发优势以创新引领经济社会发展。一是西部地区应把创新摆在经济社会发展全局的核心位置，在产业创新、科技创新、开放创新、人才强区、营造创新生态等方面实现突破发展。聚焦产业创新，加速提升传统产业、着力培育新兴产业、提档发展现代服务业等举措，大力促进产业转型升级；突出企业创新主体地位，引导企业加大投入、培育科技型企业、支持产学研协同创新、加快科技成果转移转化等，增强企业创新发展能力；围绕打造生机勃勃的创新生态，强化东西部合作机制、构建多层次“双创”载体。二是西部地区应发挥后发优势，在推进技术创新方面谋求发展新思路。以市场为导向，在加大技术创新投入的同时，借鉴和发挥“贵州经验”，加快建设具有后发优势的创新型省份和区域。特别是构建和营造一个鼓励创新、崇尚创新、支持创新的环境以及加大顶层设计，在落后地区不断提升技术能力，实现创新驱动、技术革新的“弯道超车”。三是西部地区在创新发展中要错位发展，有序分工。特别是西部地区的三大中心城市，重庆定位为西部创新中心、成都定位为西部地区发展的核心增长极、西安定位为“一带一路”创新之都，三大中心城市及城市群应合理分工，错位发展，发挥比较优势，切莫无序竞争，内部恶性竞争。

第二，西部地区要重点解决发展不平衡不充分的问题，促进城乡、区域和经济社会等协调发展。协调发展是持续健康发展的内在要求。西部地区的协调发展有三个层次：第一个层次要培育西部地区产业集群，以产业结构调整和升级带动区域协调发展。西部地区地域广阔，各地要素禀赋和比较优势有较大差异，应因地制宜着力打造有竞争优势的特色产业集群。在不同的区域错落发展，有序分工，并通过龙头城市的扩散效应和关联效应带动周边区域的共同发展，从而解决区域内各地发展不均衡的问题，增强区域发展协调性。第二个层次要坚持“双轮”推进，扭转西部地区严重的城乡分割。西部地区在发展中不仅要依托中心城市及重点区域，同时要注重提升县域经济，发展现代农业，城乡“双轮”推进。在农业基础较好区域，培育优势农业，加强农业服务体系建设，拉长农业产业链，形成特色农业产业。在困难偏远地区，加大投入，政府在“输血”的同时因地制宜的探索“造血”的机制和方式，形成此类地区自主的发展模式。总之多策并举，反哺农业，关爱农村，重塑农村，促进城乡一体化的发展。第三层次西部地区在发展中要重视经济发展和社会发展“一条腿长、一条腿短”的矛盾。西部地区在发展中不宜操之过急，应循序渐进，重视经济社会协调发展，着力增强发展的整体性，而不是偏废一方，让社会“短板”成为持续发展的最大瓶颈，注重经济发展的提质增效、行稳致远。

第三，西部地区要践行绿色发展理念，促进经济社会与人和谐发展。众所周知，西部地区是我国资源富集区，同时也是生态环境脆弱区。西部地区在发展中突出的生态环境与社会问题日益突出，未来要坚定树立和践行“绿水青山就是金山银山”的理念。一是要资源开发和环境保护并重，转变长期以来过度依赖资源开发和高耗能、高污染的工业化模式，治理由于资源开发、环境保护与社会发展之间的结构性张力导致的突出的环境问题。二是要实现产业升级与环境保护的相得益彰。西部地区的绿色发展主要通过地方政府引导的传统产业转型升级与生态工业和新型产业建设，来推动环境治理、生态保护和可持续发展。在满足国家环境治理和生态环境保护政策要求的同时，也保障了地方财政收入，制造了“绿色 GDP”。三是要加强生态环境制度建设，建立长效发展机制。要改革和完善生态环境监管体制，用制度的笼子来约束和规范西部地区环境保护。同时建立健全政府、企业和公众共同参与的长效机制，需要探索充分反映人民群众现实需求的制度途径，进而带来环境和社会的公平正义，促进西部地区的可持续发展，逐步形成西部地区人与自然和谐共生的局面。

第四，抓住“一带一路”建设的历史机遇，提升西部地区开放型经济水平，以全面开放获得经济增长的新动力。习近平总书记曾强调，加强“一带一路”建设同西部开发、东北振兴、中部崛起、东部率先发展、沿边开发开放的结合，带动形成全方位开放、东中西部联动发展的局面。西部地区正由开放的末梢变为开放的前沿，在此：一是西部地区加大开放力度，首要问题要抓住开放前沿的机遇。“一带一路”倡议实施打通我国边境通道，西部地区要发挥自身资源优势，特别是运用打通的国际物流大通道，降低自身物流成本，发挥地缘优势，密切与向西的国家以及我国东南沿海地区的经济联系，进而实现双向互动。二是以产能合作为重点，把西部地区特色转化为经济优势，形成西部地区开放新格局。西部地区加强与“一带一路”沿线国家产能合作。加强能源资源深加工技术、装备与工程服务合作，形成能源资源合作上下游一体化产业链。以自由贸易为起点，连接陕西、新疆、青海、宁夏，促进大西北跨区域经济协作，强化大西北地区与中亚五国的合作与交流，逐步扩大与中亚各国多方面的经贸合作领域，奠定中国－中亚自由贸易区的重要基础。三是鼓励西部企业壮大实力，实施“走出去”战略，参与沿线国家基础设施建设和产业投资。特别是鼓励西部企业与沿线国家主要交通节点城市和港口开展合作，建设境外经贸合作区、跨境经济合作区等各类产业园区，促进西部地区企业集群、行业集群、产业集群等的良好发展格局，为西部地区经济发展获得新的动力。

第五，西部地区应不断开创发展新局面，让各族群众共享发展的成果。《西部大开发“十三五”规划》强调西部开发要突出持续推进民生改善。一是把精准扶贫和贫困地区开发结合起来，提高脱贫攻坚成效。西部地区作为脱贫攻坚的“主战场”，继续采取产业扶持、转移就业、易地搬迁、社保兜底等方式来推进民生改善。支持教育、医疗等资源向西部地区、民族地区倾斜，继续提高重点高校西部招生比例，增加基本公共服务供给。二是西部地区要不断改善基础设施建设，提升西部地区互联互通的程度。西部地区在“一带一路”建设中具有重要的和独特的区位优势，应借着“一带一路”的东风，统筹推进铁路、公路、航空、油气管道、城市轨道交通等多元化运输手段。特别是实施规划确定的“五横四纵四出境”综合运输大通道建设，加快打通“断头路”，提升乡村公路水平，着力破解道路瓶颈，增加西部开发的可持续发展的支撑能力，同时让更多的人共享改革和发展的成果，提升西部地区人民幸福感。

经济高质量发展

High Quality Economic Development

B.2 新时代西部地区经济发展评价及高质量发展的路径*

钞小静　薛志欣　李　俏**

摘　要： 新时代下，地区发展不平衡不充分问题的破解是提动我国经济高质量发展的重要方面。为了扎实推进西部大开发，形成高质量发展的新格局，本文从经济发展质量分析框架出发，在界定经济发展质量的理论与实践内涵基础上构建经济发展质量评价体系，并采用主成分分析法对西部地区 2000~2016 年的经济发展质量状态进行测度与评价。测度结果表明：从总体层面上看，西部地区经济发展质量总指数偏低且随年份

* 本课题受教育部人文社会科学重点研究基地重大项目：丝绸之路经济带（中国区域）环境约束下的经济发展竞争力研究（15JJD790026）资助。

** 钞小静，经济学博士，西北大学经济管理学院教授，主要研究方向为中国经济增长质量；薛志欣，西北大学经济管理学院西方经济学专业硕士研究生，主要研究方向为中国要素收入分配结构；李俏，西北大学经济管理学院西方经济学专业硕士研究生，主要研究方向为金融与经济。

推移呈现“N”形波动，尚未形成稳定的增长态势；从地区层面上看，西部各省份经济发展质量分化严重，区域协调发展的联动机制尚未建立。因此，本文从完善创新机制、优化产业结构、提高资源配置效率和提升幸福基础与缩小经济差距等方面对西部地区推进高质量发展提出可行路径。

关键词： 经济发展质量　增长动力　经济结构

一　引言与文献述评

中国从改革开放到2010年达到中等收入程度，经济一直以高速发展为特征，但此后经济受到了中等收入陷阱的困扰。一个国家会陷入中等收入陷阱中，是因为教育不足、产品多样化不充分、制度约束、缺乏创新文化和社会能力不足等（Karsten Staehr①，2015；Esteban Pérez Caldentey②，2012）。经济发展质量涵盖了改革、经济发展方式转变、技术进步、人力资本积累、政府职能转变、产业结构的升级以及相关政策、制度、基本设施支持下的经济驱动方式的变更等，是跨越中等收入陷阱的关键（郑秉文③，2011；代法涛④，2014；张德荣⑤，2013；蔡昉⑥，2011；马岩⑦，2009）。因此，我国在跨越中等收入陷阱的攻坚时期，不能只追求经济发展数量上的成果，要更加注重经济发展质

① Karsten Staehr："Economic Growth and Convergence in the Baltic States：Caught in a Middle-Income Trap?"，*Intereconomics*，may，2015.

② Esteban Pérez Caldentey："Income Convergence，Capability Divergence，and the Middle Income Trap：An Analysis of the Caseof Chile"，*St Comp Int Dev*，2012.

③ 郑秉文：《“中等收入陷阱”与中国发展道路——基于国际经验教训的视角》，《中国人口科学》2011年第2期。

④ 代法涛：《跨越“中等收入陷阱”：理论、经验和对策——基于44个国家的跨国实证分析》，《财经研究》2014年第2期。

⑤ 张德荣：《“中等收入陷阱”发生机理与中国经济增长的阶段性动力》，《经济研究》2013年第9期。

⑥ 蔡昉：《“中等收入陷阱”的理论、经验与针对性》，《经济学动态》2011年第12期。

⑦ 马岩：《我国面对中等收入陷阱的挑战及对策》，《经济学动态》2009年第7期。

量上的改进。

在总结十八大以来国内外形势及我国发展状况变化的基础上，十九大强调了质量对于经济发展的重要性，并明确了新时代的主要矛盾以及总任务。要使现阶段的总任务圆满完成和社会主要矛盾得以解决，我国发展不充分、不平衡的问题就必须首先得到解决。发展不充分问题的解决，是以发展不平衡问题的解决为前提的。这种不平衡性在地区层面上表现为东西部地区之间发展不平衡。发展基础、禀赋条件和要素结构在东、西部地区之间的差异，造成了各地区之间经济差距长期呈现不断扩大的趋势，现如今两地区差距扩大的势头虽有所缓解，但区域之间实质性的差距并未明显缩小。西部地区仍然存在经济发展动力不足、经济结构失衡、经济发展成果共享程度低等经济发展质量低的问题，这些问题的存在严重制约着西部地区经济发展，加剧了我国经济发展的不平衡性，是我国克服社会主要矛盾与完成现阶段总任务的一大障碍，所以要实现充分发展，中国必须使西部地区经济发展状况得到改善。

要实现高质量的发展必须首先明确什么是经济发展质量以及如何对其进行衡量。尽管实践中存在高质量发展的迫切性，然而学者在经济发展质量内涵的界定上并未达成统一。现有文献对于如何界定经济发展质量内涵存在两种观点，一种观点是以经济增长质量为基础的经济发展质量界定，但其只考虑了经济因素，而对非经济因素没有涉及，这样做所带来的后果是经济发展质量与经济增长质量的内涵界定含混不清，不能够对经济增长质量与经济发展质量做出实质性的区分（许永兵①，2013；冷崇总②，2008；何伟③，2013；魏博通、王圣云④，2012；梁东黎⑤，2012）。许永兵（2013）认为经济发展质量的优劣反映在民生的改善、社会公平正义程度的提高，以及发展的可持续等方面，因而

① 许永兵：《河北省经济发展质量评价——基于经济发展质量指标体系的分析》，《河北经贸大学学报》2013 年第 1 期。

② 冷崇总：《构建经济发展质量评价指标体系》，《指标与评价》2008 年第 4 期。

③ 何伟：《中国区域经济发展质量综合评价》，《中南财经政法大学学报》2013 年第 4 期。

④ 魏博通、王圣云：《中部六省经济发展质量的综合评价与比较分析》，《湖北社会科学》2012 年第 12 期。

⑤ 梁东黎：《我国区域经济发展质量新研究——以居民收入占比为标准的考察》，《经济改革》2012 年第 4 期。

从社会总需求、经济增长的稳定性、经济结构、科技进步、民生改善和资源环境六个方面构建指标以反映发展的全面、协调、可持续，但其在民生改善方面并没有体现出经济发展质量与增长质量的不同。冷崇总（2008）从经济内部及其与社会的协调性出发，以充分性、有效性、持续性、稳定性、协调性和分享性构建衡量发展质量的指标体系，以评价经济发展质量。何伟（2013）提出经济增长的优劣是经济发展质量的内容，因而其从持续性、有效性、创新性、协调性、稳定性和分享性这六个方面构建指标体系以评价经济发展质量。魏博通、王圣云（2012）将经济发展质量界定为技术、资本和劳动力等生产要素的配置比例、配置结构及方式等以及这些因素共同作用对经济发展和人类社会发展带来的影响，并根据经济发展质量内涵，以居民生活水平、经济发展水平、技术发展水平、环保发展水平和教育发展水平五个维度为内容构建了指标体系，并测度了中部六省的发展质量。梁东黎（2012）认为要将以人为本作为衡量发展质量的核心，将劳动报酬初次分配占比以及居民收入占比作为以人为本要求的体现，是衡量经济发展质量的一个标准。

另一种观点在界定经济发展质量内涵时考虑了经济发展的非经济因素，但是对于非经济因素的总结并不全面（Robert. J. Barro①，2002；Debra Knopman②，2015；Montfort Mlachila③，2014；刘阳④，2009；喻新安、完世伟、王玲杰⑤，2014；李永友⑥，2008）。Robert. J. Barro（2002）提出发展质量与相关经济变量均应受到关注，其中经济发展的质量则应该涵盖健康、生育率、收入分配、犯罪发生、政治与宗教等多个维度。Debra Knopman 等（2015）认为经

① Barro R. J.："Cantidad y Calidad del Crecimiento Economico.（Quantity and Quality of Economic Growth. With English summary）", *Economia Chilena*, 2002.

② Debra Knopman, Johanna Zmud, Lisa Ecola, Zhimin Mao, Keith Crane："Quality of Life Indicators and Policy Strategies to Advance Sustainability in the Pearl River Delta", 2015.

③ Montfort Mlachila, René Tapsoba, and Sampawende J. A. Tapsoba："A Quality of Growth Index for DevelopingCountries: A Proposal", *Social Indicators Research*, *September*, 2014.

④ 刘阳：《科学发展观引领下的区域经济发展质量指标体系构建与评价》，《区域经济研究》2009 年第 1 期。

⑤ 喻新安、完世伟、王玲杰：《县域经济发展质量的评价和反思》，《区域经济评论》2014 年第 1 期。

⑥ 李永友：《基于江苏个案的经济发展质量实证研究——兼与浙江、上海的比较分析》，《中国工业经济》2008 年第 6 期。

济发展质量应当包括公共服务与公共设施的有效提供，例如充足的就近服务、有效的交通方式的选择和高质量的公共空间。Montfort Mlachila 等（2014）将经济发展质量的内涵界定为发展的本质及其社会维度，其中发展的本质包括增长率、稳定性、多样的资源和开放程度四个方面，而发展的社会维度包括消除贫困、提高生活质量等。李永友（2008）基于对经济发展的传统认识，认为经济增长与结构优化两个层次是发展质量的内涵，发展的优劣体现为经济增长质量和结构优化与社会公正。刘阳（2009）认为以人为本是经济发展质量指标的核心，因而人民福利及人的全面发展是衡量发展质量的根本出发点。喻新安等（2014）认为一定时期内经济发展的优劣程度是经济发展质量的内涵，而经济发展质量的特征包括发展规模水平、发展结构、发展的有效性、发展潜力活力、民生幸福、可持续性、创新性、农业基础能力和开放性。

以上研究所界定的经济发展质量都没有凸显出经济发展质量与增长质量的本质区别，并且没有考虑到新时代下经济发展条件变化这一因素对经济发展及其质量界定的影响。随着中国特色社会主义建设进入新时代，经济发展的背景发生了变化，我国由中等收入阶段向高等收入阶段迈进。为了刻画在新背景下经济发展的优劣程度，本文从经济发展质量的理论界定与实践界定出发，提出了测定经济发展质量的条件、过程和结果三个维度，其中通过创新驱动重塑的增长动力作为经济发展的条件推动经济发展过程的改进，而经济发展过程的改进即生产效率的提高与经济结构的优化会改善经济发展结果，使更广大的人民群众共享发展成果。本文还从经济发展质量的条件、过程和结果三个维度对现行经济发展状况进行评价，并在此基础上探索高质量发展的路径。

二　经济发展质量的基本内涵与指数构建

（一）经济发展质量的基本内涵

目前，我国经济正经历由数量时代向质量时代转型的关键时期。国际经验表明，发展中国家要想成功跨越“中等收入陷阱”，需要实现发展由量到质的转型（高继贤[①]，2017；龚刚等[②]，2017；胡鞍钢等[③]，2016）。这首先要求我们深入了解发展质量的理论意蕴，重新审视发展质量的基本内涵，为新时代下实现中国经济高质量发展打下坚实基础。基于此，本文拟从经济发展质量的理论界定和实践界定两个层面出发以期准确刻画经济发展质量的基本内涵。

1. 经济发展质量的理论界定

QFINANCE[④] 将经济发展定义为提高一个国家或地区居民的生活状态以及财富状况。托达罗[⑤]（1999）将经济发展从满足人们基本生活的需要延伸到社会的进步。而熊彼特[⑥]（2012）认为经济发展不仅包含经济增长与福利水平，还应涉及环境与经济可持续发展以及结构变迁。经济发展狭义上为一个经济体的人均国民生产总值的增加，但广义上为经济活动的量在增加与扩大的同时，实现经济活动所包含的质的提升。可见，经济发展与经济增长相比较其不再单纯强调发展速度，而更注重发展的质量，是以"增长"为基础逐步实现人的发展以及经济社会的进步。因此，经济发展质量有别于经济增长质量，两者虽都涉及价值判断，反映事物或现象的优劣程度，但经济增长质量主要表现为我国由低收入国家向中等收入国家转换时期国民经济在经济增长的效率、结构和稳定性与国民经济素质、福利变化与成果分配以及资源环境代价等方面的优劣程度（钞小静、惠康[⑦]，2009；任保平[⑧]，2012），侧重反映经济体在经济方面的优劣变化。而本文认为经济发展质量表现为我国由中等收入国家跨越到高收入国家时期的国民经济状况，不仅包含经济方面的优劣变化，还涉及与经济相关的社会、文化、民主等方面的优劣变化，包含经济增长质量的内容但比经济增长质量更关注"人"的发展，是经济发展的条件、过程和结果不断改善的产物。

---

① 高继贤：《中等收入陷阱与中国经济结构调整研究》，《当代经济》2017 年第 26 期。

② 龚刚、魏熙晔、杨先明、赵亮亮：《建设中国特色国家创新体系　跨越中等收入陷阱》，《中国社会科学》2017 年第 8 期。

③ 胡鞍钢、任皓、鲁钰锋、周绍杰：《中国跨越中等收入陷阱：基于五大发展理念视角》，《清华大学学报》（哲学社会科学版）2016 年第 5 期。

④ QFINANCE 为 Q 金融词典。

⑤ 托达罗：《发展经济学》，机械工业出版社，2009。

⑥ 熊彼特：《经济发展理论》，中国画报出版社，2012。

⑦ 钞小静、惠康：《中国经济增长质量的测度》，《数量经济技术经济研究》2009 年第 26 期。

⑧ 任保平：《经济增长质量：理论阐释、基本命题与伦理原则》，《学术月刊》2012 年第 2 期。

本文将经济发展的质量定义为：以经济发展的条件视角分析，经济发展质量体现为一个国家长期有效地开发、更新与利用各种资源创造国民财富的能力。创新作为高质量经济发展的基础，可以通过源源不断的“乘数”效应作用到劳动力、资本等生产要素中提高发展质量（林兆木[①]，2018）；以经济发展过程视角分析，经济发展质量体现为经济系统内部各要素之间的良好且有效的联结关系以及转换关系。如张雪玲、叶露迪[②]（2016）将优化经济社会结构与提升资源配置效率都包括进经济发展质量评价体系的范畴，经济结构的优化与经济效率的提高是实现经济长期高质量发展的有力支撑。其中，要素之间合理的流动与配置是经济实现高质量发展的手段，产业结构、金融结构、投资消费结构、开放结构与城乡二元结构的优化有助于改善发展的经济结构，而资本、劳动和技术要素之间的有效转换有助于提高发展的经济效率。以经济发展的结果视角分析，经济发展质量表现为一个国家或地区的经济成果由人民共享。它不仅包括物质财富的共享，还包括社会事业发展以及帮助民众不断肯定和实现其自身价值（陈学明等[③]，2008；张海波[④]，2012；颜鹏飞、李酣[⑤]，2014）。因此，高质量的经济发展必须坚持以人为本，使得人们的基本需求得到最大限度的满足，从而提高群众的幸福基础，切实增进群众的福利水平（刘晓旭[⑥]，2017）。

2. 经济发展质量的实践界定

改革开放40年来，中国在经济建设取得重大成就的同时，也要意识到在一系列内外部环境复杂变化的影响下，中国经济仍然面临不少的困难与挑战。“经济发展质量”依托于国家的经济政策和发展方针而产生，是新时代、新阶段、新模式的发展要求，其内涵应与我国当前经济发展中的发展目标和发展阶

---

① 林兆木：《关于我国经济高质量发展的几点认识》，《人民日报》2018年1月17日。

② 张雪玲、叶露迪：《长三角地区新型城镇化发展质量研究——“创新驱动”视角下的定量分析》，《杭州电子科技大学学报》（社会科学版）2016年第12期。

③ 陈学明、金瑶梅：《以人为本：以“什么样的人”和“人的什么”为本?》，《哲学研究》2009年第8期。

④ 张海波：《经济发展质量：经济学范畴与统计测度》，武汉大学出版社，2012。

⑤ 颜鹏飞、李酣：《以人为本、内涵增长和世界发展——马克思主义关于经济发展质量的思想》，《宏观质量研究》2014年第2期。

⑥ 刘晓旭：《衡量经济发展质量的六个维度》，《中国党政干部论坛》2017年第12期。

段保持高度一致。十九大报告明确指出，我国经济已转型到高质量发展阶段，正是转变发展方式、优化经济结构以及转换增长动力的关键时期，发展阶段转换亟待推进以质量变革、效率变革、动力变革为首的三大变革。动力变革是推进高质量发展的基础，是实现效率变革与质量变革的基础。2015 年中央工作会议中强调创新作为引领发展第一动力的作用，动力变革的实现需以创新驱动为首要手段。效率变革是实现产品和服务质量提升的关键，它要求从生产要素的角度出发，通过有效的使用资源以及实现要素的合理配置满足经济发展的需要，即实现生产效率的提高以及经济结构的优化。我国强调生产效率的提高既是经济发展动力支撑的具体要求，也是经济发展质量提升的现实载体。此外，2018 年中央财经领导小组办公室主任刘鹤在达沃斯会议中也将结构优化问题纳入经济高质量发展的主要内涵中。质量变革是实现高质量发展的结果。2018 年政府工作报告中将坚持以人民为中心的发展思想，在民生保障工作上下功夫。特别是现今，人民日益增长的美好生活需要与不平衡不充分的发展之间的矛盾已成为新阶段中国面临的主要社会矛盾。质量变革的核心是民生质量，应以绝大多数人分享到发展成果为目的，满足人民对美好生活的需要。这三大变革不仅强调了增长动力、经济结构、生产效率以及成果共享的必要性，也揭示了实现高质量发展的根本路径。

结合经济发展质量的理论与实践界定，本文将经济发展质量定义为经济发展的条件、过程和结果不断改善的产物。其中，经济发展的条件为通过创新驱动重塑增长动力；经济发展的过程为生产要素的各种变化，包括全面提升生产效率与优化升级经济结构；经济发展的结果为实现发展成果的共享，包含幸福基础的提升与经济不平等的缩小。条件层面的经济发展会不断推动过程层面的经济发展的改进，而过程层面的经济发展的改进又会助力结果层面的经济发展的改善，三者相互联系、缺一不可。

（二）经济发展质量的指数构建

经济发展质量是一国或地区通过对增长动力重塑、经济结构升级、生产效率改善以及成果共享增进实现经济长期、有效、可持续的发展。为了更加客观地评价西部地区经济发展质量的态势，本章拟从经济发展的条件、过程和结果三个维度，从增长动力、经济结构与生产效率以及成果共享四个方面构建涵盖

29 个基础指标的经济发展质量综合评价指标体系，全面系统地对西部地区经济发展质量的水平进行测度（见表 1）。

表 1　经济发展质量的综合评价体系

方面指数		分项指标	基础指标	计量单位	指标属性		
					正指标	逆指标	适度指标
条件	增长动力	创新基础	人均受教育年限	年	√		
			高校专任教师数	人	√		
		创新投入	R&D 人员全时当量	万人	√		
			研发支出占 GDP 比重	%	√		
		创新产出	专利申请数	件	√		
			技术市场成交额占 GDP 比重	%	√		
过程	经济结构	产业结构	产业高级化指数	—	√		
			工业化率	—	√		
		金融结构	金融机构存贷款余额占 GDP 比重	%	√		
		投资消费结构	投资率	%			√
			消费率	%			√
		开放结构	进出口总额占 GDP 比重	%	√		
		城乡二元结构	二元对比系数	—	√		
			二元反差系数	—		√	
	生产效率	技术方面	全要素生产率	%	√		
			技术变动	—	√		
			技术效率变动	—	√		
		资本方面	资本生产率	%	√		
		劳动方面	劳动生产率	%	√		
结果	成果共享	幸福基础	人均卫生机构数	个/万人	√		
			清扫保洁面积	万立方米	√		
			人均公路里程	公里/万人	√		
			公共图书馆	个	√		
			单位 GDP 能耗	—		√	
			单位 GDP 二氧化碳排放	—		√	
			固体废物利用率	%	√		
			人均绿化面积	公顷/人	√		
		经济差距	城乡人均收入比	元/人		√	
			城乡家庭消费性支出比	%		√	
			城乡恩格尔系数比	%	√		
			人均 GDP 增长率	%	√		

1. 经济发展的条件

增长动力主要源于创新，创新是驱动经济发展的内在引擎（洪银兴[①]，2013）。创新的实质就是利用新要素的重组、利用与开发实现资源的合理配置，从而促进新技术、新产品和新业态的发展，增强创新驱动，使之真实有效地持续增强我国经济发展的新动能，推动中国高质量经济发展。衡量创新发展水平的内容主要涵盖了创新基础、创新投入跟创新产出这三个部分，其中，创新的基础是实现创新发展的基本要素，创新的投入是实现创新发展的前提条件，创新的产出是实现创新发展的成果转化，三者合起来反映整体的创新发展水平。创新的基础用人均受教育年限和高校专任教师数来衡量，知识创新是创新过程的起点，创新驱动离不开大量高素质人才的培育，公众教育质量的高低直接影响创新是否成为助力推动发展的有效支撑，其中人均受教育年限反映教育的平均水平，高校专任教师数主要体现为高校对专业人力资本的培育水平，两者合起来反映教育质量。创新的投入用 R&D 人员全时当量和研发支出占 GDP 比重指标来表示，R&D 人员全时当量反映创新主体的投入力度，研发支出占 GDP 比重共同反映社会整体对创新的资金投入力度。而创新产出分别用专利申请数和高技术产业增加值的 GDP 占比来表示，专利申请数是衡量以基础科学与技术科学为主的知识创新的发展程度，技术市场成交额占 GDP 比重反映技术创新的落地化程度。

2. 经济发展的过程

在经济发展阶段从高速增长阶段转变成高质量发展阶段的过程中，纠偏经济结构失衡有利于促进经济长期可持续发展以及发展质量的提升。而效率作为经济发展的永恒主题，填平各种低效率洼地，有助于为高质量发展奠定稳定的基础（迟福林[②]，2018）。因此，优化经济结构与提升生产效率在经济发展过程中充当重要角色，是推动高质量发展的关键。其中，经济结构主要依据国民核算账户体系的划分以及中国典型的城乡二元结构，本文选取产业结构、金融结构、投资消费结构、开放结构、城乡二元结构来度量经济结构的合理化程度，具体来看，产业结构用产业高级化指数、工业化

① 洪银兴：《论创新驱动经济发展战略》，《经济学家》2013 年第 1 期。

② 迟福林：《以三大变革推动高质量发展》，《中国经济时报》2018 年 3 月 9 日。

率来表示；金融结构采用金融机构存贷款余额与 GDP 作比表示；投资消费结构用投资率和消费率来表示；开放结构用外商直接投资占 GDP 比重来表示。城乡二元结构用二元对比系数和二元反差系数来表示。生产效率是指生产要素的投入转换为产出时的有效程度（任保平，2012）。因此，选取资本生产率、劳动生产率和全要素生产率以及技术变动和技术效率变动这五个指标来代表，其中，资本生产率反映资本要素的效率，劳动生产率反映劳动要素的效率，全要素生产率、技术变动和技术效率变动反映技术要素的效率。

3. 经济发展的结果

经济发展的重要目的是共享，要求在实现收获与丰富经济与物质财富的基础上，满足人们对美好生活的需要（赵满华①，2016）。共享包含幸福基础的共享以及经济差距的缩小，以切实让发展成果惠及于民，增进国民福利水平，实现经济发展状态的进步。其中，幸福基础主要体现为居民在卫生、公共服务与环境等方面获得的服务，人均卫生机构数和清扫保洁面积体现居民享受到的医疗卫生服务，其中，人均卫生机构数体现享受医疗卫生的方便与快捷程度，是居民健康的保障，清扫保洁面积体现居民享有的公共卫生环境；人均公路里程指标代表政府在交通基础服务方面的投入力度，衡量公共服务中交通基础设施服务的实施效果；而公共图书馆数反映市政文化设施水平；本文选取资源利用与环境治理两个指标对环境质量进行测度。其中，单位地区生产总值能耗体现为能源消耗对生态环境的影响程度；单位地区生产总值二氧化碳反映空气污染程度，这两个指标共同刻画资源利用情况。用固体废物利用率和人均绿化面积反映环境治理状况。由于我国发展不平衡不充分问题在农村尤为突出，关于经济差距的测度，本文主要考虑城乡之间经济差距的状况，在此选取城乡人均收入比代表城镇与农村之间收入的差异，城乡家庭消费性支出比来衡量城乡之间消费支出的差异，城乡恩格尔系数比表示城乡之间家庭富足程度的差异，而人均 GDP 增长率表示整体收入增长情况。

① 赵满华：《共享发展的科学内涵及实现机制研究》，《经济问题》2016 年第 3 期。

三　新时代西部地区经济发展质量的综合评价

（一）西部地区经济发展质量的指标选取与数据说明

基于上述构建的经济发展质量评价体系，本文以2000年为基期，拟对2000~2016年西部11个地区（除西藏外）的经济发展质量指数进行测算与分析。本文的数据主要选自历年《中国统计年鉴》、各省区历年统计年鉴、《新中国六十年汇编》，以及各省份2016年国民经济和社会发展统计公报。

关于指标体系中除了统计年鉴中直接可得的数据外涉及的复杂计算主要有：人均受教育年限按小学、初中、高中、大学及以上受教育人口与受教育年限值之积占总人口之比计算得出，其中，6年、9年、12年、16年分别代表小学、初中、高中和大学受教育年限；产业高级化指数用结构偏离的泰尔指数计算得到；二元对比系数和二元反差系数参考任保平等①（2014）的计算方法得到；全要素生产率、技术变动、技术效率变动借助DEAP，用malquist指数法进行估算；人均国内生产总值的增长率以2000年为基期，用实际人均国内生产总值计算得到。此外，本文主要借助Eviews7.2，利用现有数据建立回归方程进行估测以处理个别年份缺失数据。鉴于各个基础指标属性不同，本文将逆向指标和适度指标做了倒数化的正向处理。其中，适度指标需先将原始值与适度值做差后再进行倒数处理。针对不同指标单位和其在数量级上存在的差异，参考钞小静等②（2009）一文中均值化的处理方法，消除量纲和量级。

（二）西部地区经济发展质量的测度方法

研究关于综合评价体系的测度方法主要包含层次分析法、熵值法、模糊评

① 任保平、钞小静、魏婕：《中国经济增长质量发展报告（2014）》，中国经济出版社，2014。
② 钞小静、惠康：《中国经济增长质量的测度》，《数量经济技术经济研究》2009年第26期。

价法以及主成分分析法等测度方法。考虑到赋权的客观性以及充分反映评价体系各个维度的具体变化，本文主要采用主成分分析法对经济发展质量评价体系进行测度。最少信息丢失是主成分分析法的主要前提，主成分分析作为多元统计分析方法的一种，它可以通过降维实现多个指标有效简化。并且形成的权重结构除了可以避免各个指标之间的高度相关性以及权重确定的主观性之外，还能再保留原有数据信息的情况下完全反映到经济发展质量各维度以及各个基础指标的贡献程度，很适用于经济发展质量状态的量化分析（钞小静[①]，2014）。主成分分析法的数学公式为：

$$\begin{cases} q_1 = \mu_{11}p_1 + \mu_{12}p_2 + \mu_{13}p_3 + \cdots + \mu_{1r}p_n \\ q_2 = \mu_{21}p_1 + \mu_{22}p_2 + \mu_{23}p_3 + \cdots + \mu_{2r}p_n \\ q_3 = \mu_{31}p_1 + \mu_{32}p_2 + \mu_{33}p_3 + \cdots + \mu_{3r}p_n \\ \cdots \\ q_n = \mu_{n1}p_1 + \mu_{n2}p_2 + \mu_{n3}p_3 + \cdots + \mu_{nr}p_n \end{cases} \tag{1}$$

从公式（1）可看出，主成分分析主要通过变化坐标，将初始变量通过线性组合变换为另一组不相关的变量实现变量降维的分析方法。本文的具体操作过程为：首先，对原有变量先进行均值化处理再计算相关系数矩阵；其次，是对相关系数矩阵关于特征根以及相关的特征向量的计算；最后，明确主成分个数以及各方面指数的权重，并计算综合得分。一般选取特征值大于 1 来确定主成分的个数，再以各个主成分的方差贡献率在累计方差贡献率的占比作为权重，计算各个方面指数的权重以合成方面指数，再按照同样的方法最终合成经济发展质量的综合评价值。

（三）西部地区经济发展质量的测算结果

本文对西部地区 11 个地区（除西藏外）2000 ~ 2016 年经济发展质量水平以及发展的条件、过程、结果三个维度进行测算，测算结果见表 2。需要说明的是，经济发展质量指数为正表示该地区的经济发展质量水平位于西部地区总体层面的经济发展平均水平之上，而经济发展质量指数为负则表示该地区的经济发展质量水平位于西部地区总体层面的经济发展平均水平之下。

---

① 钞小静：《中国经济增长质量的区域评价研究》，科学出版社，2014。

表 2　代表性年份西部地区经济发展质量指数及排序

地区	质量指数	2000	2005	2010	2011	2012	2013	2014	2015	2016
重庆	经济发展质量指数	-0.23	0.50	0.91	1.08	0.73	0.76	0.86	1.71	2.09
		(7)	(3)	(3)	(3)	(3)	(3)	(3)	(2)	(1)
	经济发展质量排序变动	—	4	0	0	0	0	0	1	1
四川	经济发展质量指数	1.68	2.28	1.85	1.62	1.74	1.43	1.68	2.19	1.16
		(1)	(1)	(1)	(2)	(1)	(1)	(1)	(1)	(2)
	经济发展质量排序变动	—	0	0	-1	1	0	0	0	-1
贵州	经济发展质量指数	-0.88	-1.36	0.06	0.61	-0.83	-1.22	-1.10	0.45	-1.17
		(10)	(11)	(5)	(6)	(9)	(10)	(10)	(5)	(9)
	经济发展质量排序变动	—	-1	6	-1	-3	-1	0	5	-4
云南	经济发展质量指数	-0.73	-0.67	0.46	0.68	-0.39	-0.70	-0.41	0.66	-1.46
		(9)	(9)	(4)	(4)	(6)	(8)	(7)	(3)	(11)
	经济发展质量排序变动	—	0	5	0	-2	-2	1	4	-8
陕西	经济发展质量指数	1.22	0.43	1.55	1.66	0.93	0.45	1.30	0.54	0.98
		(2)	(5)	(2)	(1)	(2)	(5)	(2)	(4)	(3)
	经济发展质量排序变动	—	-3	3	1	-1	-3	3	-2	1
甘肃	经济发展质量指数	0.03	-0.46	-0.17	-1.32	-0.95	-1.24	-1.21	-0.34	-1.39
		(6)	(6)	(6)	(9)	(10)	(11)	(11)	(6)	(10)
	经济发展质量排序变动	—	0	0	3	-1	-1	-1	5	-4
宁夏	经济发展质量指数	-0.64	-0.66	-1.38	-1.84	-1.15	-1.02	-1.09	-0.91	0.09
		(8)	(8)	(11)	(11)	(11)	(9)	(9)	(9)	(6)
	经济发展质量排序变动	—	0	-3	0	0	-2	0	0	3
青海	经济发展质量指数	-1.42	-1.13	-1.13	-1.81	-0.65	-0.29	-0.45	-1.72	-0.45
		(11)	(10)	(10)	(10)	(8)	(7)	(8)	(11)	(7)
	经济发展质量排序变动	—	1	0	0	2	1	-1	-3	4
新疆	经济发展质量指数	0.12	0.50	-0.93	-0.57	0.50	0.63	-0.39	-1.32	-0.52
		(5)	(4)	(8)	(7)	(5)	(4)	(6)	(10)	(8)
	经济发展质量排序变动	—	1	-4	1	2	1	2	-4	2

续表

地区	质量指数	2000	2005	2010	2011	2012	2013	2014	2015	2016
广西	经济发展质量指数	0.20	1.12	-0.29	-0.78	-0.46	0.42	0.46	-0.37	0.39
		(4)	(2)	(7)	(8)	(7)	(6)	(4)	(7)	(4)
	经济发展质量排序变动	—	2	-5	-1	1	1	2	-3	3
内蒙古	经济发展质量指数	0.65	-0.55	-0.94	0.67	0.53	0.77	0.34	-0.89	0.28
		(3)	(7)	(9)	(5)	(4)	(2)	(5)	(8)	(5)
	经济发展质量排序变动	—	4	-2	4	1	2	-3	-3	3

注：括号为该省份经济发展质量指数的当年排序值。

表2汇总了在2000~2016年的代表性年份里西部地区经济发展质量指数及与前一年相比各省区经济发展质量指数的排序变动结果。一方面，从西部地区2000~2016年经济发展质量排序的变动来看，2000年西部地区有6个省区经济发展质量水平位于西部地区总体层面平均水平之上，且经济发展质量排序前三的省份分别有：四川（1.68）、陕西（1.22）和内蒙古（0.65）；而经济发展质量排序后三的省份分别有：云南（-0.73）、贵州（-0.88）和青海（-1.42）。到2005年经济发展质量水平位于整个西部地区平均水平之上的省份数降到5个，其中排序位于前三的省份有：四川（2.28）、广西（1.12）和重庆（0.50）；而经济发展质量位于后三的省份有：云南（-0.67）、青海（-1.13）和贵州（-1.36）。在2010~2016年间，经济发展水平位于整个西部地区平均水平之上的省份个数基本维持在6个左右，其中，2011年经济发展质量指数超过1的省份个数最多，排前三名为陕西（1.66）、四川（1.62）、重庆（1.08）。而2011年、2013年、2014年经济发展质量指数低于-1的省份个数最多，均为3个，具体的有2011年的甘肃（-1.32）、青海（-1.81）和宁夏（-1.84），2013年的宁夏（-1.02）、贵州（-1.22）甘肃（-1.24）和2014年的宁夏（-1.09）、贵州（-1.10）和甘肃（-1.21）。2016年各省区经济发展水平位于整个西部地区平均水平之上的有6个省份，分别是：重庆（2.09）、四川（1.16）、陕西（0.98）、广西（0.39）、内蒙古（0.28）和宁夏（0.09），而经济发展质量排序后三的省区分别有：贵州（-1.17）、甘肃

（-1.39）和云南（-1.46）。此外，西部地区2016年经济发展质量指数相比2000年整体变化并不显著，整体发展质量仍有待提升。

另一方面，从西部地区2000～2016年各省份经济发展质量排序的变化趋势来看，经济发展质量排序基本不变的省份（排序变化≤1）有四川，并且整体上四川经济发展质量的变化幅度较小且其基本处在西部地区经济发展质量的前列。经济发展质量排序变化较小的省份（1<排序变化≤3）有陕西和宁夏，其中，陕西经济发展质量的排序呈波动上升且基本位于西部地区经济发展质量排序的中上游位置，而宁夏的经济发展质量大致位于西部地区经济发展质量排序的中等偏下位置。经济发展质量排序变化较大的省份（3<排序变化≤6）有重庆、贵州、甘肃、青海、新疆、广西和内蒙古，其中，重庆经济发展质量从2000年到2016年基本呈现上升趋势，经济发展质量的表现较好。广西和内蒙古经济发展质量大致位于西部地区经济发展质量排序的中等位置，贵州、甘肃、青海和新疆经济发展质量位于西部地区经济发展质量排序的中等偏下位置。经济发展质量排序变化大的省区（6<排序变化）有云南，其经济发展质量指数的位次的变化从2000年到2016年间有明显的波动性下降趋势。各省份经济发展质量指数区域差异性较大，分化现象明显。

（四）西部地区经济发展质量的主要特征

为了更加全面地衡量2000～2016年西部地区经济发展质量的总体特征，一方面，本文将西部地区各省区的经济发展质量按年份分别进行均值化处理，列出主要年份里西部地区总体层面的经济发展质量的变动趋势（见图1）。西部地区总体层面的经济发展质量的总体变动趋势主要呈现出的特征为：随着年份的推移，西部地区经济发展质量大致呈现波动式先上升再下降后上升的“N”型趋势。从图1可知，西部地区经济发展质量与人均实际GDP的上升表现出明显的不一致性，西部地区人均实际国内生产总值由2000年的10005.86元增加到2016年的47831.83元，相比2000年扩大了近5倍，人均国内生产总值大致呈逐年递增的趋势。而西部地区经济发展质量状况的变化则相对不规则，整体经济发展质量不高。具体来看，2000～2010年西部地区经济发展质量随时间呈现波动式增长的趋势，而2010～2014年西部地区经济发展质量表现出阶梯式下降态势，经济发展质量表现较差，到2015年以后西部地区经济发展质量有所转好，2016 年经济发展质量上升趋势明显。虽然经济发展质量总体水平仍然偏低，但也在逐渐向好发展。

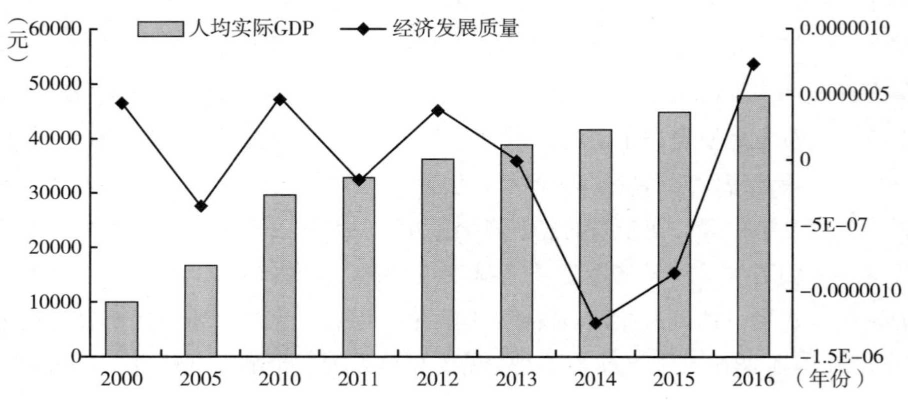

图 1　2000 ~ 2016 年西部地区经济发展质量变化趋势

注：以 2000 年为基期核算人均实际 GDP。

另一方面，本文还选取了 2000 年和 2016 年西部地区经济发展质量水平来分别刻画西部地区经济发展的地区分布，比较 2000 年和 2016 年西部地区经济发展质量水平可发现以下几个特征。第一，2000 年经济发展质量水平为［ –1. 42，1. 68］区间段内，而 2016 年经济发展质量水平在［ –1. 46，2. 09］区间段内。说明 2016 年虽然西部地区经济发展质量靠后的地区经济发展水平仍没有显著提升，但西部地区经济发展质量靠前的省区经济发展质量较 2000 年有所增长，正指数的程度较负指数有所上升，因而提升了西部地区总体层面的经济发展质量水平，改善了西部地区经济发展质量。第二，西部地区经济发展质量的分布呈现出不均衡性并且表现为向中南部集聚的状态。西部地区经济发展质量较高的省份主要分布在中南部地区，以四川、重庆一带较为集中，而西部和北部的省份经济发展质量水平相对较低。从空间上看，西部地区经济发展质量从高到低划分的四个地带中，四川和陕西一直处于第一等级；而其余省份经济发展质量均有不同程度的变化。第三，我国经济发展质量的分布同样呈现不一致性。如 2016 年西部地区人均实际国内生产总值处于第一等级的省份有内蒙古、陕西和重庆，而经济发展质量处于第一等级的省份有重庆、四川以及陕西；人均国内生产总值处于第四等级的省区有甘肃和贵州，而经济发展质量处于第四等级的省份则为青海和宁夏，其余等级的经济发展质量也都表现出相应的不一致性，并没有随人均实际国内生产总值的升高相应升高，这也从侧面证实经济的发展与增长并不等价。

进一步，本文对2000～2016年整个西部地区经济发展质量的条件、过程和结果三个维度进行趋势分析（见图2），主要表现为以下几个方面特征：其一，西部地区经济发展质量的四个方面指数总体大致表现为波动式增长的特征。其中，经济结构和增长动力指数随年份增加的波动趋势较为一致，呈现“M”型波动增长，而生产效率和成果共享指数从2000年到2016年则大致呈现“N”型波动增长，这与经济发展质量指数保持一致，说明2000年以来西部地区经济发展质量的变化主要体现在生产效率和成果共享这个层面上。其二，西部地区总体层面的经济发展质量的四个方面指数发展不均衡。西部地区经济发展质量条件维度的增长动力虽由负指数转为正指数，但较过程层面经济发展质量的经济结构和生产效率以及结果层面的经济发展的成果共享仍表现较弱，有待进一步改善。

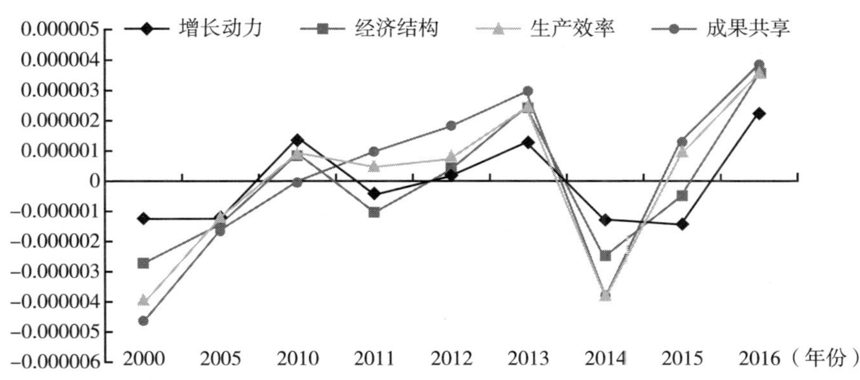

图2　2000～2016年西部地区经济发展质量各方面指数的变化趋势

四　新时代西部地区经济发展质量的影响因素及提高路径

以上分析结果表明，从2000年至2016年总体上西部地区经济发展质量指数较低；其在空间上表现为各地区不平衡，并且其发展指标随时间变化的路径表现出较大的区域差距性；在时间上波动幅度大、没有比较稳定的时间趋势。为了准确找出西部各省份经济发展质量差异的来源、存在的问题以及影响各省份经济发展质量的制约因素，以下对西部地区不同省份经济发展质量的各个维度进行了比较与分析，并在把握两会对我国建设社会主义现代化国家的方向上提出的新要求——紧紧抓住高质量发展这个要求，瞄准靶心破解高质量发展瓶颈，把人民福祉的增进作为高质量发展的出发点和落脚点，本文就提升西部地区发展质量提出了以下几条路径。

（一）通过完善创新机制以提升增长动力

从经济增长动力约束方面来看，西部各地区相应指标随时间的变化并没有表现出相同的规律，并且增长动力指标波幅较大。整个西部创新能力不足，增长动力较低的省份难以形成有效的体制机制以提高本省吸引人才及高科技产业的能力。

经济发展离不开高的增长速度，而长期较高的增长速度需要的不是传统要素的增长，而是创新驱动。创新不仅能带来技术上的革新，而且能够产生新的生产要素，实现对边际报酬递减的突破，激活经济发展的新一轮动力。人力资本质量作为创新基础，其提高是创新活力激发、创新能力提升的条件。首先，西部各省份作为落后地区需要提升本地区的教育质量，减缓人才外流趋势，引入高水平人才，促进人力资本质量长期有效提升。其次，西部地区要加大创新投入，有效提高资金利用效率，在有限投入下尽可能创造最大的创新产出，同时政府应采取加强创新激励措施，营造出全社会积极创新的氛围，激励高校及企业进行创新活动。最后，应采取有效的创新项目评价机制，促进创新知识及信息快速流动，提高创新成功率，促进创新投入向创新产出转化效率的提高。

（二）通过优化产业结构以优化经济结构

从经济结构约束方面来看，广西、四川、新疆和重庆有较好的表现，经济结构指标整体为正。从总体上讲，西部地区整体产业结构层次偏低以及城乡二元结构现象突出。

经济发展会受到不合理经济结构的制约，而要优化经济结构必须以产业结构的升级为中心。针对西部地区存在经济结构指标数值过低的情况，各省份应调整产业政策以提高本省份工业与生产性服务业在整个产业中所占的比例，同时发展支柱产业，实现各产业相互配合加速增长。金融对实体经济的支持也是不可忽略的，西部各省份应有效利用金融资源，加强金融深化与宽化以促进产业资本积累。工业化程度高的城市拥有较农村地区高的劳动生产率，劳动力要素在趋利性的作用下会由农村向城市流动，政府应放开户籍及相关政策，促进劳动力有效流动，纠正资源配置扭曲效应，加速城市化过程。同时应重视农业在经济体系中的作用，加速其生产向现代化方式转变，提高生产率，改变城乡生活水平悬殊的状态，使经济结构得到优化。

（三）通过提高资源配置效率以提高生产效率

从经济生产效率来看，西部地区表现出生产效率低下的特征。除广西、内蒙古和新疆在总体上拥有正的生产效率外，其他省份在较多年份里呈现出负的生产效率。

要提高生产效率，首先应该实现从技术含量低的粗放型经济向知识型经济的转变，通过鼓励企业采用新技术、新工艺，淘汰现有落后技术，学习企业组织管理的先进知识及成熟经验，优化企业管理流程，提高新技术应用率，合理化生产要素投入结构，使全要素生产率持续提升。其次，政府应当制定政策促进劳动力流动以及鼓励高水平人才流入本地，同时应当鼓励对于工人的培训，提升其技能，促进低技能劳动群体向高技能转化，保证本地区拥有充足的人力资本。最后，政府应当鼓励高校等研究机构与企业的合作，促进研究成果向经济产出的转化，提高经济的生产效率。

（四）通过提升幸福基础和缩小经济差距以促进成果共享

从经济成果共享约束来看，除陕西和四川成果分享指标数值为正，有较好的结果以外，西部其他地区的经济成果共享状况较差，同时其波动幅度也比较大。总体来说，西部地区发展成果没有很好地为每个人所享有。

人的发展是经济发展的目的。要实现人更好地发展，首先，西部地区应该增加公共设施供给、提高教育质量、提升公共服务质量、加大社会保障力度、提高科教文卫支出，保障居民基本生活需求的实现，同时采取有效的政策安排，促进不同地区公共福利均等化。其次，政府应出台相关政策鼓励企业提升能源、资源利用率，实现资源的循环利用，同时严格实施环境保护政策，通过有力的惩罚措施约束企业行为，减轻其生产对资源、环境的负担。西部地区应重视城乡发展差距带来的城乡人民生活水平的差距，重视农村农业生产问题，根据农村不同地区的资源禀赋状况发展适合于各地区的产业，使农业生产效率进一步提升，从而提高农村居民收入水平及幸福感。

B.3

新时代背景下西部地区产业数量增长、质量发展及其协调度研究*

高煜　王旭**

摘　要： 新时代背景下，产业高质量发展成为西部地区产业发展的方向。本文从西部地区产业增长的数量、质量及其协调度的研究视角出发，建立测度产业数量增长、质量发展及其协调度的指标体系，对西部地区产业的数量增长、质量发展及其协调度进行测度，指出产业发展质量波动大、提升程度有限，是西部地区产业发展的重要问题，同时也是制约西部地区产业数量、质量协调发展的关键原因。因此，实现产业高质量发展就成为西部地区产业发展的方向。接着，对提升西部地区产业发展质量的因素、路径，以及西部地区深入推进"一带一路"的方向进行了分析。

关键词： 西部地区　产业发展质量　产业发展协调度

一　引言

党的十九大报告明确指出，"我国经济已由高速增长阶段转向高质量发展阶段。"作为经济发展重要内容之一的产业发展，在产业数量快速增长的同

* 本报告系教育部人文社会科学重点研究基地重大项目"丝绸之路经济带战略背景下西部地区产业结构调整与升级研究"（16JJD790049）的阶段研究成果。

** 高煜，西北大学中国西部经济发展研究中心，西北大学经济管理学院经济学教授，博士生导师，主要研究方向为产业经济学；王旭，西北大学经济管理学院硕士研究生。

时，更加注重提升产业发展质量，推动产业数量增长、质量发展协调推进，对于新时代中国经济高质量发展具有十分重大的意义。

随着中国特色社会主义进入新时代、市场需求条件和国内外竞争环境的改变，中国产业发展阶段已经进入质量提升的新阶段。因此，从质量发展的视角研究中国及区域产业发展就成为当前十分重要的问题。

西部地区产业发展质量关系着中国整体产业发展质量的提升，关系着区域协调发展战略的实现，关系着“一带一路”倡议的深入推进，因而具有十分重要的研究价值。在过去的发展中，西部地区产业数量增长、质量发展及其之间的协调程度、发展趋势是怎样的？进入新时代之后，影响西部地区产业发展质量的因素有哪些？西部地区的产业发展质量应该遵循什么样的路径才能以较快的速度提高？

本文试图通过对于新时代背景下，西部地区产业数量增长、质量发展及其协调度的研究，对上述问题进行深入解析。本文的结构安排：第二部分为相关文献综述；第三部分是对西部地区产业数量增长、质量发展及其协调度的测度；第四部分是研究提升西部地区产业发展质量的影响因素；第五部分是研究西部地区产业发展质量提升的对策，及“丝绸之路经济带”深入推进的方向与路径。

二　文献回顾

对产业发展质量研究的文献主要体现在两个方面。一是对产业发展质量的内涵的研究，二是对产业发展质量中具体问题的研究。

在产业发展质量内涵的研究中，陈佳美（2015）认为产业发展在包含产业增长的数量的同时，更加注重和强调产业增长的质量①。产业增长数量与产业发展质量是产业增长这个问题的两个方面，共同构成了产业增长的全部内容，是增长的两种属性，不是两种增长。任保平、张蓓（2016）指出，应当从定量与定性两个角度判断产业增长，即应当在关注产业增长数量的同时注重产业发展的质量，理想的产业增长状态应该是在数量增长和质量发展相互协

① 陈佳美：《中国产业增长质量的提升研究》，西北大学，2015。

调、保持一致的状态下发展演进①。

对产业发展质量中具体问题的研究是从三个方面展开的。

第一，对产业增长效率的研究。研究产业增长效率的文献主要从两个方面进行。一是研究影响产业效率的因素。赵自芳，史晋川（2006）② 从要素市场扭曲，朱顺林（2006）③、余东华（2008）④ 从区际分割和地区行政垄断，吴利华和申振佳（2013）⑤，赖永剑和伍海军（2013）⑥ 从企业的进入与退出和要素重置等分别研究了影响产业效率的因素。二是建立效率评价模型，对产业增长效率水平进行实证研究。这其中以 DEA 方法（赵自芳、史晋川，2006⑦；王家庭、张容，2009⑧；王维国、马越越，2012⑨）和 SFA 方法（何维达、张远德，2008⑩；马跃如等，2012⑪）为主，其研究结果均表明消除产业的效率损失对产业增长的重要性。

第二，对于产业结构的研究。郭克莎（1999）⑫ 的实证研究表明产业结构

① 任保平、张蓓：《我国省级地方经济增长中数量与质量不一致性及其理论解释》，《社会科学研究》2016 年第 5 期，第 57 ~ 64 页。

② 赵自芳、史晋川：《中国要素市场扭曲的产业效率损失——基于 DEA 方法的实证分析》，《中国工业经济》2006 年第 10 期，第 40 ~ 48 页。

③ 朱顺林：《中国区际分割的产业效率损失实证分析》，《经济地理》2006 年第 1 期，第 16 ~ 19 页。

④ 余东华：《地区行政垄断、产业受保护程度与产业效率——以转型时期中国制造业为例》，《南开经济研究》2008 年第 4 期，第 86 ~ 96 页。

⑤ 吴利华、申振佳：《产业生产率变化：企业进入退出、所有制与政府补贴——以装备制造业为例》，《产业经济研究》2013 年第 4 期，第 30 ~ 39 页。

⑥ 赖永剑、伍海军：《企业间要素重配能够提升中国制造业的生产率吗？——来自我国制造业企业数据的经验证据》，《产业经济研究》2013 年第 1 期，第 60 ~ 69 页。

⑦ 赵自芳、史晋川：《中国要素市场扭曲的产业效率损失——基于 DEA 方法的实证分析》，《中国工业经济》2006 年第 10 期，第 40 ~ 48 页。

⑧ 王家庭、张容：《基于三阶段 DEA 模型的中国 31 省市文化产业效率研究》，《中国软科学》2009 年第 9 期，第 75 ~ 82 页。

⑨ 王维国、马越越：《中国区域物流产业效率——基于三阶段 DEA 模型的 Malmquist-luenberger 指数方法》，《系统工程》2012 年第 3 期，第 66 ~ 75 页。

⑩ 何维达、张远德：《基于非参数随机前沿面模型的高技术产业效率研究》，《经济经纬》2008 年第 4 期，第 71 ~ 74 页。

⑪ 马跃如、白勇、程伟波：《基于 SFA 的我国文化产业效率及影响因素分析》，《统计与决策》2012 年第 8 期，第 97 ~ 101 页。

⑫ 郭克莎：《总量问题还是结构问题？——产业结构偏差对我国经济增长的制约及调整思路》，《经济研究》1999 年第 9 期，第 15 ~ 21 页。

对经济增长具有决定性影响；干春晖、郑若谷等（2009，2011）①② 在测度产业结构合理化和高级化基础之上，分析产业结构变迁对经济增长和经济波动的影响，一个重要的结论是当前中国产业结构的合理化对经济发展的贡献高于产业结构高级化；王智勇（2013）③ 的实证研究证明了产业结构变迁和产业效率的提高是影响地区经济增长的最重要因素，同时也是形成和加剧地区经济差距的重要原因。

第三，对于产业增长的持续性和环境代价的研究。对资源环境代价的研究主要集中在三个方面：一是能源消费与经济产出的关系；二是经济增长、能源消费与环境污染三者之间的动态关系；三是通过环境库兹涅茨曲线（EKC）研究环境污染与经济产出。张晓（1999）④ 最早使用计量实证了中国 KEC 的存在性，并指出经济与环境之间的 KEC 呈现较弱的倒 U 型关系；张丽峰（2005）⑤ 通过建立误差修正模型，实证结果表明三次产业的能源消费弹性不同，GDP 是能源消费的格兰杰因果关系；蔡昉等（2008）⑥ 通过 KEC 考察中国经济内在节能减排要求，指出环境压力的日益增大迫切需要增长方式的转变；林伯强、蒋竺均（2009）⑦ 验证了 KEC 的倒 U 型，并预测 2040 年将达到拐点；但杨万平、袁晓玲（2009）⑧ 的研究却认为 KEC 呈正 U 型。同时对于区域环境与经济的 KEC 研究表明东部和中部呈倒 U 型（许广月、宋德勇，

① 干春晖、郑若谷：《改革开放以来产业结构演进与生产率增长研究——对中国 1978 ~ 2007 年“结构红利假说”的检验》，《中国工业经济》2009 年第 2 期，第 55 ~ 65 页。

② 干春晖、郑若谷、余典范：《中国产业结构变迁对经济增长和波动的影响》，《经济研究》2011 年第 5 期，第 4 ~ 16 页。

③ 王智勇：《产业结构、城市化与地区经济增长——基于地市级单元的研究》，《产业经济研究》2013 年第 5 期，第 23 ~ 34 页。

④ 张晓：《中国环境政策的总体评价》，《中国社会科学》1999 年第 3 期，第 88 ~ 99 页。

⑤ 张丽峰：《产业能源消费与产业发展的协整与误差修正模型分析》，《经济经纬》2005 年第 6 期，第 34 ~ 36 页。

⑥ 蔡昉、都阳、王美艳：《经济发展方式转变与节能减排内在动力》，《经济研究》2008 年第 6 期，第 4 ~ 11 页。

⑦ 林伯强、蒋竺均：《中国二氧化碳的环境库兹涅茨曲线预测及影响因素分析》，《管理世界》2009 年第 4 期，第 27 ~ 36 页。

⑧ 杨万平、袁晓玲：《环境库兹涅茨曲线假说在中国的经验研究》，《长江流域资源与环境》2009 年第 8 期，第 704 页。

2010[①])，西部地区呈正 U 型（李飞、庄宇，2012[②]）。

目前已有文献对于产业发展质量的含义以及具体问题展开了深入研究，但是对于中国区域产业发展质量整体研究，及其与数量增长的协调度等问题的研究还具有较为广阔的空间。本文试图在已有研究的基础上，对西部地区的上述问题展开相关研究。

三 西部地区产业数量增长、质量发展及其协调度的测度

本部分运用西部地区 12 省份[③] 2001 ~ 2016 年数据[④]，对西部地区产业数量增长、质量发展及其协调度进行测度分析。

（一）西部地区产业数量增长测度

本文运用三次产业增加值分别表示三次产业的增长数量，借鉴盛丹、王永进（2011）[⑤] 的方法，将原始数据通过 SPSS22 的“Z 标准化方法”进行标准化处理，然后借鉴陈佳美（2015）[⑥] 构造产业发展质量指数和钞小静、任保平（2011）[⑦] 构造经济增长质量指数的方法，运用主成分分析法确定权重构造产业增长数量指数，对西部地区 2001 ~ 2016 年产业数量增长进行测度。指标和测算结果分别见表 1 和表 2。

---

① 许广月、宋德勇：《中国碳排放环境库兹涅茨曲线的实证研究——基于省域面板数据》，《中国工业经济》2010 年第 5 期，第 37 ~ 47 页。

② 李飞、庄宇：《西北地区环境库兹涅茨曲线实证研究》，《环境保护科学》2012 年第 2 期，第 64 ~ 68 页。

③ 本文对于西部地区的研究包括陕西、四川、云南、贵州、广西、甘肃、青海、宁夏、西藏、新疆、内蒙古、重庆等十二个省、自治区和直辖市。

④ 数据来源于历年《中国统计年鉴》，缺失数据用各省份统计年鉴补齐。

⑤ 盛丹、王永进：《市场化、技术复杂度与中国省区的产业增长》，《世界经济》2011 年第 6 期，第 26 ~ 47 页。

⑥ 陈佳美：《中国产业增长质量的提升研究》，西北大学，2015。

⑦ 钞小静、任保平：《中国经济增长质量的时序变化与地区差异分析》，《经济研究》2011 年第 4 期，第 26 ~ 40 页。

表 1　产业增长数量评价指标体系

方面指数	评价指标	指标属性
第一产业的增长数量	第一产业增加值	正
第二产业的增长数量	第二产业增加值	正
第三产业的增长数量	第三产业增加值	正

表 2　2001～2016 年西部地区产业增长数量指数

年份	方面指数			产业增长数量指数
	第一产业的增长数量	第二产业的增长数量	第三产业的增长数量	
2001	-1.1381	-1.1049	-1.0574	-3.2577
2002	-1.1135	-1.0773	-1.0067	-3.1521
2003	-1.0701	-1.0409	-0.9521	-3.0252
2004	-0.9846	-0.9738	-0.8911	-2.8305
2005	-0.7839	-0.8669	-0.8020	-2.5285
2006	-0.6753	-0.7451	-0.6976	-2.1814
2007	-0.5949	-0.5846	-0.5718	-1.7358
2008	-0.3132	-0.3868	-0.4030	-1.1732
2009	-0.0499	-0.1115	-0.1912	-0.4127
2010	0.0115	0.0227	-0.0140	0.0313
2011	0.3260	0.4238	0.2051	1.0500
2012	0.7591	0.8894	0.5544	2.3271
2013	1.0858	1.1624	0.8836	3.1996
2014	1.2961	1.3500	1.3128	4.0011
2015	1.5253	1.5059	1.6331	4.6310
2016	1.7198	1.5376	1.9978	5.0571

注：原始数据来源于历年《中国统计年鉴》和各省份统计年鉴，表中数据为作者计算而来。

从表 2 和图 1 中可以看出，西部地区产业增长数量指数呈现持续上升趋势，从 2001 年的 -3.2577 到 2016 年的 5.0571，数量指数增长值达 8.3148。具体而言，第一产业增长数量指数从 2001 年的 -1.1381 到 2016 年的 1.7198；第二产业增长数量指数从 2001 年的 -1.1049 到 2016 年的 1.5376；第三产业数量指数从 2001 年的 -1.0574 到 2016 年的 1.9978。其中，第三产

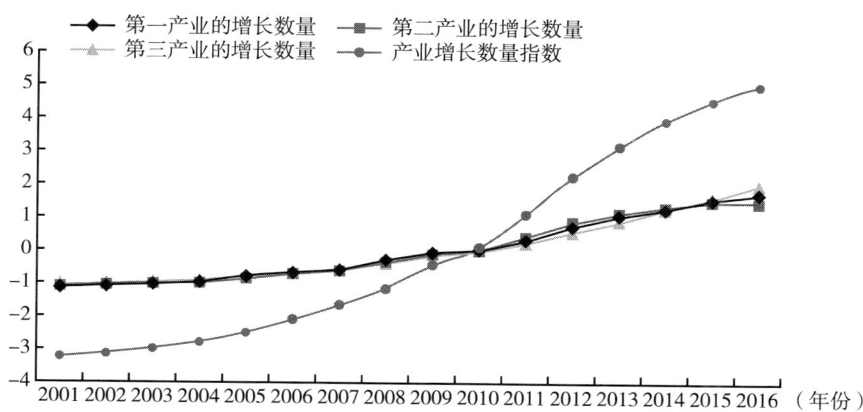

图1 2001～2016 年西部地区产业增长数量指数

数据来源：根据表 2 绘制所得。

业数量指数的增幅最大，为 3.0552，第一产业次之，为 2.8579，第二产业为 2.6425。可以看出，第三产业的快速增长对于产业数量指数的贡献度最大，第一产业贡献度次之，相对而言，第二产业对西部地区产业增长数量指数贡献度最小。

（二）西部地区产业质量发展测度

本文借鉴何伟（2013）①；陈佳美（2015）②；张诗颖和罗芳（2017）③ 等的研究方法与成果，从产业增长效率、产业结构升级、产业增长持续性、产业增长环境代价 4 个维度，选取与产业发展相关的 9 个指标，构建产业发展质量评价指标体系。将原始数据通过 SPSS22 的“Z 标准化方法”进行标准化处理后，使用主成分分析，通过所得方差贡献率赋权，确定每一指标的权重，测算产业发展质量的综合指数，对西部地区 2001～2016 年产业发展质量进行考察。产业发展质量指标的构建和测算结果分别见表 3 和表 4。

① 何伟：《中国区域经济发展质量综合评价》，《中南财经政法大学学报》2013 年第 4 期。

② 陈佳美：《中国产业增长质量的提升研究》，西北大学，2015。

③ 张诗颖、罗芳：《基于主成分分析的安徽省城镇居民消费率研究》，《科技和产业》2017 年第 9 期，第 89～93 页。

表 3　产业发展质量评价指标体系

方面指数	评价指标	指标解释	指标属性
产业增长效率	第一产业劳动生产率	第 n 产业产值/第 n 产业就业人数	正
	第二产业劳动生产率		正
	第三产业劳动生产率		正
产业结构升级	产业高级化指数	第三产业产值比重/第二产业产值比重	正
	工业化率	非农产业就业人数/总就业人数	正
产业增长持续性	废水处理率	废水处理量/工业废水排放量	正
	工业固废物综合利用率	工业固体废物综合利用量/工业固体废物产生量	正
产业增长环境代价	单位 GDP 工业二氧化硫排放量	工业二氧化硫排放量/GDP	逆
	单位 GDP 工业废水排放量	工业废水排放量/GDP	逆

表 4　2001～2016 年西部地区产业发展质量指数

年份	方面指数				产业发展质量指数
	产业增长效率	产业结构升级	产业增长持续性	产业增长环境代价	
2001	-0.1789	0.1430	0.1411	0.1971	0.3022
2002	-0.1780	0.6244	0.0991	0.1676	0.7131
2003	-0.1773	0.6021	0.1881	0.1402	0.7530
2004	-0.1761	0.2314	0.0549	0.1040	0.2141
2005	-0.1738	-0.2152	0.0284	0.0568	-0.3038
2006	-0.1714	0.5584	0.0270	0.0307	0.4448
2007	-0.1693	0.0708	0.0035	-0.0192	-0.1143
2008	-0.1659	-0.1922	-0.0331	-0.4493	-0.8406
2009	-0.1618	-0.5956	-0.0289	-0.0492	-0.8355
2010	-0.1593	-0.1451	-0.0639	-0.0769	-0.4451
2011	-0.1545	-0.7043	-0.0738	-0.1015	-1.0341
2012	0.4675	-0.6821	-0.0706	0.0210	-0.2642
2013	0.5474	-0.4639	-0.0649	0.0084	0.0270
2014	0.6177	-0.2808	-0.0693	-0.0046	0.2630
2015	0.1093	-0.0074	-0.0758	-0.0119	0.0141
2016	0.1245	1.0565	-0.0617	-0.0130	1.1063

注：原始数据来源于历年《中国统计年鉴》和各省份统计年鉴，表中数据为作者计算而来。

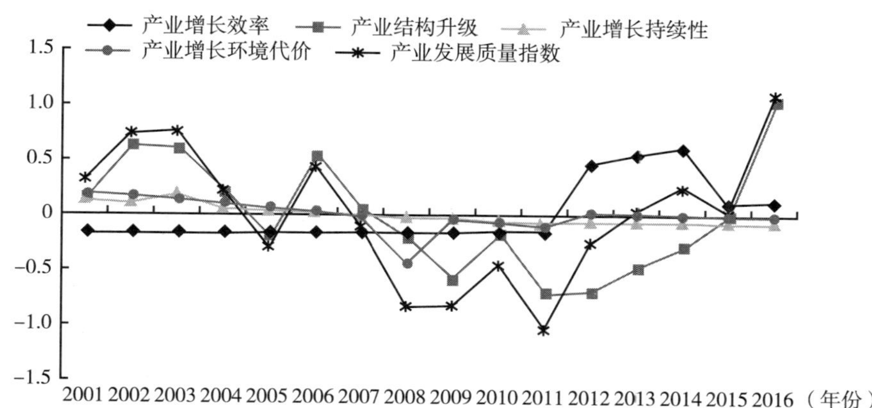

图 2　2001～2016 年西部地区产业发展质量指数

数据来源：根据表 4 绘制所得。

从表 4 和图 2 可以看出，2001～2016 年，西部地区产业发展质量呈现三个显著特征。

一是，西部地区产业发展质量总体呈现上升趋势。2001 年以来西部地区的产业发展质量指数整体上呈现波动上升的趋势，从 2001 年的 0.3022 上升到 2016 年的 1.1063。

二是，西部地区产业发展质量的阶段性特征显著。西部地区产业发展质量指数呈现较为明显的两个阶段：第一个阶段是从 2001 年至 2010 年，在这个阶段，西部地区产业发展质量总体呈现下降趋势。产业发展质量指数从 2001 年的 0.3022 下降到 2011 年的 -1.0341。特别是在 2004～2011 年间除了 2006、2010 年有正向的波动外，均处于一个下降过程。第二个阶段是从 2012 年至 2016 年，在这个阶段，西部地区产业发展质量指数总体呈现上升趋势。产业发展指数从 2011 年的 -1.0341 上升到 2016 年的 1.1063。

三是，西部地区产业发展质量各组成部分的作用存在显著差异。在西部地区产业发展质量指数中，产业结构升级对产业增长的质量影响最大，这主要表现在产业发展质量指数在不同阶段的变化趋势与产业结构升级方面指数的变动趋势除了 2009 年和 2015 年这两年略有偏差，其余年份基本保持一致，这表明大多数年份产业发展质量的变动主要体现在产业结构升级上，即产业发展质量指数的提高主要是通过产业机构优化升级的推动。产业增长效率在 2001～2011 年间基本没有太大变化，在 2011 ~2014 年间快速提升。产业增长的持续性总体呈慢速下降状态，从 2001 年的 0.1411 降到 2016 年的 -0.0617，一直处于零附近波动，且波动幅度最小。产业增长的环境代价处于下降趋势，对产业发展质量指数的影响小，且该指数除了 2008 年有较大波动外，其余年份波动不大。

（三）西部地区产业数量增长、质量发展协调度测度

目前，对于产业数量增长、质量发展的协调度的直接研究尚不充分，但是，魏礼群（2009）①，王薇和任保平（2014）②，程承坪和陈志（2016）③，任保平和张蓓（2016）④，杨丽丽和李强（2016）⑤ 等对经济增长数量与质量协调性的研究较为深入。本文借鉴经济增长数量与质量协调性研究的方法，对西部地区产业数量增长、质量发展协调度进行测度。

参照汪波、方丽（2004）⑥ 等的方法，设 X_1，X_2，…，X_m 为描述产业增长数量的 m 个指标，Y_1，Y_2，…，Y_n 为描述产业发展质量的 n 个指标。

$$f(X) = \sum_{i=1}^{m} a_i \hat{X}_i \tag{1}$$

$$g(Y) = \sum_{j=1}^{n} b_j \hat{Y}_j \tag{2}$$

公式（1）、公式（2）中，$f(X)$ 为产业增长数量协调度综合评价函数，$g(Y)$ 为产业发展质量协调度综合评价函数，a_i、b_j 为待定权重，$\hat{X}_i$、$\hat{Y}_j$ 分别为 X_i、Y_j 标准化后的数据。

---

① 魏礼群：《重在经济增长数量、质量和效益相统一》，《求是》2009 年第 8 期，第 22 ~25 页。

② 王薇、任保平：《我国经济增长数量与质量阶段性特征：1978 ~2014 年》，《改革》2015 年第 8 期，第 48 ~58 页。

③ 程承坪、陈志：《经济增长数量与质量的耦合分析——基于湖北省 2003 ~2013 年统计数据的实证研究》，《宏观质量研究》2016 年第 2 期，第 51 ~60 页。

④ 任保平、张蓓：《我国省级地方经济增长中数量与质量不一致性及其理论解释》，《社会科学研究》2016 年第 5 期，第 57 ~64 页。

⑤ 杨丽丽、李强：《新常态下经济增长质量测度、时空特征及其影响因素研究——来自安徽的例证》，《西安电子科技大学学报》（社会科学版）2016 年第 4 期，第 68 ~76 页。

⑥ 汪波、方丽：《区域经济发展的协调度评价实证分析》，《中国地质大学学报》（社会科学版）2004 年第 6 期，第 52 ~55 页。

理论上，$f(X)$ 与 $g(Y)$ 的离差越小，产业增长的数量和产业发展的质量协调程度越高。因此，构建产业增长数量与产业发展的质量之间的协调系数，公式如下：

$$C = \left\{ \frac{f(x) * g(Y)}{\left[\frac{f(x) + g(Y)}{2} \right]^2} \right\}^k \tag{3}$$

公式（3）中，C 为产业增长数量与产业发展的质量之间的协调系数，且 C 值越大，表明产业增长的数量与产业发展的质量越协调；反之，则越不协调。k 为调节系数，用以反映在地区社会经济水平一定的条件下，产业增长数量与产业发展质量之间的综合效益最大，即 $f(x)$ 与 $g(Y)$ 之积最大时，产业增长数量与产业发展质量之间进行组合协调的数量等级 $k \geqslant 2$。

为全面反映产业增长数量与产业发展质量的协调度，利用 C、$f(X)$ 和 $g(Y)$ 构造产业增长数量与质量协调发展度函数：

$$D = \sqrt{C * T} \tag{4}$$

$$T = \alpha f(X) + \beta g(Y) \tag{5}$$

公式（4）、公式（5）中，D 为协调度，α 和 β 为待定权重；$T \in (0, 1)$，$D \in (0, 1)$。

基于上文的协调度函数，对产业增长的数量和产业发展的质量进行协调度测算，结果见表5。

表5　2001～2016年西部地区产业增长数量、产业发展质量协调度

年份	协调度	年份	协调度
2001	0.9762	2009	0.6452
2002	0.9374	2010	0.5476
2003	0.9268	2011	0.5712
2004	0.8963	2012	0.4821
2005	0.8506	2013	0.4964
2006	0.7512	2014	0.3905
2007	0.7587	2015	0.4185
2008	0.6803	2016	0.3781

数据来源：作者计算而得。

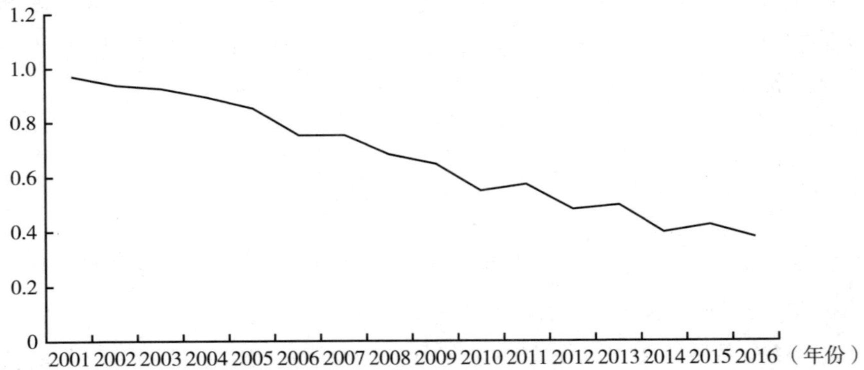

图 3　2001～2016 年西部地区产业增长数量、质量协调度

数据来源：根据表 5 绘制所得。

从表 5 和图 3 中可以看出，2001～2016 年西部地区产业数量增长、质量发展协调度的显著特征是，呈现持续、显著下降趋势。协调度指数从 2001 年的 0.9762 逐年加速下降至 2016 年的 0.3781，下降幅度大。虽然 2001 年产业增长数量和产业发展质量的协调度最高，但产业增长的数量和产业发展质量指数都处于一个较低的水平，呈现出低水平的协调。

西部地区产业数量增长、质量发展协调度之所以持续下降，其主要原因在于产业增长数量稳步提升，而在这个过程中产业发展质量波动较大，提升程度有限。故而在维持产业数量增长的同时，显著快速提升产业发展质量，是西部地区未来产业走上产业数量、质量协调发展道路的关键。

四　提升西部地区产业发展质量的影响因素分析

从上述分析可以看出，产业发展质量波动大，提升程度有限，是西部地区产业发展面临的重大问题，也是制约西部地区产业数量、质量协调发展的关键原因。因此，实现产业高质量发展就成为西部地区产业发展的方向。

在上述研究的基础上，本文基于产业发展质量指数变动，分析其变动原因，试图从多维度分析影响西部地区产业发展质量的因素。

（一）提升西部地区产业增长效率的影响因素

从本文上述研究可以看出，西部地区产业增长效率持续提升，但是在2010年前增长趋势不显著，从2011年开始显著提升，产业增长效率方面指数对产业发展质量指数的贡献度越来越大。故此，提升产业增长效率就成为西部地区未来产业高质量发展的重要方向。影响西部地区产业增长效率的因素主要有以下两点。

第一，市场化水平与政府效率。作为资源配置的两种方式，与东部地区相比，市场化水平与政府效率是制约西部地区产业增长效率的重要因素。在市场化水平方面，一是在经济主体的所有制结构中，西部地区国有经济比重大，民营经济、外资经济比重小，发展相对不充分。二是商品市场与要素市场发展严重失衡。与商品市场的快速发展相比，西部地区要素市场发展严重滞后，主要表现为市场规模小、市场分割严重、要素错配突出等。在政府效率方面，西部地区政府参与经济的程度与方式、政府提供公共服务能力、政府自身运行效率等与东部地区相比均存在差距。因此，从上述方面入手，推动市场化水平与政府效率提升，就成为提升西部地区产业增长效率的重要因素。

第二，创新能力与创新水平。提高产业生产效率存在两条路径：一是企业通过创新改进技术，进行内部组织与结构改革，使得产业内原有企业生产率得到提高；二是竞争效应所带来的优胜劣汰促使高效率企业进入、低效率企业退出，提高生产要素配置效率（吴利华、申振佳，2013①）。因此，西部地区提升产业增长效率从根本上必须依靠创新。其中，一是必须从科技研发人员规模与水平、科技研发投入力度与方式、体系化创新组织建设等方面提升西部地区创新能力；二是必须从区域创新体系建设、开放式创新模式构建、知识产权保护等相关机制入手，推动西部地区创新能力转化为高层次创新水平。

（二）提升西部地区产业结构升级的影响因素

本文上述研究表明，产业结构升级与产业发展质量指数保持高度一致性，

---

① 吴利华、申振佳：《产业生产率变化：企业进入退出、所有制与政府补贴——以装备制造业为例》，《产业经济研究》2013 年第 4 期，第 30 ~ 39 页。

对于西部地区产业发展质量指数具有重大影响。提升西部地区产业结构升级的影响因素主要包括以下两方面。

第一，承接产业转移与产业自我发展。目前，在西部地区产业自我发展能力严重不足的情况下，依靠优势资源与要素、承接国内外产业转移，是实现西部地区产业升级的主要路径。但是，培养自我发展能力，并以此为基础，形成西部地区基于产业自我发展的产业升级是西部地区产业升级的根本目标。因此，必须通过承接产业转移与产业自我发展的协调推进，提升西部地区产业结构升级。

第二，发挥资源要素优势与培育产业升级新动能。提升西部地区产业结构升级一方面要继续发挥西部地区现有的资源要素优势，推动现有产业持续发展；另一方面，必须依靠培育产业升级的新动能，在要素升级、产业创新、产业融合、扩大开放中实现西部地区产业持续升级。

（三）提升西部地区产业增长持续性和环境代价的影响因素

本文上述研究表明，西部产业增长持续性和环境代价未能显著提升，因此，需要进一步研究影响产业增长持续性和环境代价的影响因素，从而提升西部地区产业发展质量。影响西部地区产业增长持续性和环境代价的因素主要包括以下两点。

第一，有效的环境保护与治理体系。西部地区涵盖众多生态脆弱区，同时，西部地区生态环境状况对全国生态环境具有重大影响。因此，西部地区必须建立包括资源、环境市场化价格形成，生态环境合理税收，排放权许可市场，政府有效监管等在内的有效的环境保护与治理体系。

第二，资源型经济向绿色经济转型。西部地区长期依靠资源优势，发展资源型经济。在这一经济方式的背景下，一方面应当大力提升资源经济效率，降低资源成本和环境成本；另一方面，最根本的是走出一条结合西部地区实际情况，具有西部地区特点的从资源型经济向绿色经济转型的道路，从根本上实现西部地区经济的绿色转型。

五　新时代背景下提升西部地区产业发展质量的路径

实现高质量发展是新时代中国经济发展的核心，西部地区产业发展也必须实现从数量型增长向质量型发展转变，这是新时代西部地区产业发展的根本方向。新时代提升西部地区产业发展质量的路径体现在以下几个方面。

第一，在产业结构升级中提升西部地区产业发展质量。西部地区应当转变发展方式，选择主导产业，实现价值链从低端向高端转移，促进产业从中低端迈向中高端，推动产业结构优化升级。一是大力推进西部地区第二产业高质量快速发展。本文上述研究表明，第二产业发展相对不足是制约西部地区产业数量增长的主要因素。因此，为推动西部地区产业结构升级，必须大力推进西部地区第二产业的快速高质量发展。要转变传统产业的发展方式，推动产业融合发展，促进“互联网+”与“人工智能+”技术与传统行业的融合。二是大力推动西部地区第三产业高质量发展。一方面，大力发展现代金融、现代信息产业、现代商贸物流产业等新型服务业；另一方面，将现代信息技术、新型业态与西部地区特色文化资源、旅游资源等相结合，推动发展西部特色的现代文化、旅游等产业。三是推动西部地区第一产业高质量发展。一方面，大力运用新兴技术提高农业生产率；另一大力推动农业产业链延伸，提升农产品附加值；同时，运用新型信息技术、商业业态推动农业与新型产业融合发展。

第二，在创新驱动中提升西部地区产业发展质量。创新驱动不仅有利于提高产业增长的效率，优化产业结构，还能降低能源和环境成本，提高产业竞争力。因此，加快技术创新和创新体制改革，形成创新驱动型增长路径，对于西部地区产业发展质量的提高意义重大。西部地区产业高质量发展必须实现从主要依靠要素的密集投入、规模的粗放扩张、单一强调增长速度转变为通过技术进步提升生产效率和资源利用率，从而提升产业发展质量。

第三，在绿色发展中提升西部地区产业发展质量。实现绿色发展对于提升西部地区产业发展质量具有重要意义。绿色发展有助于西部地区产业在快速发展的同时，从根本上克服阶段性的重化工业产能、产出严重过剩、资源能源依存度不断提高和环境负荷沉重等问题。

第四，在深入推进“一带一路”倡议的建设中提升西部地区产业发展质量。提升西部地区产业发展质量必须依靠进一步扩大对外开放，特别是在深入推进“一带一路”倡议的建设中，推动西部地区产业高质量发展。在深入推进“一带一路”倡议的建设中，西部地区应当按照推动产业高质量发展为方向，不仅重视“一带一路”推动贸易增长，及其导致的产业数量增长与经济增长效应，更应该重视通过深入推进“一带一路”带动西部地区产业高质量发展。必须在深入推进“一带一路”倡议的建设中，推动西部地区在全球价值链分工体系中从低技术、低附加值的环节向中高技术和中高附加值环节提升，从“微笑曲线”底部向“微笑曲线”两端提升，实现迈向全球价值链中高端，及其在此基础上的产业高质量发展。

B.4

西部地区金融发展质量评价与分析报告*

徐璋勇　师荣蓉**

摘　要： 本文通过构建包括金融规模、金融结构、金融效率、金融功能、金融稳健性五个维度的金融业发展质量评价指标体系，采用熵值法对2006~2016年西部地区金融发展质量进行了综合评价与分析，发现在此期间，西部地区金融业发展质量总体上稳步提升，但这种提升更多依赖于金融业发展规模的扩张及金融效率的改进，而在金融功能、金融结构及金融稳健性等方面依然存在诸多不足；西部各省区金融发展质量无论在总体上还是各个维度上都存在着明显差异，都在不同程度上存在着制约金融发展质量提升的短板因素。基于此，报告提出了提升西部地区金融发展质量的政策建议。

关键词： 西部地区　金融发展　质量评价

一　问题提出

自我国经济进入新常态，经济增长由高速转向中高速，经济增长方式的转

* 本文受教育部人文社科基地重大项目“丝绸之路经济带战略背景下西部地区金融资源配置效率提升研究”（16JJD790048）资助。感谢刘潭、王梦、张春鹏、武宵旭、朱睿、刘珅、孙倩、葛鹏飞、王小腾等为本报告撰写收集数据资料付出的辛苦工作。

** 徐璋勇，陕西周至人，西北大学中国西部经济发展研究中心兼职研究员、西北大学经济管理学院教授、博士生导师，研究方向为中国金融改革与发展；师荣蓉，陕西西安人，西北大学数学学院讲师，金融学博士后，研究方向为金融改革与发展、数量经济学。

变及经济增长质量的提升就成为我国经济社会发展的核心任务。在这种背景下，金融作为现代市场经济运行的枢纽和核心，优化金融资源配置，提升金融资源配置效率，实现金融业的高质量发展，就成为现代金融发展的主题。

西部地区是我国的经济欠发达地区，近年来区域内金融业获得了快速发展。据统计，从2006年到2016年，西部地区银行业金融机构资产规模由2006年的6.09万亿元增加到2016年的37.94万亿元，增加了5.23倍，年均增长20.01%；金融机构存款余额由2006年的5.3万亿元增加到2016年的28.5万亿元，净增加了4.38倍，年均增长18.3%；金融机构贷款余额由2006年的3.8万亿元增加到了2016年的22.0万亿元，净增加了4.79倍，年均增长19.2%；金融业从业人员由2006年的47.5万人增加到2016年的92.7万人，净增加了45.2万人；保费收入由2006年的918.9亿元增加到2016年的5807.6亿元，净增加了5.32倍，年均增长18.2%；社会融资规模由2006年的5627.7亿元增加到2016年的30962.7亿元，增加了4.5倍，年均增长16.2%。其中股票融资额由2006年的118.3亿元增加到2016年的2021.97亿元，增加了16.09倍。无论从哪个指标看，西部地区金融业增长速度均远超过同期GDP年均增长率。这表明自2006年到2016年的11年间，西部地区金融业取得了数量上的快速增长。这种快速的金融总量增长与我国市场经济发展的不断深入以及金融市场化程度的不断加深密切相关。但当我国经济由高速增长转向中高速增长之后，作为现代市场经济核心的金融业，也必然要从数量扩张转向高质量的发展，这不仅是我国经济转型发展的要求，也是实现金融可持续发展的内在要求。因此，对西部地区2006~2016年金融发展质量进行评价分析，在此基础上提出未来西部地区金融业高质量发展的路径对策，无疑具有重大的理论与现实意义。

二　理论回顾与研究综述

（一）金融发展理论的简要回顾与研究综述

自从20世纪60年代末至70年代初，以雷蒙德·W. 戈德史密斯、格利和E. S. 肖、罗纳德·麦金农等为代表的一批经济学家将其研究聚焦于发展中国家的金融发展与经济增长的关系问题，并先后出版了一系列论著，从而创立了金融发展理论。此后，以金融发展与经济增长关系问题为研究主题的金融发展理论获得了不断地发展。

金融发展理论从其诞生起，始终围绕着三个问题展开：一是研究金融体系（包括金融中介和金融市场）在经济发展中所发挥的作用；二是研究如何建立有效的金融体系和金融政策组合以最大限度地促进经济增长；三是如何合理利用金融资源以实现金融的可持续发展并最终实现经济的可持续发展。围绕这三个命题，先后形成了以雷蒙德·W. 戈德史密斯为代表的“金融结构论”，以罗纳德·麦金农、格利和 E. S. 肖等为代表的“金融抑制论”和“金融深化论”，以 Hellman、Murdock 和 Stiglitz（1997）为代表的“金融约束论”，以罗伯特·默顿和滋维·博迪（1993）为代表的“金融功能论”，以周小川（1994）为代表的“金融生态论”和以白钦先（2001）为代表的“金融可持续发展论”。这些理论从不同的角度解释了金融发展的内涵及发展水平度量、金融发展与经济增长的关系机制、金融发展促进经济增长的条件等。

与金融发展理论的演化进程相伴随，关于金融发展与经济增长关系的研究也成为金融领域持久的热点。这些研究大体上可以归纳为以下三个方面。

（1）对金融发展理论的验证性研究。对金融发展理论的验证研究，其核心在于通过选取样本（包括国家、产业、企业等层面数据）、采用计量经济学方法，对金融发展与经济增长关系的相关理论进行计量检验。

20 世纪 80 年代的计量检验，主要是对金融抑制理论、金融深化理论研究结论的佐证，其中大多数实证研究结论都肯定了“金融抑制论”“金融深化论”的科学性。比如 Lanyi 和 Saracoglu（1983）通过对 21 个发展中国家 1971～1980 年实际利率与金融资产增长率及国内生产总值增长率之间关系进行的计量验证研究；Fry（1980）对 61 个发展中国家在 60 年代中期至 70 年代中期实际存款利率水平与经济增长率关系的研究等。

进入 20 世纪 90 年代以后，对金融发展与经济增长关系的实证研究不仅验证了金融发展确实具有促进经济增长的功能，而且明确区分了金融中介和金融市场作用于经济增长的机理，以及决定金融发展和金融结构的制度因素。在研究的具体对象上，分别从三个层面进行：一是从宏观层面，以国家（包括发展中国家与发达国家）为研究对象，研究金融发展对经济增长的影响，尤其是对全要素生产率的影响。如 King 和 Levine（1993）从金融功能角度对金融发展与经济增长关系的研究、Levine 和 Zervos（1998）对股票市场发展与经济增长关系的研究、Rousseau 和 Wacthte（1998）金融中介体对实际经济活动作用的研究、Rousseau 和 Wacthte（2004）对银行及股票市场发展与经济增长关系的研究等。二是从中观层面，即产业层面进行的研究，重点分析一国金融发展水平与产业成长之间的关系，并由此解释金融发展影响经济增长的机制。如 Rajan 和 Zingales（1998）对金融发展与产业规模及产业集中度关系的研究、Neusser 和 Kugler（1998）对经合组织中 13 个国家制造业与金融发展之间关系的研究、Fisman 和 Love（2003）对金融市场发展对产业成长性关系的研究等。三是从微观层面，即企业层面进行的研究，重点通过企业数据的分析，研究国家法制体系、商业环境等对金融市场的影响，及由此对企业成长的影响。

（2）对中国金融发展与经济增长关系的研究。从 20 世纪 90 年代中期起，国内关于中国金融发展与经济增长关系的研究逐步热了起来，但主要是对现代金融发展理论在中国的验证性研究，研究的主题非常广泛。概括起来，主要有以下几个角度：

一是以国家为对象，从国家层面研究金融发展水平、金融结构等对宏观经济增长、产业结构变迁、收入分配、农村经济增长、企业改革等的影响。如谢平（1992）、易纲（1996）、赵志君（2000）等对中国金融资产结构进行了定性与定量分析；江其务（1998）、樊纲等（2000）对金融发展与企业改革问题的研究；林毅夫（2003）对金融发展与农村经济发展关系的研究；谈儒勇（1999）对中国金融发展与经济增长相关性的研究；张杰（1995，1998）从制度变迁的角度对中国金融结构与金融成长问题的研究；冉光和（2004）对金融产业可持续发展问题的研究等。二是以经济区域为对象，研究区域金融发展与区域经济增长的关系，以及区域间金融发展水平差异与区域经济发展差异之间的关系，并从金融发展角度对其进行解释。如唐旭（1995）和贝多广（1995）对中国区域间的资金配置和流动性的研究；张军洲（1995）和殷德生、肖顺喜（2000）对中国区域金融发展状况和发展战略的研究；周立（2004）基于对中国各地区金融发展与经济增长关系的实证研究；张婷

(2015）从金融规模、金融效率、金融结构三方面对陕西省金融业发展效率的实证研究；唐松（2014）采用空间计量模型对东、中、西部地区金融资源配置与区域经济增长差异之间关系的实证研究等。三是从金融市场、金融行业角度对其与经济增长的关系进行研究。如对股票市场发展对经济增长关系的研究；对农村金融与农村经济增长关系的研究；对保险市场发展与经济增长关系的研究等。四是对金融业资源配置效率问题的研究。如张俊平、许鸣雷、张欢(2014）以定西市为研究对象，对其金融发展和金融资源配置效率进行的实证检验；胡冰（2014）对青海省金融资源配置效率进行的研究；杨希、罗建朝(2014）运用超效率 DEA 和 Tobit 模型对西部农村资金配置效率水平及其影响因素进行的研究；王睿、黄森（2010）对西部农村资金投入的综合效率进行的研究；徐建军（2011）对中国各省域农村资金配置的技术效率和规模效率进行的研究等。

（3）关于金融发展质量问题的研究。随着我国经济增速逐渐由高速向中高速转变，经济更加注重有质量的增长以来，作为现代经济核心的金融业，其发展质量问题也自然进入了研究者的视野之中。目前关于金融业发展质量问题的研究主要集中于三个方面。一是关于金融发展质量的内涵界定。目前对于金融发展质量给出明确界定的文献非常零散，代表性的有：任保平等（2015）将金融业增长质量界定为“金融业规模的扩张、结构的优化、效率的提升、稳定性的增强和风险性的降低”①；扶明高（2018）将金融发展质量分为整体金融业的发展质量与单个金融企业的发展质量，其中将整体金融业发展质量界定为“九性”，单个金融企业发展质量体现为“十性”②。二是关于金融发展质量评价指标体系及测度。如任保平等（2015）构建了包含金融业规模、金融业结构、金融业效率、金融业稳定性、金融业风险性五个方面共计 15 项的指标体系，利用 2003～2012 年数据对中国 31 个省（自治区、直辖市）金融发展质量的测度分析③；孙志红、李娟（2017）从金融业规模、银行业指标、证券业指标、保险业指标、金融对经济的促进等五个维度提出了包含 13 项指标的

---

① 任保平等：《中国经济增长质量发展报告》（2015），中国经济出版社，2015，第 219 页。

② 扶明高：《提高金融发展质量，支持现代化经济体系建设》，《新华日报》2018 年 1 月 24 日。

③ 任保平等：《中国经济增长质量发展报告》（2015），中国经济出版社，2015，第 220 页。

金融发展质量指标体系，并用灰色聚类分析法对我国不同区域金融发展质量进行了测度①；另外，部分学者也提出了提升中国金融发展质量的政策建议，如孙志红等（2017）、唐丽华（2017）、任保平等（2017）、扶明高（2018）等。

（二）现有研究的简要评论

金融发展理论从以雷蒙德·W. 戈德史密斯为代表的“金融结构论”，以罗纳德·麦金农、格利和 E. S. 肖等为代表的“金融抑制论”和“金融深化论”，以 Hellman、Murdock 和 Stiglitz 为代表的“金融约束论”，以罗伯特·默顿和滋维·博迪为代表的“金融功能论”到以中国学者周小川为代表的“金融生态论”和以白钦先为代表的“金融可持续发展论”，均从不同的角度解释了金融发展的内涵及其与经济增长的关系。但客观地说，直至“金融功能论”，其研究的侧重点在于解释金融业的自身发展及其与经济增长的单向关系，对于经济发展对金融发展的反向关系阐释不多，更没有从金融发展与经济增长的交互关系中阐释发展问题。“金融生态论”的提出，实现了对金融发展问题研究视角的转化，即将对金融发展问题的研究从金融业内部转向了从金融业外部，重点研究影响金融发展的环境因素，为实现金融业的稳健发展提供了新的思路；“金融可持续发展理论”更是将金融发展理论推进到一个新的阶段。它以金融是一国最基本的稀缺性战略资源为基础，探讨金融发展与经济发展的相互关系，从而将金融发展从以发展中国家为研究对象扩展到了所有国家，阐释金融发展与经济发展的世界性问题，指出金融发展的核心在于金融效率，而金融效率是质与量的统一，金融效率高低的评价标准是金融发展与经济发展的适应与协调程度。这为新时代下确定金融发展的基本思想与发展原则、目标提供了理论基础。

在金融发展与经济增长关系问题的实证研究方面，文献资料十分丰富，研究范围涉及从宏观到微观、从国家层面到区域层面、从金融业整体到具体各行业，研究内容涉及金融发展与经济增长、产业结构优化、科技创新、收入分配、新型城镇化、贫困减缓等多个方面，研究成果对推进金融改革，实现金融

① 孙志红、李娟：《经济新常态下我国金融发展质量的测度与分析》，《数学的实践与认识》2017 年第 12 期。

稳定发展，促进经济增长与社会进步，改善环境等起到了积极作用。但关于金融发展质量问题的研究，还处在概念提出阶段，研究文献极少，不管是关于金融发展质量的内涵界定还是金融发展质量评价指标体系的构建，都还比较零散，缺乏共识。特别是在金融发展质量评价指标体系构建上，对金融业实体经济的支持程度的衡量均还比较欠缺。因此，通过构建完善的金融发展质量评价指标体系，并对西部地区的金融发展质量进行科学评价，无论对于金融发展理论的完善还是对推动有质量的金融发展实践，都具有重要的理论与现实意义。

三　金融发展质量的内涵界定与评价指标体系的构建

（一）金融发展质量的内涵界定

金融业是现代市场经济的核心。它作为一个产业，必须符合产业发展的一般规律；但金融业又是一个特殊产业，发展的脆弱性与高风险性是其内生的行业特征；发展不当对经济产生的巨大破坏性，使其发展过程中始终要以风险管控为基本前提。因此，依据现代金融发展理论，特别是“金融功能论”与“金融可持续发展理论”，我们将金融发展质量提升界定为：金融规模扩大、金融结构优化、金融效率提升、金融稳健性增强以及金融功能得到充分发挥。其中，金融规模扩大与金融结构优化是保证金融发展质量的前提基础，金融效率提升与金融稳健性增强是金融发展质量的关键，金融功能的充分发挥是金融发展质量的综合体现。

（二）金融发展质量评价指标体系的构建

依据上述对金融发展质量的内涵界定，对金融发展质量进行评价可以从金融规模、金融结构、金融效率、金融功能及金融稳健性五个维度进行。

1. 金融规模

金融规模可以划分为绝对规模与相对规模，其中绝对规模指金融发展相关指标的绝对数量，可以用金融资产量、金融机构数、金融业从业人员数、社会融资规模等来反映；相对规模指主要金融指标数量占社会经济总量的比值，反映经济的金融化程度，常用指标为 M2/GDP、FIR（金融相关率）等。考虑到

西部地区属于经济欠发达地区，金融业发展的规模数量还远远不足，因此，我们用绝对规模作为金融规模的衡量指标。具体来讲，选用四个指标。一是社会融资规模。社会融资规模是一定时期内（每月、每季或每年）实体经济从金融体系获得的全部资金总额，其中的金融体系从机构看，包括银行、证券、保险等金融机构；从市场看，包括信贷市场、债券市场、股票市场、保险市场以及中间业务市场等。社会融资规模是全面反映金融与经济关系，以及金融对实体经济资金支持的总量指标。二是银行贷款余额，反映银行业的发展规模。三是股票市值，反映证券业发展规模。四是保费收入，反映保险业发展规模。

2. 金融结构

金融结构指金融业各部分所占比例及其相互关系，用以反映金融业内部各行业发展的协调程度。金融结构可以从不同角度进行划分，从而有不同的衡量指标，如金融资产结构、金融行业结构、金融主体结构、融资结构等。考虑到金融业的核心功能在于通过不同的金融工具、金融市场满足经济主体之间的融资需求，为此我们用以下两项指标反映金融结构：一是直接融资额占社会融资额的比例，用以反映融资结构；二是非银行金融资产总额占金融资产总额的比例，用以反映金融行业结构。

3. 金融效率

金融效率反映金融资源利用与配置的状况。学术界关于金融效率的衡量指标也非常多，根据金融业的功能定位，我们将金融业效率分为金融业总体效率以及金融各行业效率。其中金融行业效率又分为银行业效率、证券业效率和保险业效率。

（1）金融业总体效率。用3个指标衡量：一是银行信贷资金边际产出率；二是金融业劳动生产率；三是储蓄投资转化率。

（2）银行业效率。用两个指标衡量：一是居民储蓄率，反映银行的资金动员能力；二是贷存率，反映银行的资金转化能力。

（3）证券市场效率。用2个指标衡量：一是居民股市参与率，反映资本市场对居民的吸引力；二是证券化率，反映经济发展的证券化程度。

（4）保险业效率。用保险赔付率衡量。

4. 金融功能

根据金融可持续发展理论，金融功能就是金融对实体经济的支持作用。

这种支持作用可以划分为三个层面：一是基础性功能；二是资源配置功能；三是扩展功能。在此，我们将从这三个方面对金融功能的发挥程度进行衡量。

（1）金融的基础性功能。金融的基础性功能是金融与生俱来的功能，这就是完成支付和完成借贷[①]，分别称之为“金融服务功能”和“金融中介功能”。在此，我们用以下 3 项指标来衡量：一是金融服务覆盖率，即每万人拥有的金融机构网点数；二是金融服务使用率，即人均从银行获得贷款额与人均 GDP 的比值；三是保险密度，即当年保险收入/当年人口数。

（2）金融的资源配置功能。金融的资源配置功能是金融业通过金融活动实现金融资源在行业、部门、地域之间的优化配置。实现资源的优化配置是金融的根本性功能，也是金融业发展的核心。基于数据的可获得性，我们用以下两项指标来衡量：一是债务投资率，即贷款与债券筹资额之和占社会固定资产投资额的比例，用以反映通过债权工具配置金融资源的能力；二是非国有单位社会固定资本投资额占全社会固定资产投资额的比例，用以反映投资的来源结构。

（3）金融的扩展功能。金融的扩展功能是金融的衍生功能，即金融通过基础性功能及资源配置功能的实现，对经济社会及环境的全面发展所起的推动作用。这些作用体现在促进经济总量增长与居民福利改善、产业发展与结构升级、科技创新、环境改善及有效减缓贫困等多个方面。

金融发展促进经济增长与居民福利改善的衡量。我们用两个指标来反映：一是 GDP 增长率与金融业增加值增长率的比值，可称之为“经济增长的金融弹性”，反映金融业增长对 GDP 增长的推动率；二是居民收入增长率与金融业增加值增长率的比值，可称之为“居民收入增长的金融弹性”，反映金融业增长对居民收入与福利改善的贡献率。

金融发展促进产业发展及结构优化升级的衡量。我们用两个指标来反映：一是规模以上工业企业资产总额与金融业增加值的比值，反映金融业发展对产业主体成长的促进作用；二是第二、第三产业增加值与金融业增加值的比例，反映金融发展对产业结构优化升级的推动作用。

---

① 禹钟华：《金融功能的扩展与提升》，中国金融出版社，2005，第 79 页。

金融发展对科技创新支持作用的衡量。我们采用两个指标来反映：一是R&D费用支出与金融业增加值的比例，反映金融发展对科技研发投入增加的影响作用；二是高新技术产业主营业务收入与金融业增加值的比例，反映金融发展对科技产出的影响作用。

金融发展对环境改善的衡量。改善环境、实现绿色发展是我国未来相当长时期经济社会发展的基本原则，金融业的发展也应在此方面有所担当。对此，我们采用单位GDP能耗降低率与金融业增加值增长率的比例来衡量。

金融发展对于缓解贫困的衡量。扶贫脱贫是全社会各级政府、各行业及各部门的共同责任，虽然致贫的根源有多种，但人均收入低、生活困苦、资本短缺是贫困人口及贫困地区的共同特征。金融业的基本功能就在于通过融资，突破资本短缺瓶颈，促进经济增长。因此，助力脱贫也是金融业的职责所在。在此，我们采用两个指标对金融发展缓解贫困的作用予以衡量：一是城镇居民恩格尔系数；二是农村居民恩格尔系数①。

5. 金融稳健性

金融业是一个高风险的行业，保持良好的稳健性不仅是其自身可持续发展的需要，也是其功能得以充分发挥的首要前提。因此，良好的稳健性是金融发展质量的重要内容。由于金融业包括银行业、保险业、证券业、信托业等，而各行业又都具有自身特点，因此，对金融业稳健性的衡量理应将银行业、保险业、证券业、信托业等全部纳入其中。但由于目前缺乏省域层面的信托发展数据，导致省域层面的信托稳健性难以客观评价；另外，我国资本市场具有全国统一性，如果资本市场出现风险，往往是全国性而非地区性的，因此从省域层面衡量证券业稳健性缺乏合理性。考虑到我国近年来地方债务问题的严重性，及其对金融稳定性冲击的危害性，我们将地方政府债务情况纳入区域金融稳健性的考核之中。为此，对金融稳健性的衡量采用以下两项指标：一是商业银行不良贷款率，反映银行业稳健性；二是地方政府负债率，用地方政府财政赤字/GDP表示。

以上关于金融发展质量评价的指标体系见表1。

① 由于各省份贫困人口不是每年公布，导致贫困发生率数据不全。此处只能用城乡居民恩格尔系数替代。

表 1 西部地区金融发展质量综合评价指标体系

评价维度	分项指标	计算方法	属性
金融规模	银行贷款余额		正
	保费收入		正
	股票市值	上市公司年末收盘价计算的市值	正
	债券筹资额		正
	社会融资规模	金融对实体经济资金支持的总量指标	正
金融结构	融资结构	直接融资额/社会融资规模	正
	金融行业结构	非银行金融资产总额/金融资产总额	正
金融效率	银行信贷资金边际产出率	GDP 增量/银行信贷增量	正
	金融业劳动效率	金融业增加值/金融业从业人员数	正
	投资转化率	资本形成额/社会融资总额	正
	储蓄率	城乡居民人均储蓄存款/城乡居民人均可支配收入	正
	贷存率	金融机构贷款余额/金融机构存款余额	正
	居民股市参与率	股民人数/总人数	正
	证券化率	股市市值/GDP	正
	保险赔付率	保险赔付额/保费收入	正
金融功能	金融服务覆盖率	每万人拥有的金融机构网点数	正
	金融服务使用率	人均从银行获得贷款/人均 GDP	正
	保费密度	当年保险收入/当年人口数	正
	债务投资率	贷款与债券筹资额之和/社会固定资产投资额	正
	非国有单位社会固定资产投资率	非国有单位社会固定资产投资额/全社会固定资产投资额	正
	金融经济增长弹性	GDP 增长率/金融业增加值增长率	正
	金融居民收入增长弹性	居民收入增长率/金融业增加值增长率	正
	规模以上工业企业成长的金融支持率	规模以上工业企业资产总额/金融业增加值	正
	第二、三产业金融支持率	第二、三产业份额增加值/金融业增加值	正
	研发费用金融支持率	R&D 费用支出/金融业增加值	正
	高新技术产业金融支持率	高新技术产业主营业务收入/金融业增加值	正
	单位 GDP 能耗金融支持率	单位 GDP 能耗降低率/金融业增加值增长率	正
	城镇居民恩格尔系数	城镇居民食品支出总额/消费支出总额	负
	农村居民恩格尔系数	农村居民食品支出总额/消费支出总额	负
金融稳健性	不良贷款率	不良贷款余额/贷款余额	负
	地方政府负债率	政府财政赤字/GDP	负

四　西部地区金融发展质量的测度方法与各指标的描述性统计

（一）评价方法

为了克服多指标变量间信息的重叠和人为确定权重的主观性，本文运用熵值法对西部地区金融发展质量进行综合评价。熵值法是一种客观赋权法，它是根据各项指标值的变异程度来确定指标权数，避免了人为因素带来的偏差。熵值法能够深刻地反映出指标信息熵值的效用价值，它给出的指标权重值相比层次分析法和专家经验评估法有较高的可信度，适合对多元指标进行综合评价，其主要步骤如下。

第一步：数据标准化处理。由于系统中各指标的量纲、数量级及指标正负取向均有差异，所以在进行评价前需要对原始数据做标准化处理。

正向指标：$X_{ij}^{'} = (X_{ij} - \min X_j)/(\max X_j - \min X_j)$

负向指标：$X_{ij}^{'} = (\max X_j - X_{ij})/(\max X_j - \min X_j)$

第二步：计算第 i 年份第 j 项指标值的比重：$Y_{ij} = X_{ij}^{'}/\sum_{i=1}^{m} X_{ij}^{'}$

第三步：计算指标信息熵：$e_j = -k\sum_{i=1}^{m}(Y_{ij} \times \ln Y_{ij})$

第四步：计算信息熵冗余度：$d_j = 1 - e_j$

第五步：计算指标权重：$W_i = d_j/\sum_{j=1}^{n} d_j$

第六步：计算单指标评价得分：$S_{ij} = W_i \times X_{ij}^{'}$

以上公式中，X_{ij}表示第 i 年份第 j 项评价指标的数值，min $\{X_j\}$ 和 max $\{X_j\}$ 分别为所有年份中第 j 项评价指标的最小值和最大值，$k = 1/lnm$，其中 m 为评价年数，n 为指标数。

（二）数据来源与描述性统计

本文选取 2006～2016 年中国西部地区 12 个省份的面板数据，数据来源于《中国统计年鉴》《中国金融年鉴》《中国证券期货统计年鉴》《中国保险年鉴》《中国区域金融运行报告》等；根据表1的评价指标体系，各指标数据的描述性统计结果见表2。

表2　评价指标数据的描述性统计

指标名称	样本数	均值	标准差	极小值	极大值
银行贷款余额	132	9417.4414	8157.6152	729.8300	43543
保费收入	132	237.8638	257.1840	9	1712.1
股票市值	132	2484.2895	2375.3529	106.2300	13787.1
债券筹资额	132	306.4212	399.1178	6	1674.3
社会融资规模	132	1893.0315	1561.3500	95.5000	7137
直接融资额/社会融资额	132	18.0563	13.6989	67.0500	0.9200
非银行金融资产总额/金融资产总额	132	26.9716	13.9508	96.2600	10.4300
GDP 增量/银行信贷增量	132	0.7934	0.6644	5.3205	0.0169
金融业增加值/金融业从业人员数	132	63.6521	66.2637	391.3636	6.7187
资本形成额/社会融资总额	132	3.5662	2.1813	13.8325	1.1631
城乡居民人均储蓄存款/城乡居民人均可支配收入	132	1.6611	0.3241	2.6418	1.0314
金融机构贷款余额/金融机构存款余额	132	0.7280	0.1701	1.0877	0.0079
股民人数/总人数	132	0.0625	0.0309	0.1834	0.0096
股市市值/GDP	132	0.4089	0.3611	2.4068	0.0686
保险赔付额/保费收入	132	0.3343	0.0776	0.6472	0.1934
金融服务覆盖率	132	1.7732	0.3982	2.6435	0.6703
金融服务使用率	132	1.1925	0.3688	2.6507	0.5539
保险密度	132	735.28	462.4645	2087	69.55
债务投资率	132	1.4810	0.3343	2.2664	0.6514
非国有单位社会固定资本投资额/全社会固定资产投资额	132	0.5889	0.1152	0.8349	0.2233
GDP 增长率/金融业增加值增长率	132	0.8953	1.3792	14.6517	0.0307
居民收入增长率/金融业增加值增长率	132	0.8844	1.2639	13.1221	0.0501
规模以上工业企业资产总额/金融业增加值	132	31.1836	13.4834	68.6797	10.6019
第二、三产业份额增加量/金融业增加值增加量	132	20.7196	8.6457	55.8395	9.9973
R&D 费用支出/金融业增加值	132	0.1659	0.1316	0.6053	0.0055
高新技术产业主营业务收入/金融业增加值	132	0.0219	0.0222	0.1071	0.0007

续表

指标名称	样本数	均值	标准差	极小值	极大值
单位 GDP 能耗降低率/金融业增加值增长率	132	0. 2226	0. 3314	2. 0921	-0. 8753
城镇居民恩格尔系数	132	36. 9403	5. 6871	51. 2134	23. 59
农村居民恩格尔系数	132	41. 2431	8. 0733	55. 85	18. 7686
不良贷款率	132	0. 3776	1. 9707	16. 6	0. 0035
地方政府负债率	132	1. 9432	1. 0292	5. 7447	0. 7190

五　西部地区金融发展质量评价与分析

（一）西部地区金融发展质量的总体评价与分析

依据熵值法的计算步骤，对西部地区各省份 2006 ~2016 年共 31 项指标的原始数据进行处理，得到金融发展质量综合评价结果（见表 3）。

表 3　2006 ~2016 年西部地区金融发展质量综合评价结果

地区＼年份	2006	2007	2008	2009	2010	2011	2012	2013	2014	2015	2016	提高值
四　川	0. 0042	0. 0052	0. 0050	0. 0057	0. 0065	0. 0067	0. 0084	0. 0086	0. 0101	0. 0116	0. 0109	0. 0066
重　庆	0. 0034	0. 0036	0. 0038	0. 0082	0. 0061	0. 0068	0. 0076	0. 0085	0. 0098	0. 0124	0. 0111	0. 0078
贵　州	0. 0037	0. 0050	0. 0047	0. 0057	0. 0064	0. 0063	0. 0073	0. 0069	0. 0081	0. 0097	0. 0098	0. 0061
云　南	0. 0036	0. 0049	0. 0046	0. 0059	0. 0067	0. 0068	0. 0072	0. 0088	0. 0110	0. 0127	0. 0124	0. 0088
广　西	0. 0027	0. 0038	0. 0037	0. 0043	0. 0047	0. 0052	0. 0057	0. 0063	0. 0078	0. 0093	0. 0101	0. 0074
陕　西	0. 0030	0. 0043	0. 0051	0. 0052	0. 0054	0. 0055	0. 0065	0. 0069	0. 0091	0. 0097	0. 0107	0. 0077
甘　肃	0. 0063	0. 0069	0. 0069	0. 0094	0. 0085	0. 0098	0. 0108	0. 0121	0. 0153	0. 0165	0. 0185	0. 0122
青　海	0. 0053	0. 0078	0. 0067	0. 0073	0. 0084	0. 0081	0. 0086	0. 0080	0. 0101	0. 0119	0. 0120	0. 0068
宁　夏	0. 0034	0. 0046	0. 0046	0. 0053	0. 0053	0. 0060	0. 0061	0. 0060	0. 0071	0. 0079	0. 0082	0. 0049
新　疆	0. 0045	0. 0062	0. 0058	0. 0065	0. 0072	0. 0070	0. 0078	0. 0080	0. 0091	0. 0098	0. 0110	0. 0065
内蒙古	0. 0060	0. 0094	0. 0086	0. 0122	0. 0137	0. 0157	0. 0167	0. 0175	0. 0244	0. 0278	0. 0282	0. 0222
均　值	0. 0042	0. 0056	0. 0054	0. 0069	0. 0072	0. 0076	0. 0084	0. 0089	0. 0111	0. 0127	0. 0130	0. 0088

注：因西藏部分数据不全，故此表中的西部地区未包含西藏。

图 1 是根据表 3 数据绘制的 2006 ~2016 年西部地区金融发展质量评价五个维度分值的变化趋势。

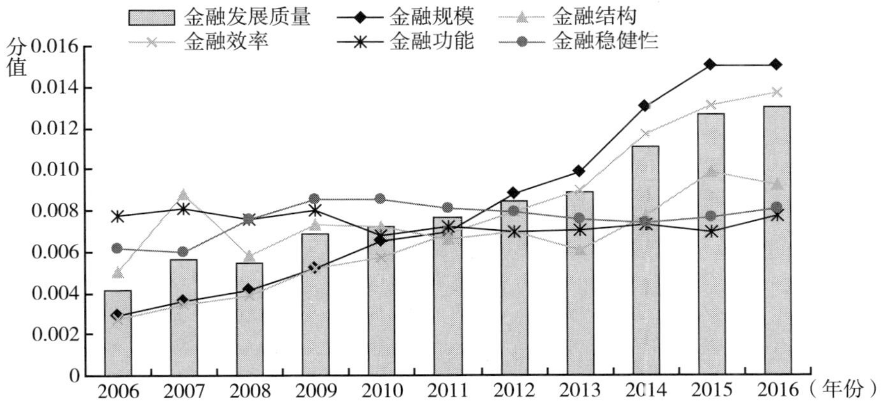

图1　2006～2016年西部地区金融发展质量得分的变化趋势

从表3及图1可以看出，2006～2016年西部地区金融发展质量稳步提升，其综合得分从2006年的0.0042提高到2016年的0.0130；虽然2008年因国际金融危机的影响而使发展质量有小幅下降（从0.0056下降到0.0054），但2009年又迅速上升至0.0069，直至2016年达到最高0.0130。这表明，在这11年中，西部地区金融发展质量处在持续的提升之中。

从金融发展质量评价的五个维度来看，金融规模和金融效率的提升是西部地区金融发展质量持续提升的主要动力；但在金融稳健性、金融功能、金融结构三个方面的提升比较缓慢，对金融发展质量的提升形成掣肘。其中，2008年经济刺激政策出台后，西部地区同全国一样，信贷猛增带动了投资热潮，造成产能过剩问题，不仅导致银行业不良贷款率增加，而且地方政府负债率也急剧上升，对金融稳健性造成了冲击；金融结构得分波动较大，主要是西部地区上市公司数量总体偏少，加上股市的大幅波动，使得除银行之外的金融业发展不足，金融结构不合理的问题比较突出；金融功能性得分变化不大，说明西部地区金融业在服务实体经济发展方面还有待进一步提高。

（二）西部地区金融发展质量评价的省域比较分析

为了考察西部各省份金融发展质量的变化趋势，我们分别对2006年、

2011 年和 2016 年金融发展质量的各省份排名情况进行比较分析，如表 4 所示。

表 4　2006 年、2011 年、2016 年西部地区各省份金融发展质量得分及排名情况

省份 \ 年份	2006		2011		2016	
	金融质量得分	排名	金融质量得分	排名	金融质量得分	排名
四　川	0. 0042	5	0. 0067	7	0. 0109	7
重　庆	0. 0034	8	0. 0068	6	0. 0111	5
贵　州	0. 0037	6	0. 0063	8	0. 0098	10
云　南	0. 0036	7	0. 0068	5	0. 0124	3
广　西	0. 0027	11	0. 0052	11	0. 0101	9
陕　西	0. 0030	10	0. 0055	10	0. 0107	8
甘　肃	0. 0063	1	0. 0098	2	0. 0185	2
青　海	0. 0053	3	0. 0081	3	0. 0120	4
宁　夏	0. 0034	9	0. 0060	9	0. 0082	11
新　疆	0. 0045	4	0. 0070	4	0. 0110	6
内蒙古	0. 0060	2	0. 0157	1	0. 0282	1

从表 4 可见，2006 年金融发展质量综合得分排名位于前 3 位的分别是甘肃、内蒙古、青海，2011 年金融发展质量得分排名位于前 3 位的分别是内蒙古、甘肃、青海，到 2016 年金融发展质量得分排名位于前 3 位的分别是内蒙古、甘肃、云南。这三个省份的金融发展规模与水平在西部地区并不居前，但其金融发展的综合质量却位居前列；而金融发展水平较高、规模较大的四川、重庆、陕西的金融发展质量并不居前。出现这种结果的原因在于我们对金融发展质量的评价是综合性的，除了考虑金融发展规模之外，更多地考虑了金融效率、金融结构及金融功能，即在考虑金融业本身的发展之外，更多地关注到了金融必须服务于实体经济的功能定位。另外，金融业具有自我膨胀发展特征，金融业越发达，其与实体经济的分离程度越大。因此，发展规模占优的省份，其金融发展质量并不一定最好。

从动态变化上来看，2006 ~ 2016 年间金融发展质量排名上升的省份有重庆、云南、广西、陕西、内蒙古，其中云南上升位次最大；金融发展质量排名下降的省份有四川、贵州、甘肃、青海、宁夏、新疆，其中贵州下降位次最大。这种动态变化表明：区域经济发展实力是区域金融发展的基础与前提，金

皮书系列

2018年

智 库 成 果 出 版 与 传 播 平 台

社长致辞

蓦然回首，皮书的专业化历程已经走过了二十年。20年来从一个出版社的学术产品名称到媒体热词再到智库成果研创及传播平台，皮书以专业化为主线，进行了系列化、市场化、品牌化、数字化、国际化、平台化的运作，实现了跨越式的发展。特别是在党的十八大以后，以习近平总书记为核心的党中央高度重视新型智库建设，皮书也迎来了长足的发展，总品种达到600余种，经过专业评审机制、淘汰机制遴选，目前，每年稳定出版近400个品种。“皮书”已经成为中国新型智库建设的抓手，成为国际国内社会各界快速、便捷地了解真实中国的最佳窗口。

20年孜孜以求，“皮书”始终将自己的研究视野与经济社会发展中的前沿热点问题紧密相连。600个研究领域，3万多位分布于800余个研究机构的专家学者参与了研创写作。皮书数据库中共收录了15万篇专业报告，50余万张数据图表，合计30亿字，每年报告下载量近80万次。皮书为中国学术与社会发展实践的结合提供了一个激荡智力、传播思想的入口，皮书作者们用学术的话语、客观翔实的数据谱写出了中国故事壮丽的篇章。

20年跬步千里，“皮书”始终将自己的发展与时代赋予的使命与责任紧紧相连。每年百余场新闻发布会，10万余次中外媒体报道，中、英、俄、日、韩等12个语种共同出版。皮书所具有的凝聚力正在形成一种无形的力量，吸引着社会各界关注中国的发展，参与中国的发展，它是我们向世界传递中国声音、总结中国经验、争取中国国际话语权最主要的平台。

皮书这一系列成就的取得，得益于中国改革开放的伟大时代，离不开来自中国社会科学院、新闻出版广电总局、全国哲学社会科学规划办公室等主管部门的大力支持和帮助，也离不开皮书研创者和出版者的共同努力。他们与皮书的故事创造了皮书的历史，他们对皮书的拳拳之心将继续谱写皮书的未来！

现在，“皮书”品牌已经进入了快速成长的青壮年时期。全方位进行规范化管理，树立中国的学术出版标准；不断提升皮书的内容质量和影响力，搭建起中国智库产品和智库建设的交流服务平台和国际传播平台；发布各类皮书指数，并使之成为中国指数，让中国智库的声音响彻世界舞台，为人类的发展做出中国的贡献——这是皮书未来发展的图景。作为“皮书”这个概念的提出者，“皮书”从一般图书到系列图书和品牌图书，最终成为智库研究和社会科学应用对策研究的知识服务和成果推广平台这整个过程的操盘者，我相信，这也是每一位皮书人执着追求的目标。

“当代中国正经历着我国历史上最为广泛而深刻的社会变革，也正在进行着人类历史上最为宏大而独特的实践创新。这种前无古人的伟大实践，必将给理论创造、学术繁荣提供强大动力和广阔空间。”

在这个需要思想而且一定能够产生思想的时代，皮书的研创出版一定能创造出新的更大的辉煌！

社会科学文献出版社社长

中国社会学会秘书长

2017年11月

社会科学文献出版社简介

社会科学文献出版社（以下简称“社科文献出版社”）成立于1985年，是直属于中国社会科学院的人文社会科学学术出版机构。成立至今，社科文献出版社始终依托中国社会科学院和国内外人文社会科学界丰厚的学术出版和专家学者资源，坚持“创社科经典，出传世文献”的出版理念、“权威、前沿、原创”的产品定位以及学术成果和智库成果出版的专业化、数字化、国际化、市场化的经营道路。

社科文献出版社是中国新闻出版业转型与文化体制改革的先行者。积极探索文化体制改革的先进方向和现代企业经营决策机制，社科文献出版社先后荣获“全国文化体制改革工作先进单位”、中国出版政府奖·先进出版单位奖，中国社会科学院先进集体、全国科普工作先进集体等荣誉称号。多人次荣获“第十届韬奋出版奖”“全国新闻出版行业领军人才”“数字出版先进人物”“北京市新闻出版广电行业领军人才”等称号。

社科文献出版社是中国人文社会科学学术出版的大社名社，也是以皮书为代表的智库成果出版的专业强社。年出版图书2000余种，其中皮书400余种，出版新书字数5.5亿字，承印与发行中国社科院院属期刊72种，先后创立了皮书系列、列国志、中国史话、社科文献学术译库、社科文献学术文库、甲骨文书系等一大批既有学术影响又有市场价值的品牌，确立了在社会学、近代史、苏东问题研究等专业学科及领域出版的领先地位。图书多次荣获中国出版政府奖、“三个一百”原创图书出版工程、“五个‘一’工程奖”、“大众喜爱的50种图书”等奖项，在中央国家机关“强素质·做表率”读书活动中，入选图书品种数位居各大出版社之首。

社科文献出版社是中国学术出版规范与标准的倡议者与制定者，代表全国50多家出版社发起实施学术著作出版规范的倡议，承担学术著作规范国家标准的起草工作，率先编撰完成《皮书手册》对皮书品牌进行规范化管理，并在此基础上推出中国版芝加哥手册——《社科文献出版社学术出版手册》。

社科文献出版社是中国数字出版的引领者，拥有皮书数据库、列国志数据库、“一带一路”数据库、减贫数据库、集刊数据库等4大产品线11个数据库产品，机构用户达1300余家，海外用户百余家，荣获“数字出版转型示范单位”“新闻出版标准化先进单位”“专业数字内容资源知识服务模式试点企业标准化示范单位”等称号。

社科文献出版社是中国学术出版走出去的践行者。社科文献出版社海外图书出版与学术合作业务遍及全球40余个国家和地区，并于2016年成立俄罗斯分社，累计输出图书500余种，涉及近20个语种，累计获得国家社科基金中华学术外译项目资助76种、“丝路书香工程”项目资助60种、中国图书对外推广计划项目资助71种以及经典中国国际出版工程资助28种，被五部委联合认定为“2015-2016年度国家文化出口重点企业”。

如今，社科文献出版社完全靠自身积累拥有固定资产3.6亿元，年收入3亿元，设置了七大出版分社、六大专业部门，成立了皮书研究院和博士后科研工作站，培养了一支近400人的高素质与高效率的编辑、出版、营销和国际推广队伍，为未来成为学术出版的大社、名社、强社，成为文化体制改革与文化企业转型发展的排头兵奠定了坚实的基础。

宏观经济类

经济蓝皮书

2018 年中国经济形势分析与预测

李平 / 主编　2017 年 12 月出版　定价：89.00 元

◆　本书为总理基金项目，由著名经济学家李扬领衔，联合中国社会科学院等数十家科研机构、国家部委和高等院校的专家共同撰写，系统分析了 2017 年的中国经济形势并预测 2018 年中国经济运行情况。

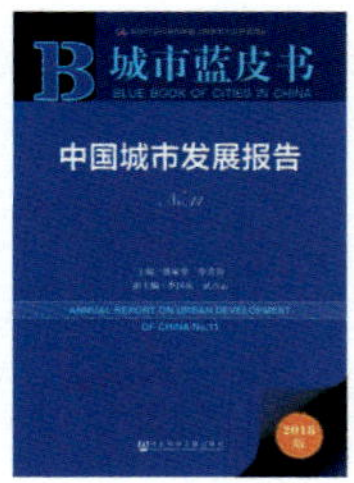

城市蓝皮书

中国城市发展报告 No.11

潘家华　单菁菁 / 主编　2018 年 9 月出版　估价：99.00 元

◆　本书是由中国社会科学院城市发展与环境研究中心编著的，多角度、全方位地立体展示了中国城市的发展状况，并对中国城市的未来发展提出了许多建议。该书有强烈的时代感，对中国城市发展实践有重要的参考价值。

人口与劳动绿皮书

中国人口与劳动问题报告 No.19

张车伟 / 主编　2018 年 10 月出版　估价：99.00 元

◆　本书为中国社会科学院人口与劳动经济研究所主编的年度报告，对当前中国人口与劳动形势做了比较全面和系统的深入讨论，为研究中国人口与劳动问题提供了一个专业性的视角。

中国省域竞争力蓝皮书

中国省域经济综合竞争力发展报告（2017 ~ 2018）

李建平　李闽榕　高燕京 / 主编　2018 年 5 月出版　估价：198.00 元

◆　本书融多学科的理论为一体，深入追踪研究了省域经济发展与中国国家竞争力的内在关系，为提升中国省域经济综合竞争力提供有价值的决策依据。

金融蓝皮书

中国金融发展报告（2018）

王国刚 / 主编　2018 年 6 月出版　估价：99.00 元

◆　本书由中国社会科学院金融研究所组织编写，概括和分析了 2017 年中国金融发展和运行中的各方面情况，研讨和评论了 2017 年发生的主要金融事件，有利于读者了解掌握 2017 年中国的金融状况，把握 2018 年中国金融的走势。

区域经济类

京津冀蓝皮书

京津冀发展报告（2018）

祝合良　叶堂林　张贵祥 / 等著　2018 年 6 月出版　估价：99.00 元

◆　本书遵循问题导向与目标导向相结合、统计数据分析与大数据分析相结合、纵向分析和长期监测与结构分析和综合监测相结合等原则，对京津冀协同发展新形势与新进展进行测度与评价。

社会政法类

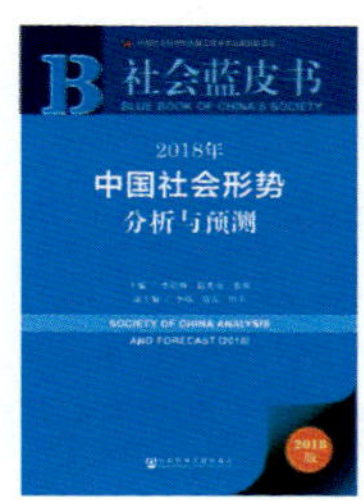

社会蓝皮书

2018 年中国社会形势分析与预测

李培林　陈光金　张翼 / 主编　2017 年 12 月出版　定价：89.00 元

◆　本书由中国社会科学院社会学研究所组织研究机构专家、高校学者和政府研究人员撰写，聚焦当下社会热点，对 2017 年中国社会发展的各个方面内容进行了权威解读，同时对 2018 年社会形势发展趋势进行了预测。

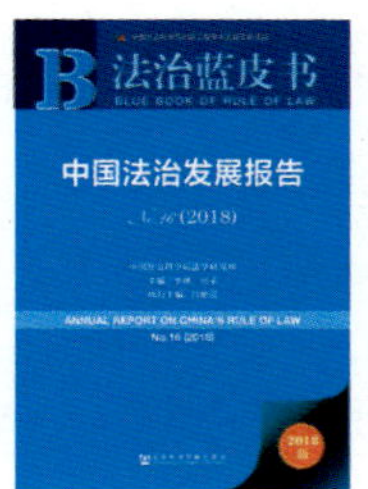

法治蓝皮书

中国法治发展报告 No.16（2018）

李林　田禾 / 主编　2018 年 3 月出版　定价：128.00 元

◆　本年度法治蓝皮书回顾总结了 2017 年度中国法治发展取得的成就和存在的不足，对中国政府、司法、检务透明度进行了跟踪调研，并对 2018 年中国法治发展形势进行了预测和展望。

教育蓝皮书

中国教育发展报告（2018）

杨东平 / 主编　2018 年 3 月出版　定价：89.00 元

◆　本书重点关注了 2017 年教育领域的热点，资料翔实，分析有据，既有专题研究，又有实践案例，从多角度对 2017 年教育改革和实践进行了分析和研究。

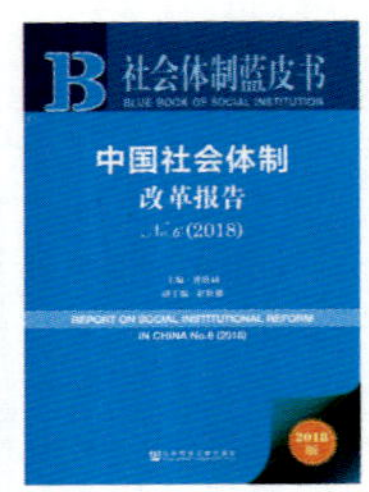

社会体制蓝皮书

中国社会体制改革报告 No.6（2018）

龚维斌 / 主编　2018 年 3 月出版　定价：98.00 元

◆　本书由国家行政学院社会治理研究中心和北京师范大学中国社会管理研究院共同组织编写，主要对 2017 年社会体制改革情况进行回顾和总结，对 2018 年的改革走向进行分析，提出相关政策建议。

社会心态蓝皮书

中国社会心态研究报告（2018）

王俊秀　杨宜音 / 主编　2018 年 12 月出版　估价：99.00 元

◆　本书是中国社会科学院社会学研究所社会心理研究中心"社会心态蓝皮书课题组"的年度研究成果，运用社会心理学、社会学、经济学、传播学等多种学科的方法进行了调查和研究，对于目前中国社会心态状况有较广泛和深入的揭示。

华侨华人蓝皮书

华侨华人研究报告（2018）

贾益民 / 主编　2017 年 12 月出版　估价：139.00 元

◆　本书关注华侨华人生产与生活的方方面面。华侨华人是中国建设 21 世纪海上丝绸之路的重要中介者、推动者和参与者。本书旨在全面调研华侨华人，提供最新涉侨动态、理论研究成果和政策建议。

民族发展蓝皮书

中国民族发展报告（2018）

王延中 / 主编　2018 年 10 月出版　估价：188.00 元

◆　本书从民族学人类学视角，研究近年来少数民族和民族地区的发展情况，展示民族地区经济、政治、文化、社会和生态文明"五位一体"建设取得的辉煌成就和面临的困难挑战，为深刻理解中央民族工作会议精神、加快民族地区全面建成小康社会进程提供了实证材料。

产业经济类

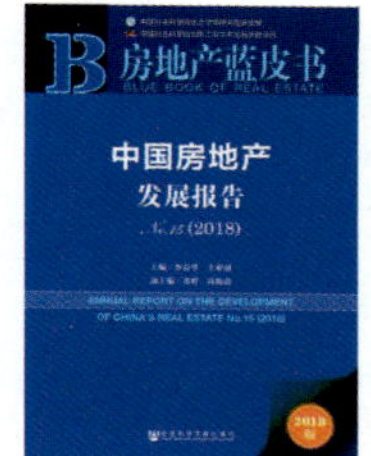

房地产蓝皮书

中国房地产发展报告 No.15（2018）

李春华　王业强 / 主编　2018 年 5 月出版　估价：99.00 元

◆　2018 年《房地产蓝皮书》持续追踪中国房地产市场最新动态，深度剖析市场热点，展望 2018 年发展趋势，积极谋划应对策略。对 2017 年房地产市场的发展态势进行全面、综合的分析。

新能源汽车蓝皮书

中国新能源汽车产业发展报告（2018）

中国汽车技术研究中心　日产（中国）投资有限公司
东风汽车有限公司 / 编著　2018 年 8 月出版　估价：99.00 元

◆　本书对中国 2017 年新能源汽车产业发展进行了全面系统的分析，并介绍了国外的发展经验。有助于相关机构、行业和社会公众等了解中国新能源汽车产业发展的最新动态，为政府部门出台新能源汽车产业相关政策法规、企业制定相关战略规划，提供必要的借鉴和参考。

行业及其他类

旅游绿皮书

2017 ~ 2018 年中国旅游发展分析与预测

中国社会科学院旅游研究中心 / 编　2018 年 1 月出版　定价：99.00 元

◆　本书从政策、产业、市场、社会等多个角度勾画出 2017 年中国旅游发展全貌，剖析了其中的热点和核心问题，并就未来发展作出预测。

民营医院蓝皮书

中国民营医院发展报告（2018）

薛晓林 / 主编　2018 年 11 月出版　估价：99.00 元

◆　本书在梳理国家对社会办医的各种利好政策的前提下，对我国民营医疗发展现状、我国民营医院竞争力进行了分析，并结合我国医疗体制改革对民营医院的发展趋势、发展策略、战略规划等方面进行了预估。

会展蓝皮书

中外会展业动态评估研究报告（2018）

张敏 / 主编　2018 年 12 月出版　估价：99.00 元

◆　本书回顾了 2017 年的会展业发展动态，结合“供给侧改革”、“互联网 +”、“绿色经济”的新形势分析了我国展会的行业现状，并介绍了国外的发展经验，有助于行业和社会了解最新的展会业动态。

中国上市公司蓝皮书

中国上市公司发展报告（2018）

张平　王宏淼 / 主编　2018 年 9 月出版　估价：99.00 元

◆　本书由中国社会科学院上市公司研究中心组织编写的，着力于全面、真实、客观反映当前中国上市公司财务状况和价值评估的综合性年度报告。本书详尽分析了 2017 年中国上市公司情况，特别是现实中暴露出的制度性、基础性问题，并对资本市场改革进行了探讨。

工业和信息化蓝皮书

人工智能发展报告（2017 ~ 2018）

尹丽波 / 主编　2018 年 6 月出版　估价：99.00 元

◆　本书国家工业信息安全发展研究中心在对 2017 年全球人工智能技术和产业进行全面跟踪研究基础上形成的研究报告。该报告内容翔实、视角独特，具有较强的产业发展前瞻性和预测性，可为相关主管部门、行业协会、企业等全面了解人工智能发展形势以及进行科学决策提供参考。

国际问题与全球治理类

世界经济黄皮书

2018 年世界经济形势分析与预测

张宇燕 / 主编　2018 年 1 月出版　定价：99.00 元

◆　本书由中国社会科学院世界经济与政治研究所的研究团队撰写，分总论、国别与地区、专题、热点、世界经济统计与预测等五个部分，对 2018 年世界经济形势进行了分析。

国际城市蓝皮书

国际城市发展报告（2018）

屠启宇 / 主编　2018 年 2 月出版　定价：89.00 元

◆　本书作者以上海社会科学院从事国际城市研究的学者团队为核心，汇集同济大学、华东师范大学、复旦大学、上海交通大学、南京大学、浙江大学相关城市研究专业学者。立足动态跟踪介绍国际城市发展时间中，最新出现的重大战略、重大理念、重大项目、重大报告和最佳案例。

非洲黄皮书

非洲发展报告 No.20（2017 ~ 2018）

张宏明 / 主编　2018 年 7 月出版　估价：99.00 元

◆　本书是由中国社会科学院西亚非洲研究所组织编撰的非洲形势年度报告，比较全面、系统地分析了 2017 年非洲政治形势和热点问题，探讨了非洲经济形势和市场走向，剖析了大国对非洲关系的新动向；此外，还介绍了国内非洲研究的新成果。

国别类

美国蓝皮书

美国研究报告（2018）

郑秉文　黄平 / 主编　2018 年 5 月出版　估价：99.00 元

◆　本书是由中国社会科学院美国研究所主持完成的研究成果，它回顾了美国 2017 年的经济、政治形势与外交战略，对美国内政外交发生的重大事件及重要政策进行了较为全面的回顾和梳理。

德国蓝皮书

德国发展报告（2018）

郑春荣 / 主编　2018 年 6 月出版　估价：99.00 元

◆　本报告由同济大学德国研究所组织编撰，由该领域的专家学者对德国的政治、经济、社会文化、外交等方面的形势发展情况，进行全面的阐述与分析。

俄罗斯黄皮书

俄罗斯发展报告（2018）

李永全 / 编著　2018 年 6 月出版　估价：99.00 元

◆　本书系统介绍了 2017 年俄罗斯经济政治情况，并对 2016 年该地区发生的焦点、热点问题进行了分析与回顾；在此基础上，对该地区 2018 年的发展前景进行了预测。

文化传媒类

新媒体蓝皮书

中国新媒体发展报告 No.9（2018）

唐绪军 / 主编　2018 年 6 月出版　估价：99.00 元

◆　本书是由中国社会科学院新闻与传播研究所组织编写的关于新媒体发展的最新年度报告，旨在全面分析中国新媒体的发展现状，解读新媒体的发展趋势，探析新媒体的深刻影响。

移动互联网蓝皮书

中国移动互联网发展报告（2018）

余清楚 / 主编　2018 年 6 月出版　估价：99.00 元

◆　本书着眼于对 2017 年度中国移动互联网的发展情况做深入解析，对未来发展趋势进行预测，力求从不同视角、不同层面全面剖析中国移动互联网发展的现状、年度突破及热点趋势等。

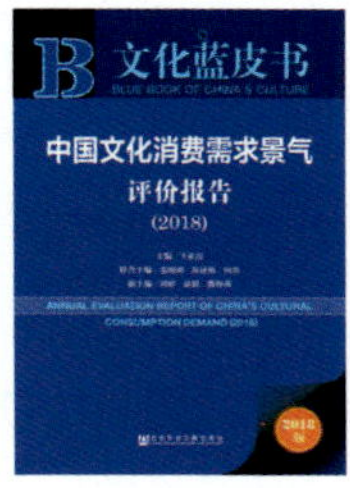

文化蓝皮书

中国文化消费需求景气评价报告（2018）

王亚南 / 主编　2018 年 3 月出版　定价：99.00 元

◆　本书首创全国文化发展量化检测评价体系，也是至今全国唯一的文化民生量化检测评价体系，对于检验全国及各地 " 以人民为中心 " 的文化发展具有首创意义。

地方发展类

北京蓝皮书

北京经济发展报告（2017 ~ 2018）

杨松 / 主编　2018 年 6 月出版　估价：99.00 元

◆　本书对 2017 年北京市经济发展的整体形势进行了系统性的分析与回顾，并对 2018 年经济形势走势进行了预测与研判，聚焦北京市经济社会发展中的全局性、战略性和关键领域的重点问题，运用定量和定性分析相结合的方法，对北京市经济社会发展的现状、问题、成因进行了深入分析，提出了可操作性的对策建议。

温州蓝皮书

2018 年温州经济社会形势分析与预测

蒋儒标　王春光　金浩 / 主编　2018 年 6 月出版　估价：99.00 元

◆　本书是中共温州市委党校和中国社会科学院社会学研究所合作推出的第十一本温州蓝皮书，由来自党校、政府部门、科研机构、高校的专家、学者共同撰写的 2017 年温州区域发展形势的最新研究成果。

黑龙江蓝皮书

黑龙江社会发展报告（2018）

王爱丽 / 主编　2018 年 1 月出版　定价：89.00 元

◆　本书以千份随机抽样问卷调查和专题研究为依据，运用社会学理论框架和分析方法，从专家和学者的独特视角，对 2017 年黑龙江省关系民生的问题进行广泛的调研与分析，并对 2017 年黑龙江省诸多社会热点和焦点问题进行了有益的探索。这些研究不仅可以为政府部门更加全面深入了解省情、科学制定决策提供智力支持，同时也可以为广大读者认识、了解、关注黑龙江社会发展提供理性思考。

宏观经济类

城市蓝皮书
中国城市发展报告（No.11）
著(编)者：潘家华 单菁菁
2018年9月出版 / 估价：99.00元
PSN B-2007-091-1/1

城乡一体化蓝皮书
中国城乡一体化发展报告（2018）
著(编)者：付崇兰
2018年9月出版 / 估价：99.00元
PSN B-2011-226-1/2

城镇化蓝皮书
中国新型城镇化健康发展报告（2018）
著(编)者：张占斌
2018年8月出版 / 估价：99.00元
PSN B-2014-396-1/1

创新蓝皮书
创新型国家建设报告（2018～2019）
著(编)者：詹正茂
2018年12月出版 / 估价：99.00元
PSN B-2009-140-1/1

低碳发展蓝皮书
中国低碳发展报告（2018）
著(编)者：张希良 齐晔
2018年6月出版 / 估价：99.00元
PSN B-2011-223-1/1

低碳经济蓝皮书
中国低碳经济发展报告（2018）
著(编)者：薛进军 赵忠秀
2018年11月出版 / 估价：99.00元
PSN B-2011-194-1/1

发展和改革蓝皮书
中国经济发展和体制改革报告No.9
著(编)者：邹东涛 王再文
2018年1月出版 / 估价：99.00元
PSN B-2008-122-1/1

国家创新蓝皮书
中国创新发展报告（2017）
著(编)者：陈劲　2018年5月出版 / 估价：99.00元
PSN B-2014-370-1/1

金融蓝皮书
中国金融发展报告（2018）
著(编)者：王国刚
2018年6月出版 / 估价：99.00元
PSN B-2004-031-1/7

经济蓝皮书
2018年中国经济形势分析与预测
著(编)者：李平　2017年12月出版 / 定价：89.00元
PSN B-1996-001-1/1

经济蓝皮书春季号
2018年中国经济前景分析
著(编)者：李扬　2018年5月出版 / 估价：99.00元
PSN B-1999-008-1/1

经济蓝皮书夏季号
中国经济增长报告（2017～2018）
著(编)者：李扬　2018年9月出版 / 估价：99.00元
PSN B-2010-176-1/1

农村绿皮书
中国农村经济形势分析与预测（2017～2018）
著(编)者：魏后凯 黄秉信
2018年4月出版 / 定价：99.00元
PSN G-1998-003-1/1

人口与劳动绿皮书
中国人口与劳动问题报告No.19
著(编)者：张车伟　2018年11月出版 / 估价：99.00元
PSN G-2000-012-1/1

新型城镇化蓝皮书
新型城镇化发展报告（2017）
著(编)者：李伟 宋敏
2018年3月出版 / 定价：98.00元
PSN B-2005-038-1/1

中国省域竞争力蓝皮书
中国省域经济综合竞争力发展报告（2016～2017）
著(编)者：李建平 李闽榕
2018年2月出版 / 定价：198.00元
PSN B-2007-088-1/1

中小城市绿皮书
中国中小城市发展报告（2018）
著(编)者：中国城市经济学会中小城市经济发展委员会
中国城镇化促进会中小城市发展委员会
《中国中小城市发展报告》编纂委员会
中小城市发展战略研究院
2018年11月出版 / 估价：128.00元
PSN G-2010-161-1/1

区域经济类

东北蓝皮书
中国东北地区发展报告（2018）
著(编)者：姜晓秋　2018年11月出版 / 估价：99.00元
PSN B-2006-067-1/1

金融蓝皮书
中国金融中心发展报告（2017～2018）
著(编)者：王力 黄育华　2018年11月出版 / 估价：99.00元
PSN B-2011-186-6/7

京津冀蓝皮书
京津冀发展报告（2018）
著(编)者：祝合良 叶堂林 张贵祥
2018年6月出版 / 估价：99.00元
PSN B-2012-262-1/1

西北蓝皮书
中国西北发展报告（2018）
著(编)者：王福生 马廷旭 董秋生
2018年1月出版 / 定价：99.00元
PSN B-2012-261-1/1

西部蓝皮书
中国西部发展报告（2018）
著(编)者：璋勇 任保平　2018年8月出版 / 估价：99.00元
PSN B-2005-039-1/1

长江经济带产业蓝皮书
长江经济带产业发展报告（2018）
著(编)者：吴传清　2018年11月出版 / 估价：128.00元
PSN B-2017-666-1/1

长江经济带蓝皮书
长江经济带发展报告（2017～2018）
著(编)者：王振　2018年11月出版 / 估价：99.00元
PSN B-2016-575-1/1

长江中游城市群蓝皮书
长江中游城市群新型城镇化与产业协同发展报告（2018）
著(编)者：杨刚强　2018年11月出版 / 估价：99.00元
PSN B-2016-578-1/1

长三角蓝皮书
2017年创新融合发展的长三角
著(编)者：刘飞跃　2018年5月出版 / 估价：99.00元
PSN B-2005-038-1/1

长株潭城市群蓝皮书
长株潭城市群发展报告（2017）
著(编)者：张萍 朱有志　2018年6月出版 / 估价：99.00元
PSN B-2008-109-1/1

特色小镇蓝皮书
特色小镇智慧运营报告（2018）：顶层设计与智慧架构标准
著(编)者：陈劲　2018年1月出版 / 定价：79.00元
PSN B-2018-692-1/1

中部竞争力蓝皮书
中国中部经济社会竞争力报告（2018）
著(编)者：教育部人文社会科学重点研究基地南昌大学中国中部经济社会发展研究中心
2018年12月出版 / 估价：99.00元
PSN B-2012-276-1/1

中部蓝皮书
中国中部地区发展报告（2018）
著(编)者：宋亚平　2018年12月出版 / 估价：99.00元
PSN B-2007-089-1/1

区域蓝皮书
中国区域经济发展报告（2017～2018）
著(编)者：赵弘　2018年5月出版 / 估价：99.00元
PSN B-2004-034-1/1

中三角蓝皮书
长江中游城市群发展报告（2018）
著(编)者：秦尊文　2018年9月出版 / 估价：99.00元
PSN B-2014-417-1/1

中原蓝皮书
中原经济区发展报告（2018）
著(编)者：李英杰　2018年6月出版 / 估价：99.00元
PSN B-2011-192-1/1

珠三角流通蓝皮书
珠三角商圈发展研究报告（2018）
著(编)者：王先庆 林至颖　2018年7月出版 / 估价：99.00元
PSN B-2012-292-1/1

社会政法类

北京蓝皮书
中国社区发展报告（2017～2018）
著(编)者：于燕燕　2018年9月出版 / 估价：99.00元
PSN B-2007-083-5/8

殡葬绿皮书
中国殡葬事业发展报告（2017～2018）
著(编)者：李伯森　2018年6月出版 / 估价：158.00元
PSN G-2010-180-1/1

城市管理蓝皮书
中国城市管理报告（2017-2018）
著(编)者：刘林 刘承水　2018年5月出版 / 估价：158.00元
PSN B-2013-336-1/1

城市生活质量蓝皮书
中国城市生活质量报告（2017）
著(编)者：张连城 张平 杨春学 郎丽华
2017年12月出版 / 定价：89.00元
PSN B-2013-326-1/1

城市政府能力蓝皮书
中国城市政府公共服务能力评估报告（2018）
著(编)者：何艳玲　2018年5月出版 / 估价：99.00元
PSN B-2013-338-1/1

创业蓝皮书
中国创业发展研究报告（2017～2018）
著(编)者：黄群慧 赵卫星 钟宏武
2018年11月出版 / 估价：99.00元
PSN B-2016-577-1/1

慈善蓝皮书
中国慈善发展报告（2018）
著(编)者：杨团　2018年6月出版 / 估价：99.00元
PSN B-2009-142-1/1

党建蓝皮书
党的建设研究报告No.2（2018）
著(编)者：崔建民 陈东平　2018年6月出版 / 估价：99.00元
PSN B-2016-523-1/1

地方法治蓝皮书
中国地方法治发展报告No.3（2018）
著(编)者：李林 田禾　2018年6月出版 / 估价：118.00元
PSN B-2015-442-1/1

电子政务蓝皮书
中国电子政务发展报告（2018）
著(编)者：李季　2018年8月出版 / 估价：99.00元
PSN B-2003-022-1/1

儿童蓝皮书
中国儿童参与状况报告（2017）
著(编)者：苑立新　2017年12月出版 / 定价：89.00元
PSN B-2017-682-1/1

法治蓝皮书
中国法治发展报告No.16（2018）
著(编)者：李林 田禾　2018年3月出版 / 定价：128.00元
PSN B-2004-027-1/3

法治蓝皮书
中国法院信息化发展报告 No.2（2018）
著(编)者：李林 田禾　2018年2月出版 / 定价：118.00元
PSN B-2017-604-3/3

法治政府蓝皮书
中国法治政府发展报告（2017）
著(编)者：中国政法大学法治政府研究院
2018年3月出版 / 定价：158.00元
PSN B-2015-502-1/2

法治政府蓝皮书
中国法治政府评估报告（2018）
著(编)者：中国政法大学法治政府研究院
2018年9月出版 / 估价：168.00元
PSN B-2016-576-2/2

反腐倡廉蓝皮书
中国反腐倡廉建设报告 No.8
著(编)者：张英伟　2018年12月出版 / 估价：99.00元
PSN B-2012-259-1/1

扶贫蓝皮书
中国扶贫开发报告（2018）
著(编)者：李培林 魏后凯　2018年12月出版 / 估价：128.00元
PSN B-2016-599-1/1

妇女发展蓝皮书
中国妇女发展报告 No.6
著(编)者：王金玲　2018年9月出版 / 估价：158.00元
PSN B-2006-069-1/1

妇女教育蓝皮书
中国妇女教育发展报告 No.3
著(编)者：张李玺　2018年10月出版 / 估价：99.00元
PSN B-2008-121-1/1

妇女绿皮书
2018年：中国性别平等与妇女发展报告
著(编)者：谭琳　2018年12月出版 / 估价：99.00元
PSN G-2006-073-1/1

公共安全蓝皮书
中国城市公共安全发展报告（2017～2018）
著(编)者：黄育华 杨文明 赵建辉
2018年6月出版 / 估价：99.00元
PSN B-2017-628-1/1

公共服务蓝皮书
中国城市基本公共服务力评价（2018）
著(编)者：钟君 刘志昌 吴正杲
2018年12月出版 / 估价：99.00元
PSN B-2011-214-1/1

公民科学素质蓝皮书
中国公民科学素质报告（2017～2018）
著(编)者：李群 陈雄 马宗文
2017年12月出版 / 定价：89.00元
PSN B-2014-379-1/1

公益蓝皮书
中国公益慈善发展报告（2016）
著(编)者：朱健刚 胡小军　2018年6月出版 / 估价：99.00元
PSN B-2012-283-1/1

国际人才蓝皮书
中国国际移民报告（2018）
著(编)者：王辉耀　2018年6月出版 / 估价：99.00元
PSN B-2012-304-3/4

国际人才蓝皮书
中国留学发展报告（2018）No.7
著(编)者：王辉耀 苗绿　2018年12月出版 / 估价：99.00元
PSN B-2012-244-2/4

海洋社会蓝皮书
中国海洋社会发展报告（2017）
著(编)者：崔凤 宋宁而　2018年3月出版 / 定价：99.00元
PSN B-2015-478-1/1

行政改革蓝皮书
中国行政体制改革报告No.7（2018）
著(编)者：魏礼群　2018年6月出版 / 估价：99.00元
PSN B-2011-231-1/1

华侨华人蓝皮书
华侨华人研究报告（2017）
著(编)者：张禹东 庄国土　　2017年12月出版 / 定价：148.00元
PSN B-2011-204-1/1

互联网与国家治理蓝皮书
互联网与国家治理发展报告（2017）
著(编)者：张志安　　2018年1月出版 / 定价：98.00元
PSN B-2017-671-1/1

环境管理蓝皮书
中国环境管理发展报告（2017）
著(编)者：李金惠　　2017年12月出版 / 定价：98.00元
PSN B-2017-678-1/1

环境竞争力绿皮书
中国省域环境竞争力发展报告（2018）
著(编)者：李建平 李闽榕 王金南
2018年11月出版 / 估价：198.00元
PSN G-2010-165-1/1

环境绿皮书
中国环境发展报告（2017～2018）
著(编)者：李波　　2018年6月出版 / 估价：99.00元
PSN G-2006-048-1/1

家庭蓝皮书
中国“创建幸福家庭活动”评估报告（2018）
著(编)者：国务院发展研究中心“创建幸福家庭活动评估”课题组
2018年12月出版 / 估价：99.00元
PSN B-2015-508-1/1

健康城市蓝皮书
中国健康城市建设研究报告（2018）
著(编)者：王鸿春 盛继洪　　2018年12月出版 / 估价：99.00元
PSN B-2016-564-2/2

健康中国蓝皮书
社区首诊与健康中国分析报告（2018）
著(编)者：高和荣 杨叔禹 姜杰
2018年6月出版 / 估价：99.00元
PSN B-2017-611-1/1

教师蓝皮书
中国中小学教师发展报告（2017）
著(编)者：曾晓东 鱼霞
2018年6月出版 / 估价：99.00元
PSN B-2012-289-1/1

教育扶贫蓝皮书
中国教育扶贫报告（2018）
著(编)者：司树杰 王文静 李兴洲
2018年12月出版 / 估价：99.00元
PSN B-2016-590-1/1

教育蓝皮书
中国教育发展报告（2018）
著(编)者：杨东平　　2018年3月出版 / 定价：89.00元
PSN B-2006-047-1/1

金融法治建设蓝皮书
中国金融法治建设年度报告（2015～2016）
著(编)者：朱小黄　　2018年6月出版 / 估价：99.00元
PSN B-2017-633-1/1

京津冀教育蓝皮书
京津冀教育发展研究报告（2017～2018）
著(编)者：方中雄　　2018年6月出版 / 估价：99.00元
PSN B-2017-608-1/1

就业蓝皮书
2018年中国本科生就业报告
著(编)者：麦可思研究院　　2018年6月出版 / 估价：99.00元
PSN B-2009-146-1/2

就业蓝皮书
2018年中国高职高专生就业报告
著(编)者：麦可思研究院　　2018年6月出版 / 估价：99.00元
PSN B-2015-472-2/2

科学教育蓝皮书
中国科学教育发展报告（2018）
著(编)者：王康友　　2018年10月出版 / 估价：99.00元
PSN B-2015-487-1/1

劳动保障蓝皮书
中国劳动保障发展报告（2018）
著(编)者：刘燕斌　　2018年9月出版 / 估价：158.00元
PSN B-2014-415-1/1

老龄蓝皮书
中国老年宜居环境发展报告（2017）
著(编)者：党俊武 周燕珉　　2018年6月出版 / 估价：99.00元
PSN B-2013-320-1/1

连片特困区蓝皮书
中国连片特困区发展报告（2017～2018）
著(编)者：游俊 冷志明 丁建军
2018年6月出版 / 估价：99.00元
PSN B-2013-321-1/1

流动儿童蓝皮书
中国流动儿童教育发展报告（2017）
著(编)者：杨东平　　2018年6月出版 / 估价：99.00元
PSN B-2017-600-1/1

民调蓝皮书
中国民生调查报告（2018）
著(编)者：谢耘耕　　2018年12月出版 / 估价：99.00元
PSN B-2014-398-1/1

民族发展蓝皮书
中国民族发展报告（2018）
著(编)者：王延中　　2018年10月出版 / 估价：188.00元
PSN B-2006-070-1/1

女性生活蓝皮书
中国女性生活状况报告No.12（2018）
著(编)者：高博燕　　2018年7月出版 / 估价：99.00元
PSN B-2006-071-1/1

汽车社会蓝皮书
中国汽车社会发展报告（2017～2018）
著(编)者：王俊秀　2018年6月出版 / 估价：99.00元
PSN B-2011-224-1/1

青年蓝皮书
中国青年发展报告（2018）No.3
著(编)者：廉思　2018年6月出版 / 估价：99.00元
PSN B-2013-333-1/1

青少年蓝皮书
中国未成年人互联网运用报告（2017～2018）
著(编)者：季为民 李文革 沈杰
2018年11月出版 / 估价：99.00元
PSN B-2010-156-1/1

人权蓝皮书
中国人权事业发展报告No.8（2018）
著(编)者：李君如　2018年9月出版 / 估价：99.00元
PSN B-2011-215-1/1

社会保障绿皮书
中国社会保障发展报告No.9（2018）
著(编)者：王延中　2018年6月出版 / 估价：99.00元
PSN G-2001-014-1/1

社会风险评估蓝皮书
风险评估与危机预警报告（2017～2018）
著(编)者：唐钧　2018年8月出版 / 估价：99.00元
PSN B-2012-293-1/1

社会工作蓝皮书
中国社会工作发展报告（2016~2017）
著(编)者：民政部社会工作研究中心
2018年8月出版 / 估价：99.00元
PSN B-2009-141-1/1

社会管理蓝皮书
中国社会管理创新报告No.6
著(编)者：连玉明　2018年11月出版 / 估价：99.00元
PSN B-2012-300-1/1

社会蓝皮书
2018年中国社会形势分析与预测
著(编)者：李培林 陈光金 张翼
2017年12月出版 / 定价：89.00元
PSN B-1998-002-1/1

社会体制蓝皮书
中国社会体制改革报告No.6（2018）
著(编)者：龚维斌　2018年3月出版 / 定价：98.00元
PSN B-2013-330-1/1

社会心态蓝皮书
中国社会心态研究报告（2018）
著(编)者：王俊秀　2018年12月出版 / 估价：99.00元
PSN B-2011-199-1/1

社会组织蓝皮书
中国社会组织报告（2017-2018）
著(编)者：黄晓勇　2018年6月出版 / 估价：99.00元
PSN B-2008-118-1/2

社会组织蓝皮书
中国社会组织评估发展报告（2018）
著(编)者：徐家良　2018年12月出版 / 估价：99.00元
PSN B-2013-366-2/2

生态城市绿皮书
中国生态城市建设发展报告（2018）
著(编)者：刘举科 孙伟平 胡文臻
2018年9月出版 / 估价：158.00元
PSN G-2012-269-1/1

生态文明绿皮书
中国省域生态文明建设评价报告（ECI 2018）
著(编)者：严耕　2018年12月出版 / 估价：99.00元
PSN G-2010-170-1/1

退休生活蓝皮书
中国城市居民退休生活质量指数报告（2017）
著(编)者：杨一帆　2018年6月出版 / 估价：99.00元
PSN B-2017-618-1/1

危机管理蓝皮书
中国危机管理报告（2018）
著(编)者：文学国 范正青
2018年8月出版 / 估价：99.00元
PSN B-2010-171-1/1

学会蓝皮书
2018年中国学会发展报告
著(编)者：麦可思研究院　2018年12月出版 / 估价：99.00元
PSN B-2016-597-1/1

医改蓝皮书
中国医药卫生体制改革报告（2017～2018）
著(编)者：文学国 房志武
2018年11月出版 / 估价：99.00元
PSN B-2014-432-1/1

应急管理蓝皮书
中国应急管理报告（2018）
著(编)者：宋英华　2018年9月出版 / 估价：99.00元
PSN B-2016-562-1/1

政府绩效评估蓝皮书
中国地方政府绩效评估报告 No.2
著(编)者：贠杰　2018年12月出版 / 估价：99.00元
PSN B-2017-672-1/1

政治参与蓝皮书
中国政治参与报告（2018）
著(编)者：房宁　2018年8月出版 / 估价：128.00元
PSN B-2011-200-1/1

政治文化蓝皮书
中国政治文化报告（2018）
著(编)者：邢元敏 魏大鹏 龚克
2018年8月出版 / 估价：128.00元
PSN B-2017-615-1/1

中国传统村落蓝皮书
中国传统村落保护现状报告（2018）
著(编)者：胡彬彬 李向军 王晓波
2018年12月出版 / 估价：99.00元
PSN B-2017-663-1/1

中国农村妇女发展蓝皮书
农村流动女性城市生活发展报告（2018）
著(编)者：谢丽华　2018年12月出版 / 估价：99.00元
PSN B-2014-434-1/1

宗教蓝皮书
中国宗教报告（2017）
著(编)者：邱永辉　2018年8月出版 / 估价：99.00元
PSN B-2008-117-1/1

产业经济类

保健蓝皮书
中国保健服务产业发展报告 No.2
著(编)者：中国保健协会　中共中央党校
2018年7月出版 / 估价：198.00元
PSN B-2012-272-3/3

保健蓝皮书
中国保健食品产业发展报告 No.2
著(编)者：中国保健协会
中国社会科学院食品药品产业发展与监管研究中心
2018年8月出版 / 估价：198.00元
PSN B-2012-271-2/3

保健蓝皮书
中国保健用品产业发展报告 No.2
著(编)者：中国保健协会
国务院国有资产监督管理委员会研究中心
2018年6月出版 / 估价：198.00元
PSN B-2012-270-1/3

保险蓝皮书
中国保险业竞争力报告（2018）
著(编)者：保监会　2018年12月出版 / 估价：99.00元
PSN B-2013-311-1/1

冰雪蓝皮书
中国冰上运动产业发展报告（2018）
著(编)者：孙承华 杨占武 刘戈 张鸿俊
2018年9月出版 / 估价：99.00元
PSN B-2017-648-3/3

冰雪蓝皮书
中国滑雪产业发展报告（2018）
著(编)者：孙承华 伍斌 魏庆华 张鸿俊
2018年9月出版 / 估价：99.00元
PSN B-2016-559-1/3

餐饮产业蓝皮书
中国餐饮产业发展报告（2018）
著(编)者：邢颖
2018年6月出版 / 估价：99.00元
PSN B-2009-151-1/1

茶业蓝皮书
中国茶产业发展报告（2018）
著(编)者：杨江帆 李闽榕
2018年10月出版 / 估价：99.00元
PSN B-2010-164-1/1

产业安全蓝皮书
中国文化产业安全报告（2018）
著(编)者：北京印刷学院文化产业安全研究院
2018年12月出版 / 估价：99.00元
PSN B-2014-378-12/14

产业安全蓝皮书
中国新媒体产业安全报告（2016～2017）
著(编)者：肖丽　2018年6月出版 / 估价：99.00元
PSN B-2015-500-14/14

产业安全蓝皮书
中国出版传媒产业安全报告（2017～2018）
著(编)者：北京印刷学院文化产业安全研究院
2018年6月出版 / 估价：99.00元
PSN B-2014-384-13/14

产业蓝皮书
中国产业竞争力报告（2018）No.8
著(编)者：张其仔　2018年12月出版 / 估价：168.00元
PSN B-2010-175-1/1

动力电池蓝皮书
中国新能源汽车动力电池产业发展报告（2018）
著(编)者：中国汽车技术研究中心
2018年8月出版 / 估价：99.00元
PSN B-2017-639-1/1

杜仲产业绿皮书
中国杜仲橡胶资源与产业发展报告（2017～2018）
著(编)者：杜红岩 胡文臻 俞锐
2018年6月出版 / 估价：99.00元
PSN G-2013-350-1/1

房地产蓝皮书
中国房地产发展报告No.15（2018）
著(编)者：李春华 王业强
2018年5月出版 / 估价：99.00元
PSN B-2004-028-1/1

服务外包蓝皮书
中国服务外包产业发展报告（2017～2018）
著(编)者：王晓红 刘德军
2018年6月出版 / 估价：99.00元
PSN B-2013-331-2/2

服务外包蓝皮书
中国服务外包竞争力报告（2017～2018）
著(编)者：刘春生 王力 黄育华
2018年12月出版 / 估价：99.00元
PSN B-2011-216-1/2

工业和信息化蓝皮书
世界信息技术产业发展报告（2017～2018）
著(编)者：尹丽波　2018年6月出版 / 估价：99.00元
PSN B-2015-449-2/6

工业和信息化蓝皮书
战略性新兴产业发展报告（2017～2018）
著(编)者：尹丽波　2018年6月出版 / 估价：99.00元
PSN B-2015-450-3/6

海洋经济蓝皮书
中国海洋经济发展报告（2015～2018）
著(编)者：殷克东 高金田 方胜民
2018年3月出版 / 定价：128.00元
PSN B-2018-697-1/1

康养蓝皮书
中国康养产业发展报告（2017）
著(编)者：何莽　2017年12月出版 / 定价：88.00元
PSN B-2017-685-1/1

客车蓝皮书
中国客车产业发展报告（2017～2018）
著(编)者：姚蔚　2018年10月出版 / 估价：99.00元
PSN B-2013-361-1/1

流通蓝皮书
中国商业发展报告（2018～2019）
著(编)者：王雪峰 林诗慧
2018年7月出版 / 估价：99.00元
PSN B-2009-152-1/2

能源蓝皮书
中国能源发展报告（2018）
著(编)者：崔民选 王军生 陈义和
2018年12月出版 / 估价：99.00元
PSN B-2006-049-1/1

农产品流通蓝皮书
中国农产品流通产业发展报告（2017）
著(编)者：贾敬敦 张东科 张玉玺 张鹏毅 周伟
2018年6月出版 / 估价：99.00元
PSN B-2012-288-1/1

汽车工业蓝皮书
中国汽车工业发展年度报告（2018）
著(编)者：中国汽车工业协会
中国汽车技术研究中心
丰田汽车公司
2018年5月出版 / 估价：168.00元
PSN B-2015-463-1/2

汽车工业蓝皮书
中国汽车零部件产业发展报告（2017～2018）
著(编)者：中国汽车工业协会
中国汽车工程研究院深圳市沃特玛电池有限公司
2018年9月出版 / 估价：99.00元
PSN B-2016-515-2/2

汽车蓝皮书
中国汽车产业发展报告（2018）
著(编)者：中国汽车工程学会
大众汽车集团（中国）
2018年11月出版 / 估价：99.00元
PSN B-2008-124-1/1

世界茶业蓝皮书
世界茶业发展报告（2018）
著(编)者：李闽榕 冯廷佺
2018年5月出版 / 估价：168.00元
PSN B-2017-619-1/1

世界能源蓝皮书
世界能源发展报告（2018）
著(编)者：黄晓勇　2018年6月出版 / 估价：168.00元
PSN B-2013-349-1/1

石油蓝皮书
中国石油产业发展报告（2018）
著(编)者：中国石油化工集团公司经济技术研究院
中国国际石油化工联合有限责任公司
中国社会科学院数量经济与技术经济研究所
2018年2月出版 / 定价：98.00元
PSN B-2018-690-1/1

体育蓝皮书
国家体育产业基地发展报告（2016～2017）
著(编)者：李颖川　2018年6月出版 / 估价：168.00元
PSN B-2017-609-5/5

体育蓝皮书
中国体育产业发展报告（2018）
著(编)者：阮伟 钟秉枢
2018年12月出版 / 估价：99.00元
PSN B-2010-179-1/5

文化金融蓝皮书
中国文化金融发展报告（2018）
著(编)者：杨涛 金巍
2018年6月出版 / 估价：99.00元
PSN B-2017-610-1/1

新能源汽车蓝皮书
中国新能源汽车产业发展报告（2018）
著(编)者：中国汽车技术研究中心
日产（中国）投资有限公司
东风汽车有限公司
2018年8月出版 / 估价：99.00元
PSN B-2013-347-1/1

薏仁米产业蓝皮书
中国薏仁米产业发展报告No.2（2018）
著(编)者：李发耀 石明 秦礼康
2018年8月出版 / 估价：99.00元
PSN B-2017-645-1/1

邮轮绿皮书
中国邮轮产业发展报告（2018）
著(编)者：汪泓　2018年10月出版 / 估价：99.00元
PSN G-2014-419-1/1

智能养老蓝皮书
中国智能养老产业发展报告（2018）
著(编)者：朱勇　2018年10月出版 / 估价：99.00元
PSN B-2015-488-1/1

中国节能汽车蓝皮书
中国节能汽车发展报告（2017～2018）
著(编)者：中国汽车工程研究院股份有限公司
2018年9月出版 / 估价：99.00元
PSN B-2016-565-1/1

中国陶瓷产业蓝皮书
中国陶瓷产业发展报告（2018）
著(编)者：左和平 黄速建
2018年10月出版 / 估价：99.00元
PSN B-2016-573-1/1

装备制造业蓝皮书
中国装备制造业发展报告（2018）
著(编)者：徐东华
2018年12月出版 / 估价：118.00元
PSN B-2015-505-1/1

行业及其他类

“三农”互联网金融蓝皮书
中国“三农”互联网金融发展报告（2018）
著(编)者：李勇坚 王弢
2018年8月出版 / 估价：99.00元
PSN B-2016-560-1/1

SUV蓝皮书
中国SUV市场发展报告（2017～2018）
著(编)者：靳军 2018年9月出版 / 估价：99.00元
PSN B-2016-571-1/1

冰雪蓝皮书
中国冬季奥运会发展报告（2018）
著(编)者：孙承华 伍斌 魏庆华 张鸿俊
2018年9月出版 / 估价：99.00元
PSN B-2017-647-2/3

彩票蓝皮书
中国彩票发展报告（2018）
著(编)者：益彩基金 2018年6月出版 / 估价：99.00元
PSN B-2015-462-1/1

测绘地理信息蓝皮书
测绘地理信息供给侧结构性改革研究报告（2018）
著(编)者：库热西·买合苏提
2018年12月出版 / 估价：168.00元
PSN B-2009-145-1/1

产权市场蓝皮书
中国产权市场发展报告（2017）
著(编)者：曹和平
2018年5月出版 / 估价：99.00元
PSN B-2009-147-1/1

城投蓝皮书
中国城投行业发展报告（2018）
著(编)者：华景斌
2018年11月出版 / 估价：300.00元
PSN B-2016-514-1/1

城市轨道交通蓝皮书
中国城市轨道交通运营发展报告（2017～2018）
著(编)者：崔学忠 贾文峥
2018年3月出版 / 定价：89.00元
PSN B-2018-694-1/1

大数据蓝皮书
中国大数据发展报告（No.2）
著(编)者：连玉明 2018年5月出版 / 估价：99.00元
PSN B-2017-620-1/1

大数据应用蓝皮书
中国大数据应用发展报告No.2（2018）
著(编)者：陈军君 2018年8月出版 / 估价：99.00元
PSN B-2017-644-1/1

对外投资与风险蓝皮书
中国对外直接投资与国家风险报告（2018）
著(编)者：中债资信评估有限责任公司
中国社会科学院世界经济与政治研究所
2018年6月出版 / 估价：189.00元
PSN B-2017-606-1/1

工业和信息化蓝皮书
人工智能发展报告（2017～2018）
著(编)者：尹丽波 2018年6月出版 / 估价：99.00元
PSN B-2015-448-1/6

工业和信息化蓝皮书
世界智慧城市发展报告（2017～2018）
著(编)者：尹丽波 2018年6月出版 / 估价：99.00元
PSN B-2017-624-6/6

工业和信息化蓝皮书
世界网络安全发展报告（2017～2018）
著(编)者：尹丽波 2018年6月出版 / 估价：99.00元
PSN B-2015-452-5/6

工业和信息化蓝皮书
世界信息化发展报告（2017～2018）
著(编)者：尹丽波 2018年6月出版 / 估价：99.00元
PSN B-2015-451-4/6

工业设计蓝皮书
中国工业设计发展报告（2018）
著(编)者：王晓红 于炜 张立群 2018年9月出版 / 估价：168.00元
PSN B-2014-420-1/1

公共关系蓝皮书
中国公共关系发展报告（2017）
著(编)者：柳斌杰 2018年1月出版 / 定价：89.00元
PSN B-2016-579-1/1

公共关系蓝皮书
中国公共关系发展报告（2018）
著(编)者：柳斌杰　　2018年11月出版 / 估价：99.00元
PSN B-2016-579-1/1

管理蓝皮书
中国管理发展报告（2018）
著(编)者：张晓东　　2018年10月出版 / 估价：99.00元
PSN B-2014-416-1/1

轨道交通蓝皮书
中国轨道交通行业发展报告（2017）
著(编)者：仲建华 李闽榕
2017年12月出版 / 定价：98.00元
PSN B-2017-674-1/1

海关发展蓝皮书
中国海关发展前沿报告（2018）
著(编)者：干春晖　　2018年6月出版 / 估价：99.00元
PSN B-2017-616-1/1

互联网医疗蓝皮书
中国互联网健康医疗发展报告（2018）
著(编)者：芮晓武　　2018年6月出版 / 估价：99.00元
PSN B-2016-567-1/1

黄金市场蓝皮书
中国商业银行黄金业务发展报告（2017～2018）
著(编)者：平安银行　　2018年6月出版 / 估价：99.00元
PSN B-2016-524-1/1

会展蓝皮书
中外会展业动态评估研究报告（2018）
著(编)者：张敏 任中峰 聂鑫焱 牛盼强
2018年12月出版 / 估价：99.00元
PSN B-2013-327-1/1

基金会蓝皮书
中国基金会发展报告（2017~2018）
著(编)者：中国基金会发展报告课题组
2018年6月出版 / 估价：99.00元
PSN B-2013-368-1/1

基金会绿皮书
中国基金会发展独立研究报告（2018）
著(编)者：基金会中心网　　中央民族大学基金会研究中心
2018年6月出版 / 估价：99.00元
PSN G-2011-213-1/1

基金会透明度蓝皮书
中国基金会透明度发展研究报告（2018）
著(编)者：基金会中心网
清华大学廉政与治理研究中心
2018年9月出版 / 估价：99.00元
PSN B-2013-339-1/1

建筑装饰蓝皮书
中国建筑装饰行业发展报告（2018）
著(编)者：葛道顺 刘晓一
2018年10月出版 / 估价：198.00元
PSN B-2016-553-1/1

金融监管蓝皮书
中国金融监管报告（2018）
著(编)者：胡滨　　2018年3月出版 / 定价：98.00元
PSN B-2012-281-1/1

金融蓝皮书
中国互联网金融行业分析与评估（2018～2019）
著(编)者：黄国平 伍旭川　　2018年12月出版 / 估价：99.00元
PSN B-2016-585-7/7

金融科技蓝皮书
中国金融科技发展报告（2018）
著(编)者：李扬 孙国峰　　2018年10月出版 / 估价：99.00元
PSN B-2014-374-1/1

金融信息服务蓝皮书
中国金融信息服务发展报告（2018）
著(编)者：李平　　2018年5月出版 / 估价：99.00元
PSN B-2017-621-1/1

金蜜蜂企业社会责任蓝皮书
金蜜蜂中国企业社会责任报告研究（2017）
著(编)者：殷格非 于志宏 管竹笋
2018年1月出版 / 定价：99.00元
PSN B-2018-693-1/1

京津冀金融蓝皮书
京津冀金融发展报告（2018）
著(编)者：王爱俭 王璟怡　　2018年10月出版 / 估价：99.00元
PSN B-2016-527-1/1

科普蓝皮书
国家科普能力发展报告（2018）
著(编)者：王康友　　2018年5月出版 / 估价：138.00元
PSN B-2017-632-4/4

科普蓝皮书
中国基层科普发展报告（2017～2018）
著(编)者：赵立新 陈玲　　2018年9月出版 / 估价：99.00元
PSN B-2016-568-3/4

科普蓝皮书
中国科普基础设施发展报告（2017～2018）
著(编)者：任福君　　2018年6月出版 / 估价：99.00元
PSN B-2010-174-1/3

科普蓝皮书
中国科普人才发展报告（2017～2018）
著(编)者：郑念 任嵘嵘　　2018年7月出版 / 估价：99.00元
PSN B-2016-512-2/4

科普能力蓝皮书
中国科普能力评价报告（2018～2019）
著(编)者：李富强 李群　　2018年8月出版 / 估价：99.00元
PSN B-2016-555-1/1

临空经济蓝皮书
中国临空经济发展报告（2018）
著(编)者：连玉明　　2018年9月出版 / 估价：99.00元
PSN B-2014-421-1/1

旅游安全蓝皮书
中国旅游安全报告（2018）
著(编)者：郑向敏 谢朝武　　2018年5月出版 / 估价：158.00元
PSN B-2012-280-1/1

旅游绿皮书
2017～2018年中国旅游发展分析与预测
著(编)者：宋瑞　　2018年1月出版 / 定价：99.00元
PSN G-2002-018-1/1

煤炭蓝皮书
中国煤炭工业发展报告（2018）
著(编)者：岳福斌　　2018年12月出版 / 估价：99.00元
PSN B-2008-123-1/1

民营企业社会责任蓝皮书
中国民营企业社会责任报告（2018）
著(编)者：中华全国工商业联合会
2018年12月出版 / 估价：99.00元
PSN B-2015-510-1/1

民营医院蓝皮书
中国民营医院发展报告（2017）
著(编)者：薛晓林　　2017年12月出版 / 定价：89.00元
PSN B-2012-299-1/1

闽商蓝皮书
闽商发展报告（2018）
著(编)者：李闽榕 王日根 林琛
2018年12月出版 / 估价：99.00元
PSN B-2012-298-1/1

农业应对气候变化蓝皮书
中国农业气象灾害及其灾损评估报告（No.3）
著(编)者：矫梅燕　　2018年6月出版 / 估价：118.00元
PSN B-2014-413-1/1

品牌蓝皮书
中国品牌战略发展报告（2018）
著(编)者：汪同三　　2018年10月出版 / 估价：99.00元
PSN B-2016-580-1/1

企业扶贫蓝皮书
中国企业扶贫研究报告（2018）
著(编)者：钟宏武　　2018年12月出版 / 估价：99.00元
PSN B-2016-593-1/1

企业公益蓝皮书
中国企业公益研究报告（2018）
著(编)者：钟宏武 汪杰 黄晓娟
2018年12月出版 / 估价：99.00元
PSN B-2015-501-1/1

企业国际化蓝皮书
中国企业全球化报告（2018）
著(编)者：王辉耀 苗绿　　2018年11月出版 / 估价：99.00元
PSN B-2014-427-1/1

企业蓝皮书
中国企业绿色发展报告No.2（2018）
著(编)者：李红玉 朱光辉
2018年8月出版 / 估价：99.00元
PSN B-2015-481-2/2

企业社会责任蓝皮书
中资企业海外社会责任研究报告（2017～2018）
著(编)者：钟宏武 叶柳红 张蒽
2018年6月出版 / 估价：99.00元
PSN B-2017-603-2/2

企业社会责任蓝皮书
中国企业社会责任研究报告（2018）
著(编)者：黄群慧 钟宏武 张蒽 汪杰
2018年11月出版 / 估价：99.00元
PSN B-2009-149-1/2

汽车安全蓝皮书
中国汽车安全发展报告（2018）
著(编)者：中国汽车技术研究中心
2018年8月出版 / 估价：99.00元
PSN B-2014-385-1/1

汽车电子商务蓝皮书
中国汽车电子商务发展报告（2018）
著(编)者：中华全国工商业联合会汽车经销商商会
北方工业大学
北京易观智库网络科技有限公司
2018年10月出版 / 估价：158.00元
PSN B-2015-485-1/1

汽车知识产权蓝皮书
中国汽车产业知识产权发展报告（2018）
著(编)者：中国汽车工程研究院股份有限公司
中国汽车工程学会
重庆长安汽车股份有限公司
2018年12月出版 / 估价：99.00元
PSN B-2016-594-1/1

青少年体育蓝皮书
中国青少年体育发展报告（2017）
著(编)者：刘扶民 杨桦　　2018年6月出版 / 估价：99.00元
PSN B-2015-482-1/1

区块链蓝皮书
中国区块链发展报告（2018）
著(编)者：李伟　　2018年9月出版 / 估价：99.00元
PSN B-2017-649-1/1

群众体育蓝皮书
中国群众体育发展报告（2017）
著(编)者：刘国永 戴健　　2018年5月出版 / 估价：99.00元
PSN B-2014-411-1/3

群众体育蓝皮书
中国社会体育指导员发展报告（2018）
著(编)者：刘国永 王欢　　2018年6月出版 / 估价：99.00元
PSN B-2016-520-3/3

人力资源蓝皮书
中国人力资源发展报告（2018）
著(编)者：余兴安　　2018年11月出版 / 估价：99.00元
PSN B-2012-287-1/1

融资租赁蓝皮书
中国融资租赁业发展报告（2017～2018）
著(编)者：李光荣 王力　　2018年8月出版 / 估价：99.00元
PSN B-2015-443-1/1

商会蓝皮书
中国商会发展报告No.5（2017）
著(编)者：王钦敏　2018年7月出版 / 估价：99.00元
PSN B-2008-125-1/1

商务中心区蓝皮书
中国商务中心区发展报告No.4（2017～2018）
著(编)者：李国红 单菁菁　2018年9月出版 / 估价：99.00元
PSN B-2015-444-1/1

设计产业蓝皮书
中国创新设计发展报告（2018）
著(编)者：王晓红 张立群 于炜
2018年11月出版 / 估价：99.00元
PSN B-2016-581-2/2

社会责任管理蓝皮书
中国上市公司社会责任能力成熟度报告No.4（2018）
著(编)者：肖红军 王晓光 李伟阳
2018年12月出版 / 估价：99.00元
PSN B-2015-507-2/2

社会责任管理蓝皮书
中国企业公众透明度报告No.4（2017～2018）
著(编)者：黄速建 熊梦 王晓光 肖红军
2018年6月出版 / 估价：99.00元
PSN B-2015-440-1/2

食品药品蓝皮书
食品药品安全与监管政策研究报告（2016～2017）
著(编)者：唐民皓　2018年6月出版 / 估价：99.00元
PSN B-2009-129-1/1

输血服务蓝皮书
中国输血行业发展报告（2018）
著(编)者：孙俊　2018年12月出版 / 估价：99.00元
PSN B-2016-582-1/1

水利风景区蓝皮书
中国水利风景区发展报告（2018）
著(编)者：董建文 兰思仁
2018年10月出版 / 估价：99.00元
PSN B-2015-480-1/1

数字经济蓝皮书
全球数字经济竞争力发展报告（2017）
著(编)者：王振　2017年12月出版 / 定价：79.00元
PSN B-2017-673-1/1

私募市场蓝皮书
中国私募股权市场发展报告（2017～2018）
著(编)者：曹和平　2018年12月出版 / 估价：99.00元
PSN B-2010-162-1/1

碳排放权交易蓝皮书
中国碳排放权交易报告（2018）
著(编)者：孙永平　2018年11月出版 / 估价：99.00元
PSN B-2017-652-1/1

碳市场蓝皮书
中国碳市场报告（2018）
著(编)者：定金彪　2018年11月出版 / 估价：99.00元
PSN B-2014-430-1/1

体育蓝皮书
中国公共体育服务发展报告（2018）
著(编)者：戴健　2018年12月出版 / 估价：99.00元
PSN B-2013-367-2/5

土地市场蓝皮书
中国农村土地市场发展报告（2017～2018）
著(编)者：李光荣　2018年6月出版 / 估价：99.00元
PSN B-2016-526-1/1

土地整治蓝皮书
中国土地整治发展研究报告（No.5）
著(编)者：国土资源部土地整治中心
2018年7月出版 / 估价：99.00元
PSN B-2014-401-1/1

土地政策蓝皮书
中国土地政策研究报告（2018）
著(编)者：高延利 张建平 吴次芳
2018年1月出版 / 定价：98.00元
PSN B-2015-506-1/1

网络空间安全蓝皮书
中国网络空间安全发展报告（2018）
著(编)者：惠志斌 覃庆玲
2018年11月出版 / 估价：99.00元
PSN B-2015-466-1/1

文化志愿服务蓝皮书
中国文化志愿服务发展报告（2018）
著(编)者：张永新 良警宇　2018年11月出版 / 估价：128.00元
PSN B-2016-596-1/1

西部金融蓝皮书
中国西部金融发展报告（2017～2018）
著(编)者：李忠民　2018年8月出版 / 估价：99.00元
PSN B-2010-160-1/1

协会商会蓝皮书
中国行业协会商会发展报告（2017）
著(编)者：景朝阳 李勇　2018年6月出版 / 估价：99.00元
PSN B-2015-461-1/1

新三板蓝皮书
中国新三板市场发展报告（2018）
著(编)者：王力　2018年8月出版 / 估价：99.00元
PSN B-2016-533-1/1

信托市场蓝皮书
中国信托业市场报告（2017～2018）
著(编)者：用益金融信托研究院
2018年6月出版 / 估价：198.00元
PSN B-2014-371-1/1

信息化蓝皮书
中国信息化形势分析与预测（2017～2018）
著(编)者：周宏仁　2018年8月出版 / 估价：99.00元
PSN B-2010-168-1/1

信用蓝皮书
中国信用发展报告（2017～2018）
著(编)者：章政 田侃　2018年6月出版 / 估价：99.00元
PSN B-2013-328-1/1

休闲绿皮书
2017～2018年中国休闲发展报告
著(编)者：宋瑞　2018年7月出版 / 估价：99.00元
PSN G-2010-158-1/1

休闲体育蓝皮书
中国休闲体育发展报告（2017～2018）
著(编)者：李相如 钟秉枢
2018年10月出版 / 估价：99.00元
PSN B-2016-516-1/1

养老金融蓝皮书
中国养老金融发展报告（2018）
著(编)者：董克用 姚余栋
2018年9月出版 / 估价：99.00元
PSN B-2016-583-1/1

遥感监测绿皮书
中国可持续发展遥感监测报告（2017）
著(编)者：顾行发 汪克强 潘教峰 李闽榕 徐东华 王琦安
2018年6月出版 / 估价：298.00元
PSN B-2017-629-1/1

药品流通蓝皮书
中国药品流通行业发展报告（2018）
著(编)者：佘鲁林 温再兴
2018年7月出版 / 估价：198.00元
PSN B-2014-429-1/1

医疗器械蓝皮书
中国医疗器械行业发展报告（2018）
著(编)者：王宝亭 耿鸿武
2018年10月出版 / 估价：99.00元
PSN B-2017-661-1/1

医院蓝皮书
中国医院竞争力报告（2017~2018）
著(编)者：庄一强　2018年3月出版 / 定价：108.00元
PSN B-2016-528-1/1

瑜伽蓝皮书
中国瑜伽业发展报告（2017~2018）
著(编)者：张永建 徐华锋 朱泰余
2018年6月出版 / 估价：198.00元
PSN B-2017-625-1/1

债券市场蓝皮书
中国债券市场发展报告（2017～2018）
著(编)者：杨农　2018年10月出版 / 估价：99.00元
PSN B-2016-572-1/1

志愿服务蓝皮书
中国志愿服务发展报告（2018）
著(编)者：中国志愿服务联合会
2018年11月出版 / 估价：99.00元
PSN B-2017-664-1/1

中国上市公司蓝皮书
中国上市公司发展报告（2018）
著(编)者：张鹏 张平 黄胤英
2018年9月出版 / 估价：99.00元
PSN B-2014-414-1/1

中国新三板蓝皮书
中国新三板创新与发展报告（2018）
著(编)者：刘平安 闻召林
2018年8月出版 / 估价：158.00元
PSN B-2017-638-1/1

中国汽车品牌蓝皮书
中国乘用车品牌发展报告（2017）
著(编)者：《中国汽车报》社有限公司
博世（中国）投资有限公司
中国汽车技术研究中心数据资源中心
2018年1月出版 / 定价：89.00元
PSN B-2017-679-1/1

中医文化蓝皮书
北京中医药文化传播发展报告（2018）
著(编)者：毛嘉陵　2018年6月出版 / 估价：99.00元
PSN B-2015-468-1/2

中医文化蓝皮书
中国中医药文化传播发展报告（2018）
著(编)者：毛嘉陵　2018年7月出版 / 估价：99.00元
PSN B-2016-584-2/2

中医药蓝皮书
北京中医药知识产权发展报告No.2
著(编)者：汪洪 屠志涛　2018年6月出版 / 估价：168.00元
PSN B-2017-602-1/1

资本市场蓝皮书
中国场外交易市场发展报告（2016～2017）
著(编)者：高峦　2018年6月出版 / 估价：99.00元
PSN B-2009-153-1/1

资产管理蓝皮书
中国资产管理行业发展报告（2018）
著(编)者：郑智　2018年7月出版 / 估价：99.00元
PSN B-2014-407-2/2

资产证券化蓝皮书
中国资产证券化发展报告（2018）
著(编)者：沈炳熙 曹彤 李哲平
2018年4月出版 / 定价：98.00元
PSN B-2017-660-1/1

自贸区蓝皮书
中国自贸区发展报告（2018）
著(编)者：王力 黄育华
2018年6月出版 / 估价：99.00元
PSN B-2016-558-1/1

国际问题与全球治理类

“一带一路”跨境通道蓝皮书
“一带一路”跨境通道建设研究报（2017～2018）
著(编)者：余鑫 张秋生　2018年1月出版 / 定价：89.00元
PSN B-2016-557-1/1

“一带一路”蓝皮书
“一带一路”建设发展报告（2018）
著(编)者：李永全　2018年3月出版 / 定价：98.00元
PSN B-2016-552-1/1

“一带一路”投资安全蓝皮书
中国“一带一路”投资与安全研究报告（2018）
著(编)者：邹统钎 梁昊光　2018年4月出版 / 定价：98.00元
PSN B-2017-612-1/1

“一带一路”文化交流蓝皮书
中阿文化交流发展报告（2017）
著(编)者：王辉　2017年12月出版 / 定价：89.00元
PSN B-2017-655-1/1

G20国家创新竞争力黄皮书
二十国集团（G20）国家创新竞争力发展报告（2017～2018）
著(编)者：李建平 李闽榕 赵新力 周天勇
2018年7月出版 / 估价：168.00元
PSN Y-2011-229-1/1

阿拉伯黄皮书
阿拉伯发展报告（2016～2017）
著(编)者：罗林　2018年6月出版 / 估价：99.00元
PSN Y-2014-381-1/1

北部湾蓝皮书
泛北部湾合作发展报告（2017～2018）
著(编)者：吕余生　2018年12月出版 / 估价：99.00元
PSN B-2008-114-1/1

北极蓝皮书
北极地区发展报告（2017）
著(编)者：刘惠荣　2018年7月出版 / 估价：99.00元
PSN B-2017-634-1/1

大洋洲蓝皮书
大洋洲发展报告（2017～2018）
著(编)者：喻常森　2018年10月出版 / 估价：99.00元
PSN B-2013-341-1/1

东北亚区域合作蓝皮书
2017年“一带一路”倡议与东北亚区域合作
著(编)者：刘亚政 金美花
2018年5月出版 / 估价：99.00元
PSN B-2017-631-1/1

东盟黄皮书
东盟发展报告（2017）
著(编)者：杨静林 庄国土　2018年6月出版 / 估价：99.00元
PSN Y-2012-303-1/1

东南亚蓝皮书
东南亚地区发展报告（2017～2018）
著(编)者：王勤　2018年12月出版 / 估价：99.00元
PSN B-2012-240-1/1

非洲黄皮书
非洲发展报告No.20（2017～2018）
著(编)者：张宏明　2018年7月出版 / 估价：99.00元
PSN Y-2012-239-1/1

非传统安全蓝皮书
中国非传统安全研究报告（2017～2018）
著(编)者：潇枫 罗中枢　2018年8月出版 / 估价：99.00元
PSN B-2012-273-1/1

国际安全蓝皮书
中国国际安全研究报告（2018）
著(编)者：刘慧　2018年7月出版 / 估价：99.00元
PSN B-2016-521-1/1

国际城市蓝皮书
国际城市发展报告（2018）
著(编)者：屠启宇　2018年2月出版 / 定价：89.00元
PSN B-2012-260-1/1

国际形势黄皮书
全球政治与安全报告（2018）
著(编)者：张宇燕　2018年1月出版 / 定价：99.00元
PSN Y-2001-016-1/1

公共外交蓝皮书
中国公共外交发展报告（2018）
著(编)者：赵启正 雷蔚真　2018年6月出版 / 估价：99.00元
PSN B-2015-457-1/1

海丝蓝皮书
21世纪海上丝绸之路研究报告（2017）
著(编)者：华侨大学海上丝绸之路研究院
2017年12月出版 / 定价：89.00元
PSN B-2017-684-1/1

金砖国家黄皮书
金砖国家综合创新竞争力发展报告（2018）
著(编)者：赵新力 李闽榕 黄茂兴
2018年8月出版 / 估价：128.00元
PSN Y-2017-643-1/1

拉美黄皮书
拉丁美洲和加勒比发展报告（2017～2018）
著(编)者：袁东振　2018年6月出版 / 估价：99.00元
PSN Y-1999-007-1/1

澜湄合作蓝皮书
澜沧江-湄公河合作发展报告（2018）
著(编)者：刘稚　2018年9月出版 / 估价：99.00元
PSN B-2011-196-1/1

欧洲蓝皮书
欧洲发展报告（2017～2018）
著(编)者：黄平 周弘 程卫东
2018年6月出版 / 估价：99.00元
PSN B-1999-009-1/1

葡语国家蓝皮书
葡语国家发展报告（2016～2017）
著(编)者：王成安 张敏 刘金兰
2018年6月出版 / 估价：99.00元
PSN B-2015-503-1/2

葡语国家蓝皮书
中国与葡语国家关系发展报告·巴西（2016）
著(编)者：张曙光
2018年8月出版 / 估价：99.00元
PSN B-2016-563-2/2

气候变化绿皮书
应对气候变化报告（2018）
著(编)者：王伟光 郑国光
2018年11月出版 / 估价：99.00元
PSN G-2009-144-1/1

全球环境竞争力绿皮书
全球环境竞争力报告（2018）
著(编)者：李建平 李闽榕 王金南
2018年12月出版 / 估价：198.00元
PSN G-2013-363-1/1

全球信息社会蓝皮书
全球信息社会发展报告（2018）
著(编)者：丁波涛 唐涛 2018年10月出版 / 估价：99.00元
PSN B-2017-665-1/1

日本经济蓝皮书
日本经济与中日经贸关系研究报告（2018）
著(编)者：张季风 2018年6月出版 / 估价：99.00元
PSN B-2008-102-1/1

上海合作组织黄皮书
上海合作组织发展报告（2018）
著(编)者：李进峰 2018年6月出版 / 估价：99.00元
PSN Y-2009-130-1/1

世界创新竞争力黄皮书
世界创新竞争力发展报告（2017）
著(编)者：李建平 李闽榕 赵新力
2018年6月出版 / 估价：168.00元
PSN Y-2013-318-1/1

世界经济黄皮书
2018年世界经济形势分析与预测
著(编)者：张宇燕 2018年1月出版 / 定价：99.00元
PSN Y-1999-006-1/1

世界能源互联互通蓝皮书
世界能源清洁发展与互联互通评估报告（2017）：欧洲篇
著(编)者：国网能源研究院
2018年1月出版 / 定价：128.00元
PSN B-2018-695-1/1

丝绸之路蓝皮书
丝绸之路经济带发展报告（2018）
著(编)者：任宗哲 白宽犁 谷孟宾
2018年1月出版 / 定价：89.00元
PSN B-2014-410-1/1

新兴经济体蓝皮书
金砖国家发展报告（2018）
著(编)者：林跃勤 周文
2018年8月出版 / 估价：99.00元
PSN B-2011-195-1/1

亚太蓝皮书
亚太地区发展报告（2018）
著(编)者：李向阳 2018年5月出版 / 估价：99.00元
PSN B-2001-015-1/1

印度洋地区蓝皮书
印度洋地区发展报告（2018）
著(编)者：汪戎 2018年6月出版 / 估价：99.00元
PSN B-2013-334-1/1

印度尼西亚经济蓝皮书
印度尼西亚经济发展报告（2017）：增长与机会
著(编)者：左志刚 2017年11月出版 / 定价：89.00元
PSN B-2017-675-1/1

渝新欧蓝皮书
渝新欧沿线国家发展报告（2018）
著(编)者：杨柏 黄森
2018年6月出版 / 估价：99.00元
PSN B-2017-626-1/1

中阿蓝皮书
中国-阿拉伯国家经贸发展报告（2018）
著(编)者：张廉 段庆林 王林聪 杨巧红
2018年12月出版 / 估价：99.00元
PSN B-2016-598-1/1

中东黄皮书
中东发展报告No.20（2017～2018）
著(编)者：杨光 2018年10月出版 / 估价：99.00元
PSN Y-1998-004-1/1

中亚黄皮书
中亚国家发展报告（2018）
著(编)者：孙力
2018年3月出版 / 定价：98.00元
PSN Y-2012-238-1/1

国别类

澳大利亚蓝皮书
澳大利亚发展报告（2017-2018）
著(编)者：孙有中 韩锋　2018年12月出版 / 估价：99.00元
PSN B-2016-587-1/1

巴西黄皮书
巴西发展报告（2017）
著(编)者：刘国枝　2018年5月出版 / 估价：99.00元
PSN Y-2017-614-1/1

德国蓝皮书
德国发展报告（2018）
著(编)者：郑春荣　2018年6月出版 / 估价：99.00元
PSN B-2012-278-1/1

俄罗斯黄皮书
俄罗斯发展报告（2018）
著(编)者：李永全　2018年6月出版 / 估价：99.00元
PSN Y-2006-061-1/1

韩国蓝皮书
韩国发展报告（2017）
著(编)者：牛林杰 刘宝全　2018年6月出版 / 估价：99.00元
PSN B-2010-155-1/1

加拿大蓝皮书
加拿大发展报告（2018）
著(编)者：唐小松　2018年9月出版 / 估价：99.00元
PSN B-2014-389-1/1

美国蓝皮书
美国研究报告（2018）
著(编)者：郑秉文 黄平　2018年5月出版 / 估价：99.00元
PSN B-2011-210-1/1

缅甸蓝皮书
缅甸国情报告（2017）
著(编)者：祝湘辉
2017年11月出版 / 定价：98.00元
PSN B-2013-343-1/1

日本蓝皮书
日本研究报告（2018）
著(编)者：杨伯江　2018年4月出版 / 定价：99.00元
PSN B-2002-020-1/1

土耳其蓝皮书
土耳其发展报告（2018）
著(编)者：郭长刚 刘义　2018年9月出版 / 估价：99.00元
PSN B-2014-412-1/1

伊朗蓝皮书
伊朗发展报告（2017~2018）
著(编)者：冀开运　2018年10月 / 估价：99.00元
PSN B-2016-574-1/1

以色列蓝皮书
以色列发展报告（2018）
著(编)者：张倩红　2018年8月出版 / 估价：99.00元
PSN B-2015-483-1/1

印度蓝皮书
印度国情报告（2017）
著(编)者：吕昭义　2018年6月出版 / 估价：99.00元
PSN B-2012-241-1/1

英国蓝皮书
英国发展报告（2017~2018）
著(编)者：王展鹏　2018年12月出版 / 估价：99.00元
PSN B-2015-486-1/1

越南蓝皮书
越南国情报告（2018）
著(编)者：谢林城　2018年11月出版 / 估价：99.00元
PSN B-2006-056-1/1

泰国蓝皮书
泰国研究报告（2018）
著(编)者：庄国土 张禹东 刘文正
2018年10月出版 / 估价：99.00元
PSN B-2016-556-1/1

文化传媒类

“三农”舆情蓝皮书
中国“三农”网络舆情报告（2017~2018）
著(编)者：农业部信息中心
2018年6月出版 / 估价：99.00元
PSN B-2017-640-1/1

传媒竞争力蓝皮书
中国传媒国际竞争力研究报告（2018）
著(编)者：李本乾 刘强 王大可
2018年8月出版 / 估价：99.00元
PSN B-2013-356-1/1

传媒蓝皮书
中国传媒产业发展报告（2018）
著(编)者：崔保国
2018年5月出版 / 估价：99.00元
PSN B-2005-035-1/1

传媒投资蓝皮书
中国传媒投资发展报告（2018）
著(编)者：张向东 谭云明
2018年6月出版 / 估价：148.00元
PSN B-2015-474-1/1

非物质文化遗产蓝皮书
中国非物质文化遗产发展报告（2018）
著(编)者：陈平　2018年6月出版 / 估价：128.00元
PSN B-2015-469-1/2

非物质文化遗产蓝皮书
中国非物质文化遗产保护发展报告（2018）
著(编)者：宋俊华　2018年10月出版 / 估价：128.00元
PSN B-2016-586-2/2

广电蓝皮书
中国广播电影电视发展报告（2018）
著(编)者：国家新闻出版广电总局发展研究中心
2018年7月出版 / 估价：99.00元
PSN B-2006-072-1/1

广告主蓝皮书
中国广告主营销传播趋势报告No.9
著(编)者：黄升民 杜国清 邵华冬 等
2018年10月出版 / 估价：158.00元
PSN B-2005-041-1/1

国际传播蓝皮书
中国国际传播发展报告（2018）
著(编)者：胡正荣 李继东 姬德强
2018年12月出版 / 估价：99.00元
PSN B-2014-408-1/1

国家形象蓝皮书
中国国家形象传播报告（2017）
著(编)者：张昆　2018年6月出版 / 估价：128.00元
PSN B-2017-605-1/1

互联网治理蓝皮书
中国网络社会治理研究报告（2018）
著(编)者：罗昕 支庭荣
2018年9月出版 / 估价：118.00元
PSN B-2017-653-1/1

纪录片蓝皮书
中国纪录片发展报告（2018）
著(编)者：何苏六　2018年10月出版 / 估价：99.00元
PSN B-2011-222-1/1

科学传播蓝皮书
中国科学传播报告（2016~2017）
著(编)者：詹正茂　2018年6月出版 / 估价：99.00元
PSN B-2008-120-1/1

两岸创意经济蓝皮书
两岸创意经济研究报告（2018）
著(编)者：罗昌智 董泽平
2018年10月出版 / 估价：99.00元
PSN B-2014-437-1/1

媒介与女性蓝皮书
中国媒介与女性发展报告（2017~2018）
著(编)者：刘利群　2018年5月出版 / 估价：99.00元
PSN B-2013-345-1/1

媒体融合蓝皮书
中国媒体融合发展报告（2017~2018）
著(编)者：梅宁华 支庭荣
2017年12月出版 / 定价：98.00元
PSN B-2015-479-1/1

全球传媒蓝皮书
全球传媒发展报告（2017~2018）
著(编)者：胡正荣 李继东　2018年6月出版 / 估价：99.00元
PSN B-2012-237-1/1

少数民族非遗蓝皮书
中国少数民族非物质文化遗产发展报告（2018）
著(编)者：肖远平（彝） 柴立（满）
2018年10月出版 / 估价：118.00元
PSN B-2015-467-1/1

视听新媒体蓝皮书
中国视听新媒体发展报告（2018）
著(编)者：国家新闻出版广电总局发展研究中心
2018年7月出版 / 估价：118.00元
PSN B-2011-184-1/1

数字娱乐产业蓝皮书
中国动画产业发展报告（2018）
著(编)者：孙立军 孙平 牛兴侦
2018年10月出版 / 估价：99.00元
PSN B-2011-198-1/2

数字娱乐产业蓝皮书
中国游戏产业发展报告（2018）
著(编)者：孙立军 刘跃军　2018年10月出版 / 估价：99.00元
PSN B-2017-662-2/2

网络视听蓝皮书
中国互联网视听行业发展报告（2018）
著(编)者：陈鹏　2018年2月出版 / 定价：148.00元
PSN B-2018-688-1/1

文化创新蓝皮书
中国文化创新报告（2017·No.8）
著(编)者：傅才武　2018年6月出版 / 估价：99.00元
PSN B-2009-143-1/1

文化建设蓝皮书
中国文化发展报告（2018）
著(编)者：江畅 孙伟平 戴茂堂
2018年5月出版 / 估价：99.00元
PSN B-2014-392-1/1

文化科技蓝皮书
文化科技创新发展报告（2018）
著(编)者：于平 李凤亮　2018年10月出版 / 估价：99.00元
PSN B-2013-342-1/1

文化蓝皮书
中国公共文化服务发展报告（2017~2018）
著(编)者：刘新成 张永新 张旭
2018年12月出版 / 估价：99.00元
PSN B-2007-093-2/10

文化蓝皮书
中国少数民族文化发展报告（2017~2018）
著(编)者：武翠英 张晓明 任乌晶
2018年9月出版 / 估价：99.00元
PSN B-2013-369-9/10

文化蓝皮书
中国文化产业供需协调检测报告（2018）
著(编)者：王亚南　2018年3月出版 / 定价：99.00元
PSN B-2013-323-8/10

文化蓝皮书
中国文化消费需求景气评价报告（2018）
著(编)者：王亚南　　2018年3月出版 / 定价：99.00元
PSN B-2011-236-4/10

文化蓝皮书
中国公共文化投入增长测评报告（2018）
著(编)者：王亚南　　2018年3月出版 / 定价：99.00元
PSN B-2014-435-10/10

文化品牌蓝皮书
中国文化品牌发展报告（2018）
著(编)者：欧阳友权　　2018年5月出版 / 估价：99.00元
PSN B-2012-277-1/1

文化遗产蓝皮书
中国文化遗产事业发展报告（2017~2018）
著(编)者：苏杨 张颖岚 卓杰 白海峰 陈晨 陈叙图
2018年8月出版 / 估价：99.00元
PSN B-2008-119-1/1

文学蓝皮书
中国文情报告（2017~2018）
著(编)者：白烨　　2018年5月出版 / 估价：99.00元
PSN B-2011-221-1/1

新媒体蓝皮书
中国新媒体发展报告No.9（2018）
著(编)者：唐绪军　　2018年7月出版 / 估价：99.00元
PSN B-2010-169-1/1

新媒体社会责任蓝皮书
中国新媒体社会责任研究报告（2018）
著(编)者：钟瑛　　2018年12月出版 / 估价：99.00元
PSN B-2014-423-1/1

移动互联网蓝皮书
中国移动互联网发展报告（2018）
著(编)者：余清楚　　2018年6月出版 / 估价：99.00元
PSN B-2012-282-1/1

影视蓝皮书
中国影视产业发展报告（2018）
著(编)者：司若 陈鹏 陈锐
2018年6月出版 / 估价：99.00元
PSN B-2016-529-1/1

舆情蓝皮书
中国社会舆情与危机管理报告（2018）
著(编)者：谢耘耕
2018年9月出版 / 估价：138.00元
PSN B-2011-235-1/1

中国大运河蓝皮书
中国大运河发展报告（2018）
著(编)者：吴欣　　2018年2月出版 / 估价：128.00元
PSN B-2018-691-1/1

地方发展类-经济

澳门蓝皮书
澳门经济社会发展报告（2017~2018）
著(编)者：吴志良 郝雨凡
2018年7月出版 / 估价：99.00元
PSN B-2009-138-1/1

澳门绿皮书
澳门旅游休闲发展报告（2017~2018）
著(编)者：郝雨凡 林广志
2018年5月出版 / 估价：99.00元
PSN G-2017-617-1/1

北京蓝皮书
北京经济发展报告（2017~2018）
著(编)者：杨松　　2018年6月出版 / 估价：99.00元
PSN B-2006-054-2/8

北京旅游绿皮书
北京旅游发展报告（2018）
著(编)者：北京旅游学会
2018年7月出版 / 估价：99.00元
PSN G-2012-301-1/1

北京体育蓝皮书
北京体育产业发展报告（2017~2018）
著(编)者：钟秉枢 陈杰 杨铁黎
2018年9月出版 / 估价：99.00元
PSN B-2015-475-1/1

滨海金融蓝皮书
滨海新区金融发展报告（2017）
著(编)者：王爱俭 李向前　　2018年4月出版 / 估价：99.00元
PSN B-2014-424-1/1

城乡一体化蓝皮书
北京城乡一体化发展报告（2017~2018）
著(编)者：吴宝新 张宝秀 黄序
2018年5月出版 / 估价：99.00元
PSN B-2012-258-2/2

非公有制企业社会责任蓝皮书
北京非公有制企业社会责任报告（2018）
著(编)者：宋贵伦 冯培
2018年6月出版 / 估价：99.00元
PSN B-2017-613-1/1

福建旅游蓝皮书
福建省旅游产业发展现状研究（2017~2018）
著(编)者：陈敏华 黄远水　2018年12月出版 / 估价：128.00元
PSN B-2016-591-1/1

福建自贸区蓝皮书
中国(福建)自由贸易试验区发展报告(2017~2018)
著(编)者：黄茂兴　2018年6月出版 / 估价：118.00元
PSN B-2016-531-1/1

甘肃蓝皮书
甘肃经济发展分析与预测（2018）
著(编)者：安文华 罗哲　2018年1月出版 / 定价：99.00元
PSN B-2013-312-1/6

甘肃蓝皮书
甘肃商贸流通发展报告（2018）
著(编)者：张应华 王福生 王晓芳
2018年1月出版 / 定价：99.00元
PSN B-2016-522-6/6

甘肃蓝皮书
甘肃县域和农村发展报告（2018）
著(编)者：包东红 朱智文 王建兵
2018年1月出版 / 定价：99.00元
PSN B-2013-316-5/6

甘肃农业科技绿皮书
甘肃农业科技发展研究报告（2018）
著(编)者：魏胜文 乔德华 张东伟
2018年12月出版 / 估价：198.00元
PSN B-2016-592-1/1

甘肃气象保障蓝皮书
甘肃农业对气候变化的适应与风险评估报告（No.1）
著(编)者：鲍文中 周广胜
2017年12月出版 / 定价：108.00元
PSN B-2017-677-1/1

巩义蓝皮书
巩义经济社会发展报告（2018）
著(编)者：丁同民 朱军　2018年6月出版 / 估价：99.00元
PSN B-2016-532-1/1

广东外经贸蓝皮书
广东对外经济贸易发展研究报告（2017~2018）
著(编)者：陈万灵　2018年6月出版 / 估价：99.00元
PSN B-2012-286-1/1

广西北部湾经济区蓝皮书
广西北部湾经济区开放开发报告（2017~2018）
著(编)者：广西壮族自治区北部湾经济区和东盟开放合作办公室
广西社会科学院
广西北部湾发展研究院
2018年5月出版 / 估价：99.00元
PSN B-2010-181-1/1

广州蓝皮书
广州城市国际化发展报告（2018）
著(编)者：张跃国　2018年8月出版 / 估价：99.00元
PSN B-2012-246-11/14

广州蓝皮书
中国广州城市建设与管理发展报告（2018）
著(编)者：张其学 陈小钢 王宏伟　2018年8月出版 / 估价：99.00元
PSN B-2007-087-4/14

广州蓝皮书
广州创新型城市发展报告（2018）
著(编)者：尹涛　2018年6月出版 / 估价：99.00元
PSN B-2012-247-12/14

广州蓝皮书
广州经济发展报告（2018）
著(编)者：张跃国 尹涛　2018年7月出版 / 估价：99.00元
PSN B-2005-040-1/14

广州蓝皮书
2018年中国广州经济形势分析与预测
著(编)者：魏明海 谢博能 李华
2018年6月出版 / 估价：99.00元
PSN B-2011-185-9/14

广州蓝皮书
中国广州科技创新发展报告（2018）
著(编)者：于欣伟 陈爽 邓佑满　2018年8月出版 / 估价：99.00元
PSN B-2006-065-2/14

广州蓝皮书
广州农村发展报告（2018）
著(编)者：朱名宏　2018年7月出版 / 估价：99.00元
PSN B-2010-167-8/14

广州蓝皮书
广州汽车产业发展报告（2018）
著(编)者：杨再高 冯兴亚　2018年7月出版 / 估价：99.00元
PSN B-2006-066-3/14

广州蓝皮书
广州商贸业发展报告（2018）
著(编)者：张跃国 陈杰 荀振英
2018年7月出版 / 估价：99.00元
PSN B-2012-245-10/14

贵阳蓝皮书
贵阳城市创新发展报告No.3（白云篇）
著(编)者：连玉明　2018年5月出版 / 估价：99.00元
PSN B-2015-491-3/10

贵阳蓝皮书
贵阳城市创新发展报告No.3（观山湖篇）
著(编)者：连玉明　2018年5月出版 / 估价：99.00元
PSN B-2015-497-9/10

贵阳蓝皮书
贵阳城市创新发展报告No.3（花溪篇）
著(编)者：连玉明　2018年5月出版 / 估价：99.00元
PSN B-2015-490-2/10

贵阳蓝皮书
贵阳城市创新发展报告No.3（开阳篇）
著(编)者：连玉明　2018年5月出版 / 估价：99.00元
PSN B-2015-492-4/10

贵阳蓝皮书
贵阳城市创新发展报告No.3（南明篇）
著(编)者：连玉明　2018年5月出版 / 估价：99.00元
PSN B-2015-496-8/10

贵阳蓝皮书
贵阳城市创新发展报告No.3（清镇篇）
著(编)者：连玉明　2018年5月出版 / 估价：99.00元
PSN B-2015-489-1/10

贵阳蓝皮书
贵阳城市创新发展报告No.3（乌当篇）
著(编)者：连玉明　2018年5月出版 / 估价：99.00元
PSN B-2015-495-7/10

贵阳蓝皮书
贵阳城市创新发展报告No.3（息烽篇）
著(编)者：连玉明　2018年5月出版 / 估价：99.00元
PSN B-2015-493-5/10

贵阳蓝皮书
贵阳城市创新发展报告No.3（修文篇）
著(编)者：连玉明　2018年5月出版 / 估价：99.00元
PSN B-2015-494-6/10

贵阳蓝皮书
贵阳城市创新发展报告No.3（云岩篇）
著(编)者：连玉明　2018年5月出版 / 估价：99.00元
PSN B-2015-498-10/10

贵州房地产蓝皮书
贵州房地产发展报告No.5（2018）
著(编)者：武廷方　2018年7月出版 / 估价：99.00元
PSN B-2014-426-1/1

贵州蓝皮书
贵州册亨经济社会发展报告（2018）
著(编)者：黄德林　2018年6月出版 / 估价：99.00元
PSN B-2016-525-8/9

贵州蓝皮书
贵州地理标志产业发展报告（2018）
著(编)者：李发耀 黄其松　2018年8月出版 / 估价：99.00元
PSN B-2017-646-10/10

贵州蓝皮书
贵安新区发展报告（2017～2018）
著(编)者：马长青 吴大华　2018年6月出版 / 估价：99.00元
PSN B-2015-459-4/10

贵州蓝皮书
贵州国家级开放创新平台发展报告（2017～2018）
著(编)者：申晓庆 吴大华 季泓
2018年11月出版 / 估价：99.00元
PSN B-2016-518-7/10

贵州蓝皮书
贵州国有企业社会责任发展报告（2017～2018）
著(编)者：郭丽　2018年12月出版 / 估价：99.00元
PSN B-2015-511-6/10

贵州蓝皮书
贵州民航业发展报告（2017）
著(编)者：申振东 吴大华　2018年6月出版 / 估价：99.00元
PSN B-2015-471-5/10

贵州蓝皮书
贵州民营经济发展报告（2017）
著(编)者：杨静 吴大华　2018年6月出版 / 估价：99.00元
PSN B-2016-530-9/9

杭州都市圈蓝皮书
杭州都市圈发展报告（2018）
著(编)者：洪庆华 沈翔　2018年4月出版 / 定价：98.00元
PSN B-2012-302-1/1

河北经济蓝皮书
河北省经济发展报告（2018）
著(编)者：马树强 金浩 张贵　2018年6月出版 / 估价：99.00元
PSN B-2014-380-1/1

河北蓝皮书
河北经济社会发展报告（2018）
著(编)者：康振海　2018年1月出版 / 定价：99.00元
PSN B-2014-372-1/3

河北蓝皮书
京津冀协同发展报告（2018）
著(编)者：陈璐　2017年12月出版 / 定价：79.00元
PSN B-2017-601-2/3

河南经济蓝皮书
2018年河南经济形势分析与预测
著(编)者：王世炎　2018年3月出版 / 定价：89.00元
PSN B-2007-086-1/1

河南蓝皮书
河南城市发展报告（2018）
著(编)者：张占仓 王建国　2018年5月出版 / 估价：99.00元
PSN B-2009-131-3/9

河南蓝皮书
河南工业发展报告（2018）
著(编)者：张占仓　2018年5月出版 / 估价：99.00元
PSN B-2013-317-5/9

河南蓝皮书
河南金融发展报告（2018）
著(编)者：喻新安 谷建全
2018年6月出版 / 估价：99.00元
PSN B-2014-390-7/9

河南蓝皮书
河南经济发展报告（2018）
著(编)者：张占仓 完世伟
2018年6月出版 / 估价：99.00元
PSN B-2010-157-4/9

河南蓝皮书
河南能源发展报告（2018）
著(编)者：国网河南省电力公司经济技术研究院
河南省社会科学院
2018年6月出版 / 估价：99.00元
PSN B-2017-607-9/9

河南商务蓝皮书
河南商务发展报告（2018）
著(编)者：焦锦淼 穆荣国　2018年5月出版 / 估价：99.00元
PSN B-2014-399-1/1

河南双创蓝皮书
河南创新创业发展报告（2018）
著(编)者：喻新安 杨雪梅
2018年8月出版 / 估价：99.00元
PSN B-2017-641-1/1

黑龙江蓝皮书
黑龙江经济发展报告（2018）
著(编)者：朱宇　2018年1月出版 / 定价：89.00元
PSN B-2011-190-2/2

湖南城市蓝皮书
区域城市群整合
著(编)者：童中贤 韩未名 2018年12月出版 / 估价：99.00元
PSN B-2006-064-1/1

湖南蓝皮书
湖南城乡一体化发展报告（2018）
著(编)者：陈文胜 王文强 陆福兴
2018年8月出版 / 估价：99.00元
PSN B-2015-477-8/8

湖南蓝皮书
2018年湖南电子政务发展报告
著(编)者：梁志峰 2018年5月出版 / 估价：128.00元
PSN B-2014-394-6/8

湖南蓝皮书
2018年湖南经济发展报告
著(编)者：卞鹰 2018年5月出版 / 估价：128.00元
PSN B-2011-207-2/8

湖南蓝皮书
2016年湖南经济展望
著(编)者：梁志峰 2018年5月出版 / 估价：128.00元
PSN B-2011-206-1/8

湖南蓝皮书
2018年湖南县域经济社会发展报告
著(编)者：梁志峰 2018年5月出版 / 估价：128.00元
PSN B-2014-395-7/8

湖南县域绿皮书
湖南县域发展报告（No.5）
著(编)者：袁准 周小毛 黎仁寅
2018年6月出版 / 估价：99.00元
PSN G-2012-274-1/1

沪港蓝皮书
沪港发展报告（2018）
著(编)者：尤安山 2018年9月出版 / 估价：99.00元
PSN B-2013-362-1/1

吉林蓝皮书
2018年吉林经济社会形势分析与预测
著(编)者：邵汉明 2017年12月出版 / 定价：89.00元
PSN B-2013-319-1/1

吉林省城市竞争力蓝皮书
吉林省城市竞争力报告（2017~2018）
著(编)者：崔岳春 张磊
2018年3月出版 / 定价：89.00元
PSN B-2016-513-1/1

济源蓝皮书
济源经济社会发展报告（2018）
著(编)者：喻新安 2018年6月出版 / 估价：99.00元
PSN B-2014-387-1/1

江苏蓝皮书
2018年江苏经济发展分析与展望
著(编)者：王庆五 吴先满
2018年7月出版 / 估价：128.00元
PSN B-2017-635-1/3

江西蓝皮书
江西经济社会发展报告（2018）
著(编)者：陈石俊 龚建文 2018年10月出版 / 估价：128.00元
PSN B-2015-484-1/2

江西蓝皮书
江西设区市发展报告（2018）
著(编)者：姜玮 梁勇
2018年10月出版 / 估价：99.00元
PSN B-2016-517-2/2

经济特区蓝皮书
中国经济特区发展报告（2017）
著(编)者：陶一桃 2018年1月出版 / 估价：99.00元
PSN B-2009-139-1/1

辽宁蓝皮书
2018年辽宁经济社会形势分析与预测
著(编)者：梁启东 魏红江 2018年6月出版 / 估价：99.00元
PSN B-2006-053-1/1

民族经济蓝皮书
中国民族地区经济发展报告（2018）
著(编)者：李曦辉 2018年7月出版 / 估价：99.00元
PSN B-2017-630-1/1

南宁蓝皮书
南宁经济发展报告（2018）
著(编)者：胡建华 2018年9月出版 / 估价：99.00元
PSN B-2016-569-2/3

内蒙古蓝皮书
内蒙古精准扶贫研究报告（2018）
著(编)者：张志华 2018年1月出版 / 定价：89.00元
PSN B-2017-681-2/2

浦东新区蓝皮书
上海浦东经济发展报告（2018）
著(编)者：周小平 徐美芳
2018年1月出版 / 定价：89.00元
PSN B-2011-225-1/1

青海蓝皮书
2018年青海经济社会形势分析与预测
著(编)者：陈玮 2018年1月出版 / 定价：98.00元
PSN B-2012-275-1/2

青海科技绿皮书
青海科技发展报告（2017）
著(编)者：青海省科学技术信息研究所
2018年3月出版 / 定价：98.00元
PSN G-2018-701-1/1

山东蓝皮书
山东经济形势分析与预测（2018）
著(编)者：李广杰 2018年7月出版 / 估价：99.00元
PSN B-2014-404-1/5

山东蓝皮书
山东省普惠金融发展报告（2018）
著(编)者：齐鲁财富网
2018年9月出版 / 估价：99.00元
PSN B2017-676-5/5

山西蓝皮书
山西资源型经济转型发展报告（2018）
著(编)者：李志强　2018年7月出版 / 估价：99.00元
PSN B-2011-197-1/1

陕西蓝皮书
陕西经济发展报告（2018）
著(编)者：任宗哲 白宽犁 裴成荣
2018年1月出版 / 定价：89.00元
PSN B-2009-135-1/6

陕西蓝皮书
陕西精准脱贫研究报告（2018）
著(编)者：任宗哲 白宽犁 王建康
2018年4月出版 / 定价：89.00元
PSN B-2017-623-6/6

上海蓝皮书
上海经济发展报告（2018）
著(编)者：沈开艳　2018年2月出版 / 定价：89.00元
PSN B-2006-057-1/7

上海蓝皮书
上海资源环境发展报告（2018）
著(编)者：周冯琦 胡静　2018年2月出版 / 定价：89.00元
PSN B-2006-060-4/7

上海蓝皮书
上海奉贤经济发展分析与研判（2017～2018）
著(编)者：张兆安 朱平芳　2018年3月出版 / 定价：99.00元
PSN B-2018-698-8/8

上饶蓝皮书
上饶发展报告（2016～2017）
著(编)者：廖其志　2018年6月出版 / 估价：128.00元
PSN B-2014-377-1/1

深圳蓝皮书
深圳经济发展报告（2018）
著(编)者：张骁儒　2018年6月出版 / 估价：99.00元
PSN B-2008-112-3/7

四川蓝皮书
四川城镇化发展报告（2018）
著(编)者：侯水平 陈炜　2018年6月出版 / 估价：99.00元
PSN B-2015-456-7/7

四川蓝皮书
2018年四川经济形势分析与预测
著(编)者：杨钢　2018年1月出版 / 定价：158.00元
PSN B-2007-098-2/7

四川蓝皮书
四川企业社会责任研究报告（2017～2018）
著(编)者：侯水平 盛毅　2018年5月出版 / 估价：99.00元
PSN B-2014-386-4/7

四川蓝皮书
四川生态建设报告（2018）
著(编)者：李晟之　2018年5月出版 / 估价：99.00元
PSN B-2015-455-6/7

四川蓝皮书
四川特色小镇发展报告（2017）
著(编)者：吴志强　2017年11月出版 / 定价：89.00元
PSN B-2017-670-8/8

体育蓝皮书
上海体育产业发展报告（2017~2018）
著(编)者：张林 黄海燕
2018年10月出版 / 估价：99.00元
PSN B-2015-454-4/5

体育蓝皮书
长三角地区体育产业发展报（2017～2018）
著(编)者：张林　2018年6月出版 / 估价：99.00元
PSN B-2015-453-3/5

天津金融蓝皮书
天津金融发展报告（2018）
著(编)者：王爱俭 孔德昌
2018年5月出版 / 估价：99.00元
PSN B-2014-418-1/1

图们江区域合作蓝皮书
图们江区域合作发展报告（2018）
著(编)者：李铁　2018年6月出版 / 估价：99.00元
PSN B-2015-464-1/1

温州蓝皮书
2018年温州经济社会形势分析与预测
著(编)者：蒋儒标 王春光 金浩
2018年6月出版 / 估价：99.00元
PSN B-2008-105-1/1

西咸新区蓝皮书
西咸新区发展报告（2018）
著(编)者：李扬 王军
2018年6月出版 / 估价：99.00元
PSN B-2016-534-1/1

修武蓝皮书
修武经济社会发展报告（2018）
著(编)者：张占仓 袁凯声
2018年10月出版 / 估价：99.00元
PSN B-2017-651-1/1

偃师蓝皮书
偃师经济社会发展报告（2018）
著(编)者：张占仓 袁凯声 何武周
2018年7月出版 / 估价：99.00元
PSN B-2017-627-1/1

扬州蓝皮书
扬州经济社会发展报告（2018）
著(编)者：陈扬
2018年12月出版 / 估价：108.00元
PSN B-2011-191-1/1

长垣蓝皮书
长垣经济社会发展报告（2018）
著(编)者：张占仓 袁凯声 秦保建
2018年10月出版 / 估价：99.00元
PSN B-2017-654-1/1

遵义蓝皮书
遵义发展报告（2018）
著(编)者：邓彦 曾征 龚永育
2018年9月出版 / 估价：99.00元
PSN B-2014-433-1/1

地方发展类-社会

安徽蓝皮书
安徽社会发展报告（2018）
著(编)者：程桦　2018年6月出版 / 估价：99.00元
PSN B-2013-325-1/1

安徽社会建设蓝皮书
安徽社会建设分析报告（2017～2018）
著(编)者：黄家海 蔡宪
2018年11月出版 / 估价：99.00元
PSN B-2013-322-1/1

北京蓝皮书
北京公共服务发展报告（2017～2018）
著(编)者：施昌奎　2018年6月出版 / 估价：99.00元
PSN B-2008-103-7/8

北京蓝皮书
北京社会发展报告（2017～2018）
著(编)者：李伟东
2018年7月出版 / 估价：99.00元
PSN B-2006-055-3/8

北京蓝皮书
北京社会治理发展报告（2017～2018）
著(编)者：殷星辰　2018年7月出版 / 估价：99.00元
PSN B-2014-391-8/8

北京律师蓝皮书
北京律师发展报告 No.4（2018）
著(编)者：王隽　2018年12月出版 / 估价：99.00元
PSN B-2011-217-1/1

北京人才蓝皮书
北京人才发展报告（2018）
著(编)者：敏华　2018年12月出版 / 估价：128.00元
PSN B-2011-201-1/1

北京社会心态蓝皮书
北京社会心态分析报告（2017～2018）
北京市社会心理服务促进中心
2018年10月出版 / 估价：99.00元
PSN B-2014-422-1/1

北京社会组织管理蓝皮书
北京社会组织发展与管理（2018）
著(编)者：黄江松
2018年6月出版 / 估价：99.00元
PSN B-2015-446-1/1

北京养老产业蓝皮书
北京居家养老发展报告（2018）
著(编)者：陆杰华 周明明
2018年8月出版 / 估价：99.00元
PSN B-2015-465-1/1

法治蓝皮书
四川依法治省年度报告No.4（2018）
著(编)者：李林 杨天宗 田禾
2018年3月出版 / 定价：118.00元
PSN B-2015-447-2/3

福建妇女发展蓝皮书
福建省妇女发展报告（2018）
著(编)者：刘群英　2018年11月出版 / 估价：99.00元
PSN B-2011-220-1/1

甘肃蓝皮书
甘肃社会发展分析与预测（2018）
著(编)者：安文华 谢增虎 包晓霞
2018年1月出版 / 定价：99.00元
PSN B-2013-313-2/6

广东蓝皮书
广东全面深化改革研究报告（2018）
著(编)者：周林生 涂成林
2018年12月出版 / 估价：99.00元
PSN B-2015-504-3/3

广东蓝皮书
广东社会工作发展报告（2018）
著(编)者：罗观翠　2018年6月出版 / 估价：99.00元
PSN B-2014-402-2/3

广州蓝皮书
广州青年发展报告（2018）
著(编)者：徐柳 张强
2018年8月出版 / 估价：99.00元
PSN B-2013-352-13/14

广州蓝皮书
广州社会保障发展报告（2018）
著(编)者：张跃国　2018年8月出版 / 估价：99.00元
PSN B-2014-425-14/14

广州蓝皮书
2018年中国广州社会形势分析与预测
著(编)者：张强 郭志勇 何镜清
2018年6月出版 / 估价：99.00元
PSN B-2008-110-5/14

贵州蓝皮书
贵州法治发展报告（2018）
著(编)者：吴大华　2018年5月出版 / 估价：99.00元
PSN B-2012-254-2/10

贵州蓝皮书
贵州人才发展报告（2017）
著(编)者：于杰 吴大华
2018年9月出版 / 估价：99.00元
PSN B-2014-382-3/10

贵州蓝皮书
贵州社会发展报告（2018）
著(编)者：王兴骥　2018年6月出版 / 估价：99.00元
PSN B-2010-166-1/10

杭州蓝皮书
杭州妇女发展报告（2018）
著(编)者：魏颖
2018年10月出版 / 估价：99.00元
PSN B-2014-403-1/1

河北蓝皮书
河北法治发展报告（2018）
著(编)者：康振海　2018年6月出版 / 估价：99.00元
PSN B-2017-622-3/3

河北食品药品安全蓝皮书
河北食品药品安全研究报告（2018）
著(编)者：丁锦霞
2018年10月出版 / 估价：99.00元
PSN B-2015-473-1/1

河南蓝皮书
河南法治发展报告（2018）
著(编)者：张林海　2018年7月出版 / 估价：99.00元
PSN B-2014-376-6/9

河南蓝皮书
2018年河南社会形势分析与预测
著(编)者：牛苏林　2018年5月出版 / 估价：99.00元
PSN B-2005-043-1/9

河南民办教育蓝皮书
河南民办教育发展报告（2018）
著(编)者：胡大白　2018年9月出版 / 估价：99.00元
PSN B-2017-642-1/1

黑龙江蓝皮书
黑龙江社会发展报告（2018）
著(编)者：王爱丽　2018年1月出版 / 定价：89.00元
PSN B-2011-189-1/2

湖南蓝皮书
2018年湖南两型社会与生态文明建设报告
著(编)者：卞鹰　2018年5月出版 / 估价：128.00元
PSN B-2011-208-3/8

湖南蓝皮书
2018年湖南社会发展报告
著(编)者：卞鹰　2018年5月出版 / 估价：128.00元
PSN B-2014-393-5/8

健康城市蓝皮书
北京健康城市建设研究报告（2018）
著(编)者：王鸿春 盛继洪
2018年9月出版 / 估价：99.00元
PSN B-2015-460-1/2

江苏法治蓝皮书
江苏法治发展报告No.6（2017）
著(编)者：蔡道通 龚廷泰
2018年8月出版 / 估价：99.00元
PSN B-2012-290-1/1

江苏蓝皮书
2018年江苏社会发展分析与展望
著(编)者：王庆五 刘旺洪
2018年8月出版 / 估价：128.00元
PSN B-2017-636-2/3

民族教育蓝皮书
中国民族教育发展报告（2017·内蒙古卷）
著(编)者：陈中永
2017年12月出版 / 定价：198.00元
PSN B-2017-669-1/1

南宁蓝皮书
南宁法治发展报告（2018）
著(编)者：杨维超　2018年12月出版 / 估价：99.00元
PSN B-2015-509-1/3

南宁蓝皮书
南宁社会发展报告（2018）
著(编)者：胡建华　2018年10月出版 / 估价：99.00元
PSN B-2016-570-3/3

内蒙古蓝皮书
内蒙古反腐倡廉建设报告 No.2
著(编)者：张志华　2018年6月出版 / 估价：99.00元
PSN B-2013-365-1/1

青海蓝皮书
2018年青海人才发展报告
著(编)者：王宇燕　2018年9月出版 / 估价：99.00元
PSN B-2017-650-2/2

青海生态文明建设蓝皮书
青海生态文明建设报告（2018）
著(编)者：张西明 高华　2018年12月出版 / 估价：99.00元
PSN B-2016-595-1/1

人口与健康蓝皮书
深圳人口与健康发展报告（2018）
著(编)者：陆杰华 傅崇辉
2018年11月出版 / 估价：99.00元
PSN B-2011-228-1/1

山东蓝皮书
山东社会形势分析与预测（2018）
著(编)者：李善峰　2018年6月出版 / 估价：99.00元
PSN B-2014-405-2/5

陕西蓝皮书
陕西社会发展报告（2018）
著(编)者：任宗哲 白宽犁 牛昉
2018年1月出版 / 定价：89.00元
PSN B-2009-136-2/6

上海蓝皮书
上海法治发展报告（2018）
著(编)者：叶必丰　2018年9月出版 / 估价：99.00元
PSN B-2012-296-6/7

上海蓝皮书
上海社会发展报告（2018）
著(编)者：杨雄 周海旺
2018年2月出版 / 定价：89.00元
PSN B-2006-058-2/7

社会建设蓝皮书
2018年北京社会建设分析报告
著(编)者：宋贵伦 冯虹　2018年9月出版 / 估价：99.00元
PSN B-2010-173-1/1

深圳蓝皮书
深圳法治发展报告（2018）
著(编)者：张骁儒　2018年6月出版 / 估价：99.00元
PSN B-2015-470-6/7

深圳蓝皮书
深圳劳动关系发展报告（2018）
著(编)者：汤庭芬　2018年8月出版 / 估价：99.00元
PSN B-2007-097-2/7

深圳蓝皮书
深圳社会治理与发展报告（2018）
著(编)者：张骁儒　2018年6月出版 / 估价：99.00元
PSN B-2008-113-4/7

生态安全绿皮书
甘肃国家生态安全屏障建设发展报告（2018）
著(编)者：刘举科 喜文华
2018年10月出版 / 估价：99.00元
PSN G-2017-659-1/1

顺义社会建设蓝皮书
北京市顺义区社会建设发展报告（2018）
著(编)者：王学武　2018年9月出版 / 估价：99.00元
PSN B-2017-658-1/1

四川蓝皮书
四川法治发展报告（2018）
著(编)者：郑泰安　2018年6月出版 / 估价：99.00元
PSN B-2015-441-5/7

四川蓝皮书
四川社会发展报告（2018）
著(编)者：李羚　2018年6月出版 / 估价：99.00元
PSN B-2008-127-3/7

四川社会工作与管理蓝皮书
四川省社会工作人力资源发展报告（2017）
著(编)者：边慧敏　2017年12月出版 / 定价：89.00元
PSN B-2017-683-1/1

云南社会治理蓝皮书
云南社会治理年度报告（2017）
著(编)者：晏雄 韩全芳
2018年5月出版 / 估价：99.00元
PSN B-2017-667-1/1

地方发展类-文化

北京传媒蓝皮书
北京新闻出版广电发展报告（2017～2018）
著(编)者：王志　2018年11月出版 / 估价：99.00元
PSN B-2016-588-1/1

北京蓝皮书
北京文化发展报告（2017～2018）
著(编)者：李建盛　2018年5月出版 / 估价：99.00元
PSN B-2007-082-4/8

创意城市蓝皮书
北京文化创意产业发展报告（2018）
著(编)者：郭万超 张京成　2018年12月出版 / 估价：99.00元
PSN B-2012-263-1/7

创意城市蓝皮书
天津文化创意产业发展报告（2017～2018）
著(编)者：谢思全　2018年6月出版 / 估价：99.00元
PSN B-2016-536-7/7

创意城市蓝皮书
武汉文化创意产业发展报告（2018）
著(编)者：黄永林 陈汉桥　2018年12月出版 / 估价：99.00元
PSN B-2013-354-4/7

创意上海蓝皮书
上海文化创意产业发展报告（2017～2018）
著(编)者：王慧敏 王兴全　2018年8月出版 / 估价：99.00元
PSN B-2016-561-1/1

非物质文化遗产蓝皮书
广州市非物质文化遗产保护发展报告（2018）
著(编)者：宋俊华　2018年12月出版 / 估价：99.00元
PSN B-2016-589-1/1

甘肃蓝皮书
甘肃文化发展分析与预测（2018）
著(编)者：马廷旭 戚晓萍　2018年1月出版 / 定价：99.00元
PSN B-2013-314-3/6

甘肃蓝皮书
甘肃舆情分析与预测（2018）
著(编)者：王俊莲 张谦元　2018年1月出版 / 定价：99.00元
PSN B-2013-315-4/6

广州蓝皮书
中国广州文化发展报告（2018）
著(编)者：屈哨兵 陆志强　2018年6月出版 / 估价：99.00元
PSN B-2009-134-7/14

广州蓝皮书
广州文化创意产业发展报告（2018）
著(编)者：徐咏虹　2018年7月出版 / 估价：99.00元
PSN B-2008-111-6/14

海淀蓝皮书
海淀区文化和科技融合发展报告（2018）
著(编)者：陈名杰 孟景伟　2018年5月出版 / 估价：99.00元
PSN B-2013-329-1/1

河南蓝皮书
河南文化发展报告（2018）
著(编)者：卫绍生　　2018年7月出版 / 估价：99.00元
PSN B-2008-106-2/9

湖北文化产业蓝皮书
湖北省文化产业发展报告（2018）
著(编)者：黄晓华　　2018年9月出版 / 估价：99.00元
PSN B-2017-656-1/1

湖北文化蓝皮书
湖北文化发展报告（2017~2018）
著(编)者：湖北大学高等人文研究院
中华文化发展湖北省协同创新中心
2018年10月出版 / 估价：99.00元
PSN B-2016-566-1/1

江苏蓝皮书
2018年江苏文化发展分析与展望
著(编)者：王庆五 樊和平　　2018年9月出版 / 估价：128.00元
PSN B-2017-637-3/3

江西文化蓝皮书
江西非物质文化遗产发展报告（2018）
著(编)者：张圣才 傅安平　　2018年12月出版 / 估价：128.00元
PSN B-2015-499-1/1

洛阳蓝皮书
洛阳文化发展报告（2018）
著(编)者：刘福兴 陈启明　　2018年7月出版 / 估价：99.00元
PSN B-2015-476-1/1

南京蓝皮书
南京文化发展报告（2018）
著(编)者：中共南京市委宣传部
2018年12月出版 / 估价：99.00元
PSN B-2014-439-1/1

宁波文化蓝皮书
宁波“一人一艺”全民艺术普及发展报告（2017）
著(编)者：张爱琴　　2018年11月出版 / 估价：128.00元
PSN B-2017-668-1/1

山东蓝皮书
山东文化发展报告（2018）
著(编)者：涂可国　　2018年5月出版 / 估价：99.00元
PSN B-2014-406-3/5

陕西蓝皮书
陕西文化发展报告（2018）
著(编)者：任宗哲 白宽犁 王长寿
2018年1月出版 / 定价：89.00元
PSN B-2009-137-3/6

上海蓝皮书
上海传媒发展报告（2018）
著(编)者：强荧 焦雨虹　　2018年2月出版 / 定价：89.00元
PSN B-2012-295-5/7

上海蓝皮书
上海文学发展报告（2018）
著(编)者：陈圣来　　2018年6月出版 / 估价：99.00元
PSN B-2012-297-7/7

上海蓝皮书
上海文化发展报告（2018）
著(编)者：荣跃明　　2018年6月出版 / 估价：99.00元
PSN B-2006-059-3/7

深圳蓝皮书
深圳文化发展报告（2018）
著(编)者：张骁儒　　2018年7月出版 / 估价：99.00元
PSN B-2016-554-7/7

四川蓝皮书
四川文化产业发展报告（2018）
著(编)者：向宝云 张立伟　　2018年6月出版 / 估价：99.00元
PSN B-2006-074-1/7

郑州蓝皮书
2018年郑州文化发展报告
著(编)者：王哲　　2018年9月出版 / 估价：99.00元
PSN B-2008-107-1/1

✧ 皮书起源 ✧

“皮书”起源于十七、十八世纪的英国，主要指官方或社会组织正式发表的重要文件或报告，多以“白皮书”命名。在中国，“皮书”这一概念被社会广泛接受，并被成功运作、发展成为一种全新的出版形态，则源于中国社会科学院社会科学文献出版社。

✧ 皮书定义 ✧

皮书是对中国与世界发展状况和热点问题进行年度监测，以专业的角度、专家的视野和实证研究方法，针对某一领域或区域现状与发展态势展开分析和预测，具备原创性、实证性、专业性、连续性、前沿性、时效性等特点的公开出版物，由一系列权威研究报告组成。

✧ 皮书作者 ✧

皮书系列的作者以中国社会科学院、著名高校、地方社会科学院的研究人员为主，多为国内一流研究机构的权威专家学者，他们的看法和观点代表了学界对中国与世界的现实和未来最高水平的解读与分析。

✧ 皮书荣誉 ✧

皮书系列已成为社会科学文献出版社的著名图书品牌和中国社会科学院的知名学术品牌。2016 年，皮书系列正式列入“十三五”国家重点出版规划项目；2013~2018 年，重点皮书列入中国社会科学院承担的国家哲学社会科学创新工程项目；2018 年，59 种院外皮书使用“中国社会科学院创新工程学术出版项目”标识。

中国皮书网

（网址：www.pishu.cn）

发布皮书研创资讯，传播皮书精彩内容
引领皮书出版潮流，打造皮书服务平台

栏目设置

关于皮书：何谓皮书、皮书分类、皮书大事记、皮书荣誉、皮书出版第一人、皮书编辑部

最新资讯：通知公告、新闻动态、媒体聚焦、网站专题、视频直播、下载专区

皮书研创：皮书规范、皮书选题、皮书出版、皮书研究、研创团队

皮书评奖评价：指标体系、皮书评价、皮书评奖

互动专区：皮书说、社科数托邦、皮书微博、留言板

所获荣誉

2008 年、2011 年，中国皮书网均在全国新闻出版业网站荣誉评选中获得“最具商业价值网站”称号；

2012 年，获得“出版业网站百强”称号。

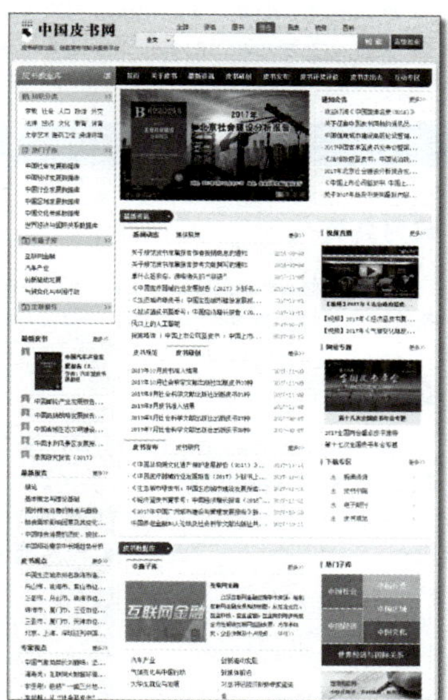

网库合一

2014 年，中国皮书网与皮书数据库端口合一，实现资源共享。

融发展水平取决于经济发展水平，与经济发展水平呈正相关关系；金融发展水平是金融发展质量提升的基础，但不是唯一的决定因素；当金融发展规模较大的省份能够科学认识金融的地位及强化其对经济社会的支持作用时，其金融发展质量的提升无疑具有很大潜力。重庆和陕西金融发展质量位次提升的原因就在于此。

（三）西部地区金融发展质量的分维度评价与分析

为了找出各省份金融发展中的不足，我们需要从金融规模、金融结构、金融效率、金融功能、金融稳健性五个维度分别对各省份的金融发展质量进行评价，为实现金融的高质量发展提供依据。

1. 西部各省份金融发展质量规模维度的评价分析

表 5 是 2006 年、2011 年和 2016 年西部各省份金融发展质量规模维度的评价得分及排名情况。

表 5　2006 年、2011 年和 2016 年西部地区各省份金融发展质量规模得分及排名情况

省份＼年份	2006		2011		2016	
	金融规模得分	排名	金融规模得分	排名	金融规模得分	排名
四　川	0.0059	1	0.0154	1	0.0305	1
重　庆	0.0031	4	0.0083	3	0.0202	3
贵　州	0.0024	9	0.0045	9	0.0139	7
云　南	0.0034	2	0.0073	4	0.0171	4
广　西	0.0027	6	0.0068	6	0.0156	5
陕　西	0.0032	3	0.0093	2	0.0250	2
甘　肃	0.0025	8	0.0058	8	0.0090	9
青　海	0.0016	11	0.0026	11	0.0022	11
宁　夏	0.0017	10	0.0027	10	0.0040	10
新　疆	0.0026	7	0.0066	7	0.0147	6
内蒙古	0.0030	5	0.0069	5	0.0128	8

从表 5 可见，2006 年金融发展质量规模得分排名位于前 3 的分别是四川、云南、陕西，2011 年金融发展质量规模得分排名位于前 3 的分别是四川、陕西、重庆，2016 年与 2011 年排名情况一样。可以看出，四川、重庆和陕西在西部地区的金融规模一直保持较高水平。分省域来看，四川排名第一始终保持

不变，青海、宁夏的规模一直位于末尾保持不变。金融发展质量规模得分排名上升的省份有重庆、贵州、广西、陕西、新疆，其中贵州上升位次最大，金融发展质量规模得分排名下降的省份有云南、甘肃、青海、宁夏、内蒙古，其中内蒙古下降位次最大。这说明，2006～2016年，重庆、贵州、广西、陕西、新疆五省区的金融发展在规模上增加较快，而云南、甘肃、青海、宁夏、内蒙古在此期间，金融发展在数量规模上与其他地区相比较为缓慢，存在滞后现象。

2. 西部各省（区、市）金融发展质量结构维度的评价分析

表6是2006年、2011年和2016年西部各省（区、市）金融发展质量结构维度的评价得分及排名情况。

表6　2006年、2011年和2016年西部地区各省（区、市）金融发展质量结构得分及排名情况

省份＼年份	2006		2011		2016	
	金融结构得分	排名	金融结构得分	排名	金融结构得分	排名
四　川	0.0063	3	0.0069	4	0.0070	9
重　庆	0.0039	8	0.0054	11	0.0105	4
贵　州	0.0055	6	0.0066	5	0.0075	8
云　南	0.0046	7	0.0059	8	0.0128	3
广　西	0.0035	10	0.0055	10	0.0097	5
陕　西	0.0039	9	0.0061	7	0.0131	2
甘　肃	0.0067	1	0.0073	3	0.0059	10
青　海	0.0062	4	0.0091	1	0.0030	11
宁　夏	0.0030	11	0.0056	9	0.0080	7
新　疆	0.0064	2	0.0081	2	0.0148	1
内蒙古	0.0055	5	0.0062	6	0.0090	6

从表6可见，2006年金融发展质量结构维度得分排名位于前3的分别是甘肃、新疆、四川，2011年金融发展质量结构得分排名位于前3的分别是青海、新疆、甘肃，2016年金融发展质量结构得分排名位于前3的分别是新疆、陕西、云南。从动态来看，金融发展质量结构维度得分排名上升的省份有重庆、云南、广西、陕西、宁夏、新疆，其中陕西上升位次最大，表明这6个省份的金融结构优化程度在提升；金融发展质量结构维度得分排名下降的省份有四川、贵州、甘肃、青海、内蒙古，其中甘肃下降位次最大。表明这5个省份

的金融业在发展结构优化方面进展缓慢。根据我们采用的金融结构衡量指标，四川、贵州、甘肃、青海、内蒙古金融发展质量结构得分位次的下降，说明这5个省份在直接融资以及非银行金融业务发展方面比其他6个省份相对较慢。

3. 西部各省（区、市）金融发展质量效率维度的评价分析

表7是2006年、2011年和2016年西部各省（区、市）金融发展质量效率维度的得分及排名情况。

表7　2006年、2011年和2016年西部地区各省（区、市）金融发展质量效率得分及排名情况

省份＼年份	2006		2011		2016	
	金融效率得分	排名	金融效率得分	排名	金融效率得分	排名
四　川	0.0025	4	0.0046	7	0.0086	8
重　庆	0.0022	8	0.0068	3	0.0106	5
贵　州	0.0023	5	0.0054	5	0.0098	6
云　南	0.0027	3	0.0066	4	0.0116	4
广　西	0.0018	10	0.0039	11	0.0067	11
陕　西	0.0017	11	0.0039	10	0.0089	7
甘　肃	0.0047	2	0.0095	2	0.0246	2
青　海	0.0022	7	0.0039	9	0.0135	3
宁　夏	0.0021	9	0.0049	6	0.0073	10
新　疆	0.0023	6	0.0045	8	0.0077	9
内蒙古	0.0056	1	0.0213	1	0.0416	1

从表7可见，2006～2016年间，西部地区各省（区、市）金融效率均在稳步提升。从各年的位次来看，2006年金融发展质量效率维度得分排名位于前3的分别是内蒙古、甘肃、云南，2011年金融发展质量效率得分排名位于前3的分别是内蒙古、甘肃、重庆，2016年金融发展质量效率得分排名位于前3的分别是内蒙古、甘肃、青海。从动态来看，金融发展质量效率得分排名上升的省份有重庆、陕西、青海，其中重庆从2006年的第8位上升到2016年的第5位；陕西从2006年的第11位提升至2016年的第7位。金融发展质量效率得分排名下降的省份有四川、云南、广西、宁夏、新疆，其中四川下降位次最大，从2006年的第4位下降到2016年的第8位。值得注意的是，内蒙古的金融效率始终居西部地区第1位，而甘肃省的金融效率始终排在西部地区第2

位。此种结果的出现，是因为我们设计的金融效率评价指标主要是从金融业自身的发展运作来考虑的，因此各省（区、市）金融发展质量效率维度得分及排名位次的变化，在一定程度上反映了各省份金融业自身及内部运行的效率状况。

4. 西部各省（区、市）金融发展质量功能维度的评价分析

表 8 是 2006 年、2011 年和 2016 年西部各省（区、市）金融发展质量功能维度的得分及排名情况。

表 8　2006 年、2011 年和 2016 年西部地区各省（区、市）金融发展质量功能得分及排名情况

省份＼年份	2006		2011		2016	
	金融功能性得分	排名	金融功能性得分	排名	金融功能性得分	排名
四　川	0.0067	8	0.0065	8	0.0110	2
重　庆	0.0098	3	0.0075	5	0.0049	9
贵　州	0.0039	10	0.0041	9	0.0057	8
云　南	0.0037	11	0.0034	11	0.0038	11
广　西	0.0054	9	0.0038	10	0.0049	10
陕　西	0.0073	7	0.0073	7	0.0081	6
甘　肃	0.0094	4	0.0075	6	0.0105	3
青　海	0.0094	5	0.0077	4	0.0095	4
宁　夏	0.0078	6	0.0077	3	0.0090	5
新　疆	0.0100	2	0.0105	2	0.0059	7
内蒙古	0.0112	1	0.0129	1	0.0112	1

从表 8 可以看出，2006 ~2016 年，西部地区金融功能得分呈现出显著提升的省份有四川，同时功能性得分下降的有重庆、广西、新疆。从各省份金融功能得分的排名情况来看，2006 年金融发展质量功能性得分排名位于前 3 的分别是内蒙古、新疆、重庆，2011 年金融发展质量功能性得分排名位于前 3 的分别是内蒙古、新疆、宁夏，2016 年金融发展质量功能性得分排名位于前 3 的分别是内蒙古、四川、甘肃。从得分及排名的动态变化来看，内蒙古金融发展质量功能性得分一直居于首位，而云南的金融发展质量功能性得分一直位于末尾，金融发展质量功能性得分排名上升的省份有四川、贵州、甘肃、陕西、青海、宁夏，其中四川上升位次最大；金融发展质量功能性得分排名下降的省份有重庆、广西、新疆，其中重庆下降位次最大。由于金融功

能评价指标是对金融业服务于实体经济发展程度的衡量，因此，各省（区、市）金融功能性得分及位次的变化，体现了各省（区、市）金融业发展对实体经济支持程度的动态变化。得分增加的省（区、市）表明在金融业发展过程中，金融业对实体经济的支持力度也在不断加强；而得分下降的省（区、市）则表明，金融业对实体经济的支持力度出现了弱化，金融脱实向虚的问题更加严重。

5. 西部各省（区、市）金融发展质量稳健性维度的评价分析

表9是2006年、2011年和2016年西部各省（区、市）金融发展质量稳健性维度的评价得分及排名情况。

表9　2006年、2011年和2016年西部地区各省（区、市）金融发展质量稳健性得分及排名情况

省份＼年份	2006		2011		2016	
	金融稳健性得分	排名	金融稳健性得分	排名	金融稳健性得分	排名
四　川	0.0047	9	0.0061	8	0.0062	9
重　庆	0.0043	11	0.0047	11	0.0048	11
贵　州	0.0062	4	0.0078	5	0.0072	6
云　南	0.0055	6	0.0071	7	0.0071	7
广　西	0.0047	8	0.0072	6	0.0075	5
陕　西	0.0046	10	0.0053	10	0.0063	8
甘　肃	0.0084	2	0.0106	2	0.0106	2
青　海	0.0111	1	0.0168	1	0.0168	1
宁　夏	0.0072	3	0.0086	3	0.0085	3
新　疆	0.0061	5	0.0085	4	0.0085	4
内蒙古	0.0053	7	0.0060	9	0.0057	10

从表9可以看出，2006~2016年西部各省（区、市）金融发展质量稳健性均明显增强，表明金融业的抗风险能力在稳步提升。从各省（区、市）的得分及排名来看，2006~2016年金融发展质量稳健性得分排名位于第1的始终是青海，甘肃始终处于第2位，宁夏始终处于第3位，重庆始终处在最末位。从排名的变化来看，金融发展质量稳健性得分排名上升的省份有广西、陕西、新疆，其中广西上升位次最大；金融发展质量稳健性得分排名下降的省份有贵州、云南、内蒙古，其中内蒙古下降位次最大。重庆、四川、内蒙古的金

融发展质量稳健性排名较后，主要原因在于其为了实现经济高增长而依赖于较高的投资扩张，由此导致地方政府债务率较高。

六　提升西部地区金融发展质量的政策建议

通过从金融发展规模、结构、效率、功能性和稳健性五个维度构建评价指标体系，对2006～2016年西部地区金融业发展质量的评价与分析，我们不难发现，从总体上看，西部地区金融业发展质量在稳步提升，这表明伴随着西部地区经济的快速增长，金融业也在实现着快速、稳健的发展。但同时我们也会发现，从发展质量的视角来看，西部地区金融业发展依然存在一些问题。一是西部地区金融发展质量虽然在稳步提升，但这种提升主要依赖于金融规模的扩张与金融效率提升来支撑，而金融结构、金融功能以及金融稳健性等方面依然存在不足，突出表现为金融结构波动较大、金融功能没有得到充分发挥、金融稳健性较差。这表明，在2006～2016年西部地区金融业依然延续着外延扩张的发展模式，侧重于金融业规模的扩大，而以功能提升为核心的内涵发展还有很大的提升空间。二是从金融发展质量的各个维度来看，西部地区各省（区、市）金融发展的数量面和质量面呈现出明显的非均衡性，金融发展规模较大、金融发展水平较高的省（区、市）（如重庆、四川、陕西等），金融发展的总体质量并不处在西部地区前列，其原因在于金融业支持实体经济发展的功能没有显著凸显出来。三是在西部地区金融业发展质量的五个维度中，不同的省（区、市）存在着明显差异，表现为：四川、重庆、陕西的金融发展规模较大；新疆的金融结构优化程度较高；陕西的金融效率得分提高较快；内蒙古金融发展质量功能性发挥较好；青海、甘肃、宁夏的金融发展稳健性程度一直保持着较高水平。

基于此，要提升西部地区金融业发展质量，特提出以下政策建议。

第一，要科学认知与理解金融发展过程中数量扩张与质量提升的辩证关系，实现金融业数量发展与质量提升的统一。经济发展是金融业发展的前提基础，金融业规模的扩张又是保证金融业发展质量的必要条件。西部地区是我国的经济欠发达地区，经济发展的低水平决定了西部地区金融业发展程度远落后于东、中部地区。因此，西部地区金融业发展规模的扩张仍将是西部地区未来相当长时期内金融业发展的主基调。西部地区在谋求金融发展时、在强化金融规模扩张的时，必须重视金融发展质量的提升，实现金融发展数量与质量的有机统一。

第二，要加速优化金融结构，提高金融业发展效率。西部地区金融结构普遍存在不合理想象，突出表现在：一是金融的行业结构不合理，非银行机构金融业务发展较弱；二是社会融资结构不合理，直接融资比例低，社会融资更多依赖于银行信贷。为此，西部地区金融结构的优化，要从以下两个方面做出努力：一是在继续推动银行业发展的同时，加快信托、保险、租赁以及多层次资本市场的发展，实现宽口径下金融业内部各行业的协调发展；二是积极扩大直接融资比例，优化融资结构。具体措施包括：西部各省（区、市）政府要积极培育优质上市资源，扩大上市公司数量，从而从资本市场上获得更多的资金支持；金融机构要积极发展票据融资、发行债券等直接融资业务，提升直接融资比重；证监会要加快落实资本市场扶贫的有关政策，对注册在贫困地区的公司的 IPO 融资实行绿色通道，通过资本市场的杠杆撬动效应，在加快贫困地区经济增长的同时，也实现融资结构的优化。

第三，金融业要回归本源，强化对实体经济的支持力度。金融业的本源在于服务实体经济的发展，因此，金融业的发展与创新，必须以支持实体经济发展为出发点及落脚点。从西部地区来讲，金融支持实体经济发展的重点领域应该在以下几个方面。一是产业升级与转型的支持。金融对产业的支持应该有所为有所不为，支持的重点在于符合西部地区资源的特色优势产业、符合国家产业政策的战略性新兴产业以及高新技术产业，要拒绝为落后产能提供金融支持，从而助力西部地区的产业升级与结构优化。二是助力西部地区的脱贫致富。西部地区是我国贫困面比较大、贫困人口比较集中的地区之一，脱贫是西部地区全面实现小康社会建设目标的首要任务。因此，强化对贫困地区、贫困农户的支持，是金融业的职责所在。但基于金融业不同机构的性质差异，金融支持脱贫时要严格界定各种不同类型金融机构的职责范围，切忌边界模糊。比如商业金融与政策金融、银行与证券保险在扶贫脱贫中的职责、支持方式均不相同，不可混淆。总的原则是，政策性金融应该侧重于帮助脱贫，商业金融应该侧重于实现致富，保险的职责在于防止返贫，并在此原则下设计金融产品与开展金融业务，在控制风险的前提下提高金融助力脱贫的效率。三是新型城镇化建设支持。新型城镇化是西部地区实现经济稳步发展，全面建设小康社会的重要途径，但资金短缺是西部地区新型城镇化进程中的重要约束。为此，金融业应该在风险可控的前提下，通过产品设计、融资方式等进行不断创新，加大对新型城镇化的资金支持，以助力新型城镇化建设的快速推进。四是对民营经济发展的支持。西部地区经济发展滞后的重要原因之一就是民营经济发展不足，强化对民营经济的支持力度，加大信贷投入，自然是西部地区金融业的重要职责。五是对家庭消费升级的支持。家庭消费升级不仅是我国未来经济增长的动力之一，而且也是金融业未来需要重点开发的服务领域，金融业加大对家庭消费升级的支持，不仅有助于实现经济增长，而且也有利于金融业自身的转型、升级与发展。

第四，西部各省（区、市）要结合金融发展质量中存在的短板，有针对性地积极予以弥补。从前面的评价中可以看到，金融发展质量是对金融业发展状况的综合评判，不同省份在金融发展质量评价的五个维度上表现各异。因此，西部各省（区、市）要针对其制约金融发展质量提升的短板因素，积极予以弥补。比如四川、重庆、陕西等金融发展规模较大的省（区、市），金融业应该走兼顾外延发展与内涵发展，以内涵发展为侧重的发展道路，进一步提高金融业对实体经济的支持力度，将更多的金融资源配置于实体经济，并提高金融业自身的运作效率；甘肃、贵州、青海、宁夏、云南等金融发展规模较小的省份，金融业应该兼顾内涵发展与外延发展，以外延发展为侧重的发展道路，通过金融业的规模扩张，提高其对经济社会发展的支持力度。

第五，西部地区金融业应该在稳健发展的前提下，构建区内金融资源的有序流动，并扩大对外开放，以此提高金融效率。国家“一带一路”倡议的提出，不仅扩展了西部地区实体产业的发展空间，同时也为西部地区金融业的对外开放提供了难得机遇。为此，西部地区各省（区、市）的金融业应该积极融入“一带一路”国家发展战略中，通过加强对外开放，参与金融业的国际分工，同时加强区域内金融政策协调、金融机构合作、信息共享交流等以提高金融业效率，助力金融质量的提高。

社会高质量发展

High Quality Development of Society

B.5

新时代西部地区人民生活的高质量发展*

郭　晗**

摘　要： 本文在研究新时代人民生活质量的概念框架和内涵特征基础上，采用基于AHP的模糊综合评价法对2010～2016年西部地区人民生活高质量发展状况进行了评估，并进一步分析其时序变化和区域差异特征。研究发现，自2010年以来西部地区人民生活质量出现了较大提升，特别是自2012年后提升明显。其中，生活水平和生活设施的改善程度要高于生活环境与生活条件。但西部地区各省份之间在生活质量层面也存在较大差距，经济发展水平差异是影响生活质量差异的关键因

---

* 本文是教育部哲学社会科学后期资助项目（17JHQ030），陕西省软科学研究计划项目（2017KRM115），陕西省教育厅人文社科专项（16JK1742）。

** 郭晗，男，陕西汉阴人，西北大学经济管理学院副教授，西北大学中国西部经济发展研究中心研究员，经济学博士，研究方向是中国经济增长与发展。

素。因此，改善生活环境和生活条件，同时缩小区域发展差距，是本文研究结论的政策含义。

关键词： 新时代　生活质量　高质量发展　西部地区

一　引言

十九大报告和2017年底中央经济工作会议指出，中国特色社会主义进入了新时代，我国经济发展也进入了新时代，新时代的基本特征是我国经济已由高速增长阶段转向高质量发展阶段。高质量发展，意味着传统经济增长过程中的“GDP至上”的价值观将在新时代得到根本扭转，经济增长的规模指标将逐渐被淡化，而经济发展的质量和效益将愈发重要。强调发展的质量和效益，必须将人的发展作为核心要义。习近平新时代中国特色社会主义经济思想主要内涵之一便是坚持以人民为中心的发展思想，所以，与传统的高速增长阶段不同，新时代下的高质量发展本质上是一种以人为本的发展。此外，在新时代的背景下，社会主要矛盾已经变成人民日益增长的美好生活需要和发展不平衡、不充分之间的矛盾，这就说明，在新时代发展的根本目的是为了人的美好生活。因此，新时代的高质量发展，首先要研究的就是人民生活的高质量发展。

西部地区大多是中国经济发展水平相对落后的地区，但自西部大开发以来，西部地区经济发展开始提速，在经济发展速度上实现了对东部地区的赶超，在经济发展水平上逐渐缩小了与东部地区的发展差距。西部地区的快速发展，一方面来自国家层面的大规模开发性投资，另一方面也来自政策层面的倾斜，如城市建设用地指标向西部地区的偏向性分配。因此，西部地区在经济增长速度提升的过程中，固定资产投资增长速度也就提升得更快。在这种快速的投资扩张式增长的背后，西部地区人民的生活水平是否也得到了提升？在中国进入以人民的美好生活为发展目的的新时代大背景下，这是需要进一步研究的问题。

近年来，关于人民生活质量的研究主要有如下几方面：一是对生活质量的理论内涵和评价方法研究①；二是对生活质量的评价研究，包括对中国生活质量的总体评价和分析②，也包括对某一特定区域内生活质量的评估③，还包括对某一特定人群的生活质量的评估④；三是对生活质量与相关因素之间关系的关联性研究⑤，主要从不同角度上论证了生活质量与经济增长、社会支持、家庭养老、生育决策之间的关系。现有文献已经为这一问题提供了广阔的思路和基础，但大多属于针对主观生活质量的微观调研研究，比较缺少从宏观视角出发的客观生活质量评估研究。在新时代背景下，生活质量也有了新的内涵特征，特别是在中国经济发展进入高质量发展阶段后，中国进入了不断满足人民日益增长的美好生活需要，创造人民美好生活的时代，这就意味着生活高质量的定义不仅仅是个体的主观幸福感或生活满意度，而是代表着有更好的教育、更高的收入、更可靠的社会保障、更高水平的医疗卫生服务、更舒适的生活条件和生活设施、更优美的环境。因此，本文拟在已有研究的基础上，结合新时代的发展背景，对西部地区人民生活的高质量发展进行评估，并进一步研究相应的提升路径。

---

① 周长城、蔡静诚：《生活质量主观指标的发展及其研究》，《武汉大学学报》（哲学社会科学版）2004 年第 5 期；严明义：《生活质量的综合评价：基于数据函数性特征的方法》，《统计与信息论坛》2007 年第 2 期；邢占军、黄立清：《幸福社会：追求生活质量的全面提升》，《理论探讨》2012 年第 6 期。

② 赵彦云、李静萍：《中国生活质量评价、分析和预测》，《管理世界》2000 年第 3 期；陈建宝：《我国各地区农村居民生活质量评价研究》，《中国经济问题》2010 年第 4 期。

③ 张亮等：《安徽城市居民生活质量评价及其空间格局分析》，《经济地理》2014 年第 4 期；周瑞瑞等：《宁夏县域城镇居民生活质量空间分异及解析》，《干旱区资源与环境》2017 年第 7 期；曾文等：《江苏省县域城市生活质量的空间格局及其经济学解析》，《经济地理》2014 年第 7 期。

④ 国家统计局课题组：《中国农民工生活质量指数评价研究》，《统计研究》2007 年第 2 期；王磊：《农村大龄未婚男性的生活质量及其影响因素分析——以冀北地区调查为基础》，《人口学刊》2012 年第 2 期。

⑤ 宋瑞：《休闲与生活质量关系的量化考察：国外研究进展及启示》，《旅游学刊》2006 年 12 期；李月：《有效经济增长与居民生活质量的提高》，《数量经济技术经济研究》2010 年第 8 期；李建新：《老年人口生活质量与社会支持的关系研究》，《人口研究》2007 年第 3 期；李春平、葛莹玉：《代际支持对城乡老年人生活质量的影响——基于中国健康与养老追踪调查数据的实证研究》，《调研世界》2017 年第 12 期；石智雷：《多子未必多福——生育决策、家庭养老与农村老年人生活质量》，《社会学研究》2015 年第 5 期。

二　新时代人民生活高质量发展的内涵特征与评价体系

（一）新时代人民生活高质量发展的概念框架及内涵特征

“生活质量”是一个多层面概念，其最早提出可以追溯到英国剑桥学派经济学家 Pigou 在 1920 年出版的《福利经济学》（*The Economics of Welfare*），作为福利经济学的代表人物，Pigou 主要用这一概念来描述福利的非经济方面。对生活质量的内涵特征的研究则来自美国经济学家 Galbraith 在 1958 年出版的《丰裕社会》（*The Affluent Society*）一书，但在该书中 Galbraith 将生活质量的内涵定义为人的主观生活体验，主要从人在社会中实现自我价值的体验角度来进行研究，后来的学者沿着这一思路，从生活幸福度或者生活的主观满意程度等角度对人们的生活质量进行了研究，认为生活质量主要是一种心理程度上的福利，可以看出，这种对生活质量概念的理解是基于微观的个体视角。同时，也有学者从宏观的社会视角出发，认为生活质量是社会中人们生活条件的综合反映，因此，对生活质量的研究和评价应当是基于人们的客观物质生活和精神生活的条件。

基于主观生活质量和客观生活质量概念的不同特征可以发现，主观生活质量反映作为个体的人最终感受到的生活幸福感或满意度，从本质上来说是生活质量感知的最终“结果”，可以理解为生活质量的最终“产出”。而客观生活质量反映作为社会提供的生活水平、环境、条件和设施，从本质上来说是生活质量的“成因”，可以理解为生活质量的初始“投入”。而基于主观生活质量和客观生活质量研究的不同视角，对生活质量评估的选取指标也有所不同。基于主观生活质量的评价，指标选择应当以微观的调研数据为主，特别是针对特殊人群或个体的生活满意度及幸福度调研数据。而基于客观生活质量的评价，指标选择则应当以宏观的统计调查数据为主。根据本文的研究目的来看，主要衡量的是新时代西部地区人民生活质量的总体状况，因此主要采取客观生活质量的概念内涵，特别是要对政府和社会给人民提供美好生活的能力和水平进行评估，并找出其进一步提升的路径。

我们从客观生活质量的概念内涵出发来研究人民生活高质量发展的内在特

征。首先，客观生活的高质量发展需要满足的条件是人民生活水平的提升，特别是物质条件的提升，物质生活水平的改善是生活质量提升的基础。物质生活水平改善的含义包括两个方面：一方面是居民收入水平，反映居民生活质量改善的客观条件；另一方面是居民消费水平的提升，反映居民生活质量改善的客观行为。其次，客观生活的高质量发展需要政府和社会为人民生活创造高质量的环境，这里的环境既包括资源和生态环境的改善，也包括人们的生活环境。再次，客观生活的高质量发展需要在教育、医疗、交通方面提供更高水平的公共服务，在这些领域，人们能够在满足基础需要的同时，还能够实现生活条件的改善。最后，客观生活的高质量发展需要政府和社会为人民提供高质量的生活基础设施，包括市政设施、通信设施和文化设施等多个层面，从而为人民的美好生活提供基础设施方面的支撑。

（二）新时代人民生活高质量发展评价体系构建

根据新时代人民生活高质量发展的内涵特征，我们将西部地区人民生活高质量评估分成四个维度来进行分析，第一是生活水平高质量的维度，主要从收入和消费两个方面来反映人民生活水平的改善；第二是生活环境高质量的维度，主要从自然资源、生态环境和所居住的城市环境等三个方面来反映；第三是生活条件高质量的维度，主要从教育条件、医疗条件和交通出行条件来反映；第四是生活设施高质量的维度。

依据新时代人民生活高质量发展评估的基本框架，我们构建的评价指标体系如表 1 所示。

从生活水平维度的指标选择来看，反映收入水平子维度的指标，主要选择人均 GDP、城镇居民可支配收入和农村居民纯收入等三个指标，这三个指标基本反映出西部地区人民收入状况的变化趋势，其中城镇居民可支配收入和农村居民纯收入在 2013 年开始采用的统计口径有所变化，但从数据来看，其趋势并未发生明显变化，因此并不影响本文的分析。反映消费水平子维度的指标，主要选取了居民消费水平、城镇居民消费水平和农村居民消费水平三个维度进行反映，本文在指标选择中也曾经考虑过使用主要采用消费品的人均数量来反映，但由于 2012 年后该部分数据缺失，因此主要采用货币化的消费水平指标来反映。

表 1　新时代人民生活高质量发展的评价指标构成

一级指标	二级指标	三级指标	计量单位	指标性质
生活水平	收入水平	人均 GDP(X1)	元	正
		城镇居民可支配收入(X2)	元	正
		农村居民纯收入(X3)	元	正
	消费水平	居民消费水平(X4)	元	正
		城镇居民消费水平(X5)	元	正
		农村居民消费水平(X6)	元	正
生活环境	自然资源	人均水资源量(X7)	立方米/人	正
		森林覆盖率(X8)	%	正
	生态环境	每万人二氧化硫排放量(X9)	吨	逆
		人均废水排放总量(X10)	吨/人	逆
		生活垃圾无害化处理率(X11)	%	正
	城市环境	城市建成区绿化覆盖率(X12)	%	正
		人均公园绿地面积(X13)	平方米/人	正
		人均城市道路面积(X14)	平方米/人	正
		每万人拥有城市道路照明盏(X15)	盏/万人	正
生活条件	教育条件	平均受教育年限(X16)	年	正
		高等教育人口占总人口比重(X17)	%	正
	医疗条件	每万人拥有卫生技术人员数(X18)	人	正
		每万人拥有卫生机构床位数(X19)	张	正
	出行条件	每万人私人汽车拥有量(X20)	辆	正
		每万人拥有公共交通车辆(X21)	标台	正
生活设施	市政设施	城市用水普及率(X22)	%	正
		城市燃气普及率(X23)	%	正
		每万人拥有公共厕所(X24)	座	正
	通信设施	移动电话普及率(X25)	%	正
		互联网普及率(X26)	%	正
	文化设施	电视节目综合人口覆盖率(X27)	%	正
		人均拥有公共图书馆藏量(X28)	(册/人)	正

从生活环境维度的指标选择来看，反映自然资源子维度的指标，我们采取了人均水资源量和森林覆盖率两个指标来衡量西部各省份人民在自然资源占有量方面的优劣程度；反映生态环境子维度的指标，选取了每万人二氧化硫排放量、人均废水排放总量和生活垃圾无害化处理率等三个指标来反映，其中前两个指标

主要通过二氧化硫排放总量和废水排放总量两个指标与省份常住人口相除得到；反映城市环境的指标，采取了城市建成区绿化覆盖率、人均公园绿地面积、人均城市道路面积和每万人拥有城市道路照明盏等四个指标来反映城市的生活环境状况，其中每万人拥有城市道路照明盏也通过省份常住人口计算得出。

从生活条件维度的指标选择来看，反映教育条件子维度的指标，我们采取了平均受教育年限和高等教育人口占总人口比重来衡量教育条件的提升，这两个指标主要依据每年的人口统计中 6 岁以上人口学历分布状况得出，其中受教育年限是将未上过学、小学、初中、高中和大专及以上学历人群的受教育年限分别设定为 0、6、9、12、16 年，并通过各人群占总人口比重加权相乘得出。反映医疗条件子维度的指标，主要采用每万人拥有卫生技术人员数和每万人拥有卫生机构床位数来反映；反映出行条件子维度的指标，主要选取了每万人私人汽车拥有量和每万人公共交通汽车拥有量来反映出行的条件和便利度。

从生活设施维度的指标选择来看，反映市政设施子维度的指标，我们选取了城市用水普及率、城市燃气普及率和每万人拥有公共厕所数量来反映市政设施水平的完善程度；反映通信设施子维度的指标，主要选取了移动电话普及率和互联网普及率两个指标来反映新时代生活信息化水平的设施完善程度；反映文化设施的指标，则从电视和图书两个方面，选取了电视节目综合人口覆盖率和人均拥有公共图书馆藏量两个指标。

三　新时代西部地区人民生活高质量发展评价的过程和结果

（一）新时代西部地区人民生活高质量发展评价的方法、指标与步骤

（1）评价方法及其基本原理。我们采取基于 AHP 的模糊隶属度综合评价法来对新时代西部地区人民生活高质量发展进行评价。模糊评价法主要是基于模糊数学，根据模糊数学的隶属度理论把定性评价转化为定量评价，即用模糊数学对受到多种因素制约的事物或对象做出一个总体的综合评价。模糊综合评级法的具体步骤如下：

设评判对象为 P：其因素集 $U_i = \{u_1, u_2, \cdots, u_m\}$，评价等级集 $V_j = \{v_1, v_2, \cdots, v_n\}$，则从因素 U_i 着眼，该评判对象能被评为 V_j 的隶属度为 R_{ij}。一般隶属度的确定采用等级比重法。本文运用模糊统计法对基础指标的数据分组后进行频数分析，进而得到隶属概率，再根据隶属概率的图像确定其对应的隶属函数 f_i，$i \in (1, 2, \cdots, m)$。将被评价的不同时期对应的数据分别代入对应的隶属函数中，可以得到各个指标的隶属度向量（r_1，r_2，…，r_n），则评判矩阵为：$R = (R_{ij})_{m \times n}$，其中，$R_{ij}$ 为因素 U_i 对评价等级 V_j 得到的隶属度，$\sum R_{ij} = 1$。

最后采用层次分析法（AHP）来确定权重 A。最终得模糊评价结果（经济结构失衡指数）：$B = A * R$。

（2）确定隶属函数以及隶属度。根据各指标所取的数值，运用模糊统计法对数据分组进行频数分析，得到隶属概率后，再根据隶属概率的图像确定其对应的隶属函数，记为 f_i（$i = 1, 2, \cdots, 35$）。在此我们选择最为一般的高斯函数 min（xi）$y = y_0 + \frac{A}{w * \sqrt{\pi/2}} * e^{-2 * \frac{(x - x_c)^2}{w^2}}$ 作为隶属函数。

同时，建立评语集：$V = \{V_1$（低），V_2（较低），V_3（一般），V_4（较高），V_5（高）$\}$。并根据确定各个指标的隶属函数，将各年份对应的各个指标分别代入对应的隶属函数中，最后根据评语集可得在评语集的隶属度。

（3）数据选择以及处理。本文采用的数据来自国家统计局网站、国泰安数据库、《中国统计年鉴》、西部地区各省份《统计年鉴》的统计数据以及相关研究。受限于生活条件维度和生活设施维度部分指标的数据可得性，同时考虑本文主要研究的是在新发展阶段人民生活水平的变化和区域差异，因此本文选取的时序起点为 2010 年。对于研究的省份主体，我们参考了国家统计局网站和统计年鉴中的西部地区划分，在研究样本中囊括了内蒙古、广西、重庆、四川、贵州、云南、西藏、陕西、甘肃、青海、宁夏、新疆等 12 个省、自治区和市。

由于各指标的单位之间具有不可比性，无法直接进行计算，还需要对原始数据进行处理和变换。根据指标属性的不同，还要对数据进行无量纲化处理：对于正指标的计算公式为 $xi(D) = \frac{xi - \min(xi)}{\max(xi) - \min(xi)}$，而对于逆指标的

计算公式为 $xi\ (D)\ = \frac{\max\ (xi)\ -xi}{\max\ (xi)\ -\min\ (xi)}$。其中 max（*xi*）、min（*xi*）分别为指标 *xi* 的最大值和最小值。对于适度指标，我们采用公式“| 原始值 - 适度值 |”将其转化为正指标后，再运用正指标的处理公式对其无量纲化，经过处理后的各指标数值取值范围为［0，1］。

（4）确定各级指标的权重。对于各级指标权重的确定，我们采用将主观与客观结合的层次分析法（AHP）。根据 AHP 法的分析思路，我们采取德尔菲法确定各级指标的相对重要性，并采取九标度法对代表主维度的二级指标进行分析，得出判断矩阵 *A*，然后通过判断矩阵来计算权重向量。具体的方法是根据公式 $\bar{a}ij = aij/\sum_{i,j=1}^{n} aij$ 将判断矩阵 A 每一列归一化，然后每一列归一化的矩阵按行相加得出 $Mi = \sum_{i,j=1}^{n} \overline{aij}$，最后再通过公式 $Ui = Mi/\sum_{j=1}^{n} Mj$ 将向量 $Mi = (M1,\ M2,\ M3)^T$ 归一化，就可以求得权重向量的值。求得权重向量后，还要对构造的判断矩阵进行一致性检验，一致性检验是通过一致性指标 CI 和检验系数 $CR = CI/RI$ 进行的，其中，*RI* 是参考一致性指标，可以根据矩阵阶数查表得出。首先计算判断矩阵的最大特征根：$\lambda\max = \sum_{i=1}^{n} \frac{(AW)i}{nWi}$，然后计算 $CI = \frac{(\lambda\max - n)}{(n-1)}$，进一步根据矩阵阶数 n，结合参考一致性指标 RI，并使用公式 $CR = CI \times RI$ 计算，直到判断矩阵 A 具有令人满意的一致性为止。

依照此法进一步计算出分维度下的三级指标对于二级指标的相对权重，最后整体归一化，得出各指标权重，具体结果见表 2。

表 2　2010 ~ 2016 年中国供给侧改革绩效的各项指标权重及在评语集上的隶属度

评价目标	评价维度及权重	评价指标及权重		评语集上的隶属度				
				低（%）	较低（%）	一般（%）	较高（%）	高（%）
西部地区人民生活高质量发展评估	生活水平（0.3123）	X1	0.2562	14.29	14.29	14.29	28.57	28.57
		X2	0.1310	28.57	14.29	14.29	14.29	28.57
		X3	0.1310	28.57	14.29	14.29	14.29	28.57
		X4	0.2354	28.57	14.29	14 29	14.29	28.57
		X5	0.1232	28.57	14.29	14.29	14.29	28.57
		X6	0.1232	28.57	14.29	14.29	14.29	28.57

续表

评价目标	评价维度及权重	评价指标及权重		评语集上的隶属度				
				低(%)	较低(%)	一般(%)	较高(%)	高(%)
西部地区人民生活高质量发展评估	生活环境(0.2061)	X7	0.0591	14.29	0.00	14.29	57.14	14.29
		X8	0.0775	14.29	0.00	0.00	0.00	85.71
		X9	0.1135	71.43	14.29	0.00	0.00	14.29
		X10	0.1551	28.57	14.29	28.57	0.00	28.57
		X11	0.1551	28.57	14.29	14.29	28.57	14.29
		X12	0.1285	28.57	14.29	0.00	14.29	42.86
		X13	0.0978	14.29	0.00	28.57	28.57	28.57
		X14	0.0978	28.57	14.29	14.29	14.29	28.57
		X15	0.1156	28.57	14.29	14.29	14.29	28.57
	生活条件(0.2874)	X16	0.2085	14.29	0.00	57.14	0.00	28.57
		X17	0.1253	28.57	42.86	0.00	0.00	28.57
		X18	0.1424	28.57	14.29	14.29	14.29	28.57
		X19	0.1424	28.57	14.29	14.29	14.29	28.57
		X20	0.2028	28.57	14.29	0.00	0.00	57.14
		X21	0.1786	28.57	14.29	14.29	28.57	14.29
	生活设施(0.1942)	X22	0.1486	14.29	14.29	0.00	14.29	57.14
		X23	0.1486	14.29	14.29	28.57	14.29	28.57
		X24	0.1261	14.29	0.00	14.29	14.29	57.14
		X25	0.1458	14.29	14.29	0.00	14.29	57.14
		X26	0.1894	28.57	14.29	0.00	28.57	28.57
		X27	0.1103	14.29	14.29	14.29	14.29	42.86
		X28	0.1312	28.57	28.57	0.00	28.57	14.29

（二）新时代西部地区人民生活高质量发展指数评价的结果

（1）新时代西部地区人民生活高质量发展指数的变化。首先根据 AHP 法得出的表 2 中的权重，后根据计算公式 $k_i = \sum_{i=1}^{n} u_i \overline{x_{ti}}$，其中 u_i 为指标权重，$\overline{x_{ti}}$ 为第 t 年第 i 指标的无量纲化指标值，可得西部地区 2010～2016 年人民生活高质量指数以及各级维度指数的变化趋势，如表 3 所示。

从西部地区人民生活高质量发展指数的变化趋势来看，自 2010 年以来，西部 12 省区的人民生活高质量指数逐年攀升，反映出生活质量不断改善，特别是 2012 年以后生活质量提升的速度加快，也反映出十八大以后的发展更加偏向于以人民为中心的发展。从各项分维度指数的变化来看，生活水平和生活条件的改善程度最为显著，生活设施的改善也比较明显，从 2010 年的 0.2767 提升到 2016 年的 0.9103。但在相对改善较少的生活环境方面，也从 2010 年的 0.2290 提升到 2016 年的 0.8049。从变化的特征来看，生活水平、生活条件和生活设施三个维度的提升最快年份均出现在 2012～2013 年，而生活环境维度的提升最快年份则出现在 2013～2014 年。

表 3　西部地区 2010～2016 年人民生活高质量指数的变化趋势

年份	人民生活高质量指数	生活水平指数	生活环境指数	生活条件指数	生活设施指数
2010	0.1010	0.0000	0.2290	0.0002	0.2767
2011	0.2562	0.1976	0.3609	0.1867	0.3421
2012	0.3483	0.3698	0.4454	0.3142	0.2611
2013	0.5432	0.5393	0.4723	0.5331	0.6397
2014	0.6946	0.7070	0.6301	0.6688	0.7813
2015	0.8393	0.8421	0.6702	0.9182	0.8977
2016	0.9314	1.0000	0.8049	0.9620	0.9103

（2）新时代西部地区人民生活高质量发展程度的计算。根据上文阐述的模糊综合评价的方法，可以得出各分维度的高质量发展程度。首先通过一级模糊综合评价对三级指标进行综合，即先测度西部地区人民生活高质量发展总体程度，将三级指标 X1～X6 的权重矩阵记为 A_1，以及模糊综合评价矩阵记为 R_1。可得出等式：$B_1 = A_1 * R_1 = [24.91 \quad 14.29 \quad 14.29 \quad 17.95 \quad 28.57]$，进一步计算得出新时代西部地区人民生活高质量发展的生活水平程度为 $= B_1 * [1 \quad 2 \quad 3 \quad 4 \quad 5]^T/100 = 3.1101$。

按照同样的方法可以计算出生活环境维度、生活条件维度和生活设施维度的高质量发展程度分别为 3.0474、3.0115、3.2134。可以看出，自 2010 年以来，在西部地区人民生活高质量指数的各项分维度中，生活设施和生活水平的改善程度相对较高，而在生活环境和生活条件方面相对较低。这反映出，未来西部地区要实现人民生活高质量发展，就要在收入、消费水平以及生活基础设施水平提升的基础上，重点改善人们在医疗、教育、出行等多方面的生活条

件，同时在发展中注重实现资源节约化和生态友好化，以绿色发展助推人民美好生活的实现。

可以对两个维度的绩效程度进行二级模糊综合评价，即二级指标对评价对象的影响进行综合，其模糊综合评价矩阵为 $R=[B_1 \quad B_2 \quad B_3 \quad B_4]^T$，可求出二级模糊综合评价集，并计算出 2010～2016 年度西部地区人民生活高质量发展总体程度为 3.0928。

（3）新时代西部地区人民生活高质量发展指数的区域差异。我们进一步以省区截面数据为研究对象，考察了西部地区人民生活高质量发展指数在区域层面的差异情况。在方法层面依然采取了基于 AHP 的综合模糊评价法。同时，为了反映西部各省份人民生活高质量发展指数区域差异的变化，我们以两年一隔，分别计算出了 2010 年、2012 年、2014 年和 2016 年西部地区人民生活高质量发展指数及其分维度指数的变化，并整理出其排名情况。分析结果如表 4 所示。

表 4　西部各省份 2010～2016 年人民生活高质量发展指数、分维度指数及排名

年份	地区	人民生活高质量指数	排名	生活水平指数	生活环境指数	生活条件指数	生活设施指数
2010	内蒙古	0.7175	1	0.9968	0.5102	0.6698	0.5591
	广西	0.4358	8	0.5093	0.5050	0.3232	0.4107
	重庆	0.5497	5	0.7047	0.5798	0.3626	0.5454
	四川	0.4825	7	0.5470	0.5746	0.4160	0.3795
	贵州	0.2349	12	0.1702	0.4331	0.2133	0.1608
	云南	0.3988	9	0.3277	0.6123	0.3685	0.3314
	西藏	0.3148	10	0.1257	0.4838	0.3435	0.3971
	陕西	0.5954	3	0.5173	0.5969	0.6175	0.6870
	甘肃	0.2519	11	0.1388	0.3218	0.3143	0.2674
	青海	0.5047	6	0.3250	0.3607	0.6104	0.7898
	宁夏	0.6218	2	0.5726	0.6017	0.5988	0.7565
	新疆	0.5809	4	0.3871	0.4668	0.7591	0.7500
2012	内蒙古	0.7729	1	0.9965	0.5519	0.6909	0.7693
	广西	0.4623	8	0.4592	0.5424	0.3712	0.5172
	重庆	0.6152	3	0.7408	0.6142	0.4601	0.6439
	四川	0.5507	6	0.5511	0.5248	0.6102	0.4895
	贵州	0.2836	11	0.1943	0.3950	0.2964	0.2900
	云南	0.4140	9	0.3745	0.5166	0.4123	0.3710

续表

年份	地区	人民生活高质量指数	排名	生活水平指数	生活环境指数	生活条件指数	生活设施指数
2012	西藏	0.1842	12	0.0889	0.5117	0.0797	0.1443
	陕西	0.6549	2	0.5559	0.5772	0.7680	0.7296
	甘肃	0.3166	10	0.1650	0.2705	0.4211	0.4548
	青海	0.5486	7	0.3638	0.3887	0.6705	0.8350
	宁夏	0.6084	5	0.5525	0.4561	0.6780	0.7569
	新疆	0.6151	4	0.4419	0.3890	0.8492	0.7869
2014	内蒙古	0.7860	1	1.0000	0.5872	0.6884	0.7971
	广西	0.4078	8	0.3904	0.5021	0.3779	0.3797
	重庆	0.5856	4	0.6508	0.5279	0.5729	0.5607
	四川	0.4820	7	0.4644	0.4516	0.6430	0.3043
	贵州	0.3070	10	0.1892	0.4055	0.4473	0.1840
	云南	0.3871	9	0.2910	0.5024	0.4492	0.3273
	西藏	0.2012	12	0.0588	0.5579	0.0482	0.2781
	陕西	0.6390	2	0.5006	0.5306	0.8302	0.6936
	甘肃	0.2775	11	0.1196	0.2733	0.3970	0.3591
	青海	0.5360	6	0.3536	0.3015	0.7515	0.7594
	宁夏	0.6205	3	0.4870	0.5131	0.7484	0.7597
	新疆	0.5839	5	0.3855	0.3375	0.9080	0.6849
2016	内蒙古	0.8384	1	1.0000	0.6827	0.7713	0.8429
	广西	0.4472	8	0.3854	0.5986	0.3823	0.4820
	重庆	0.6513	4	0.7722	0.5385	0.5781	0.6850
	四川	0.5197	7	0.4763	0.5607	0.5708	0.4701
	贵州	0.3821	10	0.2604	0.5086	0.4435	0.3525
	云南	0.4185	9	0.2996	0.5131	0.4820	0.4153
	西藏	0.2052	12	0.1331	0.5408	0.0388	0.2112
	陕西	0.6540	3	0.4816	0.5832	0.8128	0.7714
	甘肃	0.2994	11	0.1076	0.3212	0.3628	0.4910
	青海	0.5225	6	0.4114	0.3256	0.6259	0.7570
	宁夏	0.6811	2	0.5360	0.6285	0.7803	0.8233
	新疆	0.5900	5	0.4089	0.4579	0.8058	0.7022

根据表4的分析结果发现，在西部地区，人民生活质量情况分为三个类型。其中，生活质量最好的省份主要包括内蒙古、陕西、宁夏和重庆，生活质

量处于中等水平的省份主要包括新疆、青海、四川和广西，而在各省份中生活质量属于相对较差水平的省份主要包括云南、贵州、甘肃和西藏。从生活质量的省份分布情况来看，人民生活质量水平和区域经济发展水平相关性较强，生活质量高的省份也是在西部地区经济发展水平较高的省份，而生活质量较低的省份也是西部地区经济发展水平较低的省份。

从各省区不同年份的变化情况和分维度指数来看，内蒙古生活质量优势明显，各个分维度指数也都处于西部地区前列，特别是在代表生活水平的收入水平和消费水平方面，自 2010 年以来一直处于西部地区排名第一的水平，从具体的指标来看，2016 年人均 GDP 达到 72064 元，远远高于西部地区 43172 元的平均水平。而西部地区人均 GDP 水平最低的甘肃，2016 年仅为 27643 元，只有内蒙古的 38.36%。从消费水平来看，内蒙古 2016 年消费水平达到 22293 元，也明显高于西部地区平均水平 16133 元，而这一指标最低的西藏仅为 9743 元，只有内蒙古的 43.7%。重庆、陕西和宁夏是除内蒙古之外在生活水平指数方面表现较好的省份，其中重庆和陕西也是西部地区除内蒙古之外人均 GDP 唯一实现超过 5 万元的省份。

在生活环境指数方面，表现最好的省份包括内蒙古、宁夏、云南、西藏和陕西。其中，在自然资源和生态环境方面占据明显优势的是西藏、广西和云南，特别是在西藏自治区较少的人口总量和产业结构背景下，在人均资源占有量和环境污染防治方面处于西部地区的顶尖水平。但在城市环境方面，经济发展水平相对较高的内蒙古、陕西和宁夏依然占据明显优势。

在生活条件指数方面，表现最好的省份包括陕西、新疆、宁夏和内蒙古。其中，在教育条件和医疗条件方面，内蒙古都处于西部地区领先地位，平均受教育年限和大专以上人口比重分别达到 9.82 年和 21.77%，而陕西、宁夏和新疆也都在西部地区处于前列。在出行条件方面，公共交通条件最好的是陕西省，万人公共交通车辆达到 16.01 辆，而私人汽车拥有量最高的宁夏，其每百人私人汽车拥有量达到 15.35 辆。

在生活设施指数方面，表现最好的省份包括内蒙古、宁夏、青海和新疆，其中，宁夏在移动电话普及率、电视节目综合人口覆盖率和人均拥有公共图书馆藏量等三个指标上均处于西部地区领先地位，而新疆则在城市燃气普及率和城市互联网普及率等两个指标上处于西部领先地位，内蒙古和青海则在万人拥有公共厕所数量和城市用水普及率方面处于西部地区领先地位。

四 结论与建议

综上所述，从西部地区人民生活高质量发展指数的时序变化和区域差异来看，可总结得出如下结论。(1) 自 2010 年以来西部地区人民生活质量实现了较大提升，特别是自 2012 年以来提升尤为明显，这反映出进入新时代以后西部地区人民生活质量处于加速提升过程中。(2) 从代表生活质量的各项分维度来看，以收入和消费衡量的货币化生活水平提升尤为明显，生活的基础设施也得到了较为显著的改善，但与之对应的是代表生活环境和生活条件改善较小，这意味着在生态环境优化、教育和医疗条件改善等方面还需要进一步加大投入，以实现生活质量的提升。(3) 从各省份生活质量的区域差异来看，西部地区内部各省份之间生活质量差异较大，经济发展水平一定程度上决定了人民生活质量的差异，缩小人民生活质量的内部差异需要依靠落后地区在经济发展水平上的赶超。从分维度指数看，内蒙古、陕西和重庆等省份在经济发展相关性更高的生活水平和生活条件上优势更加明显，而贵州、云南和西藏等经济相对落后省份则在资源环境方面表现更优。

新时代是追求高质量发展的时代，在新时代下，追求以人民为中心的发展，实现人民生活综合质量的提升，是高质量发展的应有之义。因此，基于以上结论，提出政策建议如下。(1) 以提升西部地区人民生活质量为中心，提升西部地区公共服务水平，进一步推动西部地区基本公共服务均等化，加大对西部地区教育、医疗和基础设施的投入，同时在发展过程中进一步降低资源环境代价，实现资源节约型和生态友好型的绿色发展。(2) 加快西部落后地区的发展，以经济发展水平赶超为生活质量赶超提供前提条件和基础，一方面缩小西部地区与东部发达地区的经济发展水平和生活质量的差距，另一方面也要缩小西部地区内部各省份之间的生活质量差距，从而实现西部地区的协调发展与共享发展。

B.6

高质量需求：新时代西部地区社会发展评价研究*

侯 斌　莫思凡**

摘　要： 改革开放近四十年中国发展需求已从高速增长转为新时代高质量发展。本文立足于西部地区社会发展现状与机遇，通过建立“新时代高质量需求——新发展理念——西部社会发展质量评价指标体系”内在逻辑，以新发展理念为牵引，构建了一个包含创新水平、生态效益、开放程度、民生福祉和协调程度的评价指标体系，从而对西部地区社会发展质量进行综合评价与分析。采取主成分分析法对西部9省2010～2016年的社会发展质量进行综合比较分析，以此为基础对新时代西部地区社会高质量发展提出对策及建议。

关键词： 新时代　西部地区　社会发展　高质量

一　新时代西部地区社会发展的挑战与机遇

（一）社会发展面临的挑战

受多种因素影响，西部地区的发展一直落后于东中部地区，早期西部大开

* 本文为国家社会科学基金项目“以民生改善和民族和谐为主要内涵的丝路经济带社会质量评价研究（15XSH008）”的阶段性成果之一。

** 侯斌，辽宁锦州人，西北大学马克思主义学院2014级博士研究生；莫思凡，湖南湘西人，西北大学马克思主义学院2016级硕士研究生。

发政策推进及国家和政府对西部地区优惠政策力度的加大，西部地区社会发展有所改善，但与新时代高质量社会发展的要求尚存诸多欠缺，还有很多问题尚待解决。

第一，社会基础层面。首先，西部地区贫困问题严峻。根据国务院扶贫开发领导小组办公室网站中公布的中国贫困县名单数据（2016 年）显示，目前中国的贫困县总数是 592 个，其中中部省份 217 个，西部省份 375 个，民族八省区 232 个，而在西部省份中贫困县最多的省份为云南，达到了 73 个，陕西和贵州紧随其后，均为 50 个。其次，居民收入水平低于东中部地区，尤其是农村。2016 年，西部地区居民人均可支配收入为 15376 元，其中城镇居民人均可支配收入为 24391 元，而农村仅为 8295 元，同期东、中部以及东北地区农村居民人均可支配收入则分别为 13145 元、10011 元、10802 元。最后，日常生活中生活困扰大。据 2013 年中国社会状况调查数据显示，西部地区居民的生活压力因素位于前三位的是物价上涨、家庭收入低、日常生活困难，住房条件差、买不起房，此外还有医疗支出高的问题。当然物价和住房问题在全国范围内都比较普遍，而西部地区的医疗问题，与东、中部相比更显严重。

第二，社会发展层面。在居民的基本需要之外，还有提升进一步发展的能力的需要，而西部地区在居民发展层面的民生保障情况依然不太乐观。首先，教育基础设施薄弱、教育综合实力较弱，部分教育资源存在浪费现象。统计数据显示，当前西部各省份小学、初中和高中在学校数、教职工数、在校学生数这三个指标方面，均占全国的 30% 左右，与东、中部地区的差别不是很大，而普通本、专科学校的学生情况则相差很大，西部 12 个省份普通本、专科学校在校学生数占全国的比例不到 25%①。而西部地区学校在基础设施方面仍然与中东部地区的学校有很大差别，中东部地区高校的综合实力也远远高于西部地区，而且由于生育政策的影响和城镇化的推进，西部农村一些地区学校的招生和在校学生数的情况并不乐观，造成教育资源的浪费。其次，就业形势严峻，就业服务和职业培训情况也较差。从 2017 年西部省份公共就业服务情况表中可知，本期单位登记招聘人数比例仅为全国的 18.32%，而本期登记求职人数为 17.17%，接受职业指导人数也才 21.33%，最终通过就业服务成功就

① 数据来源：《中国社会统计年鉴 2017》。

业的人数只有全国的20%左右。从职业培训来看，就业训练中心的数量仅占全国的27.32%，民办职业培训机构个数占全国的比重不到30%，就业人数占比最多为30%①。最后，人口结构不够合理，城镇化、养老社会化面临许多新的问题。西部地区发展程度不高，农业人口比重大，老龄化社会也带来诸多压力。在城镇化过程中，一方面，农村地区出现了比较多的土地纠纷，据国务院调查发现，农民上访六成以上都是由于土地征用的原因。而目前西部地区农村土地改革缓慢，也导致了城镇化后劲不足。另一方面，农民大量涌入城镇，其市民身份的完全确认和外来人口的社会融入也成为影响社会全面可持续发展的重要因素。

（二）高质量发展机遇

我国经济社会发展已由注重“快”转向对“质”的需求上，这是对单纯追求经济高速增长的反思，更是对我国社会发展阶段和主要矛盾的科学认识。随着改革开放的进程加快、政策的扶持与倾斜，西部地区在实现社会主义现代化进程上成果累累，但同时也存在区域发展失衡、生态环境恶化、社会阶层固化、社会心态波动频繁等矛盾和问题。新发展理念则为以马克思主义发展观为指导、以新发展理念为指引的中国社会发展质量建立一个可行的突破口，成为深刻把握人类社会实践规律、识别经济社会发展趋向、全面实现高质量社会、破解中国经济转型困境的新视角。

二 新时代西部地区社会发展质量的评价理论及指标体系

（一）理论基础与内在逻辑

1. 马克思主义社会发展观的中国化演进

马克思主义社会发展观比较完整地回答了人和社会发展的关系，在中国的演进历程也反映了随着中国现代化进程的深化，对中国社会发展现状和问题的认

① 数据来源：《中国劳动统计年鉴2017》。

识日趋成熟。了解马克思主义社会发展观的中国化演进，能够更深刻地理解理论背景和社会问题，对于深入理解人类社会发展、树立科学的社会发展观以及构建和谐都具有重要的指导意义。对中国而言，追求社会质量是全面实现小康社会后的理想①。在新时代下构建具有中国气质和西部特点的评价理论与具体维度，对中国社会发展质量的可操作化与量化研究具有重要的参考与借鉴作用，也为中国社会治理创新提供了重要的方向与标尺。

2. 以新发展理念为牵引

党的十八届中央委员会第五次全体会议提出的新发展理念，是对马克思主义社会发展观的时代解读，更是对马克思主义社会发展观的完善和升华。其创新、协调、绿色、开放、共享五项内容成为科学判断经济社会发展趋向、全面社会发展质量的重要依据。它不仅是对各种“发展理念”的提炼和升华，也是社会发展的一种新图式和评价社会发展的一种新标准②。新发展理念是马克思主义中国化的最新成果之一，是新时代发展理念的集中反映。西部地区社会高质量发展是基于经济新常态和新发展理念而得出的最新发展旨归和结论。以创新、协调、绿色、开放、共享为内容的新发展理念反映了新时代对于社会“好”与“坏”的衡量标准和价值取向，也反映了社会创新与活力、社会公平与正义、社会融合等含义，也是社会质量的应有之义，是评价社会发展的新标准。因此，可将新发展理念作为价值牵引，以此作为参照的规范性因素，从而构建反映新时代社会发展要求的社会质量评价指标体系。

3. 以中国传统文化为社会愿景

欧洲的社会发展评价理论是基于“福利社会”的制度背景和现实需求。在我国，“和谐社会”作为中国传统文化中重要的内涵和近十年来社会发展的主要取向，一切为了人民的幸福、坚持公平正义和共建共享的原则是新发展理念的伦理蕴涵③。同时，中国传统文化不仅是马克思主义本土社会发展观形成的来源，更是评价社会“好”“坏”的价值来源。中国传统文化中蕴含着丰富的社会观与和谐社会思想，它集中体现了中国历代思想家对人与人之间、人与

① 王卓祺：《治理视角下的社会质量与社会和谐的比较分析》，《发展与社会》2009 年第 12 期。

② 张志勇：《共享发展：中国特色社会主义的道德超越》，《探索》2016 年第 8 期。

③ 王小锡：《五大发展理念的伦理蕴涵》，《思想理论教育》2017 年第 2 期。

自然之间以及人与社会之间关系的看法和主张，是树立全面、协调和科学的社会发展观的重要思想源泉。因此，在现阶段进行社会质量评价时，可依托中国传统文化建立社会发展评价指标体系（见图1）。

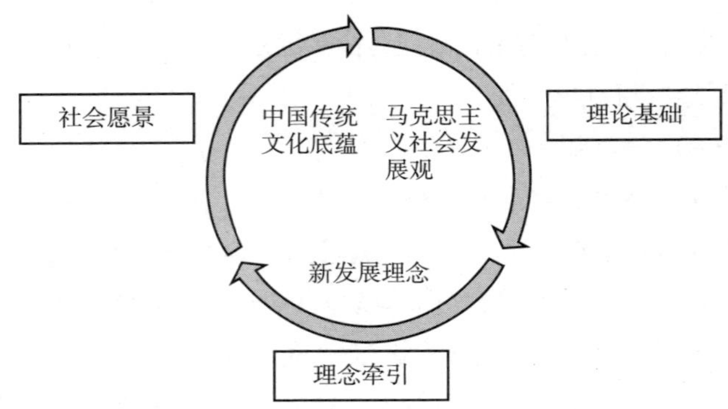

图1　新时代下西部地区社会发展评价指标体系构建的理论基础与内在逻辑

（二）评价指标体系

在探讨和评价新时代西部地区社会发展质量的同时，指标体系作为直观有效的衡量和评价工具，不仅能够在纵向上直观地表现社会发展质量趋势和波动幅度，同时还能在横向上将西部各省进行比较与分析。在选取指标的过程中笔者遵循综合性、代表性和可实施性的原则，构建了包含5个二级指标、25个三级指标的社会发展质量评价指标体系。具体指标体系见表1。

第一，创新发展是一个社会焕发活力的核心动力。一个高质量的社会应该是一个充满活力的社会，社会的经济驱动和创新潜力与社会发展质量高低有着密切联系。所以，社会活力是评价一个社会发展质量应该涵盖的内容。

第二，协调发展是决定当代中国社会高质量全面发展的内在要求。协调的主题是均衡，包括城乡、区域、民族、经济与社会、物质文明和精神文明等方面的协调发展，我国地域辽阔、民族众多，各个地区间的地理条件、历史发展阶段、政治文化环境都存在较大差异，在进行社会发展质量的评价时，应该基于被评价区域所处的发展阶段和实际情况，凸显被评价地区的历史发展阶段和特色。

表 1　社会发展质量评价指标体系

一级指标	二级指标	三级指标	单位	指标属性
社会发展质量	创新水平	X1　规模以上工业企业专利申请数	件	正
		X2　国内专利申请授权量	项	正
		X3　规模以上工业企业 R&D 项目数	项	正
		X4　技术市场成交额	亿元	正
		X5　地方财政科学技术支出	亿元	正
	生态效益	X6　城市燃气普及率	%	正
		X7　道路清扫保洁面积	万/平方米	正
		X8　建成区绿化覆盖率	%	正
		X9　生活垃圾无害化处理率	%	正
		X10　每年空气质量等于或好于二级的天数	天	正
	开放程度	X11　互联网普及率	%	正
		X12　外商及港、澳、台商投资企业法人单位比重	%	正
		X13　涉外及港澳台居民登记结婚比重	%	正
		X14　外商投资企业货物进出口总额	万美元	正
		X15　接待国际游客	百万人次	正
	民生福祉	X16　人均地区生产总值	亿元	正
		X17　最低生活保障覆盖率	%	正
		X18　社区服务设施覆盖率	%	正
		X19　地方财政社会保障和就业支出	亿元	正
		X20　每万人医疗机构床位数	张/万人	正
	协调程度	X21　城乡就业人口比	%	逆
		X22　少数民族代表占全国人大代表总数比例	%	正
		X23　外资总投资比重	%	正
		X24　第三产业比重	%	正
		X25　博物馆参观人次	千人次	正

第三，绿色发展是衡量社会可持续发展的必然因素。马克思主义社会发展观中曾经提到“社会代价”论。社会发展，不可避免地伴随着社会代价，社会代价可能以某种特殊的形式转化为社会发展，同时，社会代价又制约着社会发展，是与社会发展相对立的。随着社会经济的不断发展，人民环保意识的提升，以牺牲资源和生态为代价的社会发展引起了人们的反思，对生态环境越来越关注，一个地区生态环境质量的高低对总体社会发展质量有着重要的影响作用，也逐渐成为社会发展质量重要的评价和参考维度。

第四，开放发展是保障社会高质量的强大动力。开放发展的主题是合作与融合，新发展理念中的“开放发展”是马克思主义社会发展观中“世界历史”的深化和总结。随着“逆全球化”思潮的兴起，中国等发展中国家积极融入外部世界，在世界经济体系中发挥着越来越重要的作用。现阶段，任何一个地区和社会的发展都不能“独善其身”，一个地区的发展水平和质量受到其周围地区发展的影响，“合作开放”是一个地区发展走向繁荣和必由之路。

第五，共享发展是反映社会融合、弥补社会发展缺陷的必由之路。其主题是社会公平和社会公正，目的在于增进人民福祉与人的全面发展，让人民有更多的获得感。社会公正是社会发展的必然结果，社会发展是社会公正的必要条件。西部是多民族地区，文化多元。一个好的、高质量的社会应该是公平的、和谐的、发展成果由人民共享的社会。这些都理应成为衡量一个社会发展质量高低的关键。创新、协调、绿色、开放、共享是高质量社会的应有之义，也是适应我国社会主要矛盾变化的新要求。

三　新时代西部地区社会发展质量的综合评价及分析

（一）数据来源和评价方法

基于对社会发展质量的考量，以及西部地区社会发展状况，本文在创新水平、生态效益、开放程度、民生福祉、协调程度五个方面，根据统计数据的完整性、针对性原则，选取了能够基本反映西部地区 9 个省份社会发展质量的 25 个指标。评价数据主要来自 2012 ~2016 年的《中国民政统计年鉴》和《中国统计年鉴》。在评价方法上选择主成分分析，通过“降维”来简化数据结构，用几个综合指标反映原来多个指标的大部分信息的方法。

（二）评价过程

本文计算了 2011 ~2016 年各省社会福利水平综合得分，在此以 2016 年为例。首先，我们对收集到的原始数据进行标准化处理，并将负向指标正向化；其次，依据各个主成分的特征根、累积贡献率选择合适的主成分，运用 SPSS21. 0 统计分析软件计算综合得分。具体情况如表 2、表 3 所示。

表 2　解释的总方差

成分	初始特征值			提取平方和载入		
	合计	方差的百分比（%）	累积百分比（%）	合计	方差的百分比（%）	累积百分比（%）
1	11.549	46.197	46.197	11.549	46.197	46.197
2	5.462	21.848	68.045	5.462	21.848	68.045
3	2.890	11.561	79.606	2.890	11.561	79.606
4	1.751	7.002	86.608	1.751	7.002	86.608
5	1.178	4.712	91.320	1.178	4.712	91.320
6	0.904	3.616	94.936			
7	0.707	2.827	97.763			

注：提取方法为主成分分析。

表 3　成分矩阵[a]

指标	成分				
	1	2	3	4	5
规模以上工业企业专利申请数（件）	0.938	-0.003	0.200	0.187	0.002
国内专利申请授权量（项）	0.977	-0.054	0.149	-0.124	0.038
规模以上工业企业 R&D 项目数（项）	0.959	0.054	0.156	0.155	-0.112
技术市场成交额（万元）	0.581	-0.137	0.080	-0.664	-0.056
地方财政科学技术支出（亿元）	0.904	0.235	0.071	0.079	0.312
城市燃气普及率	0.283	-0.698	-0.099	0.037	0.454
道路清扫保洁面积	0.825	0.380	0.007	0.279	0.303
建成区绿化覆盖率	0.639	-0.252	-0.250	0.479	-0.092
生活垃圾无害化处理率	0.545	-0.294	-0.606	0.132	-0.243
地方财政环境保护支出	0.801	0.480	0.118	-0.143	-0.148
互联网普及率	-0.151	-0.906	-0.149	-0.121	0.204
外商及港、澳、台商投资企业法人单位比重	0.789	0.131	-0.252	0.040	0.330
涉外及港澳台居民登记结婚比重	0.267	0.672	-0.591	0.118	-0.201
外商投资企业货物进出口总额（万美元）	0.946	-0.233	0.087	-0.012	-0.074
接待国际游客（百万人次）	0.479	0.617	-0.577	-0.035	-0.135
人均地区生产总值（亿元）	0.427	-0.839	-0.162	0.045	-0.256
最低生活保障覆盖率	-0.802	0.419	0.378	-0.103	0.145
社区服务设施覆盖率	0.138	-0.504	0.386	0.668	-0.202
地方财政社会保障和就业支出（亿元）	0.847	0.409	0.182	0.078	0.273
每万人医疗机构床位数（张）	0.537	-0.435	0.408	0.023	0.106
少数民族代表占各省人大代表总数比例（%）	-0.670	0.168	-0.405	0.398	0.339

续表

指标	成分				
	1	2	3	4	5
外资总投资比重(%)	0.794	-0.392	-0.205	-0.228	-0.219
第三产业比重(%)	0.002	0.228	0.890	0.236	-0.255
博物馆参观人次	0.864	0.191	0.211	-0.328	0.098
E1 倒数	0.113	0.942	0.047	0.104	-0.105

注：提取方法：主成分分析。

由表2可知，第1~5主成分的特征根为11.549、5.462、2.890、1.751。其特征根大于1，且累积方差贡献率达到了91.32%，因此，进行各省社会发展质量的综合评价。同时，结合表2、表3分析结果及原始数据，建立综合评价模型：$F = \frac{\lambda 1}{\lambda 1 + \lambda 2 + \lambda 3 + \lambda 4 + \lambda 5} * F1 + \frac{\lambda 2}{1 + \lambda 2 + \lambda 3 + \lambda 4 + \lambda 5} * F2 + \frac{\lambda 3}{1 + \lambda 2 + \lambda 3 + \lambda 4 + \lambda 5} * F3 + \frac{\lambda 4}{1 + \lambda 2 + \lambda 3 + \lambda 4 + \lambda 5} * F4 + \frac{\lambda 5}{1 + \lambda 2 + \lambda 3 + \lambda 4 + \lambda 5} * F5$（其中，F1、F2、F3、F4、F5为第一、第二、第三、第四、第五主成分的得分），得到西部各省社会发展质量综合得分及排名。

（三）评价结果及分析

通过对数据进行前期处理，运用主成分进行综合评价，最终得出西部地区社会发展质量的具体得分和排名，具体情况见表4。我们进行综合评价的目的不在于得分和排序本身，而是通过评价过程来发现西部社会发展质量的地区差异和时序演变，为实现西部地区高质量发展提供一定的参考和借鉴。

同理，我们对西部地区社会发展质量的五个维度：创新水平、生态效益、开放程度、民生福祉和协调程度也分别进行主成分分析，具体结果见表4。

1. 社会发展质量整体评价与分析

总体而言，相较于四川、重庆和陕西三省的社会发展质量总体正向得分，主成分值为负数说明地区社会发展质量低于整体发展的平均水平，2011~2016年新疆、广西、云南、宁夏、青海、甘肃六省份基本为负值，且值与四川、重庆、陕西的差距较大，说明社会发展质量在西部地区存在着省域差异。但

表4　西部9省份综合评价主成分得分及排名

地区	2011年		2012年		2013年		2014年		2015年		2016年	
	主成分值	排序	主成分值	排序	主成分值	排序	主成分值	排序	主成分值	排序	主成分值	排序
四川	0.7158	1	0.9397	1	0.8957	1	0.9284	1	0.9292	2	0.9235	1
重庆	0.6356	2	0.6938	2	0.5321	2	0.4879	2	0.5721	1	0.6420	2
陕西	0.2819	3	0.2345	3	0.4207	3	0.4692	3	0.3165	3	0.3328	3
新疆	0.0086	4	-0.2280	6	-0.1259	6	-0.2016	6	0.0773	5	-0.1392	6
广西	-0.1004	5	0.0354	4	0.074	4	0.0417	4	0.1433	4	-0.0290	4
云南	-0.2736	6	-0.1225	5	-0.0447	5	-0.0739	5	-0.5006	8	-0.0563	5
宁夏	-0.3248	7	-0.4698	7	-0.4384	7	-0.439	7	-0.4144	7	-0.3434	7
青海	-0.4224	8	-0.4969	8	-0.637	8	-0.536	8	-0.3126	6	-0.5347	8
甘肃	-0.5207	9	-0.6362	9	-0.6764	9	-0.6769	9	-0.582	9	-0.5956	9

由于各省份主成分得分差异不大，说明西部地区社会发展质量水平整体趋近。其中，四川省的综合得分领先西部，其作为西部核心省域，在引进新兴产能的基础上发展城市经济，在成都全面建成小康社会，建立体现新发展理念的国家中心城市，以求推进经济社会高质量发展。同时，在分项评价过程中，能够发现社会发展质量五个评价维度的得分呈现出省域的差异性，说明社会发展质量的五个评价维度之间不一定具有正相关关系，不能仅从一个维度的得分推导一个地区社会发展质量的水平。

从时序演进来看，2011～2016年西部地区社会发展质量综合评价得分总体稳步向好，但部分地区表现出下降趋势。四川、重庆在波动中提升。陕西、广西在2013年和2014年增幅明显，可能与2013年提出的“丝绸之路经济带”战略有关。而2014年后广西、云南、宁夏、青海、甘肃呈现出一定程度的下降态势。西部地区产业结构和发展状况，人才技术匮乏、创新动力不足，产业结构单一、升级进度缓慢等因素都可能是造成负面态势的原因。重庆、陕西、新疆的综合得分在一定的上升之后也偶处于下降阶段。目前，随着改革进程加快，居民收入分配失衡、城乡差距较大，且与东部、中部地区发展质量存在一定程度的落差，同时，快速追求经济增长带来的环境负面效应不容小觑，加上西部经济基础较弱、产业升级缓慢，这些对西部地区高质量发展提出了现实挑战。总而言之，西部各省份的社会发展质量整体上呈现出“基本稳定、偶有波动”的特征，上升和下降趋势都是阶段性表现，总体地区发展质量变化趋势较好，这为西部地区在追求高质量社会发展水平的同时兼顾创新发展、生态效率、民生改善、开放共享等理念提供了重要的依据。

2. 社会发展质量分项评价及分析

在创新水平维度。2011～2016 年，综合得分前两位为四川、重庆，得分后两位为宁夏和青海，而自西部大开发以来，四川、重庆和陕西的整体经济发展速度较快，人均可支配收入也都处于西部地区前列。西部一些省份由于经济规模较小、市场结构单一、城市化进程较缓等因素，其社会经济水平也相对较低。这在一定程度上表明创新活力、经济发展状况与社会发展质量之间存在密切联系。经济较为发达的省份对新发展理念的吸收和落实相对较早，开放发展和创新协调等方式反过来也为经济增长提供了内生动力，从而提升地区社会发展质量。相比较而言，经济发展较为缓慢的省份容易陷入创新发展的困境，从而滞后于西部其他地区的发展。结合整体评价结果可以发现各省份创新水平的波动趋势与社会发展质量总体水平最为相近，可见创新仍然是各省份全面提升社会发展质量的关键选择。同时，四川、重庆和陕西的得分均为正值，其他省份为负值，表明川渝陕作为西部地区的“龙头”，相较于其他省份更能将创新作为发展的第一动力。

在生态效益维度。四川、重庆、陕西、广西和西藏的表现较好，因此提升能源使用效率、改进生态治理对提升西部地区社会发展质量具有一定的贡献。此外，大部分地区生态效益均表现为稳定态势，四川、云南表现出上升态势，可能与近年来西部地区大力改善生态环境、突破绿色发展瓶颈有关。而川渝陕等省份近年来在环保方面着力颇多，逐步移除落后产能和高污染行业，在社会发展中融入绿色发展理念。但同时，随着城市的进一步扩张、发展和自然地理环境的限制，地区生态不同程度遭受到破坏，如甘肃常年处于西部生态效益得分末位，若不注重生态效益，在发展过程中的成果也可能因为种种原因被抵消。

开放发展方面。开放发展是提升社会发展质量的重要因素，但在西部地区呈现出发展不平衡的特征。四川、重庆、陕西、甘肃呈现出稳定上升趋势，而

表5　西部9省份创新水平主成分得分及排名

地区	2011年		2012年		2013年		2014年		2015年		2016年	
	主成分值	排序	主成分值	排序	主成分值	排序	主成分值	排序	主成分值	排序	主成分值	排序
四川	1.4324	1	1.7468	1	1.783	1	1.8109	1	1.7281	1	1.7029	1
重庆	0.8486	3	0.4913	3	0.654	3	0.6459	3	0.852	2	0.8294	3
陕西	0.9707	2	0.8106	2	0.7124	2	0.7209	2	0.6704	3	0.8312	2
云南	-0.3205	5	-0.2964	5	-0.3086	5	-0.3163	5	-0.1862	4	-0.218	4
广西	-0.1746	4	-0.1120	4	-0.052	4	-0.0455	4	-0.2154	5	-0.2544	5
甘肃	-0.4897	6	-0.4598	6	-0.5303	7	-0.5374	7	-0.5283	6	-0.5777	7
新疆	-0.4985	7	-0.4877	7	-0.4589	6	-0.5089	6	-0.5298	7	-0.5539	6
宁夏	-0.8266	8	-0.7948	8	-0.8429	8	-0.8385	8	-0.8176	8	-0.805	8
青海	-0.9418	9	-0.8980	9	-0.9568	9	-0.9312	9	-0.9732	9	-0.9545	9

表6　西部9省份生态效益主成分得分及排名

地区	2011年		2012年		2013年		2014年		2015年		2016年	
	主成分值	排序	主成分值	排序	主成分值	排序	主成分值	排序	主成分值	排序	主成分值	排序
四川	0.4402	4	0.6363	2	0.727	2	0.754	1	1.1203	1	0.8577	1
重庆	0.7928	1	0.9351	1	0.763	1	0.6823	3	0.6076	3	0.7169	2
陕西	0.5343	2	0.5367	3	0.7102	3	0.6915	2	0.6447	2	0.4954	3
云南	-0.4292	8	-0.1072	6	-0.3003	7	-0.1746	7	-0.1816	5	-0.3663	6
广西	0.4891	3	0.3718	4	0.3961	4	0.4306	4	0.4572	4	0.289	4
甘肃	-1.7185	9	-1.4124	9	-1.4064	9	-1.4357	9	-1.0764	9	-0.8141	9
新疆	0.3320	5	0.0058	5	0.0722	5	-0.056	5	-0.1962	6	0.0274	5
宁夏	-0.2304	7	-0.5877	8	-0.0104	6	-0.0833	6	-0.6738	7	-0.3958	7
青海	-0.2102	6	-0.3784	7	-0.9513	8	-0.8088	8	-0.7018	8	-0.8102	8

广西、云南、新疆、宁夏、青海则呈现出短暂下降或在波动中下降的态势。西部内陆省份普遍滞后，特别是甘肃、青海、宁夏等欠发达省份的商品市场发育更为迟缓，经济发展稍显疲态，城镇化后劲不足，竞争力较弱。此外，社会转型带来的不仅是经济的快速增长，更是社会生活方式和组织方式的改变。而在

甘肃等省份社会组织发展落后，商品和内容单一，输送效率低，对于“走出去”仍需助力。

表7　西部9省份开放程度主成分得分及排名

地区	2011年		2012年		2013年		2014年		2015年		2016年	
	主成分值	排序	主成分值	排序	主成分值	排序	主成分值	排序	主成分值	排序	主成分值	排序
四川	0.7734	2	0.9095	1	0.5921	3	0.9444	1	1.7281	1	1.7029	1
重庆	0.5307	3	0.5704	3	0.5748	4	0.4822	3	0.852	2	0.8294	3
陕西	0.1389	5	0.0631	5	0.1751	5	0.3423	5	0.6704	3	0.8312	2
云南	0.2357	4	0.3117	4	0.6825	1	0.382	4	-0.1862	4	-0.218	4
广西	0.9280	1	0.6932	2	0.6644	2	0.5766	2	-0.2154	5	-0.2544	5
甘肃	-0.9330	9	-0.9550	9	-1.1142	9	-1.0469	9	-0.5283	6	-0.5777	7
新疆	-0.4883	7	-0.5012	7	-0.4076	6	-0.4945	6	-0.5298	7	-0.5539	6
宁夏	-0.8125	8	-0.7840	8	-0.7467	8	-0.6911	8	-0.8176	8	-0.805	8
青海	-0.3728	6	-0.3076	6	-0.4205	7	-0.4951	7	-0.9732	9	-0.9545	9

民生福祉维度。民生改善是社会发展质量的应有之义。总体上来看，四川、重庆、陕西、云南、广西的民生福祉均呈现出明显上升趋势，其余省份则呈现出下降趋势，地区间具有两极化发展趋势。民生改善与实现民生福祉的要义在于实现共享共富共同发展，也在于公民自我价值的实现，一个国家或地区的高等院校数量、互联网使用率、文盲率、政府信息公开度以及社会成员的社会参与度和政治参与度等都是民生福祉的重要因素。而实现民生福祉对提升中国社会发展质量具有显著的正向贡献（见表8）。

协调程度方面。协调发展得分较靠前的是四川、重庆和陕西。在此维度，新疆、云南和广西呈现出不断上升的趋势，但其在创新、开放发展等维度的下降态势却抵消掉了协调发展带来的正面效益，因此高质量的社会发展是全面协调发展。其余地区则呈现出波动态势，但近些年宁夏、青海则呈现出下降态势，这种省域协调程度在波动中下降，表明西部地区社会在协调发展中还处于失衡状态。城乡协调、区域协调、阶层协调、物质与精神协调等仍需要改善，西部区域发展差距拉大、城乡二元结构矛盾凸显、改革开放带来贫富差距扩大、物质与精神文明发展不匹配等，导致协调发展程度不甚理想，从而制约地区社会发展质量的提升（见表9）。

表 8　西部 9 省份民生福祉主成分得分及排名

地区	2011 年		2012 年		2013 年		2014 年		2015 年		2016 年	
	主成分值	排序	主成分值	排序	主成分值	排序	主成分值	排序	主成分值	排序	主成分值	排序
四川	0.0653	4	0.3680	3	0.337	2	0.4167	1	1.7281	1	1.7029	1
重庆	-0.2716	7	0.5868	1	0.1845	3	0.2524	2	0.852	2	0.8294	3
陕西	-0.4396	8	0.2237	5	0.0611	4	0.0152	5	0.6704	3	0.8312	2
云南	-0.0817	5	-0.4824	8	-0.2527	8	-0.1887	6	-0.1862	4	-0.218	4
广西	-0.5232	9	-0.7649	9	-0.287	9	-0.2701	9	-0.2154	5	-0.2544	5
甘肃	0.8678	1	-0.2951	6	0.0415	5	0.0404	4	-0.5283	6	-0.5777	7
新疆	0.4813	2	0.5067	2	0.3669	1	0.2465	3	-0.5298	7	-0.5539	6
宁夏	-0.1940	6	0.2345	4	-0.2213	6	-0.2523	7	-0.8176	8	-0.805	8
青海	0.0958	3	-0.3772	7	-0.23	7	-0.26	8	-0.9732	9	-0.9545	9

表 9　西部 9 省份协调程度主成分得分及排名

地区	2011 年		2012 年		2013 年		2014 年		2015 年		2016 年	
	主成分值	排序	主成分值	排序	主成分值	排序	主成分值	排序	主成分值	排序	主成分值	排序
四川	0.2438	2	0.7794	2	0.6875	1	0.5232	2	1.7281	1	1.7029	1
重庆	0.8500	1	0.8815	1	-0.05	5	-0.1519	7	0.852	2	0.8294	3
陕西	0.0624	3	0.1088	3	0.0777	3	-0.0243	3	0.6704	3	0.8312	2
云南	0.0278	4	-0.4128	7	0.5459	2	0.6099	1	-0.1862	4	-0.218	4
广西	-0.2743	7	0.0235	4	0.0143	4	-0.0505	5	-0.2154	5	-0.2544	5
甘肃	-0.3634	9	-0.4275	8	-0.184	7	-0.1015	6	-0.5283	6	-0.5777	7
新疆	-0.3602	8	-0.1727	5	-0.1348	6	-0.0429	4	-0.5298	7	-0.5539	6
宁夏	-0.1735	6	-0.3252	6	-0.3269	8	-0.2983	8	-0.8176	8	-0.805	8
青海	-0.0125	5	-0.4551	9	-0.6297	9	-0.4638	9	-0.9732	9	-0.9545	9

综上所述，省域的创新水平能够在较大程度上影响地区社会发展质量，各地区经济社会发展由于创新能力不同而呈现出显著差异；生态效益、开放发展则凸显出提升资源利用效率、加大环境治理力度等新时代地区高质量发展的重要影响。另外，协调发展和民生改善方面体现出平衡、共享的新理念，每一个评价维度对西部地区社会发展质量的影响都不容小觑。

四 政策与建议

西部地区社会发展质量评价的结论对我们进一步了解新时代下经济社会发展规律和理念有更多的启发和方向。高质量是新时代西部地区全面发展的内在需求和根本旨归，更是西部地区落实新发展理念的重大责任。为了进一步提高西部地区社会发展质量，发挥“一带一路”倡议的区位优势，发挥主要城市于西部地区整体发展的支撑作用，另外，明确西部地区社会发展的区位特征、生态环境和国际机遇等。本文围绕现实背景从以下四个方面进行建议，从而发挥西部地区发展优势，不断增强其创新力和竞争力。

（一）推动科技创新，提升社会活力

经济基础是社会发展质量提升的物质基础，在经济发展方面西部地区仍与其他地区存在较大差距，但这也从侧面印证了西部地区仍有很大的发展空间。西部地区要紧紧抓住“丝绸之路经济带”战略带来的区位优势，与核心城市群一起带动西部地区的整体经济发展。同时，要认真贯彻习近平总书记关于科技创新的一系列重要论述，把握创新发展的趋势和机遇，吸引优秀研究人才，打造西部地区发展的内生源动力，立足西部众多高校科研成果，汲取地区优势成果，提升地区影响力和竞争力。同时，明确西部发展态势，加快市场改革和城市化进程，为就业、创业、产业的有效发展腾出空间。

（二）坚持协调发展，平衡发展矛盾

高质量发展阶段的主要任务，是解决发展不平衡不充分的问题。西部地区城乡、区域、不同群体之间的差距比较大，在扶贫脱贫、农业农村、生态环境、公共服务等方面的短板亟待补齐。产业、行业分化现象凸显，传统产业产能过剩的问题没有根本改变，我国经济进入高质量发展阶段后，发展失衡的问题更加凸显，这就要求我们在继续推动发展的基础上，坚持质量第一、协调发展，不断实现区域、城乡、民族、生态与社会、物质和精神的协调发展，为实现人的全面发展、社会全面进步奠定坚实的基础。

（三）强调共享理念，增进民生福祉

强调“共享”理念，在着力提升收入分配制度公平性的同时，将经济发展的成果以“社会福利”的方式回馈给社会，健全社会保障体系，提升基本公共服务水平，协调各方利益，缓解社会矛盾，增进人民福祉，提升西部地区居民的“获得感”，满足西部地区的社会发展质量需求和人民日益增长的美好生活的需要。

（四）积极推进政府转型，重视社会治理主体的多元化

一方面，加强市场化改革，鼓励企业“引进来”和“走出去”，提升国际影响力和竞争力，积极融入全球价值链分工，为提升产品国际竞争力创造有利条件。另一方面，社会治理主体的多元化强调政府和其他社会治理力量之间的有效合作，政府在发挥主体作用的同时，应为社会成员提供机会，随着社会分工愈加细化、国家和地区之间的流动速度加快，社会出现了很多新型的边缘群体，旧的矛盾未曾解决，又增添了新的问题。再次，虽然近年来中国社会组织数量上蓬勃发展，但在参与程度和服务能力上都存在着不足，很难为民众向上表达诉求、政府向下传达政策理念提供确切有效的途径。因此，在现有社会制度壁垒和社会阶层分化的困境下，社会治理应着力培育社会组织，关注边缘群体的声音，增强社会政策的包容性，结合人本主义的价值取向，增进社会融合。

（五）统筹推进法治建设，为高质量发展提供法治保障

党的十九大将“全面依法治国”作为习近平新时代中国特色社会主义思想的重要内容，上升为新时代坚持和发展中国特色社会主义基本方略之一。新时代西部地区社会高质量发展，需要统筹推进法治建设。社会高质量发展不仅包括经济、产业、创新等硬实力，也包括法治、文化软实力，要以更强意识、更实举措、更大力度，推动法治建设不断取得新进步。地方立法机关需紧扣提高立法质量主线，建立科学立法、民主立法、依法立法的高质量立法体系。围绕推动社会高质量发展战略，制定出台自主创新示范区条例、开发区条例、财政监督条例、消费者权益保护条例；围绕推动实施民生共享战略，制定出台慈善条例、医疗纠纷预防与处理条例、预防未成年人犯罪条例、水域治安管理条例等，通过制定针对性和实用性的地方性法规让西部地区群众充分享有新时代改革发展红利。

创新高质量发展

High Quality Development of Innovation

B.7
新时代西部地区的创新发展*

白　嘉**

摘　要： 西部地区的创新发展有赖于西部地区创新能力的提升。在构建包含22个细分指标的区域创新能力评价指标体系的基础上，运用因子分析方法对中国2015年31个省份的创新能力进行了评价和比较，同时对2015年29个省份的战略性新兴产业竞争力进行了评价。结果表明，西部地区整体创新能力明显偏低，西部地区各个省份之间创新能力差异显著，提高企业创新水平是提升西部地区创新能力的迫切需要。应该加大西部地区研发投入，实施差异化创新支持政策，吸引高技术企业入驻西部地区，强化优势企业的示范和辐射效应，带动企业创新能力提升。

---

* 本文为国家社会科学基金项目“模块化创新推动中国制造业升级的机制与路径研究”(13CJY058)的阶段性成果。

** 白嘉，经济学博士，西北大学经济管理学院副教授，研究方向为产业技术创新。

关键词： 西部地区　创新能力　战略性新兴产业　因子分析

创新是推动社会经济发展的原动力，是一个国家或地区在变幻莫测的国际格局中的安身之基、立命之本。创新驱动发展已成为中国现阶段的核心战略，建设创新型国家已成为中国经济发展的重要方针。然而，中国整体创新能力不强、区域创新能力不均衡等问题突出，不同地区创新能力的差异更是被一些研究所证实①，尤其是西部地区创新能力明显偏低。合理评价区域创新能力，通过比较找出西部地区创新短板所在，是政府制定差异化政策的必要前提，是西部地区实现创新崛起、后发赶超的迫切需要，是新时代中国实施创新驱动发展战略的关键节点。

一　文献回顾

创新的复杂性在于其系统性，创新能力是指创新主体综合利用投入要素、环境因素等多种资源实现创新产出的能力。Sollow（1957）从产出、资本、劳动、知识视角对技术创新能力进行了测度。② 此后 Romer（1986）、Furman（2002）等人对其进行了发展和完善，提出了内生增长理论、国家创新理论等分析模型。③

区域创新能力评价研究的差异主要集中于评价指标体系的构建和研究方法的选择两个方面。评价指标体系主要以研究目的、研究视角等为依据进行构建。目前国内具有代表性的评价指标体系主要有国家统计局的六指标评价体系、科技部的四因素区域科技进步评价方法以及中国科技发展战略研究小组发布的《中国区域创新能力报告》中采用的多级评价指标体系。研究方法主要

① 白嘉：《中国区域技术创新能力的评价与比较》，《科学管理研究》2012 年第 1 期。陈晓红：《区域技术创新能力对经济增长的影响——基于中国内地 31 个省市 2010 年截面数据的实证分析》，《科技进步与对策》2013 年第 2 期。

② Sollow R M. A Contribution to the Theory of Economic Growth [J]. *Quarterly Journal of Economics*, 1957, 70 (1): 65 – 94.

③ Romer P M. Increasing Return and Long-Run Growth [J]. *Journal of Political Economy*, 1986, 5: 1002 – 1037. Furman J, Porter M, Stern S. The Determinants of National Innovative Capacity [J]. *Research Policy*, 2002, 31 (6): 899 – 933.

包括因子分析、数据包络分析、随机前沿分析、层次分析、灰色关联分析、模糊综合评价、参与性评价、RBF 神经网络等。

二 区域创新能力分析

参考《中国区域创新能力报告》中的多级评价指标体系，结合研究目的及数据可得性，如表 1 所示，构建包含 5 个一级指标和 22 个二级指标的区域创新能力评价指标体系。采用因子分析法对中国 2015 年 31 个省份的数据进行实证分析，原始数据均来自《中国科技统计年鉴 2016》和《中国统计年鉴 2016》。

表 1 区域创新能力评价指标

目标	一级指标	二级指标	单位	代码
创新能力（Z）	创新环境（Y_1）	政府财政支出	亿元	X_1
		全社会固定资产投资额	亿元	X_2
		居民人均消费支出	元	X_3
		高技术产业企业数	个	X_4
		研发机构数	个	X_5
		高等学校数	个	X_6
	知识创造（Y_2）	R&D 经费内部支出	亿元	X_7
		R&D 经费投入强度	%	X_8
		发明专利申请授权数	项	X_9
		SCI 收录科技论文数	篇	X_{10}
	知识获取（Y_3）	技术市场成交额	万元	X_{11}
		技术市场技术流向地域合同金额	万元	X_{12}
		外商投资企业数	个	X_{13}
	企业创新（Y_4）	规模以上工业企业 R&D 人员全时当量	人	X_{14}
		规模以上工业企业 R&D 经费内部支出	万元	X_{15}
		规模以上工业企业技术改造经费支出	万元	X_{16}
		规模以上工业企业新产品销售收入	万元	X_{17}
	创新效益（Y_5）	高技术产业主营业务收入	亿元	X_{18}
		高技术产业主营业务收入占地区生产总值的比重	%	X_{19}
		人均地区生产总值	元	X_{20}
		城镇就业人员平均工资	元	X_{21}
		城镇居民登记失业率	%	X_{22}

首先对数据的适用性进行检验。KMO 检验值为 0.773，Bartlett 球度检验的伴随概率 P 值为 0.000，表明原始变量之间具有一定相关性，可以进行因子分析。通过因子对变量总方差的解释，进行主成分提取。表 2 显示，前三个主成分对应的特征值均大于 1，累计方差贡献率达到 87.697%。前三个因子的特征值明显高于其他因子，提取前三个因子作为公因子是合适的。

表 2　因子对变量总方差的解释

成分	初始特征值			提取的特征值			旋转后的特征值		
	特征值	方差贡献率	累计方差贡献率	特征值	方差贡献率	累计方差贡献率	特征值	方差贡献率	累计方差贡献率
1	13.225	60.112	60.112	13.225	60.112	60.112	10.125	46.021	46.021
2	4.489	20.406	80.519	4.489	20.406	80.519	4.844	22.016	68.037
3	1.579	7.179	87.697	1.579	7.179	87.697	4.325	19.660	87.697

为了得到三个公因子在所有变量上的载荷，采用方差最大法对初始因子载荷矩阵进行 Kaiser 标准化正交旋转，结果如表 3 所示。

根据表 3 可知，第一因子在 X_{15}、X_{14}、X_{17}、X_4、X_1、X_{18}、X_2、X_{16}、X_6、X_7、X_{19}、X_9、X_{13}上的载荷较高，将其命名为企业创新因子；第二因子在 X_{11}、X_5、X_{10}、X_8、X_{22}、X_{12}上的载荷较高，将其命名为创新投入因子；第三因子在 X_{21}、X_3、X_{20}上的载荷较高，将其命名为创新产出因子。由此各样本综合得分的计算公式如公式（1）所示。

$$F = 0.46021F_1 + 0.22016F_2 + 0.1966F_3 \tag{1}$$

其中，F_1、F_2、F_3为三个因子的得分，因子得分的权重为对应主成分的方差贡献率。为了便于观察，可以将各因子得分及综合得分的标准值转换为指数值，转换公式如公式（2）所示。

$$T_i = \frac{S_i}{\max S_i - \min S_i} \times 0.4 + 0.6 \tag{2}$$

其中，T_i表示第 i 个样本的指数值，S_i表示第 i 个样本的标准值，$\max S_i$和 $\min S_i$分别表示第 i 个样本对应的因子得分的最大值和最小值。因子得分及综合得分如表 4 所示。

表 3　旋转后的因子载荷矩阵

变量	公因子		
	1	2	3
规模以上工业企业 R&D 经费内部支出(X_{15})	0.945	0.091	0.229
规模以上工业企业 R&D 人员全时当量(X_{14})	0.944	0.042	0.233
规模以上工业企业新产品销售收入(X_{17})	0.930	0.048	0.287
高技术产业企业数(X_4)	0.926	0.083	0.216
政府财政支出(X_1)	0.894	0.299	0.027
高技术产业主营业务收入(X_{18})	0.887	0.075	0.264
全社会固定资产投资额(X_2)	0.882	0.110	-0.305
规模以上工业企业技术改造经费支出(X_{16})	0.871	0.046	0.028
高等学校数(X_6)	0.829	0.355	-0.257
R&D 经费内部支出(X_7)	0.805	0.428	0.383
高技术产业主营业务收入占地区生产总值的比重(X_{19})	0.746	0.114	0.437
发明专利申请授权数(X_9)	0.697	0.528	0.428
外商投资企业数(X_{13})	0.666	0.193	0.661
技术市场成交额(X_{11})	0.009	0.907	0.380
研发机构数(X_5)	0.277	0.883	0.000
SCI 收录科技论文数(X_{10})	0.339	0.776	0.474
R&D 经费投入强度(X_8)	0.271	0.715	0.566
城镇居民登记失业率(X_{22})	-0.116	0.708	0.211
技术市场技术流向地域合同金额(X_{12})	0.497	0.669	0.445
城镇就业人员平均工资(X_{21})	-0.137	0.351	0.833
居民人均消费支出(X_3)	0.203	0.430	0.808
人均地区生产总值(X_{20})	0.295	0.322	0.789

注：因子载荷矩阵旋转方法为具有 Kaiser 标准化的正交旋转及方差最大法；经 6 次迭代后收敛。

三　区域创新能力分析的结果讨论

关于区域创新能力的讨论主要分为区域间差异、区域内差异、西部地区创新能力结构及西部地区创新能力分类。

（一）区域间差异

中国 31 个省份创新能力排名如表 4 所示。从综合排名可以看到，31 个省份中，前 6 名都位于东部地区，且综合指数达到 0.6 的在该区域有 9 个省份，

表 4　中国 31 个省份创新能力得分及排名

地区		企业创新			创新投入			创新产出			综合		
		标准值	指数值	排名	标准值	指数值	排名	标准值	指数值	排名	标准值	指数值	排名
东部	江苏	3. 0515	0. 8843	1	-0. 0543	0. 5963	14	0. 8890	0. 6790	5	1. 5672	0. 8872	1
	广东	2. 6816	0. 8498	2	0. 0132	0. 6009	12	0. 7967	0. 6708	6	1. 3937	0. 8554	2
	北京	-1. 0479	0. 5024	30	4. 7651	0. 9253	1	1. 4615	0. 7299	3	0. 8541	0. 7565	3
	山东	1. 7449	0. 7626	3	0. 4485	0. 6306	5	-0. 7413	0. 5341	23	0. 7560	0. 7386	4
	浙江	1. 1315	0. 7054	4	-0. 4979	0. 5660	25	0. 9491	0. 6844	4	0. 5977	0. 7095	5
	上海	-0. 0902	0. 5916	14	-0. 2861	0. 5805	20	3. 2380	0. 8878	1	0. 5321	0. 6975	6
	天津	-0. 4032	0. 5624	19	-0. 6787	0. 5537	27	2. 0225	0. 7798	2	0. 0627	0. 6115	9
	福建	0. 0685	0. 6064	11	-0. 3996	0. 5727	23	0. 3049	0. 6271	11	0. 0035	0. 6006	13
	河北	0. 2274	0. 6212	9	-0. 1314	0. 5910	16	-0. 9424	0. 5162	30	-0. 1095	0. 5799	16
	海南	-1. 0322	0. 5038	29	-0. 6330	0. 5568	26	0. 2720	0. 6242	12	-0. 5609	0. 4972	29
中部	湖北	0. 2136	0. 6199	10	0. 9409	0. 6642	2	-0. 7940	0. 5294	26	0. 1493	0. 6274	7
	河南	0. 6287	0. 6586	5	0. 1297	0. 6089	9	-1. 2626	0. 4878	31	0. 0697	0. 6128	8
	湖南	0. 5008	0. 6467	6	0. 0033	0. 6002	13	-0. 8914	0. 5208	29	0. 0560	0. 6103	11
	安徽	0. 3074	0. 6286	7	0. 1524	0. 6104	8	-0. 7438	0. 5339	24	0. 0288	0. 6053	12
	江西	-0. 0797	0. 5926	13	-0. 1767	0. 5879	18	-0. 6555	0. 5417	20	-0. 2044	0. 5625	18
	山西	-0. 3892	0. 5637	18	0. 0929	0. 6063	11	-0. 8303	0. 5262	27	-0. 3219	0. 5410	22
西部	四川	0. 2715	0. 6253	8	0. 4661	0. 6318	4	-0. 8567	0. 5239	28	0. 0591	0. 6108	10
	陕西	-0. 2829	0. 5736	16	0. 5453	0. 6372	3	-0. 4889	0. 5566	18	-0. 1063	0. 5805	15
	重庆	-0. 1871	0. 5826	15	-0. 8118	0. 5446	28	0. 4737	0. 6421	9	-0. 1717	0. 5685	17
	广西	-0. 3128	0. 5709	17	-0. 1235	0. 5916	15	-0. 6933	0. 5384	21	-0. 3074	0. 5437	19
	内蒙古	-0. 5555	0. 5482	24	-0. 4660	0. 5682	24	0. 1333	0. 6118	13	-0. 3320	0. 5391	23
	云南	-0. 4276	0. 5602	20	-0. 1487	0. 5898	17	-0. 7443	0. 5338	25	-0. 3759	0. 5311	24
	贵州	-0. 4883	0. 5545	23	-0. 3729	0. 5745	22	-0. 4395	0. 5609	17	-0. 3932	0. 5279	25
	甘肃	-0. 7639	0. 5288	26	0. 2816	0. 6192	6	-0. 6425	0. 5429	19	-0. 4159	0. 5238	26
	新疆	-0. 7079	0. 5340	25	-0. 1917	0. 5869	19	-0. 3239	0. 5712	15	-0. 4317	0. 5209	27
	宁夏	-0. 9129	0. 5149	27	-1. 0946	0. 5253	31	0. 5165	0. 6459	8	-0. 5596	0. 4974	28
	青海	-0. 9815	0. 5086	28	-0. 9432	0. 5356	30	0. 4444	0. 6395	10	-0. 5720	0. 4952	30
	西藏	-1. 2419	0. 4843	31	-0. 8786	0. 5400	29	0. 7616	0. 6677	7	-0. 6152	0. 4872	31
东北	辽宁	-0. 0329	0. 5969	12	0. 2745	0. 6187	7	-0. 3551	0. 5684	16	-0. 0245	0. 5955	14
	黑龙江	-0. 4347	0. 5595	21	0. 1252	0. 6085	10	-0. 7184	0. 5362	22	-0. 3137	0. 5425	20
	吉林	-0. 4549	0. 5576	22	-0. 3499	0. 5761	21	-0. 1393	0. 5876	14	-0. 3138	0. 5425	21

显然东部地区整体创新能力较强。西部地区综合得分最低，均值仅为 0. 5355，远低于东部地区的均值 0. 6934，说明高水平创新能力与区域经济的快速发展

是紧密联系的。在企业创新和创新投入方面，东部地区企业创新因子得分最高，其次为中部、东北、西部。与此同时，西部地区创新产出因子得分高于中部地区和东北地区，相比之下，中部地区创新产出因子得分最低，排名依次为东部地区、西部地区、东北地区、中部地区。

从表5可知，西部地区与东北地区差异系数为1.041，与中部地区差异系数为1.127，与东部地区差异系数高达1.201，这与长期以来由于地理区域等因素的限制，西部地区经济发展水平整体较为落后有关。四川、陕西是西部地区创新能力最强的省区，与东部排名靠前的省区江苏、广东、山东、浙江等相比，企业创新能力和创新产出方面仍存在较大差距，但在创新投入能力方面，四川和陕西优于东部省份。与中部地区创新能力综合指数排名靠前的湖北、河南相比，四川和陕西创新投入能力平均水平与湖北、河南持平，在创新产出能力方面稍占优势，但在企业创新能力方面稍逊于湖北、河南。因此，四川和陕西加强企业创新能力和创新产出能力，对于西部地区创新能力提升以及带动西部其他省份创新能力改善均至关重要。

表5　区域创新能力指数及差异系数

区域及差异系数	企业创新	创新投入	创新产出	综合
东部	0.6590	0.6174	0.6733	0.6934
中部	0.6184	0.6130	0.5233	0.5932
西部	0.5488	0.5787	0.5862	0.5355
东北	0.5713	0.6011	0.5641	0.5602
东部与西部差异系数	1.201	1.067	1.149	1.295
中部与西部差异系数	1.127	1.059	1.120	1.108
东北与西部差异系数	1.041	1.039	1.039	1.046

注：各地区创新能力指数是各地区所包括的省份的算数平均值；差异系数由不同地区的创新能力指数相比得出。

（二）西部省份创新能力结构

创新能力各个因子之间的结构均衡是促进地区创新能力发展的关键。选取西部地区12个省份进行结构分析。表6是计算得出的西部地区创新能力结构比例，当某一省份某一项结构比例大于1.1时，表示该省份创新能力结构不平衡。

四川的企业创新能力结构比例达到1.194，创新投入能力结构比例高达1.206，均大于创新产出能力结构比例，说明四川是中西部地区创新能力最强的省份，主要的创新动力来源于企业和较大的创新投入力度，但需提高创新溢出效应，比如城镇就业人员平均工资、居民人均消费支出、人均地区生产总值等。陕西、甘肃、云南三省创新投入能力结构比例达到1.145、1.171、1.105，但企业创新能力与创新产出能力却明显落后。重庆、内蒙古、宁夏、青海、西藏创新产出能力比较高，企业创新能力和创新投入能力却表现欠佳，其中宁夏、青海、西藏三个省份创新能力结构严重失衡，需要在提高企业创新能力和创新投入能力上做出较大改进，以期提高创新能力。总而言之，企业创新能力不足成为束缚西部地区创新能力发展的瓶颈，因而提高综合创新能力的关键是加强企业创新。

表6　西部地区创新能力结构比较

省区	企业创新	创新投入	创新产出
四　川	1.194	1.206	1.000
陕　西	1.031	1.145	1.000
重　庆	1.070	1.000	1.179
广　西	1.060	1.099	1.000
内蒙古	1.000	1.036	1.116
云　南	1.049	1.105	1.000
贵　州	1.000	1.036	1.012
甘　肃	1.000	1.171	1.027
新　疆	1.000	1.099	1.070
宁　夏	1.000	1.020	1.254
青　海	1.000	1.053	1.257
西　藏	1.000	1.115	1.379

注：以西部地区创新能力各因子得分为基础，选取得分最低值设定为1，能力结构比值是其他两个因子得分与最小值的比值。

（三）西部地区创新能力分类

按照创新能力强弱对西部地区创新能力进行分类，结果如表7所示。将技术创新能力综合能力指数作为分类标准，以四川是西部具有较强创新能力的省份为基础，共分为四类。第一类仅包含四川；第二类包括重庆、陕西；第三类包括新疆、甘肃、贵州、云南、内蒙古、广西；第四类包括宁夏、青海、西藏。西部地区大多数省份创新能力都在“一般”等级以下，创新能力普遍较弱。

表 7　西部省份创新能力分类

类别	等级	分类标准	省份	数量	所占比例
第一类	较强	Z≥0.6	四川	1	8.3%
第二类	一般	0.55≤Z<0.6	陕西、重庆	2	16.7%
第三类	较弱	0.5≤Z<0.55	广西、内蒙古、云南、贵州、甘肃、新疆	6	50.0%
第四类	最弱	Z<0.5	宁夏、青海、西藏	3	25.0%

注：Z 表示创新能力综合指数。

四　区域战略性新兴产业竞争力分析

战略性新兴产业是中国当前引导创新发展和推动经济增长的前沿阵地。2014 年，“十三五”战略性新兴产业培育与发展规划研究咨询项目启动会在北京召开。战略性新兴产业是西部地区抓住发展机遇、适时实现传统产业转型升级的重要突破口，也是缩小东西部差距、促进地区间均衡发展的良好契机。因此有必要对区域战略性新兴产业竞争力进行科学评价，认识到西部地区战略性新兴产业发展的不足之处，以便制定相应的产业支持政策。

（一）评价指标选择与数据来源

根据主要影响因素和数据可得性，建立战略性新兴产业竞争力评价指标体系。如表 8 所示，该指标体系包含产业增长力、产业影响力、技术创新力 3 个一级指标，发展规模、发展效益、经济影响力等 6 个二级指标以及企业数量、总资产、从业人员平均人数等 17 个变量。

考虑到数据的准确性和可得性，选取中国省级地区作为样本，青海和西藏存在严重的数据缺失，因而剔除这两个地区，最终样本为 29 个省级地区。由于无法直接获取战略性新兴产业的统计数据，同时鉴于高技术产业统计数据的可得性，并且战略性新兴产业相当于高技术产业的主体，两者的细分行业存在

表 8　战略性新兴产业竞争力评价指标体系

一级指标	二级指标	变量	变量含义
产业增长力	发展规模	企业数量(V_1)	某地某产业企业数量
		总资产(V_2)	某地某产业总资产
		从业人员平均人数(V_3)	某地某产业从业人员平均人数
		投资额(V_4)	某地某产业投资额
	发展效益	总利润(V_5)	某地某产业总利润
		资产利润率(V_6)	某地某产业利润总额与总资产之比
		全员劳动生产率(V_7)	某地某产业工业增加值与该产业全部从业人员平均人数之比
产业影响力	经济影响力	区位熵系数(V_8)	某地某产业所占份额与整个经济中该产业所占份额之比
		出口交货值(V_9)	某地某产业出口交货值
	社会影响力	利税(V_{10})	某地某产业利税总额
		就业增长率(V_{11})	某地某产业从业人员平均人数增长与该地该产业上年从业人员平均人数之比
技术创新力	创新投入	R&D 经费支出比率(V_{12})	某地某产业 R&D 经费总支出与该地该产业主营业务收入之比
		R&D 人员比率(V_{13})	某地某产业 R&D 人员与该地该产业从业人员平均人数之比
		新产品开发经费(V_{14})	某地某产业新产品开发经费
	创新产出	新产品销售收入(V_{15})	某地某产业新产品销售收入
		专利申请数(V_{16})	某地某产业专利申请数量
		发明专利数比率(V_{17})	某地某产业发明专利与该地该产业专利申请数之比

一定的重合，因而以高技术产业数据替代战略性新兴产业数据①。原始数据均来自《中国统计年鉴 2016》和《中国高技术产业统计年鉴 2016》。

（二）因子分析

采用 SPSS 对数据进行分析。KMO 检验值为 0.701，Bartlett 球度检验的伴随概率 P 值为 0.000，这表明可以对数据进行因子分析。采用主成分提取方法估计不同

① 肖兴志：《中国战略性新兴产业发展报告 2012》，人民出版社，2013。

主成分对变量总方差的贡献程度，参照因子的碎石图，将特征根值大于1的主成分确定为公因子。如表9所示，前三个主成分解释了变量总方差的83.021%。

表9　因子对变量总方差的解释

主成分	初始特征值			提取的特征值			旋转后的特征值		
	特征值	方差贡献率	累计方差贡献率	特征值	方差贡献率	累计方差贡献率	特征值	方差贡献率	累计方差贡献率
1	10.099	59.409	59.409	10.099	59.409	59.409	10.077	59.276	59.276
2	2.489	14.640	74.048	2.489	14.640	74.048	2.204	12.966	72.242
3	1.525	8.973	83.021	1.525	8.973	83.021	1.832	10.779	83.021

提取F_1、F_2、F_3为表征战略性新兴产业竞争力的三个公因子。如表10所示，从旋转后的因子载荷矩阵可以看出，F_1在V_2、V_1、V_3、V_{10}、V_{15}、V_{14}、V_9、V_4、V_8、V_{16}、V_5上的载荷较高，F_2在V_{12}、V_{13}上的载荷较高，F_3在V_6、V_7、V_{17}、V_{11}上的载荷较高。由此可将F_1、F_2、F_3分别命名为产业发展规模因子、产业创新投入因子、产业发展效率因子。

表10　旋转后的因子载荷矩阵

变量	公因子		
	F_1	F_2	F_3
资产总计(V_2)	0.992	0.027	0.075
企业数量(V_1)	0.987	-0.012	-0.031
平均从业人员(V_3)	0.985	0.006	0.029
利税(V_{10})	0.984	-0.074	-0.041
新产品销售收入(V_{15})	0.983	0.045	0.086
新产品开发经费(V_{14})	0.980	0.096	0.112
出口交货值(V_9)	0.971	-0.035	0.116
利润总额(V_4)	0.971	-0.089	-0.047
区位熵系数(V_8)	0.963	-0.116	0.008
专利申请数(V_{16})	0.924	0.129	0.116
投资额(V_5)	0.744	-0.271	-0.250
R&D经费支出比率(V_{12})	-0.050	0.969	0.051
R&D人员比率(V_{13})	-0.074	0.914	0.027
资产利润率(V_6)	-0.086	-0.478	-0.363
全员劳动生产率(V_7)	0.111	-0.148	0.806
发明专利比率(V_{17})	-0.067	0.130	0.789
就业增长率(V_{11})	-0.012	-0.184	-0.551

注：因子载荷矩阵旋转方法为具有Kaiser标准化的正交旋转及方差最大法；经4次迭代后收敛。

依据因子得分系数矩阵中的因子得分系数，得到中国29个省份的因子得分，由此各样本综合得分计算公式如公式（3）所示。

$$F = 0.59276F_1 + 0.12966F_2 + 0.10779F_3 \tag{3}$$

其中，F_1、F_2、F_3为三个因子的得分，因子得分的权重为对应主成分的方差贡献率。经过计算，29个省份战略性新兴产业竞争力的因子得分、综合得分及排名如表11所示。

表11　29个省份战略性新兴产业竞争力得分及排名

地区	产业发展规模			产业创新投入			产业发展效率			综合竞争力		
	标准值	指数值	排名	标准值	指数值	排名	标准值	指数值	排名	标准值	指数值	排名
广东	3.7483	0.9379	1	0.8161	0.6897	7	0.7186	0.6754	6	2.4051	0.9257	1
江苏	3.0495	0.8749	2	-0.8116	0.5108	23	-0.5034	0.5472	19	1.6481	0.8232	2
上海	0.2010	0.6181	5	-0.5901	0.5351	17	2.2938	0.8408	1	0.2899	0.6393	3
山东	0.6113	0.6551	3	-0.4306	0.5527	16	-0.2189	0.5770	14	0.2829	0.6383	4
北京	0.0372	0.6033	7	0.8082	0.6888	8	1.3783	0.7447	4	0.2754	0.6373	5
浙江	0.4378	0.6395	4	1.0024	0.7102	5	-1.0878	0.4858	26	0.2722	0.6369	6
陕西	-0.2786	0.5749	16	2.0252	0.8226	2	-0.2771	0.5709	16	0.0676	0.6092	7
贵州	-0.5106	0.5540	22	2.1013	0.8309	1	0.5912	0.6621	7	0.0335	0.6045	8
湖北	-0.1312	0.5882	11	0.9908	0.7089	6	-0.2343	0.5754	15	0.0255	0.6034	9
福建	-0.0903	0.5919	10	0.1245	0.6137	12	0.2954	0.6310	10	-0.0056	0.5992	10
天津	-0.0318	0.5971	9	-0.8428	0.5074	25	0.5420	0.6569	9	-0.0697	0.5906	11
四川	0.1596	0.6144	6	-0.7223	0.5206	20	-0.8144	0.5145	25	-0.0868	0.5882	12
辽宁	-0.2486	0.5776	14	-0.1210	0.5867	14	0.5700	0.6598	8	-0.1016	0.5862	13
宁夏	-0.6398	0.5423	27	1.3164	0.7447	4	0.8479	0.6890	5	-0.1172	0.5841	14
黑龙江	-0.4678	0.5578	21	1.4574	0.7602	3	-0.5714	0.5400	20	-0.1499	0.5797	15
安徽	-0.1733	0.5844	12	-0.0291	0.5968	13	-1.0973	0.4848	27	-0.2248	0.5696	16
河北	-0.3932	0.5646	18	-0.1850	0.5797	15	0.2272	0.6238	11	-0.2326	0.5685	17
云南	-0.5742	0.5482	25	0.6962	0.6765	9	-0.1540	0.5838	13	-0.2667	0.5639	18
湖南	-0.2109	0.5810	13	-0.6582	0.5277	18	-0.6315	0.5337	21	-0.2784	0.5623	19
江西	-0.2505	0.5774	15	-0.7860	0.5136	21	-0.3035	0.5681	17	-0.2831	0.5617	20
河南	-0.0094	0.5992	8	-0.9838	0.4919	27	-1.5172	0.4408	29	-0.2967	0.5598	21
内蒙古	-0.6553	0.5409	28	-1.3425	0.4524	28	2.2653	0.8378	2	-0.3183	0.5569	22
新疆	-0.6888	0.5379	29	-0.7166	0.5212	19	1.6837	0.7767	3	-0.3197	0.5567	23
甘肃	-0.5599	0.5495	24	0.6763	0.6743	10	-0.7587	0.5204	24	-0.3260	0.5559	24
吉林	-0.4002	0.5639	19	-0.8942	0.5017	26	0.0149	0.6016	12	-0.3516	0.5524	25
重庆	-0.3458	0.5688	17	-0.8016	0.5119	22	-0.7428	0.5220	23	-0.3890	0.5473	26
海南	-0.5933	0.5465	26	0.2616	0.6288	11	-0.6989	0.5266	22	-0.3931	0.5468	27
山西	-0.4647	0.5581	20	-0.8229	0.5096	24	-1.4728	0.4454	28	-0.5409	0.5267	28
广西	-0.5263	0.5526	23	-1.5382	0.4309	29	-0.3443	0.5639	18	-0.5485	0.5257	29

（三）聚类分析

运用 SPSS17.0 对中国 29 个省份的 3 个公因子得分及综合得分进行 K－均值聚类分析，将中国战略性新兴产业竞争力水平划分为 3 个类型。聚类分析结果如下：

第一类，战略性新兴产业竞争力强省（2 个）：广东、江苏；

第二类，战略性新兴产业竞争力较强省份（9 个）：上海、山东、北京、浙江、陕西、贵州、湖北、福建、天津；

第三类，战略性新兴产业竞争力较弱省份（18 个）：四川、重庆、海南、山西、广西、吉林、甘肃、新疆、内蒙古、河南、江西、湖南、云南、河北、安徽、黑龙江、宁夏、辽宁。

需要说明的是，尽管聚类结果显示陕西和贵州两省综合竞争力得分较高，属于产业竞争力较强省份，但其实际竞争力并不强，两省发展规模标准值均为负数，分别为－0.2786 和－0.5106，均低于全国平均水平。尤其是贵州，战略性新兴产业发展起点较低，发展规模在全国范围内比较落后。陕西的产业发展效率因子标准值也为负数。陕西和贵州之所以综合排名较高主要是由于创新投入因子得分较高，而该因子对应的两个变量均为相对值指标，导致两省的创新投入因子得分排名为第二和第一。创新投入因子对应的两个比值指标分别为 R&D 经费支出比率和 R&D 人员比率，这两项指标数值较高只能说明该省份战略性新兴产业 R&D 经费支出占主营业务收入比重以及 R&D 人员总数占全部从业人员数比重较高。这可能是由于该省份战略性新兴产业对研发投入比较重视，研发投入比较高，但也可能是由于比值的分母项较小，也就是主营业务收入和全部从业人员数比较少，才导致比值较高，而 R&D 投入绝对值并不高。

从表 12 可以看出，陕西 R&D 经费总支出和 R&D 人员全时当量略低于全国平均水平，与全国均值的比值分别为 0.90 和 0.81，说明陕西比较重视研发投入。另一方面，陕西平均从业人员和主营业务收入数值远低于全国平均水平，与全国均值的比值分别为 0.49 与 0.35，说明陕西经济发展总体水平不高，经济发展规模不大，较小的分母项使得陕西的创新投入因子得分虚高。贵州属于公认的经济发展落后地区，与创新投入因子相关的四项指标数值都很低。R&D 经费总支出和 R&D 人员全时当量与全国平均水平的比值仅为 0.18 和

0.22，同时平均从业人员和主营业务收入数值与全国均值差距更大，比值仅为0.11和0.10，因而导致R&D经费支出比率和R&D人员比率较高，其结果是贵州的创新投入因子得分为全国最高值。因此，把陕西和贵州划分为第二类是不合适的，建议调整为第三类。调整后的聚类分析结果如下：

第一类，战略性新兴产业竞争力强省（2个）：广东、江苏；

第二类，战略性新兴产业竞争力较强省份（7个）：上海、山东、北京、浙江、湖北、福建、天津；

第三类，战略性新兴产业竞争力较弱省份（20个）：陕西、贵州、四川、重庆、海南、山西、广西、吉林、甘肃、新疆、内蒙古、河南、江西、湖南、云南、河北、安徽、黑龙江、宁夏、辽宁。

表12　陕西与贵州战略性新兴产业竞争力创新投入因子相关指标比较

省份	项目	R&D经费总支出（万元）	R&D人员全时当量（人/年）	平均从业人员（人）	主营业务收入（亿元）
陕西	绝对值	577404	17367	216232	1238.0
	与全国均值比值	0.90	0.81	0.49	0.35
贵州	绝对值	112638	4818	49315	342.9
	与全国均值比值	0.18	0.22	0.11	0.10

五　区域战略性新兴产业竞争力分析的结果讨论

从中国战略性新兴产业综合竞争力得分来看，只有30%左右的地区得分为正，这说明中国仅有少数地区竞争力较强，多数地区竞争力较弱，西藏和青海两地甚至尚未起步。通过对29个省份的分析可以看出，中国战略性新兴产业已经初步形成了三大集聚中心，并且存在显著的区域差异。

（一）初步形成三大集聚中心

在新科技革命背景下，中国大力培育和发展战略性新兴产业，不断优化产业结构，使战略性新兴产业具备了一定的规模及竞争实力。从因子分析及聚类分析结果可以看出，中国初步形成了三个集聚中心。一是以广东为核心的珠三角集聚区，该区是中国对外开放最早的区域，也是高技术产业及战略性新兴产业发展最早的地区。广东在发展规模和综合竞争力方面均排名第一，创新投入和发展效率排名为第六和第七。二是以江苏、上海、浙江为代表的长三角集聚区，该地区是中国早期对外开放的窗口，具备发展战略性新兴产业的科技条件和工业基础，尤其是江苏具有充裕的科教资源和企业集群，其战略性新兴产业发展具有规模效应和辐射效应，战略性新兴产业综合竞争力和产业规模排名均为第二。上海的产业发展效率和综合竞争力排名分别为第一和第三。浙江的产业发展规模、创新投入和综合竞争力排名分别为第四、第五和第六。三是以山东、北京、天津为代表的环渤海集聚区，该区域在三大集聚中心中属于起步最晚、竞争实力最弱的地区，但是该区域战略性新兴产业发展具有雄厚的政治及科教基础，具备最旺盛的生命力和独特的后发优势。山东具备较大的产业发展规模，北京的产业发展效率较高，天津也属于竞争力较强的地区。

（二）区域发展差异较大

从分析结果看，中国不同区域以及同一区域内部不同省份战略性新兴产业竞争力差距较为明显。表 13 显示了东部地区、中部地区、西部地区、东北地区之间的竞争力差距。东部地区战略性新兴产业发展具有显著优势，其他三个区域的战略性新兴产业竞争力排名依次是东北地区、西部地区、中部地区。由于西部地区剔除了数据缺失的西藏和青海，使得西部地区竞争力指数高于实际值。显而易见，中国战略性新兴产业主要分布于东部及沿海地区，第一类和第二类的 9 个省份除湖北外，8 个位于东部。第三类地区分布较为均匀。从不同因子来看，其他地区与东部地区的差距主要体现在产业发展规模方面，产业发展效率方面的差距次之，产业创新投入的差距最小。东北地区和西部地区的产业创新投入因子得分甚至高于东部地区，这也是由于创新投入因子所涉及的 R&D 经费支出比率和 R&D 人员比率两个指标均为相对值，而东部地区该指标的分母项，也就是全部从业人员数和主营业务收入远大于其他地区，使得两项比值较低，但 R&D 经费支出和 R&D 人员投入的绝对值远大于西部地区。

与区域间差异相比，区域内差异更加显著。尽管东部地区竞争力总体实力较强，但海南由于资源禀赋及产业倾向等原因，不但远落后于东部其他地区，也落后于全国大多数地区。从表 11 可以看出，东部地区综合竞争力得分最高的广东为0.9257，得分第二的江苏为0.8232，而得分最低的海南仅为0.5468，天津和河北的得分也不到0.6。中部地区中，湖北的竞争力远强于其他省份，属于第一类地区，综合得分为0.6034，而山西、江西和湖南等地发展较为滞

表13　区域战略性新兴产业竞争力指数及差异系数

区域及差异系数	产业发展规模	产业创新投入	产业发展效率	综合竞争力
东部	0.6629	0.6017	0.6309	0.6606
中部	0.5814	0.5581	0.5080	0.5639
西部	0.5584	0.6186	0.6241	0.5692
东北	0.5677	0.6735	0.5999	0.5830
东部与中部差异系数	1.1464	1.0655	1.2076	1.1751
东部与西部差异系数	1.1903	0.9757	1.0144	1.1614
东部与东北差异系数	1.1632	0.8919	1.0533	1.1316

后。西部地区属于中国总体经济落后地区，从产业发展规模来看，四川的优势最为明显，规模因子得分排名第六，其他省份只有陕西和重庆的全国排名在20名以内。贵州、陕西、宁夏和云南由于主营业务收入等总量指标较低，使得创新投入因子得分排名比较靠前。综合来看，西部地区四川竞争力最强，其次是陕西，而广西、青海、西藏等地远落后于其他省份。与其他地区相比，东北三省之间的竞争力差距最小，各个因子得分差距不大。

中国已初步形成三个战略性新兴产业集聚区，分别是以广东为核心的珠三角集聚区，以江苏、上海、浙江为代表的长三角集聚区，以及以山东、北京、天津为代表的环渤海集聚区。东部地区战略性新兴产业竞争力最强，与其他三个区域之间存在较为明显的优势，与此同时，同一区域的不同地区之间同样存在显著的差距，这些差距无疑成为区域非均衡发展的重要原因之一。

六　西部地区创新发展政策建议

通过对中国省级地区创新能力的评价和比较，在结果讨论的基础上提出关于西部地区创新能力的结论和创新发展的政策建议。

（一）主要结论

运用因子分析方法对中国区域创新能力进行评价，并对西部地区与其他区

域进行比较，此外运用因子分析方法对区域战略性新兴产业竞争力进行了评价，最终得出以下结论。

（1）西部地区整体创新能力明显偏低。从综合指数及地区差异指数来看，西部地区整体平均水平显著低于其他地区，且严重落后于东部地区，这与西部地区长期以来落后的经济发展、教育水平、基础设施建设等直接相关。此外，从公因子来看，差距主要源于创新因子和创新投入因子表现不佳，说明企业技术水平不高和创新投入不足是提高西部地区创新能力亟待解决的难题。

（2）西部地区区域内创新能力差异显著。一方面，西部地区有四川、陕西、重庆这样创新能力较强的省份，从评价结果来看，四川是西部地区创新能力最强的省份，区域创新能力综合指数明显高于全国平均水平。另一方面，广西、内蒙古、云南、贵州、甘肃、新疆、宁夏、青海、西藏等大部分创新发展显著落后的省份集中分布于西部地区。通过对各省份研发投入比较发现，2015年，四川、陕西、重庆研究与试验发展经费投入分别为561.4亿元、419.6亿元、302.2亿元，明显高于西部其他省区，陕西研发强度为2.19，超过全国平均水平，说明四川、陕西、重庆在研发投入方面的努力成效显著。

（3）提高企业创新水平是提升西部地区创新能力的迫切需要。从西部地区创新能力结构比较来看，落后省份共同特征在于企业创新结构比例明显偏低，企业创新已经成为西部地区创新能力提升的首要瓶颈。西部强省与其他区域的比较分析同样表明，相比于东部省份，四川、陕西等西部强省企业创新能力明显不足。这主要与长期以来西部地区落后的经济发展及高技术性企业的缺乏相关，虽然近年来不少企业开始向西部转移，但大多伴随着高污染性及低技术性。

（二）政策建议

西部地区应该增加研发投入，强化不同领域、不同主体之间的协同创新，完善官产学研军一体化机制，针对西部地区不同省份制定和实行差异化的创新支持措施，特别是要激发和释放企业创新潜力，为企业创新能力快速成长提供更优越的平台和环境。

（1）增加西部地区的基础研究投入和产学研合作研发投入，制定和实行差异化的创新支持政策，强化不同领域、不同主体之间的协同创新。首先，有必要将创新支持政策逐步向西部地区倾斜，给予西部地区充足的财政资金支持，加大西部研发投入力度，是西部地区创新能力提升的必要条件，也是国家层面创新能力得以提升的必然要求。其次，西部地区各个省份情况各异，应当依据实际情况给予差异化的政策支持；例如对于四川，应着重于提高居民人均消费支出、人均地区生产总值及平均工资水平等，以促进各创新因子之间的均衡；对于西藏、青海等研发投入强度明显偏低的省份，应着重于给予资金支持。

（2）吸引高技术企业入驻西部地区，带动企业创新能力提升。首先，企业创新是西部地区创新的突出短板，而破除短板必须有高技术企业作为支撑。经济发展相对落后的西部地区必然不是技术密集型企业落户的首选，因而必须通过特殊政策吸引高技术企业落户西部地区，充分发挥东部地区的涓滴效应，激励企业及高层次人才向西部地区流动。其次，注重激发和释放企业创新潜力，为企业创新能力快速成长提供更优越的平台和环境。通过政府资金引导和政策引导，设立创新基金，引入风险资本，助力于激发企业创新活力，促进企业创新能力整体提升，从而带动西部地区整体的创新发展。

B.8
陕西高等教育对科技创新贡献分析报告*

姚聪莉　张韩凯　蒙　恬　丁　硕**

摘　要： 本研究运用定性与定量分析相结合的研究方法，在系统梳理高等教育对科技创新贡献作用机理的基础上，构建了陕西高等教育对科技创新贡献率的指标体系，并运用相关统计方法，分析了2006～2015年陕西高等教育对科技创新的贡献水平。研究结果显示，陕西高等教育对科技创新的贡献水平总体偏低且呈下降趋势。进而分析认为陕西高等教育的科技经费投入力度不够、科技人力储备不足以及科研成果的市场转化水平较低是导致贡献偏低的主要原因。提出加大高校科技经费投入，建立高校科技经费投入长效机制；加强高校科技人才引进和培养，建立“本地培养＋外部引进”的人才培育机制；完善市场转化的政策环境，建立高校科技成果转化机制等政策建议。

关键词： 陕西　高等教育　科技创新　贡献率

一　问题提出

随着中国经济步入新常态，经济增长从要素投资驱动转向了创新驱动。区

---

* 本文为陕西省社会科学基金一般项目“陕西高教强省建设的理性审视与政策选择”（2015N003）的阶段性成果。

** 姚聪莉，西北大学高等教育研究中心主任，教授，博士生导师，研究方向为高等教育政策、教育经济与管理；张韩凯，西北大学公共管理学院2015级高等教育学专业硕士生；蒙恬，西北大学公共管理学院2017级教育经济与管理专业硕士生；丁硕，西北大学公共管理学院2017级教育经济与管理专业硕士生。

域科技创新已经成为区域经济增长的新引擎。《国家中长期科学和技术发展规划纲要（2006～2020）》和《中华人民共和国国民经济和社会发展第十三个五年规划纲要》［简称“十三五”规划（2016～2020年）］都强调了科技创新对实施创新驱动发展战略、增强区域经济发展的重要作用，而人力资本已经成为区域科技创新的重要支撑。党的十九大报告也指出，培养大量科技创新人才对于加快建设创新型国家具有非常重要的作用。

（一）经济发展方式转变对高等教育提出新任务新要求

中国的经济总量在仅次于美国成为世界第二大经济体的同时，也进入了经济增长方式转变、产业结构调整以及国际形势风云变幻等多重任务叠加和不确定性增加的阶段。仅仅依靠扩大生产要素规模、进行低端简单加工等方式已不能适应新时期经济发展需求。新时期经济发展对我们提出了新的挑战，只有掌握了核心技术，才能实现从不可持续的要素增长驱动转变为可持续的创新驱动发展的目标。这种转变都需要大量的高层次人才来完成，正如多项研究指出的：中国未来的经济发展是由高素质人才进行不断创新来实现的①。而高等教育的首要职能即培养人才，因此高等教育对创新的作用不容忽视。高等教育作为区域创新体系的重要主体，承担着培养高层次人才、发展科学技术的重要任务，其人才培养质量和科学研究水平对区域科技创新具有十分重要的意义。在这样的时代和政策背景下，迫切需要系统分析高等教育对区域科技创新的贡献水平，为促进区域科技创新的发展提供参考。

（二）国内外发达地区的发展历史证明高等教育对科技创新的贡献不容忽视

国内外发达地区的发展历史经验表明，人力资本是推动科技创新不断发展的根本力量，后发国家发展历史充分证明了这一点②，而高等教育是进行高层次人才培养和促进人力资本发展的主要力量。相关理论研究显示：受过高等教

① 中央国家机关团工委国务院发展研究中心：《青年智库根在基层丛书——2013年中央国家机关青年干部调研实践活动成果集》，中国发展出版社，2013。

② 高锡荣、张薇、陈毓汀：《人力资本：国家自主创新的长期驱动力量》，《科技进步与决策》2014年第3期，第149～155页。

育的人口具有较高的劳动生产率水平和较先进的技术生产能力，与此同时，高等教育通过科学研究将新知识和新技术推广到企业和社会并转化为现实生产力，从而服务于科技创新发展。发达国家和地区实施的各种科教体制改革就是高等教育能够对科技创新产生贡献的具体体现和有力证明。因此，我们有必要探析我国高等教育对科技创新的贡献现状。

（三）陕西高等教育在服务区域科技创新发展中肩负重要使命

从西部高等教育资源的分布情况来看，陕西省在高校数、高校教师队伍建设和高校教育经费投入上均具有较大优势[①]。从全国 31 个省份的高等教育数量和质量情况来看，陕西省在中国大学教育地区竞争力排行榜中处于前 5 名的位置，高等教育的竞争优势非常显著[②]。而从陕西经济社会发展状况来看，虽然得益于近 20 年来西部大开发战略等政策支持，其社会经济发展进步显著，但陕西经济发展水平同东部地区发达省份的差距仍然较大，人均地区生产总值差距持续扩大，科技创新水平与其他高等教育强省相比存在较大差距。《中国区域创新能力评价报告 2016》显示，陕西省在我国 31 个省份中创新能力排名位于第 14 位[③]，与具有雄厚的高等教育资源优势地位不相匹配。当前正处于深入实施西部大开发战略的关键阶段，只有改善高等教育对区域科技创新的贡献情况，不断提高科技创新能力，才能更好地转变经济发展方式、促进产业结构调整、加快经济发展，实现经济跨越式增长。因此，本报告旨在围绕陕西省高等教育对区域科技创新具体贡献情况进行深入分析，以期为高等教育如何更好地服务于区域创新发展提供支持。

二　陕西高等教育与科技创新发展现状分析

（一）陕西高等教育科技综合实力分析

根据相关理论研究，高等教育服务科技创新发展主要体现在高等教育科技

① 吴孟桃、刘方成：《西部高等教育资源的分布研究——以四川省为聚类分析模型》，《教育与教学研究》2016 年第 5 期，第 9 ~ 15 页。

② 邱均平、董克、李小涛：《2013 年中国大学及学科专业评价的创新与结果分析》，《中国地质大学学报》（社会科学版）2013 年第 2 期，第 60 ~ 67 页。

③ 中国科技发展战略研究小组：《中国区域创新能力报告 2016》，科学出版社，2017。

基础力量、高等教育科技成果产出和高等教育科技成果转化等三方面，因此本研究主要从以下三方面系统分析陕西高等教育科技综合实力现状。

1. 科技基础力量发展相对缓慢

（1）毕业生数量年增长幅度较小

2006～2015 年陕西省普通高等学校的应届毕业生数①除了在 2009 年和 2013 年两年呈现下降趋势以外，其他年份的应届毕业生数量均呈小幅上升趋势，从 2006 年约 16 万人攀升至 2015 年的 30 万人左右，陕西高等教育为社会培养了大量的高级专门人才（见图 1）。

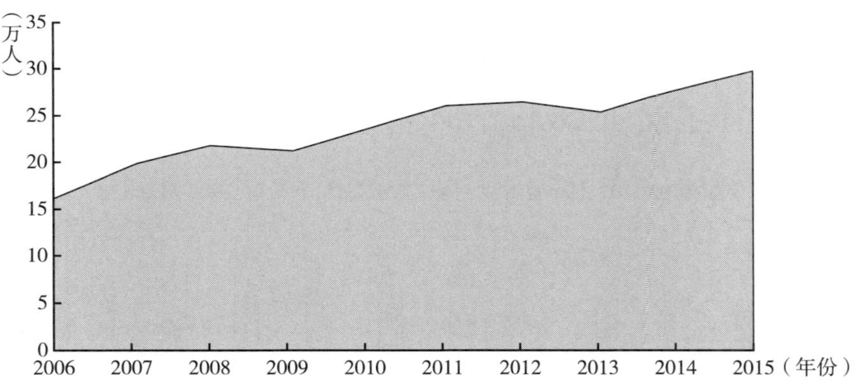

图 1　2006～2015 年陕西普通高等学校应届毕业生数

（2）科技基础力量增速有所放缓

在科技人力方面，2006～2015 年陕西高校 R&D 人员②增幅从 2006 年的 1.04 万人增加到 2015 年的 1.20 万人，呈现小幅上升趋势。但是，从陕西高校 R&D 人员数量占陕西 R&D 人员数量的比重来看，陕西高校 R&D 人员数占陕西比重呈现较大幅度下降趋势，从 2006 年的 7.17% 下降至 2015 年的 4.98%（见表 1）。

① 陕西省统计局、国家统计局陕西调查总队：《陕西统计年鉴》，中国统计出版社，2007～2016。

② 中华人民共和国教育部科学技术司：《高校科技统计资料汇编》，高等教育出版社，2007～2016。

表 1　2006～2015 年陕西高校 R&D 人员数及占陕西比重

年份	高校 R&D 人员数（万人）	高校占陕西 R&D 人员数比重（%）	年份	高校 R&D 人员数（万人）	高校占陕西 R&D 人员数比重（%）
2006	1.04	7.17	2011	1.18	5.75
2007	1.13	7.61	2012	1.24	5.62
2008	1.12	6.51	2013	1.33	5.80
2009	1.26	6.57	2014	1.23	4.94
2010	1.23	5.94	2015	1.20	4.98

2006～2015 年陕西高校 R&D 人员全时当量①呈现出波动中上升的趋势，从 2006 年的 6000 人/年上升至 2015 年的 7000 人/年左右。但从陕西高校 R&D 人员全时当量占陕西 R&D 人员全时当量的比重来看，陕西高校 R&D 人员全时当量所占比重呈现下降趋势，从 2006 年的 10% 下降至 2015 年的 8%（见图 2）。

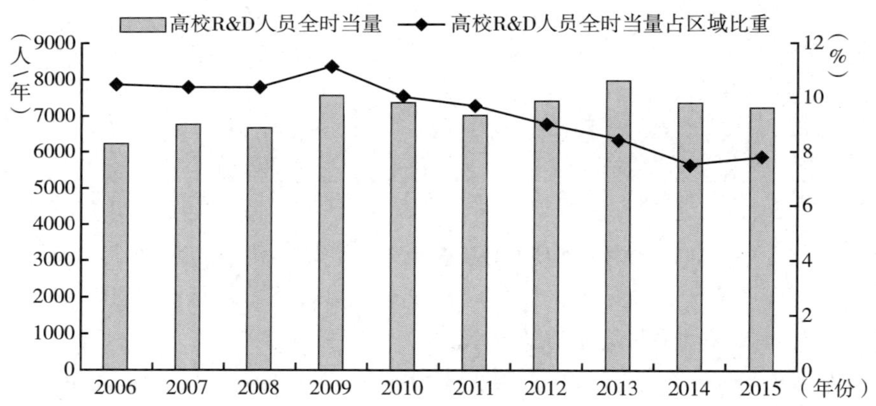

图 2　2006～2015 年陕西高校 R&D 人员全时当量及占陕西比重

2006～2015 年陕西高校教研人员中科学家和工程师②的数量呈现逐年上升的趋势，从 2006 年的不到 3 万人逐年上升至 2015 年的 4 万多人（见图 3）。

① 国家统计局社会科技和文化产业统计司、科学技术部创新发展司：《中国科技统计年鉴》，中国统计出版社，2007～2016。

② 中华人民共和国教育部科学技术司：《高校科技统计资料汇编》，高等教育出版社，2007～2016。

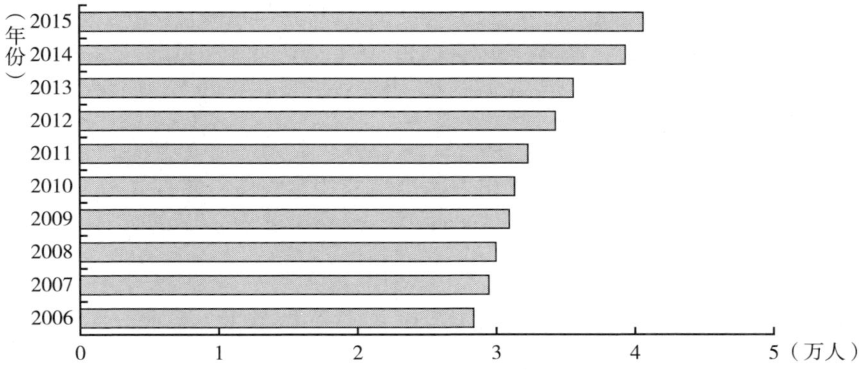

图 3　2006～2015 年陕西高校教研人员中科学家和工程师人数

在科技经费方面，2006～2015 年陕西高校 R&D 经费内部支出[①]呈现出上升趋势，从 2006 年的 12.5 亿元上升至 2015 年的 40 亿元。但是，从陕西高校 R&D 经费内部支出占陕西比重来看，陕西高校 R&D 经费内部支出所占比重则呈现出下降的趋势，从 2006 年的 12% 下降至 2015 年的 10%（见图 4）。

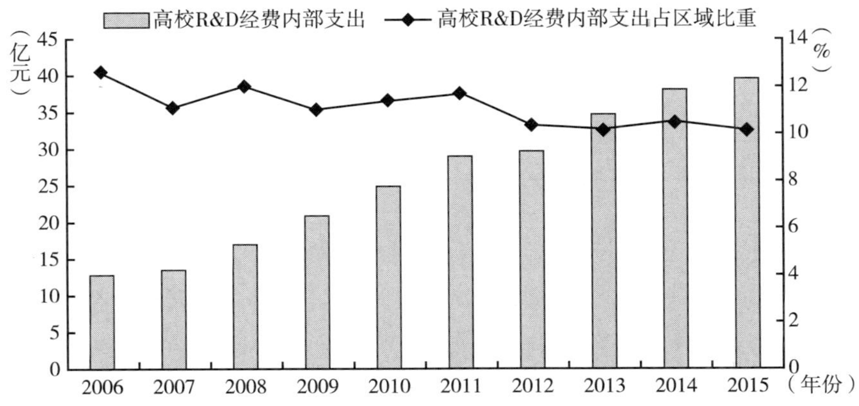

图 4　2006～2015 年陕西高校 R&D 经费内部支出及占陕西比重

① 国家统计局社会科技和文化产业统计司、科学技术部创新发展司：《中国科技统计年鉴》，中国统计出版社，2007～2016。这里的“R&D 经费内部支出”是指调查单位在报告年度用于内部开展 R&D 活动的实际支出。

2006～2015 年陕西高校 R&D 经费内部支出增长率呈现出波动下降的趋势，2008 年增长率最高，达到 26.68%，随后在 2009～2012 年间增长率逐年下降至 2.30%，2013 年虽有所提高，但 2014 年之后增长率又开始呈现下降趋势，到 2015 年只有 4% 的增长率，说明陕西高校的 R&D 经费投入呈现出增长速度放缓的趋势。

从陕西高校 R&D 经费内部支出占西部高校比重来看，陕西高校 R&D 经费内部支出占西部高校比重呈现出先下降后上升又下降的波动趋势，从 2006 年的 29.07% 下降至 2010 年的 24.19%，然后又逐渐上升至 2014 年的 27.00%，在 2015 年又呈现出下降趋势，但陕西高校 R&D 经费的投入长期以来约占西部 12 省份高校总量经费投入的 1/4（见表 2）。

表 2　2006～2015 年陕西高校 R&D 经费内部支出增长率及占西部高校比重

年份	陕西高校 R&D 经费内部支出(亿元)	陕西高校 R&D 经费内部支出增长率(%)	陕西高校 R&D 经费内部支出占西部高校比重(%)
2006	12.73	—	29.07
2007	13.48	5.92	25.65
2008	17.08	26.68	25.99
2009	20.85	22.07	25.90
2010	24.79	18.86	24.19
2011	29.10	17.41	25.10
2012	29.77	2.31	24.92
2013	34.66	16.42	26.38
2014	38.14	10.05	27.00
2015	39.74	4.18	26.17

在科技项目方面，由于对有关陕西高校 R&D 项目数①的统计资料只收集到 2011 年之后的数据，因此这里只分析 2011～2015 年变化趋势。2011～2015 年陕西高校 R&D 项目数呈现出逐年上升的趋势，从 2011 年的 1.70 万项上升至 2015 年的 2.38 万项。从陕西高校 R&D 项目数占陕西比重来看，陕西高校承担的 R&D 项目数所占比重一直较为稳定，其比重维持在 50% 到 55% 之间，成为陕西承担项目的最主要力量（见表 3）。

① 中华人民共和国教育部科学技术司：《高校科技统计资料汇编》，高等教育出版社，2007～2016。这里的“R&D 项目数”是指调查单位在当年立项并开展研究工作、以前年份立项仍继续进行研究的研发项目数。

2006～2015 年陕西高校的 R&D 成果应用及科技服务项目数①也呈现出逐渐上升的趋势，从 2006 年的约 3000 项增加至 2014 年的约 6800 项，2015 年稍有所回落，约 6600 项（见图 5）。

表 3　2011～2015 年陕西高校 R&D 项目数及所占陕西比重

年份	高校 R&D 项目数(万项)	高校 R&D 项目数占陕西比重(%)
2011	1.70	52.82
2012	1.87	51.55
2013	2.08	52.49
2014	2.32	54.44
2015	2.38	52.86

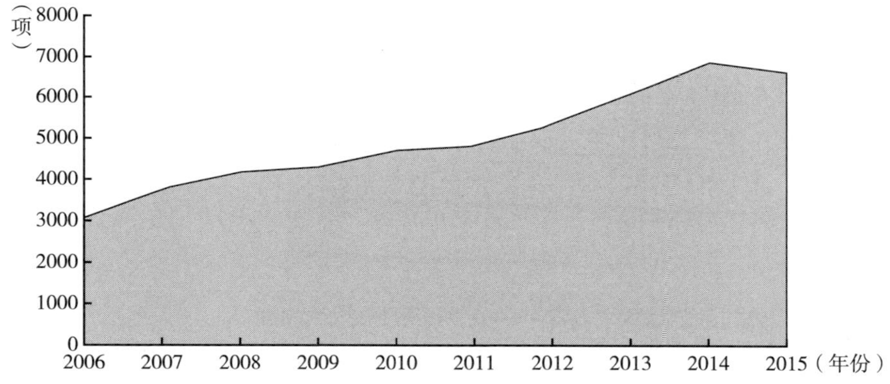

图 5　2006～2015 年陕西高校 R&D 成果应用及科技服务项目数

2. 科技成果产出种类多、数量大、占比高

（1）著作成果较多

2006～2015 年陕西高校科技著作数②除了 2012 年达到 746 部之外，其余年份的科技著作数均在 600 部左右。而从占陕西比重来看，陕西高校科技著作数占陕西的比重呈现出先上升后下降的趋势，先从 2006 年的 38.96% 上升至

① 中华人民共和国教育部科学技术司：《高校科技统计资料汇编》，高等教育出版社，2007～2016。

② 中华人民共和国教育部科学技术司：《高校科技统计资料汇编》，高等教育出版社，2007～2016。

2012 年的 49.21%，随后又逐年下降至 2015 年的 39.52%，但其在陕西科技著作数量中一直占有相当大的比重（见表 4）。

表 4　2006～2015 年陕西高校科技著作数占陕西比重

年份	陕西高校科技著作数(部)	陕西高校科技著作数占陕西比重(%)	年份	陕西高校科技著作数(部)	陕西高校科技著作数占陕西比重(%)
2006	598	38.96	2011	624	45.05
2007	579	40.32	2012	746	49.21
2008	589	41.07	2013	614	44.36
2009	626	46.3	2014	596	40.99
2010	652	46.01	2015	669	39.52

（2）科技论文产出较高

2006～2015 年陕西高校科技论文数①呈现出上升的趋势，从 2006 年的 3 万余篇上升至 2015 年的 4.3 万篇。但是，从占陕西总量比重来看，陕西高校科技论文数占陕西总量比重呈现出下降的趋势，从 2006 年的 67% 下降至 2015 年的 60%，但仍旧是陕西科技论文产出的最重要主体，占据着陕西科技论文成果的半壁江山（见图 6）。

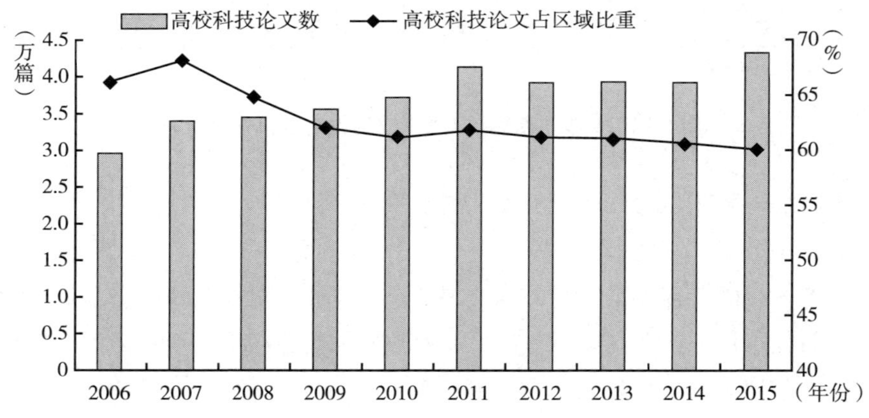

图 6　2006～2015 年陕西高校科技论文数及占陕西比重

① 中华人民共和国教育部科学技术司：《高校科技统计资料汇编》，高等教育出版社，2007～2016。

（3）发明专利授权量具有绝对优势

2006～2015年陕西高校发明专利授权数①呈现出逐年上升趋势，从2006年的250件攀升至2015年的3400件。而从陕西高校发明专利授权数占陕西比重来看，陕西高校发明专利授权数所占比重虽呈现出先上升、后下降、再上升、再下降的趋势，但总体占比较为平稳，基本维持在50%左右，占据陕西发明专利授权数量的一半，成为贡献陕西发明专利的首要力量（见图7）。

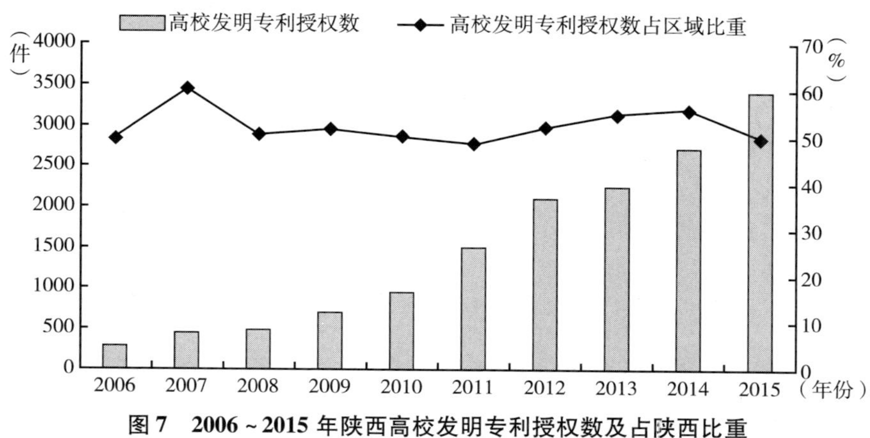

图7　2006～2015年陕西高校发明专利授权数及占陕西比重

（4）奖励荣获量较高

2006～2015年陕西高校获国家及省政府科学技术奖②的数量除2012年达到233项以外，其余年份的数量均位于160～200项。从占陕西比重来看，陕西高校获国家级省政府科学技术奖的数量占陕西省总量比重基本维持在60%～80%，始终是陕西省获得高水平科学技术奖励数量的重要主体（见表5）。

3. 科技成果转化情况不容乐观

（1）技术转让合同数大幅下降

2006～2015年陕西高校技术转让合同数③呈现出先上升后下降的趋势，先

① 中华人民共和国教育部科学技术司：《高校科技统计资料汇编》，高等教育出版社，2007～2016。

② 中华人民共和国教育部科学技术司：《高校科技统计资料汇编》，高等教育出版社，2007～2016。

③ 中华人民共和国教育部科学技术司：《高校科技统计资料汇编》，高等教育出版社，2007～2016。

表5　2006～2015年陕西高校获国家及省政府科学技术奖数及占陕西比重

年份	陕西高校获国家及省政府科学技术奖数（项）	陕西高校获国家及省政府科学技术奖占陕西比重(%)
2006	172	65.90
2007	188	71.21
2008	166	69.17
2009	174	73.11
2010	184	67.15
2011	181	65.58
2012	233	80.34
2013	194	65.76
2014	168	59.36
2015	188	63.73

从2006年的700项上升至2008年的840项，此后一直处于500项上下。总体来看，陕西高校技术转让合同数呈现大幅减少趋势。从陕西高校技术转让合同数占陕西比重情况来看，陕西高校技术转让合同数占陕西比重也呈现出先上升后下降的趋势，从2006年的16%上升至2008年的18%，此后逐年下降至2014年的2%，2015年虽有小幅度提升，但仅维持在2%左右（见图8），可

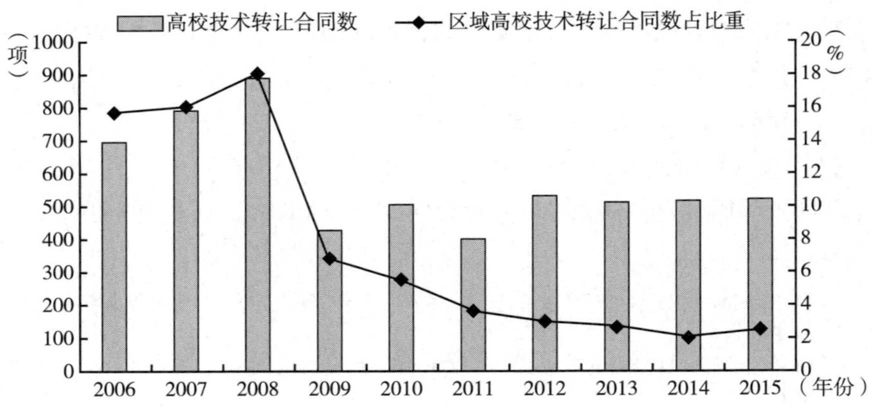

图8　2006～2015年陕西高校技术转让合同数及占陕西比重

以看出陕西高校在技术市场上逐渐失去了自己原有的绝对优势，而这也是制约陕西高校贡献科技创新的关键原因。

（2）技术转让合同金额相对较低

2006～2015年陕西高校技术转让合同金额数①呈现出先上升后下降再逐渐上升的趋势，其先从2006年的1.4亿元上升至2008年的3亿元，后下降至2009年的1.2亿元，然后开始逐渐上升至2015年的2.7亿元，呈现出波动起伏状态。而从占陕西比重来看，陕西高校技术转让合同金额占比呈现出先上升后大幅下降的趋势，先从2006年的6.7%上升至2007年的7%，然后出现下降趋势，尤其在2009年出现大幅下降，2009年和2010年维持在1%以上，但2011年之后的比重降至1%以下，可以看出，陕西高校的技术转让水平相比其他科研组织偏低（见图9）。

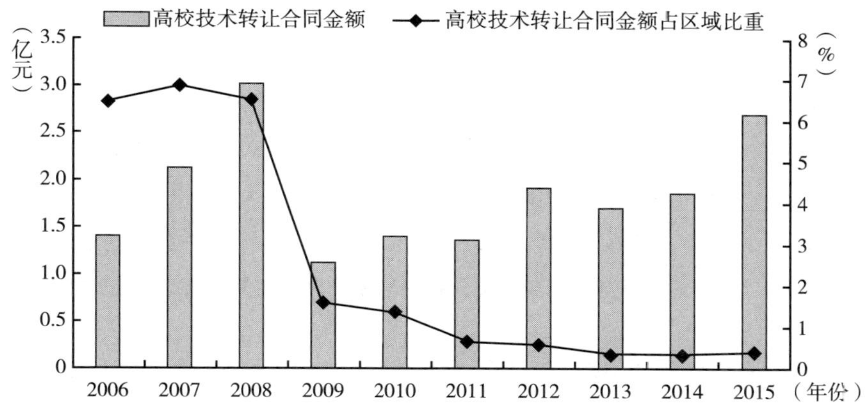

图9　2006～2015年陕西高校技术转让合同金额及占陕西总量比重

（二）陕西科技创新现状分析

本研究从科技创新基础、科技创新产出和科技创新转化方面对陕西科技创新现状进行梳理和分析。

① 中华人民共和国教育部科学技术司：《高校科技统计资料汇编》，高等教育出版社，2007～2016。

1. 科技创新基础优势有所减弱

（1）科技人力优势减弱

2006～2015 年陕西省就业人数中毕业于在陕高校的人数比重①呈现出先逐渐上升后有所下降的趋势，但依旧维持在较高水平。从 2006 年的 7.5% 逐渐上升至 2014 年的 21%，虽然 2015 年有所下降，但还仍为 17%，是 2006 年的两倍多。这说明，陕西就业人口中有近五分之一的具有高素质的劳动力人口是陕西高校培养出来的，这为陕西的科技创新奠定了良好的人才基础（见图 10）。

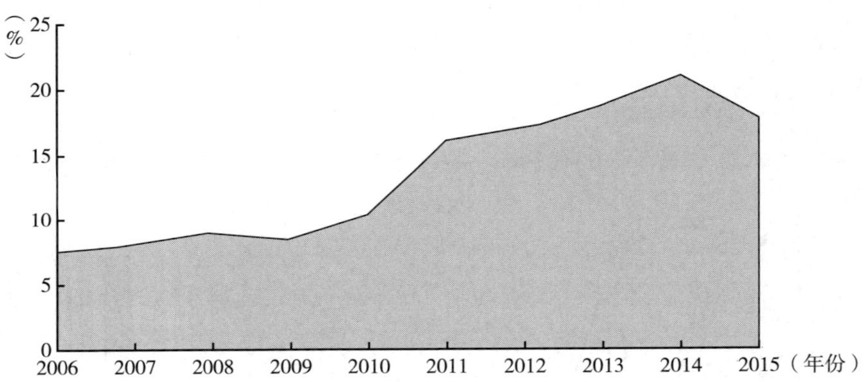

图 10　2006～2015 年陕西省就业人数中毕业于在陕高校的就业人数比重

2006～2015 年陕西 R&D 人员全时当量②和 R&D 活动人数③均呈现出先上升后下降的趋势。R&D 人员全时当量从 2006 年的 6 万人左右逐渐增加至 2014 年的 10 万人左右，2015 年虽有所减少，但仍维持在 9 万人左右。而 R&D 活动

① 国家统计局人口和就业统计司：《中国人口和就业统计年鉴》，中国统计出版社，2007～2016。这里的“陕西省就业人数中毕业于在陕高校的就业人数比重”是指每年由陕西高等教育培养出来的人才就业数量在全部陕西就业总人口数中所占的比例。

② 国家统计局社会科技和文化产业统计司、科学技术部创新发展司：《中国科技统计年鉴》，中国统计出版社，2007～2016。这里的“R&D 人员全时当量”是指在报告年度实际从事研发活动的实践占制度工作时间 90% 及以上的研发人员。

③ 陕西省统计局、国家统计局陕西调查总队：《陕西统计年鉴》，中国统计出版社，2007～2016。这里的“R&D 活动人数”是指单位内部从事基础研究、应用研究和试验发展三类活动的人员。

人数则先从2006年的14万人左右增加至2014年的25万人左右，2015年虽有下降趋势，但仍保持在24万人左右（见表6）。

表6　2006～2015年陕西R&D人员全时当量和陕西R&D活动人数

单位：万人

年份	陕西R&D人员全时当量	陕西R&D活动人数	年份	陕西R&D人员全时当量	陕西R&D活动人数
2006	5.95	14.51	2011	7.35	20.46
2007	6.51	14.90	2012	8.24	22.03
2008	6.48	17.15	2013	9.35	22.94
2009	6.80	19.21	2014	9.71	24.91
2010	7.32	20.69	2015	9.26	24.17

2006～2015年陕西R&D人员全时当量增长率除2008年和2015年呈现负增长以外，其余年份均为正增长。但是，从R&D人员全时当量占西部比重情况来看，陕西R&D人员全时当量占西部比重呈现出逐渐下降的趋势。从2006年的24%下降至2015年的19%。这说明，陕西R&D人员全时当量与西部其他省份的差距正在逐步拉大，陕西在科研人员需求方面还存在较大的空间（见图11）。

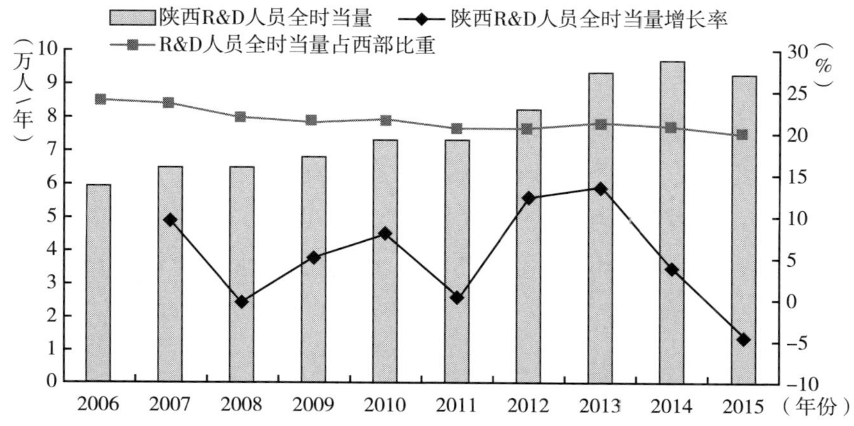

图11　2006～2015年陕西R&D人员全时当量增长率和占西部比重

（2）科技经费增长逐年放缓

R&D 经费投入强度是指当年的 R&D 经费内部支出占当年 GDP 的比重①。从自身来看，2006～2015 年陕西 R&D 经费投入强度一直维持在 2.0%～2.3%，但总体上呈现下降趋势。与全国 R&D 经费投入强度平均水平相比，陕西 R&D 经费投入强度始终高于全国平均水平，2006～2015 年全国 R&D 经费投入强度呈现出逐渐上升的趋势，从 2006 年的 1.1% 逐渐上升至 2015 年的 1.6%，但其增幅较为缓慢。所以，陕西 R&D 经费投入强度领先全国 R&D 经费投入强度平均水平的优势在逐渐减弱（见图 12）。

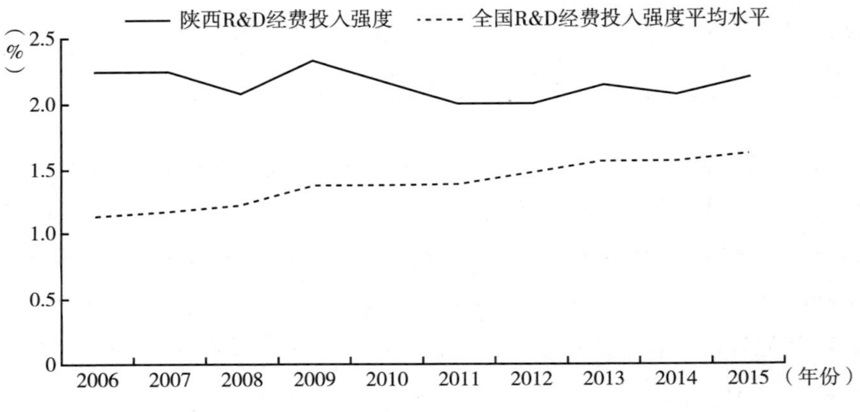

图 12　2006～2015 年陕西 R&D 经费投入强度

从绝对数来看，2006～2015 年陕西 R&D 经费内部支出②呈现出逐年上升的趋势，从 2006 年的 100 亿元左右攀升至 2015 年的 390 亿元左右。但是，从逐年增长速度来看，陕西 R&D 经费内部支出的增长速度呈现出波动并持续放缓的趋势，虽在 2009 年和 2013 年增长速度有所加快，但 2015 年增长率已下降至 7%。从 R&D 经费内部支出占西部比重来看，陕西 R&D 经费内部支出占西部比重呈现出下降趋势，从 2006 年的 28% 下降至 2015 年的 23%。这说明，

① 国家统计局、科学技术部、财政部：《全国科技经费投入统计公报》，http：//www.stats.gov.cn/tjsj/zxfb/201710/t20171009_ 1540386.html，2017－10－10。

② 国家统计局社会科技和文化产业统计司、科学技术部创新发展司：《中国科技统计年鉴》，中国统计出版社，2007～2016。

陕西的 R&D 经费投入与西部其他省份的差距正在逐步拉大，与西部其他省份相比，陕西的 R&D 经费投入力度还需继续加强（见图 13）。

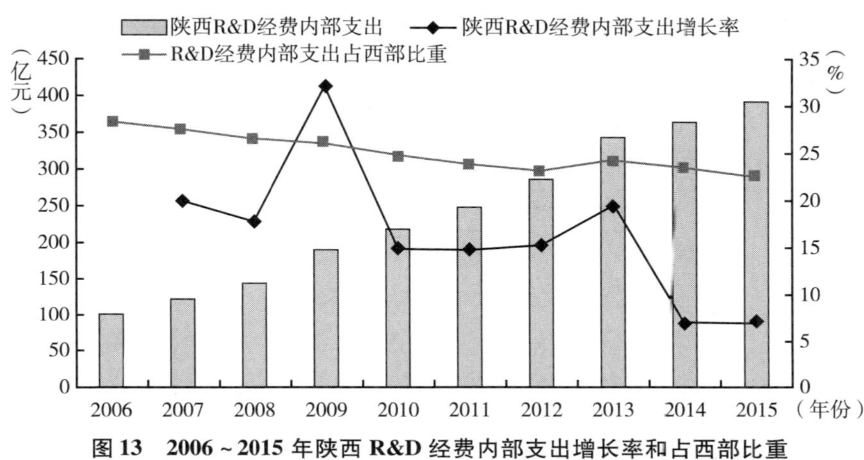

图 13　2006～2015 年陕西 R&D 经费内部支出增长率和占西部比重

（3）科技项目缓慢增加

陕西所有 R&D 项目数的可查统计资料有限，这里仅分析 2011～2015 年的变化情况。2011～2015 年陕西 R&D 项目①呈现出逐年增加的趋势，从 2011 年的 3.2 万项增加至 2015 年的 4.5 万项（见图 14）。

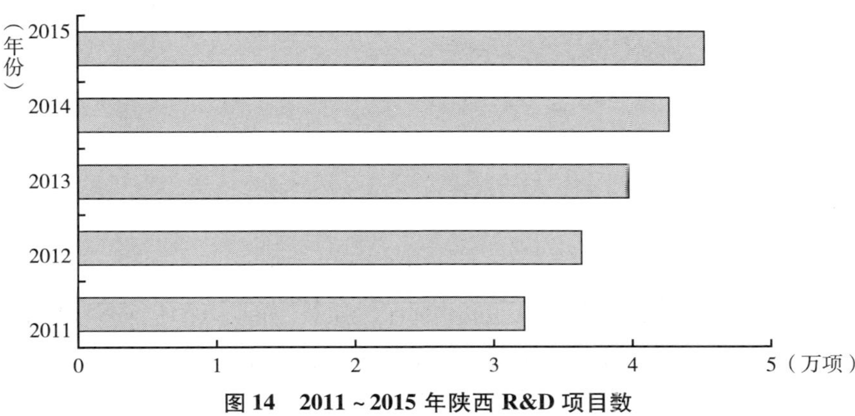

图 14　2011～2015 年陕西 R&D 项目数

① 国家统计局社会科技和文化产业统计司、科学技术部创新发展司：《中国科技统计年鉴》，中国统计出版社，2007～2016。

2. 科技创新产出水平较高

（1）著作产出稳定

2006～2015 年陕西科技著作[①]的数量一直维持在 1400～1700 部。在 2015 年首次超过 1600 部，达到近 1700 部的产量（见表 7）。

表 7　2006～2015 年陕西科技著作数

单位：部

年份	陕西科技著作数	年份	陕西科技著作数
2006	1535	2011	1385
2007	1436	2012	1516
2008	1434	2013	1384
2009	1352	2014	1454
2010	1417	2015	1693

（2）科技论文产出有所提高

2006～2015 年陕西科技论文[②]数量呈现出上升趋势，从 2006 年的 4.5 万篇攀升至 2011 年的 6.7 万篇，2012 年稍有回落，为 6.4 万篇。2013 年和 2014 年继续保持在 6.4 万篇，2015 年继续发力，首次超过 7 万篇（见图 15）。

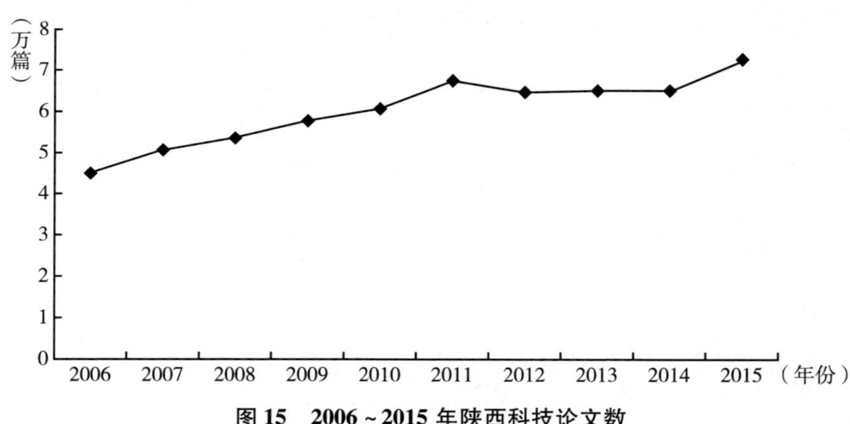

图 15　2006～2015 年陕西科技论文数

① 陕西省统计局、国家统计局陕西调查总队：《陕西统计年鉴》，中国统计出版社，2007～2016。

② 陕西省统计局、国家统计局陕西调查总队：《陕西统计年鉴》，中国统计出版社，2007～2016。

（3）发明专利授权量优势明显

从绝对数来看，2006～2015 年陕西发明专利授权数①呈现出不断上升的趋势，从 2006 年的 600 件左右不断增加至 2015 年的 6800 件，实现了专利授权数增长的巨大飞跃。但是，从发明专利授权数占西部比重来看，陕西发明专利授权量占西部比重呈现出先上升后下降的趋势。先从 2006 年的 22% 上升至 2011 年的 26%，然后从 26% 不断下降至 2014 年的 24%，在 2015 年呈现较大幅度下降，跌至约 21%。这进一步说明陕西的发明专利授权数与西部其他省份授权数量的差距正在拉大，与西部其他省份相比，陕西的发明专利数量还需继续扩大（见图 16）。

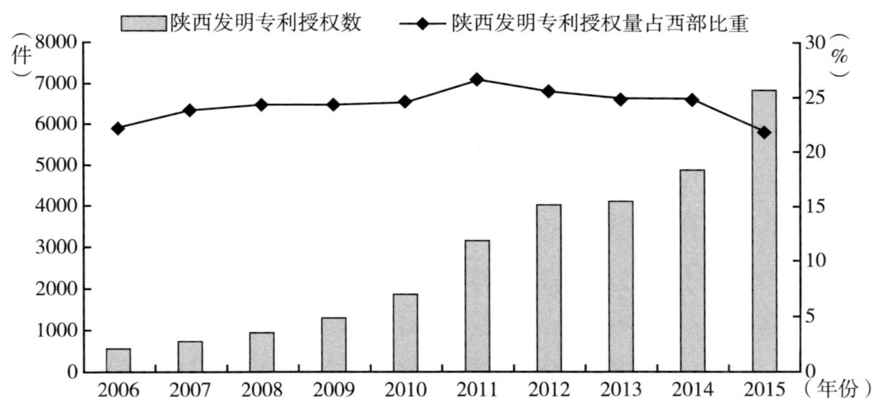

图 16　2006～2015 年陕西发明专利授权数及占西部比重

（4）科学技术获奖励的数量有所增加

2006～2015 年陕西省获国家及省政府科学技术奖励的数量②呈现出总体上升的趋势。除 2008 年和 2009 年两年低于 250 项以外，其余年份获得的科学技术奖励数量均在 260 项以上，且在不断增加，2015 年达到了 295 项（见表 8）。

① 国家统计局社会科技和文化产业统计司、科学技术部创新发展司：《中国科技统计年鉴》，中国统计出版社，2007～2016。

② 陕西省人民政府：《陕西高校重大科技成果获国家科学技术奖》，http：//www.shaanxi.gov.cn/sxxw/xwtt/bm/63287.htm，2017－01－10。

表 8　2006 ~ 2015 年陕西获国家及省政府科学技术奖数

单位：项

年份	陕西获国家及省政府科学技术奖数	年份	陕西获国家及省政府科学技术奖数
2006	261	2011	276
2007	264	2012	290
2008	240	2013	295
2009	238	2014	283
2010	274	2015	295

3. 科技创新转化水平有待提高

（1）技术合同签约量有所增加

2006 ~ 2015 年陕西省技术市场成交合同数[①]呈现出先上升后下降的趋势。2006 ~ 2014 年，陕西技术合同数不断增加，从 2006 年的 0.44 万项增加至 2014 年的 2.6 万项，其中 2010 年、2012 年和 2014 年均获得大幅提升。虽然在 2015 年陕西技术合同数有所下降，但依旧比 2013 年以前的任何年份都要高，在 2.25 万项左右（见图 17）。

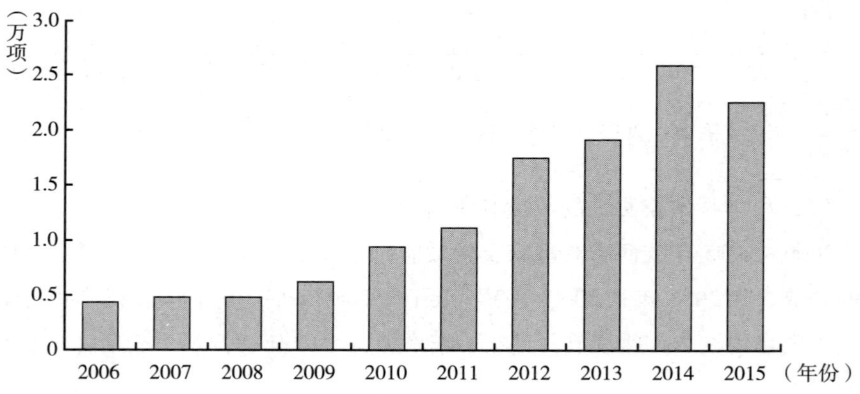

图 17　2006 ~ 2015 年陕西省技术市场成交合同数

① 陕西省统计局、国家统计局陕西调查总队：《陕西统计年鉴》，中国统计出版社，2007 ~ 2016。这里的“技术市场成交合同数”是指技术市场技术输出地域合同数。

（2）技术合同成交额增长放缓

从绝对数来看，2006～2015年陕西技术转让合同金额数①呈现出先增后减的趋势，先从2006年的3.4亿元增加至2014年的25亿元，然后2015年出现较大幅度的回落，大约12亿元。而陕西整个技术市场成交合同金额却呈现出不断增长的趋势，从2006年的21.92亿元增加至2015年的721亿元。从陕西技术市场中的技术成交合同形式来看，技术转让数量有限，即转化为现实生产力的水平有限（见图18）。

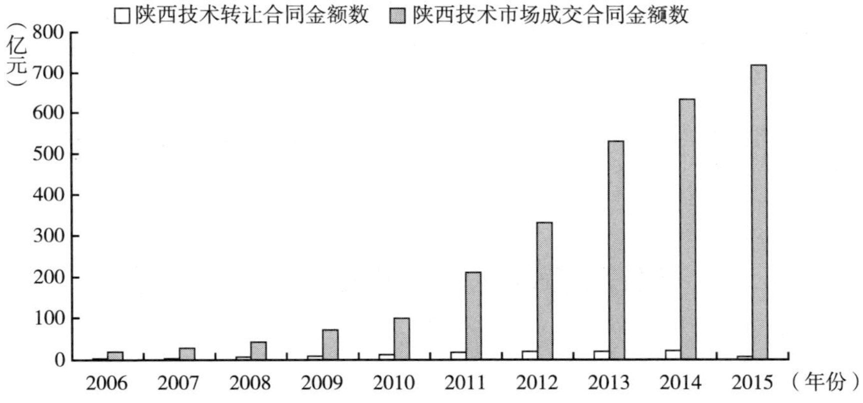

图18　2006～2015年陕西技术转让合同金额数

从自身增长速度来看，陕西技术市场成交合同金额的增长速度不稳定，并从2013年开始持续下降，陕西技术市场成交的活跃度有所减弱。从占西部比重来看，陕西技术市场成交合同金额占西部的比重呈现出波动中缓慢上升、又趋于平稳的态势，从2006年仅占11%攀升至2015年的53%。但是，由于增长速度开始下降，未来陕西的技术市场成交情况仍然不容乐观，陕西技术转让合同情况并不理想，这就制约了当前以及未来陕西技术市场成交金额的增长速度（见图19）。

① 陕西省统计局：《陕西省国民经济和社会发展统计公报》，http：//www.shaanxitj.gov.cn/site/1/html/126/132/141/15035.htm，2017－03－02。这里的“技术转让合同金额数”是指技术市场技术输出地域合同金额数。

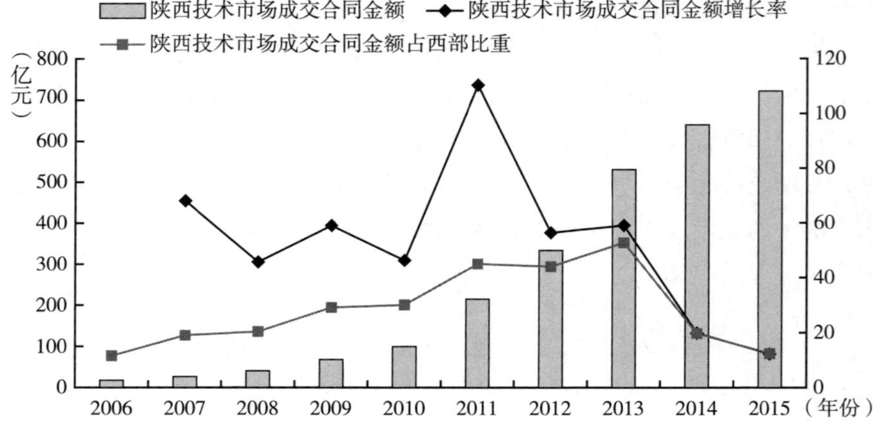

图 19　2006～2015 年陕西技术市场成交合同金额增长率和占西部比重

三　高等教育对科技创新的贡献率分析

（一）理论分析

1. 科技创新的定义

依据文献分析，本研究认为科技创新是基于自身的科技经验，并通过对人、社会与自然进行有效的观察与研究，迸发出新的科技思想，经过科学论证得出新的科技知识和科技理论，并将这种新的科技知识和理论与实际环境相结合，生产出新的科技产品和服务，探索出新的技术，最终将这些新的生产成果推广至市场，转化为生产力。

2. 国内外有关高等教育对科技创新贡献作用的研究

国外学者认为高等教育对区域科技创新的贡献形式和贡献途径主要有以下几种：通过教学进行人才培养、汇集科研人员从事科学研究、获取科研经费推动科学研究、通过技术转让实现区域内知识共享等。国外学者认为应采用如下评价指标来考察高等教育对科技创新的贡献和作用：高校出版物情况、高校发明专利情况、高校期刊论文发表情况、高等教育财政投入情况、高校从事基础研究的情况等。

国内学者认为高等教育通过培养高素质人才、吸收科技人才、引入科技资金等方式为区域科技创新提供资源支持，通过承担区域其他创新主体交付的科技项目、实现科技成果转化来切实推动区域科技创新水平的不断提升。国内学者普遍认为高等教育通过科技创新人才和科技创新经费为区域科技创新提供知识生产基础，通过科学研究产出论文、专利等支持区域科技创新，通过出售专利技术、校企合作和大学科技园等促进区域科技创新的发展。

经过对相关文献系统梳理，我们认为高等教育对区域科技创新的贡献主要体现在：第一，高等教育为区域科技创新提供知识积累和人才储备；第二，高等教育的科学研究对区域科技创新的发展作用较大，高等教育机构是进行科学研究的重要场所，尤其是基础研究，高等教育的科研情况可以通过科研经费投入、科研人员参与情况等测度；第三，区域科技创新水平因区域内高校类型、层次和高层次人才数量而有所区别；第四，高校科研成果对区域高新技术产业影响显著，学者们通常选择专利数量和技术转让合同情况来表征。

3. 高等教育对科技创新的作用分析

（1）高等教育是科技创新的知识和技术源

高等教育通过提供新的科技知识和技术成果来对科技创新做出贡献。

区域创新体系理论指出区域创新体系的良好运行有赖于各创新主体的有机结合。每个创新主体自身的创新发展水平与其他创新主体的衔接运行情况都将对区域创新的发展产生直接的影响。高等教育是区域创新的重要的主体，它自身的创新发展与其他创新主体的有机衔接对于区域创新发展有着重要的影响。

在新经济增长理论中，知识、技术和人力资本已经成为决定经济增长的最根本因素和最直接的推动力量。人力资本可以通过教育来获得发展，即教育是人力资本的主产地。而知识的更新和技术的进步又必须以人为载体，因为知识的更新和技术的进步需要人的思维的发展、理论与实践的结合，将新的知识和技术推广出去，知识更替和技术革新的过程都离不开人。因此，要想获取新的知识、提升新的技术水平，必须依靠人力，进而必须依靠教育。而高等教育是与经济社会生产生活活动联系最为紧密的教育阶段，对科学技术发展前沿和发展需求有着敏锐的观察力，因此成为新的知识和新的技术的来源地。

结合高等教育职能论的观点，高等教育可以通过自身的科学研究职能来进行新的知识的生产和科学技术的研究，并通过社会服务职能，将新的科研成果流通至区域创新系统的其他创新主体当中去，比如企业从高校那里获得了新的理论和技术，改善生产活动，提高生产水平，产生新的经济效益，从而实现高等教育对区域科技创新的贡献作用。

（2）高等教育是科技创新的人才源

高等教育通过培养和输送人才来支持区域科技创新，通过自身所拥有的科技人力资源来提升自身科技创新水平，从而推动区域科技创新。

区域创新体系内的各创新主体都有着自身的角色定位，并且还扮演着与其他创新主体互动交流的角色。高等教育有一个最基本的角色定位，那就是高等教育承担着为社会培养和输送人才的重要角色。

人力资本理论和新经济增长理论都给出了通过教育来发展人力资本的重要结论。这些论断更加坚定了高等教育必须进行人才培养的基本功能定位。没有什么组织机构可以像高等教育一样培养一批又一批不同类型、不同层次的高素质人才，然后将他们输送到区域内其他创新主体当中去，转而成为企业实现知识更新和技术进步的开拓者和实施者，在企业生产经营活动的各个阶段和层次发挥自己的能力，带动企业发展，进而推动区域创新发展。受过高等教育的人才对知识和技术的理解会具有系统性、科学性、批判性以及创新性，他们会将自己在接受高等教育过程中学习到的方法、理论和技术应用于社会生产实践，指导自己的社会生产实践活动。

高等教育的人才培养职能除了能直接作用于受过高等教育的人之外，还会产生外溢效应，从而影响更多地区生产劳动力水平的提升。因为受过高等教育的人才在进行社会生产实践时会运用所学知识来指导实践活动，那么他身边的人就会受到一定的影响，比如向他学习先进的知识和技术，相互沟通和交流，从而提高各自的生产效率，进而提升企业整体的生产与经济效率，助推区域发展。

高等教育不但向区域输送高素质人才，而且也在从区域中吸收科技人才来提升自身的科技创新和人才培养水平。高等教育通过吸收科技人才，并给予科技人才相应的资源支持，从而使科技人才在高等教育机构中进行科技创新活动，提升高等教育机构自身的科技创新水平，进而带动区域科技创新水平的提升。

（二）实证分析

1. 指标体系的维度分析

依据以上分析，高等教育把新的知识和技术流通至企业等区域内其他创新主体当中去，以及培养出来的高素质人才输送至企业生产领域的各个阶段和过程当中去，从而转化为较高的生产力，提升社会生产效率，进而产生新的更高的经济效益。因此，我们可以从科技基础投入阶段、科技成果产出阶段以及科技市场转化阶段三个方面构建贡献率指标体系。

（1）科技基础投入阶段的结果是科技创新思维开始产生

科技思维的产生需要以科技人力、物力投入作保障，才能使从事科技创新的研究者迸发出创新思维。因此，科技基础投入阶段是科技创新活动顺利开始的强有力保障。一般来讲，基础投入越丰厚，越有可能产生出高水平的创新成果。高等教育机构拥有着多层次、多类型的科技人力资源和物质资源来支撑科技创新活动的运行，因此，本报告将科技人才情况和科技经费投入情况作为科技基础投入情况的主要表征，来判断其对区域科技创新的贡献率。

（2）科技成果产出阶段是科技创新过程最重要的阶段和核心环节

我们可以从前文对科技创新定义进行的阐释中看出，科技创新就是把产生的新思想转化为新的物化性科技成果的过程。科技创新的精髓就是不断地对知识和技术进行更新，即生产出新的科技成果。高等教育机构担负着大量新知识和新技术生产过程的源头工作任务，在科技成果产出阶段，高等教育机构会依靠前期科技创新思维的延续、科技人力和物质资源的不断投入，进行各类科研工作，产出各种科技成果。

（3）科技市场转化阶段的结果是科技创新过程的最终目的

仅仅停留在新知识和新技术的生产阶段还不够，高等教育机构还要让这些新知识在区域中流通起来，让这些新技术流向市场、应用于社会经济生活实践之中，这样才能转化为新的社会生产力，提高劳动效率，产生经济效益，进而促进社会经济不断向前发展，这就是科技创新过程的最后一个阶段——科技市场转化阶段。而科技市场转化的最终结果也是科技创新过程的最终目的，那就是提高劳动生产率，产生经济效益，促进经济和社会的发展。因此，对高等教育机构科技成果进入科技市场转化阶段时的情况一定要重视，科技成果只有成功实现了市场输出和转化，才会促进技术的产业化和商业化，最终带动经济社会的不断发展。因此，高等教育机构不能仅仅满足于通过教学培养人才与通过科研创造新知，而是要承担起让知识流动起来、让技术获得推广与转化实现经济价值的责任，从而履行好高校社会服务的职能。

本报告在张秀萍等学者构建的高等教育对区域科技创新贡献率指标体系①的基础上，同时借鉴国内外学界最新研究成果来构建陕西高等教育对科技创新贡献率的评价指标体系（见表9）。

表9　陕西高等教育对科技创新贡献率的指标体系

类别	一级指标	二级指标	标识
陕西高等教育对科技创新的贡献率	基础投入	高校 R&D 人员全时当量占区域比例	A1
		高校 R&D 活动人数占区域比例	A2
		区域就业人数中毕业于在陕高校的就业人数比例	A3
		高校 R&D 经费内部支出占区域比例	A4
	成果产出	高校科技著作数占区域比例	A5
		高校科技论文数占区域比例	A6
		高校发明专利授权数占区域比例	A7
		高校获国家及省政府科学技术奖占区域比例	A8
	市场转化	高校技术转让合同数占区域比例	A9
		高校技术转让合同金额数占区域比例	A10

2. 评价结果分析

我们根据有关数据进行贡献率评价与分析，2006～2015 年各个年份的陕西高等教育对陕西科技创新的贡献率情况如表 10 和图 20 所示。

表10　2006～2015 年各个评价指标贡献率数值

单位：%

年份	A1	A2	A3	A4	A5	A6	A7	A8	A9	A10
2006	0. 049	0. 064	0. 000	0. 099	0. 000	0. 084	0. 008	0. 016	0. 126	0. 173
2007	0. 048	0. 076	0. 005	0. 039	0. 011	0. 107	0. 090	0. 030	0. 130	0. 184
2008	0. 046	0. 045	0. 010	0. 073	0. 017	0. 065	0. 017	0. 025	0. 147	0. 177

① 张秀萍、夏强、杲灵敏：《高等教育对区域科技创新的贡献率研究——以辽宁省为例》，《高等农业教育》2017 年第 2 期，第 32～38 页。

续表

年份	A1	A2	A3	A4	A5	A6	A7	A8	A9	A10
2009	0.060	0.047	0.007	0.036	0.060	0.027	0.026	0.034	0.045	0.036
2010	0.042	0.029	0.022	0.052	0.058	0.016	0.012	0.020	0.031	0.031
2011	0.034	0.023	0.064	0.063	0.050	0.024	0.000	0.016	0.015	0.010
2012	0.024	0.019	0.071	0.011	0.084	0.015	0.029	0.053	0.010	0.008
2013	0.016	0.025	0.083	0.000	0.044	0.013	0.049	0.016	0.006	0.001
2014	0.000	0.000	0.101	0.012	0.017	0.008	0.060	0.000	0.000	0.000
2015	0.004	0.001	0.075	0.000	0.005	0.000	0.013	0.011	0.003	0.002

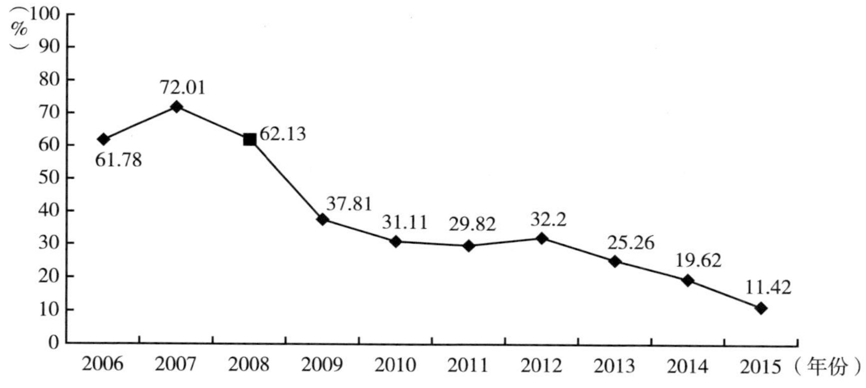

图 20　2006 ~ 2015 年陕西高等教育对科技创新的贡献率

根据以上分析，得出如下结论。

（1）陕西高等教育对科技创新贡献总体水平偏低且呈下降趋势

计算结果只有与其他研究进行对比才会有实际意义。不过由于本报告设计的是不同的指标体系和不同的运算方法，所以很难找到非常对应的比较数据，只能大概进行对比分析。陈光等学者在其研究中对 2005 ~ 2009 年四川省高等教育对经济社会发展的综合贡献率进行了测算，结果显示四川省高等教育综合贡献率维持在 7% 左右，结论是高等教育贡献率相对较低①。刘颖在其硕士论

① 陈光、刘颖、李仕明等：《高等教育贡献率研究的理论模型与实证分析》，《中国高教研究》2011 年第 3 期，第 12 ~ 16 页。

文中对2005～2009年四川省高等教育对科技创新的贡献率进行了测算，结果显示四川省高等教育对科技创新的贡献平均水平保持在17%，并得出贡献率不算高的结论①。张秀萍等学者研究得出辽宁省高等教育对科技创新的贡献率在2013年达到55.60%，属于较高水平②。因此，从总体上看，陕西高等教育对科技创新的贡献率呈下降趋势，贡献水平偏低，陕西高等教育的发展不足以满足陕西科技创新的发展要求。

（2）陕西高等教育对科技创新贡献具体情况表现不佳

依照贡献率在时间上呈现出的阶段性变化特征，可将2006～2015年陕西高等教育对科技创新贡献率的变化分为三个阶段，并根据高等教育对科技创新产生贡献的三个过程：科技基础投入过程、科技成果产出过程和科技市场转化过程，对陕西高等教育对科技创新贡献的具体表现进行分析。

①三个过程贡献率均呈下降趋势。从图21来看，2006～2015年陕西高等教育对科技创新的基础投入贡献率、成果产出贡献率和市场转化贡献率均呈不同程度的下降趋势。其中，基础投入贡献率呈现出小幅下降趋势，成果产出贡献率呈现出大幅下降趋势，市场转化贡献率呈现出先小幅上升后大幅下降又小幅下降趋势。因此，陕西高等教育对科技创新的贡献率呈下降趋势。

②阶段性表现为先上升后下降趋势。2006～2008年贡献率较高阶段，特征是先上升后下降。

从图21来看，2006～2008年，陕西高等教育对科技创新的基础投入贡献率呈现出波动下降的趋势，成果产出贡献率呈现出先上升后下降的趋势，市场转化贡献率呈现出缓慢上升的趋势。该时期陕西高等教育对科技创新的市场转化贡献率高于基础投入贡献率和成果产出贡献率，由于在本报告构建的贡献率指标体系中市场转化贡献率的权重系数最大，所以该时期市场转化贡献率对该时期陕西高等教育对科技创新贡献率的总体表现产生了巨大的影响。因此，该时期陕西高等教育对科技创新的贡献率总体表现较高。

① 刘颖：《四川省高等教育对科技创新的贡献研究》，西南交通大学，2012。

② 张秀萍、夏强、杲灵敏：《高等教育对区域科技创新的贡献率研究——以辽宁省为例》，《高等农业教育》2017年第2期，第32～38页。

2008～2012 年贡献率一般阶段，特征是大幅下降后又小幅回升

从图 21 来看，2008～2012 年期间，陕西高等教育对科技创新的基础投入贡献率呈现出先小幅下降后大幅上升又大幅下降的趋势，成果产出贡献率呈现出先上升后下降又上升的趋势，市场转化贡献率呈现出先大幅下降后小幅下降的持续下降趋势，并处于较低水平。而且，该时期陕西高等教育对科技创新的成果产出贡献率和市场转化贡献率均低于科技基础投入贡献率。由于在本报告构建的贡献率指标体系中成果产出贡献率和市场转化贡献率的权重系数总和达到了 2/3，所以该时期陕西高等教育对科技创新贡献率的总体表现受到这二者的影响较大，呈现出大幅下降趋势，贡献率处在一般水平。

2012～2015 年贡献率偏低阶段，特征是持续下降

从图 21 来看，2012～2015 年期间，陕西高等教育对科技创新的基础投入贡献率呈现出大幅下降的趋势，成果产出贡献率呈现出大幅下降的趋势，市场转化贡献率呈现出先缓慢下降后小幅上升的趋势。而且，该时期的基础投入贡献率、成果产出贡献率和市场转化贡献率均处于整个数据截取时间段的最低水平，因此，该时期陕西高等教育对科技创新的贡献率也下降到了最低水平。

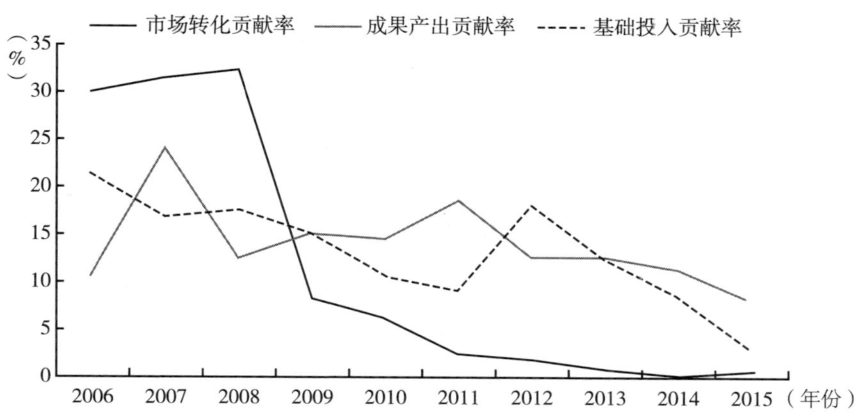

图 21　2006～2015 年陕西高等教育对科技创新产生贡献的三个过程贡献率

四　贡献率偏低的原因分析及政策建议

（一）陕西高等教育对科技创新贡献率偏低的原因分析

陕西省政府制定的《陕西高等学校学科建设发展规划（2016～2020年）》中对创新人才的培养、高水平创新团队的建设、与当地优势产业相关的学术成果的产出以及加快科技成果转化①等都做出了重要规划并提出了指导意见，对陕西高等教育贡献区域科技创新起到了积极的作用。但通过对陕西高等教育对科技创新贡献率的测算分析，我们发现陕西高等教育对科技创新的贡献偏低的原因主要有：陕西高等教育的科技经费投入力度不够、科技人力储备不足以及科研成果的市场转化水平较低。

1. 陕西高等教育的科研经费投入力度不够

陕西高校 R&D 经费内部支出所占陕西比重呈现出下降趋势，这说明高校科技经费投入的力度弱于区域创新系统内其他组织的科技经费投入的力度。陕西高校 R&D 经费内部支出占西部高校比重也有下降趋势，陕西高校 R&D 经费投入力度在西部十二省份中的优势被削弱，西部其他省份高校的科技经费投入力度正在增强。而陕西高校 R&D 经费内部支出的增长率也呈现出下降的趋势，这说明陕西高校的 R&D 经费投入的增长速度正在逐渐放缓，由于目前高校科研经费主要来源于政府财政投入，这说明政府财政用于高校科研经费投入的力度相对不足，其发展趋势不容乐观。

2. 陕西高等教育的科技人力储备不足

陕西高校 R&D 人员数占陕西 R&D 人员数的比重和陕西高校 R&D 人员全时当量占陕西 R&D 人员全时当量的比重均呈下降趋势，这说明陕西其他组织的科技人力储备量上升幅度较大，增长速度较快。从 2006～2015 年陕西高校教研人员中科学家和工程师的数量变化情况来看，这十年间，陕西高校教研人员中科学家和工程师的数量只增加了一万多人，说明陕西高校中处于创新引领

---

① 于博、杨旭：《四川、陕西高校“双一流”建设及对天津高等教育发展的启示》，《天津市教科院学报》2016 年第 6 期，第 12～15 页。

地位的科技创新拔尖人才的数量增加幅度较小，科技创新拔尖人才的数量还远远不够。以上情况综合起来说明陕西高校的科技人力储备情况相对不足。

3. 陕西高等教育科研成果的市场转化水平较低

陕西高校的技术转让合同数和合同金额大幅减少，陕西高校的技术转让合同数和合同金额占陕西的比重下降也较为严重。陕西高校的科技成果与陕西技术市场需求对接程度较低，陕西高校在进行研究科技成果时没有充分考虑到陕西技术市场的真正需求情况；陕西高校的科技成果的实际可转化度较低。陕西高校科技成果向社会生产力的转化并没有为社会生产力的提高带来实质性的强力转变，因此科技成果转化给学校带来的经济收入也较低。说明陕西高校的科研成果转化情况很差，远远不如陕西其他组织的科研成果转化能力，未能真正实现科研成果社会经济效益的产生。

（二）政策建议

根据陕西高等教育对科技创新贡献存在的问题，本报告提出以下建议。

1. 加大高校科技经费投入

高等学校科技经费是高校得以发挥区域创新重要主体作用和作为区域科技创新动力源的重要保障。当前提升陕西高校对区域科技创新贡献水平的基础是人才，关键是经费，所以必须重视物化投入指标对大学科技创新水平的影响。物化投入指标一般包括人力和资金①。因此，要建立并实施相关举措，持续加大陕西高校科技经费的投入力度，使经费的提升得到保障，使陕西高校科技创新工作的开展和运行有足够的资源支撑。本报告对提升高校科技经费投入的稳定性和丰富高校科技经费投入的多样性方面给出了相关政策建议。

（1）建立高校科技经费投入长效机制

首先，设置相关规定和要求，定期、保量对高校科技活动提供经费支持是对高校科技经费投入保持稳定性的有力保障。首先，政府应建立相关的政策，强调高校科技经费投入的重要性和强制性，保障高校科技经费的稳定投入，使高校能够持续从事基础性研究活动和未来性探索工程，攻破根本性科学问题和

① 黄小平、陈洋子：《“双一流”大学科技创新能力评价：国际经验及启示——基于对英、法、美、澳科研评价体系的考察》，《江苏高教》2017 年第 1 期，第 93 ~ 98 页。

人类可持续发展问题。

其次，政府还应设立专项资金，支持特定科技创新项目的科学研究与试验开发等活动，保证高校的科学研究工作与社会发展的需求紧密贴合。这些项目主要是国家和民生层面需求较为强烈的项目，是支持国家战略发展的重大科技项目等。

（2）拓宽高校科技经费的投入渠道

拓宽高校科技经费的投入渠道是确保高校科技经费投入多样性的有力保障。一直以来，我国高校的科技经费主要来源于国家和地方政府的财政投入，这在一定程度上使高校科研人员养成了科研惰性，进行科学研究和试验研发等科技创新活动的主动性和积极性不强，从而限制了高校科技创新水平的有效提升。因此，要想激发高校科技创新意识、增强高校对区域科技创新的贡献，可以引入企业资金、社会其他组织资金甚至国外资金等。而由于企业是区域科技创新生产力的最直接输出力量，企业与高校形成的对接与合作应该成为继政府财政投入之后的最有效途径。政府应该出台相关政策和配套服务措施，鼓励校企合作，大力推行产学研合作方式，为高校科技创新活动引入大量的企业研发资金，激活高校科技创新意识，增强高校科技创新能力，从而提升高校对区域科技创新的贡献水平。

2. 加强高校科技人力资本投资

影响科技进步与科技创新的重要因素之一，就是具备创新能力的高科技人才的数量和质量。只有拥有足够的科技人力资源，陕西高等教育才能对区域科技创新的发展做出贡献。因此，要提高陕西高等教育对科技创新的贡献水平，加大陕西高等教育的科技人力资本投资力度。本报告认为，陕西高校可以采用“本地培养 + 外部引进”的方式来加固自身的科技人力资本力量。

（1）建立“本地培养”人才成长机制

“本地培养”人才成长机制包括两层含义。第一层含义主要是指依托本地区内已有的高等教育、科研院所等优势资源，对本地区内具有科技创新潜质的创新预备人才进行科技创新思维和能力培训。例如，可通过大型科技比赛项目、学校以及科研院所选拔推荐等活动进入培养计划。本地区的高等教育机构或科研院所也可设置专门的科技系列课程来实施对这些人才的专门化培养，使他们成长为具有强烈科技创新意识和能力的尖端科技创新人才。地方政府还应出台相关政策，规范此类人才培养模式的运行机制，为人才培养模式的成功开展创造良好的氛围和环境。

当然，科技创新活动会分布在不同的层次和领域，这就需要积极拓宽本地区人才培养的途径，丰富本地区人才培养的渠道。因此，本报告提出的“本地培养”人才成长机制的第二层含义主要是指通过本地区内已有的各种高等教育资源进行多种类、多层次的科技创新人才培养。即大力促进本地区高等教育整体水平的提升，推动职业教育和高等教育协同发展，培养多层次、多类型的创新型科技人才，提高高校人才培养水平，丰富高校人才培养模式，以培养出适应本地区不同领域、不同层次的科技创新活动的科技创新人才。

（2）建立“外部引进”人才交流机制

“外部引进”人才交流机制也具有两层含义，即“引进来”和“走出去”这两种双向互动交流的人才培养模式。

“引进来”模式包括国内引进和国外引进两种人才引进模式。即通过政府和高校制定的人才引进政策，比如直接落户政策、购房优惠政策、生活补贴政策、子女入学优待政策等，大力吸引国内发达地区的优秀科技人才、在外留学生以及国外发达国家或地区的科技人才，来陕高校进行中长期的科技工作和科技交流活动，助力陕西高校科技创新水平的提高，为陕西区域科技创新的发展做出贡献。

“走出去”模式包括赴省外学习和出国学习两种人才交流学习模式。即通过制定科技人才外出交流学习的相关政策，引导陕西高校科技人才积极赴经济发展相对发达、教育资源相对雄厚、科技创新水平相对较高的地区进行交流学习，然后学成归校，把在外学习到的宝贵经验和实际的科研工作进行结合并有所创新，从而提升陕西高校科技创新水平，为陕西区域科技创新的发展做出贡献。

3. 完善高校科技成果转化机制

科技成果转化是科技成果能够真正服务于经济社会生产生活、产生经济效益的关键环节，是科技创新得以真正实现的最后阶段，因此，科技成果的转化力度很大程度上能够体现出科技创新水平的提升水平，只有科技成果成功实现市场转化，转变为更高的劳动效率，区域科技创新水平才能真正得到提高。只有当大学的知识成果被源源不断地输送到社会，国家和地区经济发展才能从中获取利益①。陕西高等教育虽然基础雄厚，科技创新成果产量较高，但由于科技成果的市场转化情况较差，没有将科技创新成果切实地进行市场推广和市场转化，从而并没有真正变成现实生产力，进而实现其经济价值，所以导致陕西省高等教育对其科技创新的贡献水平较低。因此，改变陕西高等教育在科技成果转化方面的不足就显得尤为重要，而这就需要增强产学研合作正效能，从而提升高校科技成果的市场转化率。本研究着重从高校和政府两个视角，探讨如何提升高校科技成果的市场转化力度。

（1）高校自身需要增强科技成果转化意识

一方面，高校要充分认识到区域科技创新离不开高校对科技创新活动的大力支持②，而服务于区域科技创新发展也会反过来推动高校自身办学水平的提升，并使高校自身办学水平更加满足社会经济发展需求③。高校应增强科技成果转化意识，一方面要完善科研人员的考核评价机制，将科技创新成果的转化率、转移输出以及应用收益等作为重要的考核指标，促使高校科研人员重视科技成果转化，提高其参与科技成果转化活动的积极性和主动性。

另一方面，高校应该建立并完善科技信息交流平台，实现与区域其他组织间的科技信息交流，掌握市场需求与导向，有针对性地进行科技创新成果转化工作。另外，高校应积极主动参与到区域已有的科技创新平台中去，例如技术转移中心、创新示范区等，与企业、中介机构等部门合作。美国硅谷、英国伦敦大学和德国应用技术大学都是在与企业实现了良好的对接和互动的基础上，促使了校企协同创新的大力发展④。陕西高校也应逐步形成协同创新战略联盟，在协同发展过程中提高科技创新成果转化的效率。

① 黄小平、陈洋子：《“双一流”大学科技创新能力评价：国际经验及启示——基于对英、法、美、澳科研评价体系的考察》，《江苏高教》2017 年第 1 期，第 93～98 页。

② 吴战勇：《地方高校与区域经济创新发展的协同机制研究》，《黑龙江高教研究》2017 年第 1 期，第 129～132 页。

③ 叶江明、班生、陈炳辉、潘慧莉：《高校服务地方创新发展的现状、问题及对策——基于驻南京市江宁区高校的调查分析》，《南京工程学院学报》（社会科学版）2013 年第 4 期，第 27～30 页。

④ 钟玮：《教育、科技、创新——珠三角城市创新驱动发展综合评价研究》，《特区经济》2018 年第 2 期，第 35～37 页。

（2）政府要完善市场转化的政策环境

政府应做好顶层设计、政策支持和制度保障等工作，形成合力支持科技创新①。广州、深圳等政府对科技创新发展的支持力度较大，有力地促进了当地的科技创新和发展②。因此，陕西省应继续完善有利于高校科技成果实现市场转化的政策环境。

第一，政府应健全法律法规。政府应将完善立法作为促进科技成果转化工作的重中之重，让高校在知识产权保护、发明专利申请、校企合作等方面都有法可依。

第二，政府应做好宏观调控。政府应致力于创建有利于高校进行科技成果转化的宏观政策环境，例如在政策制定中应突出对专利产业化项目的奖励力度；建立科学的评价指标体系，不定期监测和考核专利产业化项目的实施进程③；大力支持高校科研团队和企业建立交流合作机制，强化校企沟通交流与合作，推动大学科研体制改革④，尤其要加强高校与本区域支柱产业、特色产业以及高科技产业部门的交流与合作⑤，切实提高科技成果转化率；切实研制本区域政产学研协同创新的长期发展战略，推进区域科技创新政策支持体系的建设，保障高校科技成果转化工作的健康高效持续进行。

第三，加强配套服务建设。除健全法律法规和完善政策环境以外，政府还应提高行政能力，提供高效率的配套服务，保障高校科技成果转化工作的顺利进行。对注册、办理税收等减免服务费或者简化流程，减少科技创业过程中的各种障碍，助力科研创新工作的推进和发展。

---

① 于博、杨旭：《四川、陕西高校“双一流”建设及对天津高等教育发展的启示》，《天津市教科院学报》2016 年第 6 期，第 12 ~ 15 页。

② 钟玮：《教育、科技、创新——珠三角城市创新驱动发展综合评价研究》，《特区经济》2018 年第 2 期，第 35 ~ 37 页。

③ 叶江明、班生、陈炳辉、潘慧莉：《高校服务地方创新发展的现状、问题及对策——基于驻南京市江宁区高校的调查分析》，《南京工程学院学报》（社会科学版）2013 年第 4 期，第 27 ~ 30 页。

④ 秦军：《美国公立大学科技创新举措对我国高等教育科技创新的启示》，《民族教育研究》2017 年第 6 期，第 82 ~ 86 页。

⑤ 朱凌、薛萍、徐旋：《高校与区域的协同创新：基于我国典型区域 10 年专利数据的实证分析》，《高等工程教育研究》2014 年第 4 期，第 15 ~ 21 页。

协调高质量发展 

High Quality Development of Coordination

B.9 新时代西部地区协调发展*

宋 宇 郝亚萌**

摘 要： 西部地区的高质量发展必然要与区域协调发展共同推进，西部地区协调发展意味着西部地区发展质量与速度的协调、西部地区与其他三大板块的协调发展、西部地区各省市之间发展过程的协调、西部城乡统筹的协调发展、西部地区产业结构的协调、西部经济发展与生态环境间的协调，以及西部的教育、社会保障等方面的协调发展。近年来，西部地区各方面发展取得了巨大成就，整体经济综合发展能力明显增强，随着基础设施的建设和现代网络体系的完善，西部地区市场流通性显著增强，区域一体化进程和经济转型不断加快。但是，西部地区在协调发展中也存在诸多问题，各省份间发展、

* 本文接受国家社科基金一般项目“马克思主义经济学的创新发展研究”以及“陕西省人文社科英才计划”支持（14BJL009）。

** 宋宇，西北大学中国西部经济研究中心研究员，经济管理学院教授，博士生导师；郝亚萌，西北大学经济管理学院硕士研究生，主要研究方向为区域经济学。

城乡发展和产业发展等仍旧存在一定障碍，相关法律法规体系也需要进一步完善。西部地区整体的协调发展进程受到地理环境、人力资源、科技发展水平以及资本市场等因素影响，从而需要采取相关政策消除发展壁垒，补齐短板，推动各领域实现高质量发展，其中“一带一路”建设和长江经济带发展战略将加大西部地区对外开放力度，推动区域经济协同发展，西部各省份也不断出台相关政策，致力于推动本地区发展，逐步缩小区域间发展差距。

关键词： 西部地区　协调发展　高质量发展

引　言

2018年是我国开启高质量发展的重要之年，意味着西部地区的协调发展要达到更高的目标，也就是收入分配差距、经济发展差距、社会发展差距进一步缩小，资源配置效率更高、资源环境成本更低、经济社会效益更好。所谓高质量发展，其内涵包括提高商品和服务质量并实现持续发展，是不断提高投入产出效率和经济效益的发展；构建创新成为发展第一动力的产业体系，推动绿色发展成为普遍形态的发展；实现经济重大关系协调、循环顺畅发展，并且坚持深化改革开放的发展。西部地区间的发展差异一直是近年来受到广泛关注的问题，西部总体竞争力上升的同时，地区协调发展也取得巨大进步。西部地区的协调发展包括各个方面的协调，包括地区间经济协调、城乡协调、产业协调等，是西部地区达到高质量发展的必经之路。

一　当代西部地区协调发展

（一）协调发展现状

现阶段，我国西部地区的协调发展主要包含以下方面。

（1）发展速度与质量

在十九大做出“中国经济由高速增长阶段转向高质量发展阶段”的判断之后，2018 年成为高质量发展元年，淡化经济增长成为主流趋势，但又要防止经济发展过程中只追求速度或者只关注质量，而忽略两者的平衡关系。从 2018 年初公布的 2017 年全国各省份 GDP 来看，西部地区发展抢眼，GDP 增速排在前四位的贵州、西藏、云南、重庆均属于西部地区，而且西部地区投资增长达 8.5%，增速位居四大板块之首，可见西部经济增速情况乐观。同时，在中国经济已由高速增长阶段转向高质量发展阶段的大背景下，对于 GDP 增速，不少地区主动下调了预期目标。甘肃省将全省经济社会发展的主要预期目标调整至 GDP 增长 6% 左右。受“挤水分”影响，内蒙古 GDP 增长 4%，较 2016 年的 7.2% 出现放缓，并表示不能像以前一样为增长而增长，为投资而投资。追求高质量发展也是新时代的根本特征之一，下调 GDP 增长目标，体现了淡化 GDP，更关注增长质量和效益的导向。[①] 西部地区坚持这一导向，转变经济发展方式，协调发展速度与质量的关系，实施新旧动能转换，推动高质量发展取得显著进展。

（2）地区间协调发展

西部地区疆域辽阔，占全国总面积的 71%，但经济发展相对落后。2018 年初公布 2017 年西部地区固定资产投资与东部、中部和东北部相比，同比增长 8.5%，达到最大，其中增速最高的为新疆和西藏，西部地区的经济显著增长，中西部地区连续九年实现经济增速超过东部地区，东中西区域发展的差距正逐渐缩小，西部地区与其他三大板块间的差距也在逐渐缩小，这归功于区域协调发展新机制的有效建立。[②] 在“一带一路”建设和长江经济带发展战略的积极推动下，西部地区与沿海地区的经济联系进一步加强，西部地区发展外向型经济的水平和层次得到有效提升。长江经济带具有联通东中西部地区的独特优势，从而加快了沿江基础设施建设和生态环境保护，成为促进东中西区域协调发展的重要支撑带。伴随区域一体化进程的不断加快，西部的北部湾城市群、成渝城市群以及关中城市群等，都保持着较快发展，城市群的

① 《31 省份 GDP 数据陆续公布　各地如何布局高质量发展》，中国新闻网，2018 年 1 月 30 日。

② 《2017 年中国固定资产投资 641238 亿增长 7.0%》，中国经济网，2018 年 2 月 28 日。

发展影响西部地区与其他三大板块的贸易联系以及总体差距。

（3）西部各省协调发展

西部地区各省存在明显贫富差距，从2018年初公布的全国各省份的GDP最新数据来看（见表1），西部地区GDP总量排名前三的省份分别是四川、陕西和广西，而宁夏、青海和西藏的GDP总量最低，与排名靠前的省份有明显差距，其中贵州和西藏的GDP增速最快，宁夏、青海这些发展落后、GDP总量较低的地区，GDP的增速也不乐观。推动落后地区的经济增长是西部经济协调发展的重中之重，落后的省份是西部协调发展的“短板”，加强西部各地区间的经济贸易往来，通过发达地区向周边进行“辐射”从而带动落后地区发展，是西部协调发展的重要举措。如四川省的四项重点工程，即新机场、天府新区、自贸试验区和全面创新改革，不仅惠及四川，还将带动辐射西南地区，强化四川的枢纽地位，推动四川及其周边地区的经济协调发展和创新发展。“一带一路”建设推动西部地区成为新的开放前沿，其中包括陕西、甘肃、宁夏、青海、新疆、内蒙古六个西部省份，对于这些地区的综合发展具有重大意义，尤其是带动了宁夏、青海、甘肃、新疆等较为落后地区的发展，新疆被定位为“丝绸之路经济带核心区”，对陕西、甘肃、宁夏、青海四地的定位是形成面向中亚、南亚、西亚国家的通道、商贸物流枢纽、重要产业和人文交流基地，从而充分发挥陕西、甘肃的综合经济文化和宁夏、青海的民族人文优势，加快兰州、西宁等地的开发和开放，并推进宁夏内陆开放型经济试验区建设。这一系列协调发展战略的实施，将促进西部各省份向协调发展更进一步，缩小各省份的发展差距，从而推动西部地区的综合实力有效提升。

表1　2017年西部各省份GDP及增长情况

地区	GDP(亿元)	GDP增长率	地区	GDP(亿元)	GDP增长率
陕西	21898	8.0	青海	2642	7.3
贵州	13540	10.2	新疆	10920	7.6
云南	16531	9.5	西藏	1310	10
四川	36980	8.1	重庆	19500	9.3
甘肃	7677	3.6	内蒙古	19216	4.0
宁夏	3453	7.8	广西	20396	7.3

资料来源：国家统计局网站，http：//www. stats. gov. en。

（4）城乡协调发展

统筹城乡发展是推动西部协调发展的重点工作，而西部地区城镇化的快速发展与经济增长互为支撑。西部的城乡差距甚至大于西部和东部的差距，一些大城市如西安、重庆等与东部的差距很小，但是到地级市以下差距很大。西部的城镇化率逐年上升，西部地区的成渝城市群、关中城市群、北部湾城市群保持着较快发展，对西部地区新型城镇化进程起到巨大的推动作用，与东部和东北地区的城镇化水平差异趋于缩小。西部城镇人口比重在2016年已经达到50.19%，近两年更是逐年上升。[①] 西部各省在推动城乡协调发展方面均取得显著成效，如陕西省在过去五年，全省城镇化率提高6.8个百分点，位居西部前列。四川实施全民参保计划，并深化省内对口帮扶推动藏区彝区脱贫，藏区彝区45个贫困县市区全部被纳入，彝区面貌一新。也有一些地区乡村振兴任务异常艰巨，如甘肃省的城镇化率仅为44.7%，75%的村是“空壳村”，近年来甘肃省大力投资发展旅游业，促进旅游、文化和生态相融合发展，让20%以上的贫困农牧民通过旅游业实现脱贫。西藏地区农牧民占西藏总人口的八成以上，近年来除了政策性收入的大幅增加，西藏青稞、牦牛、矿泉水等高原特色产业和旅游业加快发展，也带动了农牧民的快速增收，为西藏实施乡村振兴战略打下了良好基础。对于一些城乡发展严重失衡的地区，只有各城镇之间进行协调、合作，才能有效促进整个地区城乡协调发展，在中等城市辐射的区域范围内必须各自建成完整的城镇体系，重视城镇边界地区的经济发展，加快城乡一体化进程。

（5）产业结构协调。经济高质量发展的特征之一是第三产业对于经济增长的贡献显著增加，随着西部地区产业分工的深化，特别是互联网与传统产业的融合加深，服务业还将迎来快速发展、深度发展的时期。要推动西部地区经济转向高质量发展，大力发展服务业应当是其中一个主要的着力点。新时代产业结构协调必然要面临产业结构升级，基于创新支撑、消费驱动、第三产业壮大的经济形态，产业必然会出现总体结构优化、质量效益提高，供给与需求之间保持动态平衡，产业上、中、下游之间协同性增强，要素流入流出更加自由、高效，价值链不断攀升的趋势。西部地区近年来在产业结构升级方面取得

① 《我国城镇化率将近60%，城市群将成未来主战场》，《第一财经日报》2017年10月12日。

显著成效，先进制造业投资领跑，部分高耗能产业投资下降，钢铁、煤炭等产能过剩行业投资继续得到抑制，尤其是四川成效显著。2017 年四川省黑色金属冶炼和压延加工业、煤炭开采和洗选业分别下降 25.2%、19.3%。陕南地区近年来积极探索“茶产业 + 旅游”融合发展之路，发展优势产业，基于三产融合的茶产业快速发展，让陕南走出了一条将生态资源持续不断转化为经济优势的特色之路。西藏的 GDP 增速如此显著也得益于西藏的高原特色产业和旅游业的大力发展，可见产业结构的协调发展推动了当地经济快速发展。第三产业在西部有着较大上升空间，无论是基础设施建设还是旅游业的发展，对第三产业的发展均有刺激作用，因此调整产业结构、促进产业协调是西部经济协调发展的重要途径。

（6）生态环境协调

近年来，西部地区的绿色产业发展和生态补偿机制建设得到了越来越多的重视，尤其是边疆地区的生态稳定和环境建设方面需要更多投入，增加更多地区新型能源的利用率。绿色经济的发展和生态环境的保护对于西部地区实现高质量发展有着非常重要的意义，并且生态环境协调对于经济发展具有促进作用。四川省近年来致力于推进绿色发展，淘汰落后产能企业，转变农业发展方式，着力增加绿色产业，其境内环境改善带动了旅游经济发展，让经济发展与生态环保走上良性互动轨道。西藏地区通过植树造林、退耕还林、生态修复等工程，森林生态系统得到有效改善，荒漠生态系统也得到有效治理，并通过发展生态旅游业、搞苗木经济等方式带动经济发展，促进农牧民增收。2018 年初，陕西省把“铁腕治霾”作为环保工作的头号工程，巡查违法企业，而在各种环境违法问题中，供热及工业企业、建筑行业的环境违法问题最为突出，并曝光了关中地区 8 个市区秋冬季大气污染综合治理的环境违法问题，经过巡查风暴，关中地区大气环境质量得到了持续改善。甘肃省也将司法理念引入祁连山生态环境保护机制，加大对破坏祁连山生态环境犯罪的打击力度，致力于保护生态环境。近年来，科技治沙的成果被广泛应用于黄河中下游地区，对于西部生态脆弱地区的防风固沙、水土流失治理和荒漠化治理等有着显著成效。西部地区的生态经济有着巨大发展空间，而生态环境协调为发展绿色经济提供了坚实基础。

（7）教育、社会保障协调

近年来，西部地区教育发展总体水平明显提升，但仍存在城乡教育资源配置不均衡、乡镇教育资源紧缺等问题，而我国的教育短板也在西部地区。近年来，西部各地区尤其加大了对农村地区的教育扶持力度，位处西部的组织部属高校和地方所属重点高校，加大了对西部贫困地区和民族地区对口支援帮扶，每年增加安排招生协作计划。西藏地区 2017 年推进了县域内城乡义务教育一体化改革，加强“控辍保学”工作，到 2020 年，将实现整体发展水平接近全国平均水平，逐步实现基本公共教育服务均等化。广西实现对贫困户子女从学前教育到高中阶段教育的 15 年免费教育，并将给予优先重点资助。西部地区教育事业发展迅速，基础教育均等化取得突破性进展，但西部发展水平与东部相比较低，导致吸引高级教师和人才的能力较差，高等教育发展不均衡，而基础教育发展仍受教育观念落后以及经费投入不足等问题的影响。西部的教育发展与经济发展息息相关，要实现西部高质量发展，教育发展是一个应该重点关注的方面。

西部地区的社会保障、民生福利不均衡问题较为突出。近年来，随着西部经济发展水平不断上升，各地区不断加大社会保障政策力度，使社会保障发展不均衡这一问题得到明显改善，西部地区的医疗保险覆盖面不断提高。自 2016 年起，陕西省提高了农村低保最低限定保障标准。四川省推行“四项扶贫基金”，对于贫困地区的教育扶贫、卫生扶贫等有着巨大的推动作用，并且在 2018 年初全面实施全民参保计划，着力提升全省参保覆盖率。西藏地区 99% 的建制村通了公路，医保制度已覆盖全体农牧民。其他省份均大力发展社会保障事业，如甘肃改善医药机制、贵州设立脱贫基金、新疆的基础设施建设等均有利于区域社会保障协调发展。西部地区的惠民政策应该更多地向农村地区倾斜，这样才能够有效地将经济增长和区域空间协调结合起来，有利于西部地区全面协调发展。

（二）西部协调发展的特点

随着近年来西部地区经济运行质量和效益稳步提高，城乡居民收入快速增长，贫困人口规模逐年减少，西部地区各方面协调发展取得巨大成就。不仅如此，新时代西部地区的区域协调发展具有其新特点。

第一，西部整体经济综合发展能力和经济实力明显增强，更加注重发展质量。伴随着西部地区的经济实力逐年增强，西部地区协调发展的重要性也在不断增强，从2018年西部地区部分省下调GDP目标中能够看出向高质量发展转变的理念在一步步深入西部发展的进程之中，而各地区产业升级、扶贫工作、社会福利事业以及教育事业等取得的进展，将推动西部地区协调发展迈上新台阶。

第二，市场流通性显著增强。过去西部地区一些较偏远地区由于其交通、通信等问题导致要素流动较慢、市场闭塞、开放程度低，从而经济发展速度缓慢。而随着基础设施的建设和现代网络体系的完善，加大了这些地区的市场开放程度，促进了区域间市场交流。一系列网络交易平台的建立、便利的交通、信息的完善等促进了西部特色产业发展，扩大了贸易市场，推动了产业结构升级，尤其是促进了生态旅游的发展，并带动和辐射各区域市场进一步扩大，区域间市场流通性显著增强。

第三，西部地区的区域一体化进程不断加快。受到全国若干经济区和产业带的影响，西部地区与其他三大板块的贸易联系不断加强，长江经济带联通了东中西部，加强了西部与东部、中部的贸易往来，对于东中西部经济的协调发展起着重要作用，也给西部地区的经济发展注入新的活力。“一带一路”的建设更是加大了西北和西南地区的对外开放程度，促进了区域交流，推动西部地区成为新的开放前沿。西部城市群的快速发展也影响着西部区域内贸易往来，以及西部与其他三大板块的贸易联系，推动西部的区域一体化进程不断加快。

第四，各地区经济结构发生了很大变化。近年来，西部不少地区在进行经济转型，对部分高耗能以及产能过剩行业的投资下降，而服务业发展迅速，第三产业的比重不断上升。由于西部的旅游业资源丰富，文化底蕴浓厚，将生态资源转为经济优势是一条新时代绿色发展之路，将使西部地区通过经济结构转变、产业的升级转型实现区域协调发展。

（三）西部协调发展中的问题

西部地区在协调发展过程中受到诸多因素的影响，协调发展存在多方面的问题，从西部的协调发展现状中可以看出存在以下问题。

第一，西部各省发展存在较大贫富差距。西部区域经济发展具有差异性是一个客观事实，西部地区具有一定的区域发展差距有助于激发区域之间的竞争活力。但是，如果各区域的发展差距过大，则会影响整个西部地区的协调发

展，落后的省市地区就成为西部协调发展的“短板”。西部经济较为发达的地区与经济落后的地区具有显著差距，从2017年各省份GDP来看，西部地区排名靠前的省份与排名靠后的省份有明显差距，如四川的GDP是西藏的近30倍，是青海的近14倍，而像宁夏、青海这些GDP总量较低的地区，GDP的增速也不乐观。西部各地区发展不均衡是一直存在的不容忽视的问题：自然资源、人力资源、资本及技术发展存在区域分配不均，各地区发展进度也不同等，而西部的区域协调发展就是要促进要素自由流动、信息对称，消除各种发展壁垒，促进各区域优势互补，逐步缩小区域差距，最终实现区域经济的协调发展。

第二，西部的城乡发展具有明显差距。从西部城乡发展现状中可以看出，西部的城市发展如西安、重庆等与东部相比差距很小，但是乡镇发展与东部相比差距很大，尤其是在城市辐射的区域范围之外的一些边界乡镇地区，发展严重失衡。西部各省份间发展具有一定差距，各省份内城市间发展也具有一定差距，从而造成整体城乡发展具有明显差距。虽然通过乡村振兴战略、对口扶贫等工作，使城乡协调发展取得了一定进展，但是，实现城乡协调发展是一个巨大且耗时的艰巨工程，不是一朝一夕能完成的工作，只有坚持不懈地发展城乡经济，促进各城乡间的贸易联系、经济合作，并且不断完善基础设施建设以及民生福利政策，才能有效促进整个西部地区的城乡协调发展。

第三，西部地区产业发展不均衡。尽管西部地区第三产业对于经济增长的贡献显著增加，产业结构升级为经济带来新一轮增长动力，各地区特色生态产业的大力发展也推动了产业协调发展的进程。但是，产业发展还存在相关政策不完善、产业结构具有矛盾性、高新技术产业发展相对落后等问题。尤其是高新技术产业对于经济效益和社会效益的增加具有强大推动作用，知识密集型和技术密集型产业的发展能加速产业升级的步伐，对西部经济发展具有巨大的辐射和带动作用。高新技术产业日益成为知识经济时代的主导产业，发展高新技术并进行产业化是西部经济结构调整和产业协调发展的一个重要战略。我国高新技术产业在各地域发展不平衡，高新技术产业主要集中在经济较发达的东部地区，主要缘于西部地区经济发展总体落后于东部地区，加上处于内陆，对于技术型产业的投资缺乏较强的吸引力。西部地区的高新技术产业规模快速增长，高新技术开发区的数量虽然多，但是大而不强的局面未得到改善，企业的整体创新能力较弱，核心关键技术掌握不足，竞争力不强，并且高新技术人才流失，是西部地区实现产业协调发展所必须解决的问题。

第四，缺乏统一、协调的区域发展制度和法律法规。西部地区疆域辽阔、各地区发展情况不一、经济往来情况复杂、区域发展的相关政策及法律法规不够完善、效力不强等问题容易造成相关利益部门的寻租行为以及无效竞争等问题。西部地区的一些知识产权领域存在立法空白，并且一些领域存在重复立法、立法可操作性低等问题，发展滞后的地区由于其相关发展机制不灵活，缺乏相关法律法规会导致大量要素外流，难以吸引投资，从而经济增长速度缓慢。一个区域法律的规范化、透明化、制度化能够保障市场的安全，有利于吸引资本进入，保障利益的预期，减少交易成本，有利于区域经济健康、快速、稳定发展。与经济发展相关的政策及法律法规，环保、教育和社会保障等领域的制度需要进一步完善，尤其是随着西部地区各省份的社会保障政策力度加大，养老及医疗保险的覆盖面不断提高，更需要做好后续工作，全面完善社会保障机制，改善社会保障发展不均衡这一问题。西部实现协调发展离不开相关配套的制度及法规，这是各相关领域实现有效、协调发展的保障，也是西部地区整体实现协调发展的保障。

二　西部地区不均衡发展的影响因素

（一）自然资源

西部地区拥有丰富的自然资源，据统计，中国60%以上的矿产资源储量分布在西部地区，45 种主要矿产资源工业储量的潜在价值接近全国的一半，比如甘肃的镍矿储量占全国的 70%，贵州的铝、磷、汞、锑、锰的储量居全国前五位。西部能源资源的探明储量占全国的比重也接近 57%，水、煤、油、气四者兼备，新疆的石油远景储量占全国的 40%，西北地区煤炭储量占全国的 40%。西部地区还拥有丰富的旅游资源，如兵马俑、莫高窟、黄果树、九寨沟等一批西部旅游景点，能够为西部带来巨大的经济效益。

西部的自然资源虽然丰富，但是巨大的潜力尚未得到发挥，很多资源的开发程度不足，矿产、旅游业等资源得不到充分利用，这影响了西部总体的产业结构发展。根据《中国统计年鉴2017》，2016年西部第一产业、第二产业、第三产业在全国的比重分别为29.2%、20.2%、18.5%，而东部分别为34.4%、52%、56.1%，中部分别为26.4%、21.9%、18.5%，虽然西部的产业结构进一步优化，但与东部和中部地区相比，第一产业的比重在三大产业中是最大的，第二产业与东中部相比占全国的比重最小，第三产业占全国的比重与中部持平，但仍旧与东部有较大差距，可见西部地区的产业分布不均衡，自然资源利用率较低（见表2）。

表2　2016年东部、中部、西部地区三大产业全国的占比情况

单位：%

产业＼地区	东部	中部	西部
第一产业	34.4	26.4	29.2
第二产业	52	21.9	20.2
第三产业	56.1	18.5	18.5

资料来源：《中国统计年鉴2017》。

西部的自然环境，如气候条件、地理环境等也对西部的协调发展有着诸多影响。西部多高原、山地、沙漠，虽然独特的地理环境为西部带来了一系列旅游资源，但这些自然环境也造成了西部地区交通不便、通信设施不足、信息交流落后、难以吸引人才等，影响西部的产业、教育、社会保障等方面的均衡发展，不利于区域间经济交流和发展。

（二）人力资源

人力资源是西部经济发展的关键因素，西部地区人力资源分布不均衡，尤其是偏远地区贫困人口较多，整体文化教育水平偏低。从《中国统计年鉴2017》来看，西部地区的总人口占全国的27.1%，与中部的26.6%相比还要多，但是普通高等学校数和本专科在校学生数略少于中部，与东部相比差距较大（见表3），且高等教育资源分布不均，发展不均衡，大多数集中在较为发达的地区。西部基础教育发展受教育观念落后以及经费投入不足等问题影响，尤其是偏远地区的教育资源短缺，人才缺乏，这些地区的自然条件、经济条件较差，导致吸引高级教师和人才的能力较差，教育发展滞后。

表 3　东部、中部、西部普通高等学校数以及本专科在校学生数占全国比重

单位：%

项目 \ 地区	东部	中部	西部
普通高等学校数占全国比重	38.5	26.1	25.5
本专科在校学生数占全国比重	38.6	27.6	24.9
总人口占全国比重	38.4	26.6	27.1

西部地区人才流失严重，尤其是高层次人才，受经济发展水平影响，东部和中部发达地区的丰厚物质条件吸引了大量人才，导致西部人才外流。西部地区的人力资源结构失衡，高新技术产业和复合型人才相对短缺，大中城市人才集中，农村及落后地区人力资源严重缺乏。随着西部地区经济不断发展，为本地提供了大量就业机会，但是人力资源开发利用程度较低，相对于每年庞大数量的求职者，失业人数较多，失业问题仍旧严重，从 2016 年西部地区的各省份失业率可以看出四川、宁夏等地失业率明显偏高（见表4），高于全国平均失业率。

表 4　2016 年西部地区各省份失业率

单位：%

地区	失业率	地区	失业率
陕西	3.3	新疆	2.5
贵州	3.2	西藏	2.6
云南	3.6	重庆	3.7
四川	4.2	内蒙古	3.7
甘肃	2.2	广西	2.9
宁夏	3.9	全国平均失业率	3.3
青海	3.1		

资料来源：根据《中国统计年鉴 2017》整理。

（三）科技发展

西部地区的科技发展具有其优势。西部地区高校数量众多，拥有众多科研机构，科技成果逐年递增，占全国的比例也在逐年上升，拥有较好的科技发展环境，在发明专利申请授予量和国内期刊科技论文数量上与中部相当。

西部地区的科技发展也具有其劣势。根据《中国统计年鉴 2017》，西部地区 2016 年专利申请授权量为 216169 项，占全国的 13.3%（见表 5），放到全国范围来看，成果依然偏少，科技创新能力低于东部地区。西部地区的科技成果市场化程度较低，科技力量总体来说较为薄弱，科技人才流失严重，科技投入不足。由于科技转化能力弱，技术进步的贡献对于社会经济的发展促进作用偏低，远低于劳动和资本要素，从而加大了西部和东部的发展差距，不利于西部的产业结构升级和综合发展实力的提升。从科技资源的配置情况看，西部地区缺乏科技成果转化的系统能力，没有建立起有效的科技推广体系，技术产出效率低，对科技成果的应用和推广发挥的作用和支持力度不够，由于企业和科研机构之间缺乏有效的沟通，各区域间科技成果传播与交流的力度也不够，阻碍了具有竞争力和创新力的技术密集型产业群的形成，这是西部地区发展不容忽视的因素。

表 5　2016 年西部地区各省份专利授权数

地区	专利授权数(件)	地区	专利授权数(件)
陕西	48455	新疆	7116
贵州	10425	西藏	245
云南	12032	重庆	42738
四川	62445	内蒙古	5846
甘肃	7975	广西	14858
宁夏	2677	西部总计	216169
青海	1357	全国总数	1628881

资料来源：根据《中国统计年鉴 2017》整理。

（四）资金流动

西部地区的资本市场发展滞后于东部地区，投资来源和规模具有明显劣势，从《中国统计年鉴 2017》中的数据看出，西部地区全社会固定资产投资额和房地产开发投资额占全国比重较小（见表 6）。由于西部地区资金密集型产业的发展较为缓慢，在企业融资、区域间资金流动方面缺乏竞争力，这影响了西部地区各个领域的综合发展。西部地区的协调发展需要进一步完善货币市场的统一性和灵活性，加快推进西部金融中心建设，提高金融创新和金融服务实体经济的能力，完善资本市场有关规章制度，同时，还需要改善投资环境、制定多样化的优惠政策，尤其加大对服务业和高新技术产业的投资份额，形成多样化的投资结构，这有利于推动西部地区实现更高水平的对外开放合作，提高西部协调发展能力。

表 6　2016 年东部、中部、西部地区相关投资指标

单位：%

项目＼地区	东部	中部	西部
地方一般公共预算收入占全国比重	57. 3	17. 6	19. 8
地方一般公共预算支出占全国比重	42. 3	21. 1	28. 9
全社会固定资产投资额占全国比重	42. 1	26. 6	26. 2
房地产开发投资额占全国比重	52. 8	20. 9	22. 5

资料来源：《中国统计年鉴 2017》。

三　西部地区协调发展的相关策略

（一）相关发展战略

“丝绸之路经济带”和“21 世纪海上丝绸之路”发展战略以及长江经济带发展战略对于西部地区的发展具有重大意义。“一带一路”建设顺应了世界多极化和经济全球化，秉持开放的区域合作精神，致力于维护全球自由贸易体系和开放型世界经济。“一带一路”建设包括西部地区的新疆、陕西、甘肃、宁夏、青海、内蒙古、西藏、广西、云南、重庆等地，有利于推动沿线地区的基础设施建设和经济协调发展，促进区域间经济要素有序自由流动、资源高效配置和市场深度融合，开展更大范围、更高水平、更深层次的区域合作，共同打造开放、包容、均衡、普惠的区域经济合作架构。

长江经济带发展战略作为中国新一轮改革开放转型实施的新区域开放开发战略，是具有全球影响力的内河经济带、东中西互动合作的协调发展带、沿海沿江沿边全面推进的对内对外开放带，也是生态文明建设的先行示范带。长江经济带横跨我国东中西三大区域，具有独特优势和巨大发展潜力，覆盖了11个省份，其中包含西部地区的重庆、四川、云南、贵州等地区。从城镇化而言，有利于西部的成渝城市群和沿江的大中小城市形成区域联动、结构合理、集约高效、绿色低碳的新型城镇化格局，对于创新驱动产业转型，构建东西双向、海陆统筹的对外开放新格局有着举足轻重的作用。长江经济带发展战略与"一带一路"建设深度融合，形成全方位对外开放新局，长江经济带的建设有利于西部沿江地区经济发展质量和效益大幅提升，从而推进西部整体经济发展水平的提高。长江经济带发展战略使经济增长空间从沿海向沿江内陆拓展，形成上中下游优势互补、协作互动的格局，有利于缩小东中西部发展差距。

（二）相关政策出台

近年来，为实现区域协调发展的目标，西部各地区围绕着各领域协调发展的方向，制定了一系列相关政策，这些政策对于西部地区整体实现协调高效的发展有着巨大推动作用。

2017年四川省自由贸易试验区正式挂牌。对于西部地区来说这是统筹全面深化改革、扩大对外开放和深入推进西部大开发、长江经济带发展的一项重大战略举措。四川省关于2017～2020年建设幸福美丽新村总体规划的出台对于发展乡村旅游业、推动乡村经济发展以及城乡协调具有重要意义。在2017年末四川实施省内对口帮扶，推动藏区彝区脱贫，并推出"四项扶贫基金"培训辅导长效机制、稳定补充机制等新举措，不断完善脱贫攻坚工作，并在2018年全面实施全民参保计划，全面提高人民生活水平和社会保障水平。

重庆进一步开展脱贫工作，深度改善贫困地区生产生活生态条件，深度调整产业结构，深度推进农村集体产权制度改革以及深度落实各项扶贫惠民政策。在2017年重庆市全面启用"两票制"电子监管，使药品价格更加合理，并初步建成远程会诊平台，改善医疗服务，提高了社会保障水平。

在2017年，陕西省经济转为中高速增长，以新产业、新技术、新商业模式、新服务为代表的新经济快速增长，并且紧跟"一带一路"建设的步伐，主动融入"一带一路"建设，全力打造新时期的国际农业交流合作大平台。陕西加快构建国际物流大通道，建设西安国际航空物流枢纽，促进国际经贸交流。在农业供给侧结构性改革的探索中，陕西农产品质量安全体系的建设推动了陕西质量兴农的进程，有效推动了特色现代农业的发展，提升了农村经济发展质量。近年来陕西省不断加大环保政策力度，提升环境监测能力，致力于保护生态环境，并在2018年实施蓝天保卫战行动、水污染防治行动、土壤污染防治行动、污染物总量减排行动、绿盾自然保护区整治行动，推动全省环境质量持续改善。

甘肃省在“一带一路”建设推动下，立足“向西开放的重要门户和次区域合作战略基地”的定位，强化平台建设，创新合作机制，加快推进丝绸之路经济带甘肃黄金段建设，对于整体经济提升有重要意义。2017年全省取消药品加成，破除以药补医机制，建立科学补偿机制，不断提高医院服务能力和效率，并放宽社会办中医医疗机构准入门槛，切实提高社会保障质量。甘肃省积极发展乡村旅游和休闲农业等新产业，让贫困农牧民通过旅游业实现脱贫，并且贯彻实施乡村振兴战略，不断健全完善乡村治理体制机制，推动乡村经济高效发展。

2017年广西在“一带一路”建设中，与海上丝绸之路沿线国家进一步开展对外合作，互利共赢，对于当地旅游事业发展有重要意义，并公布了一批特色旅游名县，致力于特色旅游和全域旅游的建设工作。为实现2020年建成创新型广西，广西在发展科技创新、产业升级转型方面加强力度，强化实施创新协调发展战略，推动大众创业万众创新深入发展，推动产业协调和经济增长。河长制的全面推行，有利于改善水环境、水生态以及植被生态质量，致力于恢复水生态系统，推进环境治理工作。

宁夏在“一带一路”建设中，建立空中、陆上、网上三条通道，开放航权、开辟航线、扩建机场、成立航空公司等，凝聚成一股强大的开放力量。宁夏坚持推动信息化建设，大力发展通信基础设施建设，并通过大力实施创新驱动战略，建立起与东部科技合作的长效机制，银川经济技术开发区获批国家第二批大众创业万众创新区域性示范基地，对于经济转型升级、促进社会发展有强大推动作用。2017年宁夏面临脱贫攻坚的关键时刻，致力于精准扶贫，加大扶贫力度，重视健康扶贫，并通过创业致富之路促进农民增收。

近年来，西藏大力建设农牧业基础设施，并通过统筹整合农牧业特色产业生产基地，建成了一批规模化、标准化的现代高原特色农产品基地，促进农牧业稳定发展以及农牧民增收。通过发展乡村旅游业带动乡村脱贫致富，并且在

2017 年西藏自治区以数字化的形式向中国内地以及世界推广西藏非物质文化遗产，这也推动了西藏地区旅游业的发展。近年来，西藏自治区不断加强生态环境保护、严守生态安全底线红线，推进美丽西藏建设。西藏自治区的医疗卫生事业大力发展，医疗人才组团式援藏工作取得明显成效，并稳步推进医院改革，建立健全医院内部管理制度，惠及广大群众，社会保障卡跨省异地就医结算系统正式接入全国系统，当地群众就医结算更加便利，并基本实现了农牧区医疗制度覆盖全区农牧民，社会保障工作取得显著成效。

云南省主动服务并融入“一带一路”建设，建设面向南亚、东南亚辐射中心，积极构建开放型经济新体制，通过加快建设区域性国际经济贸易中心、科技创新中心、金融服务中心、人文交流中心，实现在更大范围集聚要素资源，推动经济发展。近年来，云南省深入贯彻落实脱贫攻坚工作，将乡村旅游扶贫列为全省旅游产业发展工作重点，大力推进乡村旅游扶贫，在 2017 年云南加强扶贫领域的监督执纪问责工作，致力于提高扶贫质量和效率。2017 年 11 月召开了第三届云南省互联网大会，云南正面临互联网信息产业发展的历史新机遇，有利于推动云南高科技创新产业发展以及产业升级。

近年来贵州通过引进大数据产业项目战略，大数据产业迅猛发展，大数据产业在实体经济中所占的比重也越来越大，服务并与实体经济相融合，推动产业结构转型升级。2017 年以来，贵州扶贫产业子基金投资平稳起步、健康运行，取得了明显成效，发展了一批优质项目和特色产业，扶持了一批当地企业，带动了一批贫困户增收，并且重点实施大扶贫战略行动，全面实施贫困县退出实施方案和脱贫认定管理办法，其农村义务教育学生营养改善计划已经实现全覆盖，2017 年贵州启动第二期特殊教育提升计划，力求在 2020 年使残疾儿童少年的义务教育入学率达到 95% 以上。在生态环境协调发展方面，贵州省加强乌江流域生态保护与治理，推动乌江绿色发展，致力于污染防治工作，维护生态平衡。

2017 年新疆在加快推进丝绸之路经济带核心区建设方面做了大量工作，包括基础设施建设、国际商贸物流体系建设、与周边国家经贸合作、对外开放平台建设以及对外金融合作与交流。2017 年新疆电力基础设施建设已经开始，并实施新一轮农村电网升级改造工程，进一步推动新疆地区发展。新疆启动全民免费体检工程，制定了疾病预防措施，提高了医疗卫生保障水平。从 2017 年 12 月起，新疆将全面实施高中阶段免费教育，教育资金重点向农村倾斜，加强农村教育工作。新疆在生态环境方面加快推进污染企业从城区进入工业园区，并升级企业环保措施，有利于改善环境状况。

2017年青海明确了着力建设创新型省份的战略布局，制定科技创新工作目标任务，并全力推动科技援青工作。近年来青海全面推进知识产权工作，提升专利申请数量和质量，提高创新效率，并促进专利的转移转化。2017年青海推动基础设施、基本公共服务均衡配置，加快城镇道路、垃圾处理、供水供热等基础设施向农牧区延伸，在高原美丽乡村建设基础上，进一步加大农村环境治理，促使乡村生态向良好方向发展，并进一步健全完善脱贫攻坚政策举措，进一步落实驻村帮扶的激励机制，推进扶贫工作有效进展，并且在提升全民医疗保障水平、深化公立医院综合改革等方面取得明显成效。青海湖生态博物馆的建成开放，对于传播生态文明理念、促进文化与旅游融合发展具有重要意义，而可可西里的申遗成功，将持续推进生态生产生活协调发展。

近年来，内蒙古全面融入“一带一路”和中蒙俄经济走廊建设，开展资源能源合作开发等境外合作重大项目，建设境外经贸合作园区，促进优势特色产业发展以及边境旅游业发展。2017年内蒙古去产能进度提速，推动内蒙古经济动力转换，为中高端产业的发展开辟道路，与北京、上海等科技资源富集区的科技合作交流，有利于科技成果转化。在补短板方面，继续完善社会保障政策，推动教育改革、完善就业创业服务体系。近年来，内蒙古大力培育地方特色产业，完善针对贫困人口的利益连接机制，进行产业扶贫和金融扶贫，大力发展“互联网+现代物流业”、金融业以及乡村生态旅游业，不断调整产业结构。2017年内蒙古启动耕地质量建设年活动，改善农业生态环境，稳步提升耕地质量和农业综合生产能力，并坚持进行山水林田湖草一体化治理，保护地下水资源，进一步改善生态环境。

（三）关于西部协调发展的建议

第一，构建有利于实现区域协调发展的体制和机制环境。西部与东部相比存在体制落差，包括要素市场尤其是资本市场制度安排的差异性、对外开放制度安排的差异性、财税制度安排的差异性和非正式制度存在较大差距。西部地区要实现加快发展和科学发展，必须在完善政府产业培育体制机制、人才和融资制度等关键领域取得突破。[①] 随着西部地区对外开放程度加大，合理的对外贸易结构和经济体制是西部地区经济发展的有力催化剂，同样，完善西部地区发展中的教育体制机制以及市场机制等对于推动西部地区整体协调发展具有重要意义。

第二，制定有利于区域协调发展战略实施的优惠政策。对于西部地区来说，有力的优惠政策能加快推进区域协调发展进程，要落实民间投资优惠政策、促进民营经济发展，并且完善投融资体系，加大在金融、货币政策方面的优惠力度，解决西部地方政府发展的资金难题，开发市场潜能，还要在产业转型升级、推动新兴产业发展方面给予优惠政策的支持，吸引高新技术人才流入，从而培育壮大新动能，促进新旧动能转换升级。

第三，地方政府在协调发展战略实施过程中要总结经验，抓住重点，重视短板。未来西部地区应努力改变经济发展对投资的过度依赖，积极扩大消费需求，尤其是要大力挖掘农村消费潜力。同时，进一步激发民间投资活力，促进民营经济发展；培育壮大新动能，促进新旧动能及时接续转换。[②] 未来西部地区要坚定不移地推动供给侧结构性改革，抓重点、补短板、强弱项，促进西部地区经济持续健康发展和社会和谐稳定。

第四，完善区域协调发展过程中的相关法律法规。随着西部各省份间经济联系加强，在规范区域经济活动中法律手段尤为重要。西部地区在部分领域存在立法空白，如一些知识产权领域等，并且存在重复立法、立法可操作性不强等问题。所以加快制定空白领域的法律法规，提高立法质量，完善相关法律法规体系，对于西部地区协调发展具有重大意义。

第五，全面统筹西部地区各个领域的协调发展。西部地区的协调发展包含了城乡协调发展、产业协调发展、经济社会协调发展、人与自然和谐发展、统筹西部地区和其他地区的协调发展、教育及社会保障的协调发展等，要推进经济、政治、文化、科技等各个方面的协调，只有全面统筹各个领域的发展，才能在发展中实现西部整体的协调统一。

第六，在协调发展战略中注重发展质量与效率。高质量发展意味着高质量

① 代云初：《西部地方政府产业培育制度研究》，西南财经大学博士学位论文，2011。

② 《西部地区发展存在的问题及建议》，《中国经济时报》2018 年 3 月 8 日。

的供给、高质量的需求、高质量的配置、高质量的投入产出、高质量的收入分配和高质量的经济循环。[①] 推动西部地区经济的高质量发展需要更加注重发展效率，不能一味追求速度，脚踏实地落实每一项措施，推动经济从规模扩张向质量提升转变。

四 西部地区协调发展的意义

新时代区域协调发展不仅是全面构建社会主义和谐社会的必然要求，也是社会主义现代化建设战略任务的重要组成部分，区域协调发展对于加快社会主义现代化进程、推动资源的优化配置、促进经济的合理布局、提高人民生活水平等目标的实现具有重大意义。

近年来，西部地区经济条件明显改善、社会事业发展取得显著成效，基础设施条件逐步改善、农村发展水平逐步提高、生态建设也显著加强，这都与西部地区协调发展战略息息相关。重视西部地区协调发展，缩小东中西部发展差距、实现统筹规划、优势互补，加强贸易联系，是我国实现全面协调发展的重大举措，是提高国家整体竞争力的必然要求，是社会稳定和民族团结的需要，也是惠及民生、实现共同富裕的必经之路。

---

① 《人民日报财经问道：高质量发展有六大内涵》，人民网，2018 年 1 月 22 日。

B.10
新时代西部地区经济社会协调发展*

张　莉**

摘　要： 文章建立了社会发展指标体系和经济发展指标体系，利用主成分分析方法分别构建了经济发展综合指标和社会发展综合指标，在此基础上，文章给出了经济和社会协调发展评价模型，并对2016年西部各地区的协调发展状况进行了测算和分析。结果表明西部地区协调发展度指标差异较大，区域差异明显，整体协调度较低，并且社会发展平均水平低于经济发展平均水平。

关键词： 经济发展　社会发展　协调发展度指标

一　引言

经济发展和社会发展是国家发展的两个重要层面，一方面经济发展为社会发展提供必要的物质基础，另一方面社会发展又为经济发展创造良好的社会环境。早在"六五"计划提出之际，我国就已经致力于推进国民经济和社会的和

---

* 本文受教育部哲学社会科学后期资助项目（17JHQ030）、陕西省软科学研究计划项目（2017KRM115）、陕西省教育厅人文社科专项（编号：16JK1742）资助。基金项目：张莉的工作得到国家自然科学基金青年项目（项目编号：11601424），教育部青年基金项目（项目编号：15YJC910009），博士后科学基金面上项目（项目编号：2015M580867），博士后科学基金特别资助项目（项目编号：2016T90940）的资助。

** 张莉，西北大学经济管理学院讲师，研究方向为复杂数据分析、数量金融与风险管理。参与课题研究和数据收集的还包括西北大学经济管理学院金融系学生李源、李瑾、胡冠英、王雨晴、谭正昊、吕晗宁。

谐发展。随着改革的深入，我国的经济发展与社会进步均取得了举世瞩目的成就，特别是经济的显著发展，使人民的物质生活水平得到了稳步提高。在国际上，由于综合国力的显著提升，使得我国在国际社会中发挥着越来越重要的作用。然而，经济发展的背后也出现了许多经济与社会发展不协调以及不匹配的问题，诸如经济发展速度与科教文卫事业的发展速度不匹配、社会领域的公共服务供给与需求矛盾突出、资源环境与生态环境的破坏以及居住生活环境恶化等。

十九大报告为我国发展给出了新的历史方位，指出中国特色社会主义进入了新时代。我国社会主要矛盾已经转化为人民日益增长的美好生活需要和不平衡不充分的发展之间的矛盾。报告指出我国经济已由高速增长阶段转向高质量发展阶段，建设现代化经济体系是跨越关口的迫切要求和我国发展的战略目标。在新时代下，不断促进经济和社会协调发展已成为我国全面发展的重要任务。因此，发现西部地区经济社会协调发展中的问题，提高经济与社会协调发展能力，是有关西部地区崛起和整个国家发展的大计。

本文综合国内外现有的经济指标评价体系和社会指标评价体系①，充分考虑到西部地区数据的可得性、可信度和有效性，建立了反映经济发展三个维度的 19 个指标，作为衡量经济发展的指标体系，同时建立了反映社会发展四个维度的 18 个指标作为衡量社会发展的指标体系，利用主成分分析法，测算了 2016 年西部地区 12 个省、自治区和直辖市的经济发展指数和社会发展指数，在此基础上构建了经济和社会协调度量化模型，对西部各地区的发展协调度进行了分析和综合评价，以期能为西部地区经济和社会的协调发展提供一定的理论支撑和参考。

二　指标体系的构建

经济发展表现为总量的增加、质量的改善、经济活力的持续提升以及经济

① 王圣云、罗玉婷、许双喜：《发展型福祉视域下中部地区经济社会协调发展度动态演化》，《经济问题探索》2015 年第 7 期；谢振忠：《我国发达地区经济与社会协调发展评价指标体系的设计》，《统计与决策》2008 年第 7 期；徐晔：《社会经济发展水平评价方法评述》，《外国经济与管理》2002 年第 8 期；朱芸芸：《我国区域经济社会发展协调度评价及对策研究——以宁波市为例》，浙江大学，2011。

结构的持续优化等。基于经济总量、经济活力和经济结构三个维度，结合国内外现有经济发展评价体系以及西部地区数据的可得性和有效性，我们共筛选了19个经济指标来构建西部地区经济发展指标体系，具体指标列于表1。

表1　西北地区经济发展评价指标体系

一级指标	二级指标	三级指标
经济发展	经济总量	GDP 总量
		人均 GDP
		实际利用外资总额
		社会消费品零售总额
		进出口总额
		财政收入总量
		固定资产投资总额
	经济活力	GDP 总量增长率
		人均 GDP 增长率
		财政收入总量增长率
		固定资产投资额增长率
		进出口总额增长率
		实际利用外资总额增长率
		社会消费品零售总额增长率
	经济结构	第三产业占 GDP 比重
		第二、三产业占三次产业总值比重
		城镇化率
		技术市场成交额
		人均粮食产量

社会发展是提升居民福祉的动态演进过程。考虑人口质量、居民生活质量、公共服务、社会保障四个维度来评价区域社会发展程度。其中人口质量反映人口总体的质，包括人的身体素质、科学文化素质以及思想素质等，这些因素都与人口质量正相关。居民生活水平包括收入水平、消费水平、居住条件等。公共服务是提高人的可行能力的重要条件，它满足公民生活、生存与发展的需求，能使公民受益或享受到经济和社会发展带来的福祉，同时又能促进经济发展，对经济发展产生循环加强作用。社会保障是社会安定的重要保障，也是社会文明进步的重要标志。因此，基于以上四个维度，同时考虑到数据的可

得性，我们选取了评价社会发展水平的 18 个指标来构建社会发展评价指标体系，具体指标列于表 2。

表 2　西部地区社会发展评价指标体系

一级指标	二级指标	三级指标
社会发展	人口质量	人口自然增长率
		初中师生比
		万人在校大学生数
		每万人拥有卫生技术人员数
		科学技术人员数
	居民生活质量	城市人口密度
		CPI 系数
		城镇居民人均可支配收入
		农村居民人均纯收入
		城市自来水普及率
		人均公共绿地面积
		人均拥有公共图书馆藏量
	公共服务	万人拥有公共交通车辆
		广播覆盖率
		电视覆盖率
		每万人医疗机构床位数
	社会保障	城镇登记失业率
		城市居民最低生活保障人数

三　经济社会协调发展模型

鉴于以上两个指标体系中包含变量较多，而变量增多时，变量之间的相关性可能增强，从而造成信息叠加，给建模增加了一定的复杂性，不利于对实际问题的分析。此外西部各地区的经济和社会发展水平在各自的指标体系下需要有一个综合的测度指数来衡量其发展状况，依据各自的发展水平，才能进一步考量经济和社会发展是否协调。主成分分析法是解决以上两个方面问题的利器，它可以克服相关性、重叠性，用较少的变量来代替原来较多的变量，并且这种代替可以做到能反映原始变量总信息的绝大部分。因此，我们先用主成分分析法来分别对经济发展和社会发展原始数据“降维”，并计算各地区经济和社会发展得分，然后再进一步构建最终的协调度发展模型。

（一）经济发展综合评价指标

本文使用的数据来自《中国统计年鉴2017》、西部各地区的统计年鉴、发展年鉴以及国民经济和社会发展统计公报。

1. 经济发展数据主成分分析

将数据去量纲标准化处理后，根据主成分分析法原理，可得各主成分所携带原始信息的比重，由于前8个主成分已经能够代表原始信息总量的近95%，因此，我们只需要取前8个主成分来代替原来的19个变量就够了，变量数目大大减少，且并没有因为变量个数的减少而损失太多的总信息。

表3　经济数据前8个主成分

类别	第一主成分	第二主成分	第三主成分	第四主成分
标准差	2.48	1.69	1.56	1.38
方差比重	0.33	0.15	0.13	0.10
累积方差比重	0.32	0.47	0.60	0.70
类别	第五主成分	第六主成分	第七主成分	第八主成分
标准差	1.30	1.19	0.96	0.86
方差比重	0.09	0.07	0.05	0.04
累积方差比重	0.79	0.86	0.91	0.95

表4　西部各地区经济主成分取值

地区	第一主成分	第二主成分	第三主成分	第四主成分	第五主成分	第六主成分	第七主成分	第八主成分
内蒙古	2.36	-1.59	1.77	-1.74	0.72	-0.44	-1.74	0.88
甘　肃	-2.11	0.04	-1.40	-1.61	0.77	-1.06	1.15	-0.50
广　西	1.19	-0.11	-1.34	2.18	0.09	-0.23	-1.33	-0.95
贵　州	-0.70	1.90	-0.80	-0.22	-3.20	-0.50	-0.31	1.13
宁　夏	-1.86	-1.54	1.69	-1.22	-0.41	0.13	0.67	-0.49
四　川	3.73	2.21	-1.05	-0.55	1.62	0.97	0.91	0.95
西　藏	-4.87	2.05	1.54	0.70	1.03	1.73	-0.64	0.15
新　疆	-0.44	-2.29	-1.19	-0.45	-1.10	1.34	0.27	-0.03

续表

地区	第一主成分	第二主成分	第三主成分	第四主成分	第五主成分	第六主成分	第七主成分	第八主成分
云　南	-0.52	0.49	-2.13	-0.97	0.63	-0.49	-0.96	-0.92
重　庆	2.41	1.86	2.57	0.36	-0.64	-1.24	0.60	-1.16
青　海	-1.59	-1.54	0.03	2.23	1.01	-1.90	0.64	1.22
陕　西	2.39	-1.48	0.3	1.3	-0.51	1.69	0.74	-0.27

2. 经济发展综合指标及其得分

利用主成分所代表总信息的比重不同，在使用中对各主成分的倚重程度也就不同。主成分代表的信息越多（方差越大）说明该主成分越重要，第一到第八主成分的重要性（方差）递减，因此在使用中应区别对待，赋予不同的权重。

我们对越重要的主成分赋予越大的权重来构造经济发展综合得分指标 E，表达式为：

$$E = \frac{\lambda_1}{\sum_{i=1}^{8} \lambda_i} Y_1 + \cdots + \frac{\lambda_8}{\sum_{i=1}^{8} \lambda_i} Y_8 \tag{1}$$

其中Y_1，…，Y_8表示第一到第八主成分，$\lambda_1 \cdots \lambda_8$为它们的特征根。这样，对西部各地区都计算得分 E，就可以得到各地区的经济发展排名以及具体得分，分值和排名由表 5 和图 1 给出。我们看到，四川省的经济发展得分是最高的，为 1.74，这表明在本文的指标体系中，四川省 2016 年经济发展得最好，重庆次之，甘肃省的排名最低，得分为 -1.04，这里的负数表示得分值处于平均水平之下。

表 5　西部各地区按照经济发展得分排名

排名	1	2	3	4	5	6
地区	四川	重庆	陕西	内蒙古	广西	贵州
得分 E	1.74	1.32	0.87	0.59	0.32	-0.38
排名	7	8	9	10	11	12
地区	青海	云南	新疆	宁夏	西藏	甘肃
得分 E	-0.52	-0.55	-0.70	-0.79	-0.86	-1.04

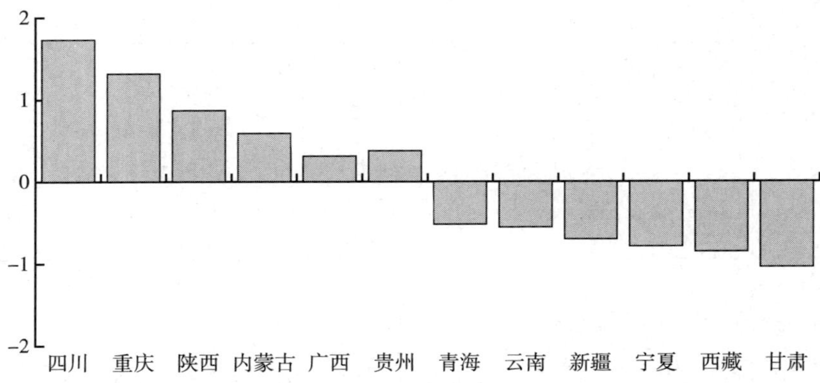

图1　西部地区经济发展得分及排名

（二）社会发展综合评价指标

1. 社会发展数据主成分分析

同样按照主成分分析法的原理，社会发展数据前8个主成分代表了近95%的原始总信息，因此我们也只取社会发展数据的前8个主成分。

表6　社会数据前8个主成分

类别	第一主成分	第二主成分	第三主成分	第四主成分
标准差	2.39	1.88	1.52	1.31
方差比重	0.32	0.20	0.13	0.09
累积方差比重	0.32	0.51	0.64	0.74
标准差	1.19	1.03	0.87	0.74
方差比重	0.08	0.06	0.04	0.03
累积方差比重	0.82	0.88	0.92	0.95

表7　西部各地区社会主成分取值

地区	第一主成分	第二主成分	第三主成分	第四主成分	第五主成分	第六主成分	第七主成分	第八主成分
甘　肃	1.18	−1.33	−1.74	2.07	1.07	1.46	1.14	−0.22
广　西	0.93	0.57	1.24	−0.23	0.46	0.80	−1.15	1.56
贵　州	1.86	−1.05	0.39	−2.13	−1.59	1.64	0.79	0.13

续表

地区	第一主成分	第二主成分	第三主成分	第四主成分	第五主成分	第六主成分	第七主成分	第八主成分
内蒙古	-2.69	2.73	1.15	1.66	-0.69	-0.23	0.84	0.24
宁　夏	0.36	3.57	-0.34	-1.23	0.75	0.47	-0.54	-1.23
青　海	0.96	1.06	-1.83	-0.55	1.05	-0.33	-0.31	-0.06
陕　西	-2.65	-1.82	-1.78	0.76	-0.26	0.25	-1.56	0.12
四　川	-3.15	-2.49	1.25	-0.50	-0.70	-0.18	-0.25	-1.09
西　藏	5.30	-0.50	1.23	1.59	-1.04	-1.08	-0.61	-0.53
新　疆	-0.14	0.19	-2.40	-0.94	-1.28	-1.80	0.72	0.64
云　南	0.04	-1.87	1.54	-0.96	2.49	-1.17	0.66	0.18
重　庆	-1.99	0.95	1.29	0.46	-0.25	0.15	0.29	0.25

2. 社会发展综合指标及其得分

利用前 8 个主成分构造社会发展综合评价指标如下：

$$S = \frac{\alpha_1}{\sum_{i=1}^{8} \alpha_i} Z_1 + \cdots + \frac{\alpha_8}{\sum_{i=1}^{8} \alpha_i} Z_8 \tag{2}$$

其中Z_1，…，Z_8 为社会发展数据的 8 个主成分，α_1，…，α_8 为其对应的特征根。于是，根据综合评价指标 S，我们可以计算出西部各地区的社会发展得分，其中四川省的社会发展得分最高，西藏的排名最低，具体数据和排名列于表 8。

表 8　西部各地区按照社会发展得分排名

排名	1	2	3	4	5	6
地区	四川	陕西	新疆	重庆	云南	内蒙古
得分 S	1.81	0.71	0.66	0.31	0.29	0.26
排名	7	8	9	10	11	12
地区	贵州	青海	甘肃	广西	宁夏	西藏
得分 S	-0.05	-0.09	-0.24	-0.59	-1.5	-1.57

（三）经济社会协调发展模型

要考察两个变量是否协调，那么必须先检验两个变量是否具有一定的相关性，否则，如果变量之间不相关那么协调还是不协调都无从谈起。因此在建立

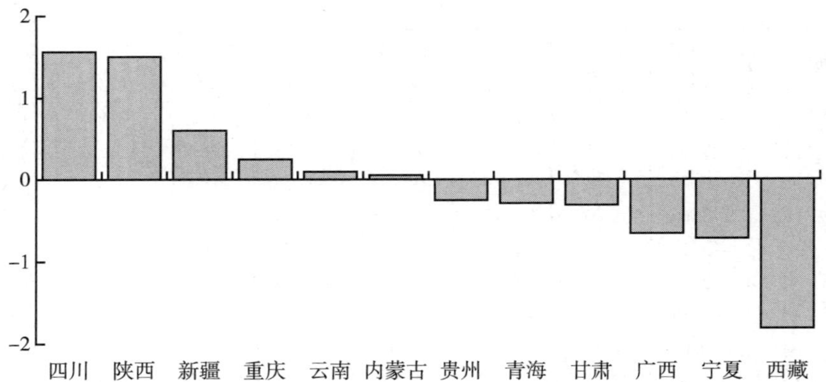

图2　西部地区社会发展得分及排名

模型之前，先检验社会发展指标和经济发展指标的相关性。由于这两组数据的分布未知，因此使用非参数方法来检验相关性。经 kendallτ 和 spearman ρ 检验，发现 p 值跟 0 很接近，表明两组数据之间有很强的相关性。因此，有必要继续研究如何度量经济和社会发展的协调度。

根据统计学相关理论，协调度可以表示为变量之间的离散程度，离散程度越高则可以说明两者越不协调；反之，则变量之间越协调。于是协调度测度模型可以利用如下模型来反映。

$$C = \left\{ \frac{C_1 * C_2}{\left[\frac{C_1 + C_2}{2} \right]^2} \right\}^K \tag{3}$$

其中 C_1 和 C_2 表示两个变量（或系统），C 为协调度系数，取值范围在 0 ~ 1 之间，C 越大表示两个系统的协调度越好，反之协调度越差。K 为调节系数，通常为变量（或系统）个数。该模型是用来评价两个或者多个系统之间的协调度时广泛使用的模型。由于在实际数据中很有可能出现 C 中分母接近 0 的情况，因此，基于公式（3），将测度模型修正调整为：

$$C = \left\{ \frac{(1.2 + C_1) * (1.2 + C_2)}{\left[\frac{(1.2 + C_1) + (1.2 + C_2)}{2} \right]^2} \right\}^2 \tag{4}$$

使用德尔菲方法得到协调度 C 的评价标准为：

表 9　协调度评价标准

C	协调度	C	协调度
[0,0.1]	极度失调	(0.5,0.6]	勉强协调
(0.1,0.2]	严重失调	(0.6,0.7]	初级协调
(0.2,0.3]	中度失调	(0.7,0.8]	中级协调
(0.3,0.4]	轻度失调	(0.8,0.9]	良好协调
(0.4,0.5]	濒临失调	(0.9,1]	优质协调

经过计算，可得西部各地区的协调度值以及排名情况，列于表 10 中。

表 10　西部各地区协调度值及排名

排名	1	2	3	4	5	6	7	8	9	10	11	12
地区	西藏	四川	贵州	宁夏	陕西	青海	内蒙古	重庆	云南	广西	新疆	甘肃
协调度	0.99	0.99	0.98	0.98	0.97	0.96	0.94	0.86	0.79	0.6	0.47	0.27

对比协调度标准，这 12 个地区中西藏、四川、贵州、宁夏、陕西、青海、内蒙古属于优质协调，重庆属于良好协调，云南属于中级协调，广西属于勉强协调，新疆属于濒临失调，甘肃属于中度失调。

我们看到一些经济不太发达的城市在协调度的排名中却靠前，例如宁夏、青海，尤其是西藏，这是由于这些省份的社会发展和经济发展得分的差异相对来说较小，虽然单看经济发展或者社会发展，它们都处于比较低的水平，但是正因为它们水平都比较低，所以二者发展水平不会差太多，即是协调的。这也就是重庆虽然在经济排名中列于第二，但是在协调度排名中却落后的原因。并且，这个结果也充分说明，虽然经济发展和社会发展有很强的相关性，但是区域经济的发展并不等同于社会的发展。同时，排名也充分表明了西部地区区域经济和社会发展的不充分性和不平衡性，区域差距明显。另外，值得一提的是，由上面的分析可知，本文中的协调度只是反映经济发展和社会发展是否基本处于同一水平，不能作为评价经济发展好坏或者社会发展好坏的标准，因此这里的协调度只属于相对的评价范畴。经济发展和社会发展的程度由主成分分析构造的综合得分反映。

四 结论

文章建立了社会发展评价指标体系和经济发展评价指标体系，利用主成分分析方法分别构建了经济发展综合指标和社会发展综合指标，根据综合指标测算了西部各地区的经济发展和社会发展的得分和排名，并且在此基础上给出了经济和社会协调发展评价模型，对西部各地区 2016 年的协调发展状况进行了测算和评价。

从研究结果来看西部地区协调发展度指标差异较大，说明区域差异明显，整体协调度较低。单看各地区的数据，西藏的协调度计算值虽然位列第一，原因上面已经分析过了，但是在原始数据中其各项指标的取值都处于整个数据组的倒数，尤其是公共服务和社会保障数据是其中最低的，这使得居民没有“获得感”和“幸福感”，严重影响到了西藏地区的社会发展。甘肃省的情况和西藏类似。四川省的表现较突出，数据上，四川省的数据指标基本都是同组数据中情况最好的，在两个指标得分中排在第一也在意料之内。综合比较各地区经济发展得分和社会发展得分可知，社会发展得分平均值要小于经济发展得分平均值，这说明整体上西部地区社会发展比经济发展落后。

今年的政府工作报告进一步强调社会领域改革，明确提出“深入推进教育、文化、体育等改革，充分释放社会领域巨大发展潜力”。这和我们的研究结果也是相吻合的。新时代下，西部地区在不断发展经济、优化经济结构、提高经济效率的同时，更要重视社会的发展，提高人民受教育水平，提升公共服务能力，加大社会保障投入，治理贫困，使得人民有相应的“获得感”和“幸福感”，能享受到经济发展带来的福祉。在新时代下，不断促进经济发展和社会发展的协调性，加强相互促进效应循环，共同提高西部地区发展水平。

绿色高质量发展

High Quality Green Development

B.11 新时代西部地区绿色发展*

岳利萍　张　瑶**

摘　要： 西部地区绿色发展事关全国绿色发展战略的实现，为整体把握西部地区绿色发展态势，本文运用因子分析法，对2016年西部地区绿色发展水平进行测度。研究表明，西部地区绿色发展总体呈现西南优于西北的态势，地区差异明显；绿色发展水平四个维度之间不均衡且西部地区治理体系绿色化水平不高。由此，本文根据影响西部地区绿色发展的因素，提出具有针对性的路径选择。

关键词： 西部地区　绿色发展　因子分析法

---

* 本文受陕西省社会科学基金（项目编号：2016D049）、陕西省软科学研究项目（项目编号：2016KRM100）、陕西省教育厅重点研究基地项目（项目编号：14JZ054）资助。

** 岳利萍，陕西西安人，西北大学经济管理学院副教授，经济学博士，主要研究方向为资源与环境经济学；张瑶，西北大学经济管理学院硕士研究生，研究方向为政治经济学。

过去30多年的高速发展使我国的经济总量步入世界的前列，但同时也带来了不可忽视的环境问题，资源短缺、环境污染、生态破坏等问题日渐严重，经济增长与自然资源和生态环境之间的矛盾日益突出，传统的以牺牲生态环境为代价的粗放型发展方式已经越来越不适应社会发展的需要。如何统筹经济社会发展与生态环境保护之间的关系以构建资源节约型、环境友好型社会是新时代我国面临的重大考验，在此背景下，绿色发展的重要性逐渐凸显。

“十一五”规划将“节约资源，保护环境”作为我国的基本国策；2010年7月中国科学院发布的《中国科学发展报告2010》以绿色发展为主题；党的十八届五中全会提出了创新、协调、绿色、开放、共享的五大发展理念，把绿色发展作为“十三五”时期的一个重要发展理念；在党的十九大报告中，习近平总书记再次强调了坚持人与自然和谐共生的理念。由此可见，绿色发展已经成为中国发展的一大战略选择。

作为国家生态安全战略格局“两屏三带”重要组成部分的西部地区，占我国国土面积的71.5%，是中国主要的生态功能供给区，且占据重要的资源和能源战略地位，其绿色发展水平直接关系着国家绿色发展战略的实现。因此，对西部地区的绿色发展水平进行测度有助于及时了解西部地区乃至全国的绿色发展实施情况，对于全国绿色发展战略的实现具有十分重要的意义。

一　西部地区绿色发展水平综合评价指标体系构建

（一）绿色发展内涵界定

绿色发展是涉及经济、社会、资源、环境等各个方面的一个综合性发展理念，是新时代中国经济社会发展的必然选择。国外对于绿色发展内涵的研究主要有两条路线，一条是强调在经济发展的同时注重对资源环境的保护，另一条是以绿色发展作为新经济增长的动力源泉。国内普遍认为绿色发展是低碳、环保、生态、健康的新型可持续发展模式。但对于绿色发展的概念，学术界尚无统一定论，目前对于绿色发展内涵的界定，主要有以下观点。

王玲玲和张艳国（2012）认为，绿色发展是在生态环境容量和资源承载能力的制约下，通过保护自然环境实现可持续科学发展的新型发展模式和生态发展理念。其内在核心要素是合理利用资源、保护环境、维系生态平衡①。胡鞍钢等（2014）认为绿色发展是对传统工业化模式的根本性变革，既包括传统的可持续发展中所关注的人口和经济增长与粮食和资源供给之间的矛盾，也重视气候变化对人类社会的整体性危机，它强调经济系统、社会系统和自然系统的共生性以及发展目标的多元化②。王海芹等（2016）综合了王玲玲、张艳国和胡鞍钢的观点，认为绿色发展模式脱胎于传统的工业化过程，考虑了资源环境的承载能力，追求更加高效、清洁、可持续和全面的经济发展，这一发展模式的特征有绿色发展的协调性、系统性、全球性和发展中国家绿色发展的后发性③。

庄友刚（2016）提出，绿色发展理念的核心是以符合生态需要的方式来改造自然，其根本立足点在于推动生产力的发展④，这更接近国外“将绿色发展作为经济增长的动力源泉”的理论。李晓西等（2014）将绿色发展确立为经济社会的可持续发展和资源环境的可持续发展两个方面，即人要吃饱，有住行条件，有受教育机会，有基本的卫生设施，天蓝气爽、地绿水清以及生物共存，并从这两个方面出发建立了人类绿色发展指标体系⑤。

基于上述研究，本文从高质量绿色发展的角度，综合经济、社会、环境三个方面，将绿色发展进一步界定为经济绿色化、发展动能绿色化、协同绿色化和治理体系的绿色化，其特征是经济发展的动力源头、过程和结果各个阶段都实现绿色化发展。其中，经济绿色化是指经济发展过程中国民经济素质和经济发展质量，用产业、消费和公共服务三个具体的指标来衡量；发展动能绿色化是绿色发展的根本动力，可由经济主体的创新能力来衡量，主要表现为技术创新和非技术创新两个方面；协同绿色化是对经济发展质量的某种评价，不仅考虑单纯的绿色发展，还要考察城乡绿色发展的差距，主要由城乡协同发展来体

① 王玲玲、张艳国：《“绿色发展”内涵探微》，《社会主义研究》2012 年第 5 期。

② 胡鞍钢、周绍杰：《绿色发展：功能界定、机制分析与发展战略》，《中国人口·资源与环境》2014 年第 1 期。

③ 王海芹、高世楫：《我国绿色发展萌芽、起步与政策演进：若干阶段性特征观察》，《改革》2016 年第 3 期。

④ 庄友刚：《准确把握绿色发展理念的科学规定性》，《中国特色社会主义研究》2016 年第 1 期。

⑤ 李晓西、刘一萌、宋涛：《人类绿色发展指数的测算》，《中国社会科学》2014 年第 6 期。

现；治理体系绿色化是治理行动和治理能力的一种测度，包括政府绿色治理能力和市场绿色治理能力的绿色化，其中，政府绿色治理能力是政府政策层面对绿色发展的支持和贡献力度，市场绿色治理能力是通过市场自发调节实现绿色发展结果的能力。

（二）绿色发展水平综合评价指标体系

绿色发展是对发展方式和状态的一种价值判断，绿色发展水平表现为经济绿色化、发展动能绿色化、协同绿色化和治理体系绿色化四个方面。根据上述对绿色发展内涵的界定，本文认为，绿色发展主要包含以下几个层面的内容：一是经济绿色化，主要考察产业、消费和公共服务领域的绿色化；二是发展动能绿色化，主要测度经济主体对发展动力的创新能力和表现，包括技术创新和非技术创新；三是协同绿色化，主要度量指标为城乡协同绿色化；四是治理体系绿色化，主要考虑政府绿色治理的能力和市场绿色治理的能力。表 1 为本文构建的包含 17 个具有代表性基础指标的绿色发展水平综合评价指标体系。

表 1　绿色发展水平综合评价指标体系

方面指数	分项指标	基础指标	计量单位	指标属性		
				正指标	逆指标	适度指标
经济绿色化	产业	工业废水排放量	万吨		√	
		工业二氧化硫（SO_2）排放量	万吨		√	
		农用化肥施用量	万吨			√
	消费	地区电力消费	亿千瓦时			√
		每百户年末电动助力车拥有量	辆	√		
	公共服务	节能环保支出	亿元	√		
发展动能绿色化	技术创新	教育支出/地方一般公共预算支出	%	√		
		R&D 经费	万元	√		
		有效发明专利数	件	√		
	非技术创新	网上销售占社会销售品零售总额比例	%	√		
		电子商务企业所占比重	%	√		

续表

方面指数	分项指标	基础指标	计量单位	指标属性		
				正指标	逆指标	适度指标
协同绿色化	城乡协同	城乡燃气普及率差值			√	
		城乡用水普及率差值			√	
治理体系绿色化	政府	环境污染治理投资总额	万元	√		
		森林覆盖率	%	√		
		空气质量年达标天数	天	√		
	市场	生活垃圾无害化处理率	%	√		

绿色发展着重体现为一个国家或地区经济绿色化发展的基本条件和能力，而衡量经济绿色化水平主要从产业、消费和公共服务的绿色化三个方面入手。第一、第二产业是第三产业发展的前提和基础以及第三产业本身具备绿色发展的特征，所以文中产业绿色化以工业和农业的绿色发展为代表；消费绿色化是由消费结构和水平来反映，具有代表性的相关指标选取电力消费量和耐用消费品消费中的每年末电动助力车拥有量；公共服务绿色化的一个重要度量指标是公共服务领域在绿色发展方面的支出，本文选取节能环保支出这一指标来反映。

发展动能绿色化是对于发展动能的创新性，是绿色发展的动力源泉，主要由技术创新和非技术创新来体现。由于教育、研发和发明是发掘新技术的基础，所以技术创新主要选取教育支出占地方一般公共预算支出的比重、R&D经费和有效发明专利数三个指标来代表；其次，非技术创新是对管理制度和发展方式等方面的创新，因为这些方面的改善能够带来更高效的生产，所以本文主要衡量新型的产业发展方式的情况，由网上销售占社会销售品零售总额比例和电子商务企业所占比重来反映。

协同绿色化主要测度城乡协同绿色化发展，这一方面能够反映城乡生活水平的差异，另一方面还需要表现城乡绿色化发展的程度，故选取城乡燃气普及率的差值和城乡用水差值为代表性指标。

治理体系绿色化主要体现为政府和市场的绿色治理能力。其中，政府绿色治理能力是政府在绿色发展中的作为和行为效果，是政府在政策层面对绿色发展的支持，由环境污染治理投资总额、森林覆盖率和空气质量年达标天数来度量；市场绿色治理能力是市场在绿色治理中所发挥的作用，由生活垃圾无害化处理率来代表。

二　西部地区绿色发展水平测度

本文主要以广西、云南、重庆、四川、贵州、陕西、甘肃、青海、宁夏、新疆、内蒙古11个西部省份（西藏除外）为着眼点，研究2016年西部地区绿色发展水平，并从西部地区绿色发展水平的测算和西部地区绿色发展的基本特征两个层面整体把握西部地区绿色发展的基本态势。

（一）数据选取与指标说明

根据上述构建的绿色发展水平综合评价指标体系，本文拟对2016年西部11个省区（西藏除外）绿色发展水平进行分析与评价。本文所用数据均来自《中国统计年鉴》和国家统计局网站。

关于各个基础指标的设定，除了统计年鉴中直接可得的数据之外，部分数据根据本文对绿色发展内涵的界定通过简单计算得来。此外，对于空气质量年达标天数这一指标，由于数据的可得性，采用各省份省会城市的数据来代替全省数据。考虑各指标之间的属性不同，在进行因子分析之前需要先将逆向指标正向化，也即取倒数，以使各指标属性相同。同时，由于不同指标的计量单位不同，需对各指标数据做均值化处理以消除量纲。

（二）测度方法与测算结果

1. 测算过程

本文借助SPSS25.0软件，采用因子分析法分别计算衡量绿色发展水平各个方面指数的权重，再由此计算每个省份的综合得分，进而对西部11个省份（西藏除外）的绿色发展水平进行测度。在具体测算之前，需要对各个变量是否适合使用因子分析法进行相关检验。在巴特利特球度检验中，检验统计量对应的概率值均低于显著性水平，可以拒绝原假设，认为原变量之间存在一定的相关关系，适合进行因子分析。

首先进行主成分分析，得到各个主成分特征值、方差贡献率以及因子得分系数矩阵，并据此计算综合得分。具体结果见表2、表3。

表2　总方差解释

成分	初始特征值			提取载荷平方和			旋转载荷平方和		
	特征值	方差百分比(%)	累积百分比(%)	特征值	方差百分比(%)	累积百分比(%)	特征值	方差百分比(%)	累积百分比(%)
1	6.172	36.304	36.304	6.172	36.304	36.304	4.803	28.251	28.251
2	3.117	18.338	54.642	3.117	18.338	54.642	3.546	20.858	49.109
3	2.780	16.352	70.994	2.780	16.352	70.994	2.743	16.136	65.245
4	1.591	9.358	80.352	1.591	9.358	80.352	1.951	11.479	76.724
5	1.062	6.247	86.599	1.062	6.247	86.599	1.679	9.875	86.599
6	0.754	4.435	91.034						
7	0.565	3.324	94.358						
8	0.426	2.509	96.867						
9	0.305	1.793	98.660						
10	0.228	1.340	100.000						

注：提取方法为主成分分析法，本表仅显示前10个成分特征值。

由表2可知，前5个主成分特征值大于1，且累积方差贡献率为86.599%，大于85%，因此，提取前5个主成分进行西部地区绿色发展水平评价。在此，根据表2、表3与原始数据计算各因子得分。

表3　因子得分系数矩阵

类别	成分				
	1	2	3	4	5
工业废水排放量	-0.189	-0.047	-0.058	0.082	-0.011
工业二氧化硫排放量	0.086	0.056	-0.001	-0.508	0.031
农用化肥施用量	0.078	0.060	0.307	-0.102	0.137
地区电力消费	0.013	-0.055	0.314	0.047	0.073
每百户电动助力车年末拥有量	-0.037	0.221	0.246	-0.196	-0.078
节能环保支出	-0.022	-0.053	-0.058	0.457	0.097
教育支出/预算	-0.006	0.036	0.011	0.069	0.478
R&D经费	0.195	-0.048	-0.001	0.021	-0.100
有效发明专利数	0.238	-0.034	0.025	-0.108	-0.014

续表

类别	成分				
	1	2	3	4	5
网上销售占比	0.233	-0.070	-0.019	-0.098	0.030
电商企业占比	0.097	0.075	-0.233	0.041	-0.036
城乡燃气普及率差值	-0.004	0.266	-0.037	-0.054	-0.151
城乡用水差值	0.040	0.248	0.104	-0.237	0.011
污染环境治理投资总额	-0.063	0.003	0.219	0.083	-0.291
绿化覆盖率(%)	0.014	0.187	-0.058	0.122	0.038
空气质量年达标天数	-0.261	0.217	-0.137	0.358	0.102
生活垃圾无害化处理率	0.075	0.167	-0.070	-0.023	-0.486

注：提取方法为主成分分析法。

根据各公因子对应的方差贡献率为权数计算如下综合统计量：

$$F=\frac{36.304}{86.599}F_1+\frac{18.338}{86.599}F_2+\frac{16.352}{86.599}F_3+\frac{9.358}{86.599}F_4+\frac{6.247}{86.599}F_5$$

其中 F_1、F_2、F_3、F_4、F_5 为提取的五个主成分得分，其系数也即权重是方差贡献率，通过上式计算得到西部地区绿色发展水平的综合得分。

根据同样的方法，对绿色发展的四个维度，即经济绿色化、发展动能绿色化、协同绿色化和治理体系绿色化也分别进行主成分分析，计算各个分项的得分。由于方法相同，故此处不再列示具体过程。

2. 测算结果与分析

根据上述思路，本文最终得到2016年西部11个省份（西藏除外）绿色发展水平及其四个衡量方面的得分及排名，具体情况见表4。

表4　综合得分及各分项得分排名

省份	综合得分	排名	经济绿色化	排名	发展动能绿色化	排名	协同绿色化	排名	治理体系绿色化	排名
四　川	0.914	1	1.219	1	1.932	1	0.215	5	0.139	6
陕　西	0.485	2	0.313	4	1.356	2	-0.731	9	0.363	4
广　西	0.368	3	0.123	5	0.007	6	1.890	1	0.813	1
云　南	0.315	4	0.369	3	0.134	4	0.871	2	0.418	3
重　庆	0.141	5	0.051	6	0.691	3	0.776	3	0.244	5

续表

省份	综合得分	排名	经济绿色化	排名	发展动能绿色化	排名	协同绿色化	排名	治理体系绿色化	排名
内蒙古	-0.008	6	1.071	2	-0.787	8	-0.730	8	0.729	2
新　疆	-0.145	7	-0.273	8	-1.114	11	-0.346	7	-1.019	10
贵　州	-0.156	8	-0.097	7	0.116	5	0.194	6	0.118	7
甘　肃	-0.463	9	-0.425	9	-0.396	7	-1.071	10	-1.547	11
宁　夏	-0.513	10	-1.146	10	-0.856	9	0.485	4	0.117	8
青　海	-0.939	11	-1.206	11	-1.082	10	-1.553	11	-0.375	9

从综合排名来看，四川省的综合评价水平最好，得分为0.914，陕西和广西分别为第二、第三，得分分别为0.485和0.368，与四川省差距较大；甘肃、宁夏和青海位于最后，其中青海绿色发展综合得分-0.939，为西部地区最差，其余地区处于中间水平。总的来看，西部地区的绿色发展水平呈现出西南优于西北的态势。

从各分项指标来看，四川省的经济绿色化得分最高，为1.219，其次是内蒙古，得分为1.071，云南排名第三；甘肃、宁夏和青海依然居于最后，青海得分最低为-1.206。自西部大开发以来，内蒙古的经济发展速度较快，其城镇化水平为西部地区最高，所以经济绿色化发展较好。在发展动能方面，四川和陕西仍然位于第一、第二，分别得分1.932和1.356，宁夏、青海和新疆处于末端，新疆得分最低为-1.114。由于四川和陕西高校众多，科教水平在西部地区发展较好，因而其创新能力更强，发展动能绿色化水平也较好，而新疆地处边疆，信息较为闭塞，在一定程度上影响了其创新能力的提高。在协同绿色化方面，广西、云南和重庆最好，广西得分最高为1.890，远高于第二位的云南（0.871），其余各省中四川省得分0.215，排名第5，而陕西、甘肃和青海处于末三位，青海最差，得分仅为-1.553。可知四川的城乡协同水平有待提高，甘肃、陕西和青海城乡差距大，协同绿色化水平差。在治理体系绿色化方面，广西、内蒙古和云南较好，广西得分0.813，排名第一，青海、新疆和甘肃居于最后，甘肃得分-1.547为最低。从表4中可以看出，各省的该项指标得分都不高，说明西部地区整体治理体系绿色化水平较低。（具体趋势见图1）

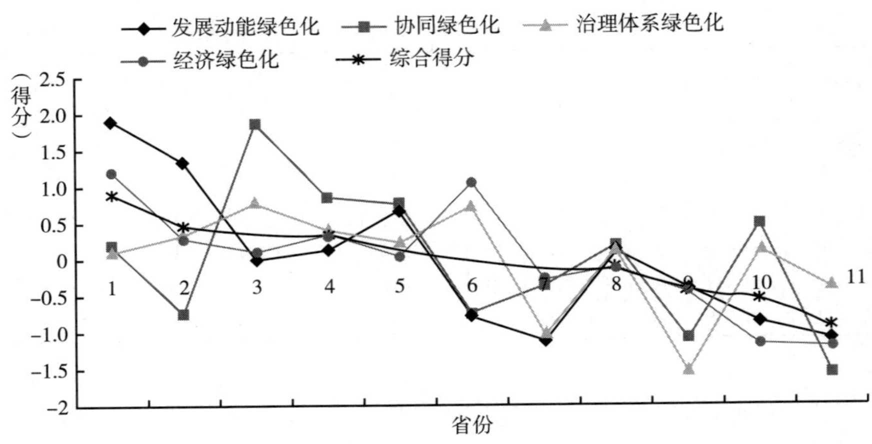

图1　各省份综合及各分项得分

注：图中标号1～11依次为四川、陕西、广西、云南、重庆、内蒙古、新疆、贵州、甘肃、宁夏、青海。

从各省份的情况来看，在得分较高的省份中，四川省综合得分及经济绿色化和发展动能绿色化均排名第一，但协同绿色化和治理体系绿色化却只处于中间水平，这是由于四川省的旅游业和服务业较为发达，第三产业占地区生产总值的47.2%，且四川省高校众多，科研和创新能力较强，因而经济绿色化和发展动能绿色化发展较好；但是同时后两项指标得分低说明四川省的城乡差距较大，需要结合治理体系加强城乡统筹协调发展。陕西省综合得分和发展动能绿色化排名第二，经济绿色化和治理体系绿色化居中间，而协同绿色化却位于末端水平；与四川省类似，因陕西省高等学校数量多，科教发展水平较好，使得其发展动能绿色化水平较高，带动总体绿色化水平提高，但是协同绿色化是其不可忽视的短板，需要从城乡差距着手带动整体绿色化水平的进一步发展。广西的协同绿色化和治理体系绿色化均排名第一，但经济绿色化和发展动能绿色化水平相对不高，所以该省需要从前两个方面努力来推动绿色化发展。

对于处于中间的各省份来说，云南省和重庆综合得分排名分别为第四、第五，这两省份协同绿色化水平都较好，分别排名第二、第三，云南的经济绿色化和治理体系绿色化水平也较高，都排在第三位，相对于发展动能绿色化，重庆优于云南，但重庆的经济绿色化和治理体系绿色化只排在中间水平。总的来说，这两省份绿色发展提升空间大，所以应该从各个方面发力，统筹协调突破发展短板，跃过瓶颈提升综合绿色发展水平。

内蒙古综合得分 -0.008 分，排名第六，各分项指标中经济和治理体系绿色化水平较高，都排名第二，这是因为内蒙古城镇化水平较高，且十八大以来的政策支持使得其这两个方面发展较好，值得其他地区借鉴，但是发展动能绿色化和协同绿色化水平较差，这是内蒙古需要重视的板块。

在排名靠后的省份中，新疆、甘肃、青海 3 省总体绿色化发展水平差，且所有的指标得分均为负值，这说明这 3 省份的绿色发展存在的问题较大，须引起重视；这几个省份少数民族众多，人文和社会环境复杂，自然环境较西部其他省份也更为恶劣，所以需要结合当地的实际自然和社会条件制定可行的发展方案。贵州和宁夏虽总体得分落后于新疆，但是得分并非全为负，贵州的发展动能绿色化和宁夏的协同绿色化水平还较为靠前，这也印证了下文的结论，即评价绿色发展水平的四个方面之间不一定呈正相关关系，绿色发展水平的四个维度之间存在不均衡。

但是，进行西部地区绿色发展水平评价的目的并非在于得分和排名本身，而在于通过评价过程来发现西部地区在实施绿色发展战略的过程中存在的问题以及影响西部地区绿色发展的因素，并针对所发现的问题提出相应的解决措施，为提升西部地区的绿色发展水平提供一定的参考和借鉴。所以，通过以上评价，本文总结了西部地区绿色发展水平的一些基本特征，并试图据此对西部地区的绿色发展路径选择提出合理的建议。

（三）西部地区绿色发展水平基本特征分析

1. 绿色发展水平四个维度之间不均衡

从表 4 可看出，西部各省份绿色发展水平的四个维度得分呈不均衡状态，例如陕西，综合得分和经济绿色化、发展动能绿色化、治理体系绿色化排名均靠前，但是协同绿色化水平处于末端水平，而宁夏综合评分和其余各项指标得分都极低，协同绿色化水平却较好。这表明绿色发展水平评价的四个方面不一定具有正相关关系，不能仅凭某一单一指标的得分对一个地区的绿色发展水平做出判断，而应当构建综合的绿色发展水平评价体系，全方位考量地区的绿色发展水平，同时西部地区也应当重视这一现象，补齐短板，形成各方面协调的高质量绿色发展局面。

2. 绿色发展水平地区差距较大

2016 年西部地区 11 个省份绿色发展综合水平存在较大差距，表现为四川 > 陕西 > 广西 > 云南 > 重庆 > 内蒙古 > 新疆 > 贵州 > 甘肃 > 宁夏 > 青海。其中四川、陕西、广西绿色发展水平居于前三位，甘肃、青海、宁夏处于后三位，其余省份居中。综合表 4 可知，西部地区的绿色发展综合水平总体呈现出西南高于西北的趋势，存在明显的地域差异，这是因为西部地区地域辽阔，自然环境和社会环境较其他地区更为复杂多样，因而区域分化明显。这就需要在充分认识和了解西部各个地区的现实条件的基础上，因地制宜制定符合区域特征和需求的绿色发展战略规划。

3. 治理体系绿色化水平整体较低

由表 4 可知，虽然西部各省份治理体系绿色化这一项得分中负分较少，但是各省份的得分都不高，其中广西最高也仅为 0.813 未超过 1，内蒙古次之，得分 0.729，而最差的甘肃却达到 -1.547，这表明西部地区整体治理体系绿色化水平有待提高，这是西部地区绿色化发展的一大限制性因素。其中内蒙古该项得分相对较高与十八大以来的政策扶持不无关系，所以国家政策层面和西部地区自身都应该重视这一问题，协力打造高水平的绿色治理体系。

三　西部地区绿色发展水平影响因素

结合上文分析，2016 年西部地区绿色发展水平存在明显的地区差异且各维度之间发展不均衡，为了更深入地了解西部各地区之间绿色发展水平的问题，本文将对影响西部地区绿色发展水平的因素进行分析。

（一）经济绿色化约束

本文以产业、消费和公共服务的绿色化来衡量经济绿色化水平。从产业方面来看，首先，西部地区第一、第二、第三产业占 GDP 的比重分别为 11.87%、42.95%、45.18%，相应的全国平均水平分别为 8.6%、39.8%、51.6%[①]，西部

① 数据来源：国泰安数据库。

地区第一、第二产业占比较高而第三产业占 GDP 的比重低于全国水平。其次，2016 年西部地区生产总值仅占全国的 20. 1%，化学需氧量却占全国总量的 28. 18%，农用化肥施用量占全国总量的 30%，二氧化硫排放量更是达到全国排放总量的 38. 11%①，远高于其地区生产总值占国内生产总值的比重，这就意味着西部地区单位 GDP 的排放量高于全国平均水平，产业绿色化水平低。从消费和公共服务方面来看，西部地区节能环保支出占全国的比重为 27. 64%，较为合理。所以制约西部地区经济绿色化发展的主要因素在于产业绿色化。

探寻影响产业绿色化水平的根源，又与西部地区丰富的自然资源储量有着密不可分的联系。西部地区拥有十分丰富的石油、煤炭、各类金属矿产和稀有金属，这使得西部地区的经济增长以大量投入资源为基础。一方面，对资源的依赖性太强使经济增长后劲不足，当自然资源开采到一定程度时，这些地区就会面临因自然资源枯竭而产生的发展困境；另一方面且更重要的是，西部地区的经济长期以资源主导型产业为主，现代制造业和高科技产业发展不足，这不仅会制约人力资本积累和科技能力的提升，引发“资源诅咒效应”②，而且这种产业结构高污染、高排放的特征还伴随着严重的环境恶化，所以，西部地区要改善经济绿色化水平还需从产业转型入手。

（二）发展动能绿色化约束

从发展动能绿色化方面分析，发展动能绿色化是指发展主体的创新能力，包括技术创新和非技术创新，这种创新能够为摆脱资源环境约束从而推动绿色发展找准路径。

就技术创新而言，资本是技术创新的前提和基础之一，人力资本则是持久保障和根本原动力，因为只有具备一定的资金实力，才能够进行新技术研发或是技术引进，而新的技术能否在引进地被吸收利用则需要一定的人力资本条件，一定程度上取决于人力资本的积累。然而，相对于东部发达地区，西部地

① 数据来源：《中国统计年鉴》（网络版），http：//www. stats. gov. cn/tjsj/ndsj/2017/indexch. htm；资料经过整理加工。

② 徐康宁、王剑：《自然资源丰裕程度与经济发展水平关系的研究》，《经济研究》2006 年第 1 期。

区长期处于资本稀缺、技术落后和人才短缺的局面。2016 年，西部地区规模以上工业企业研发人员全时当量仅为全国水平的 9.73%，相应的 R&D（研发）经费仅占全国的 10.43%，而新产品开发销售收入只占全国的 8.18%。由于受到地理、经济和人文环境因素的影响，西部地区的受教育水平普遍较低，云南、贵州、甘肃、宁夏、四川、青海、西藏 7 省 15 岁及以上文盲人口所占比例均高于 5.28% 的全国平均水平，而其他省份也仅略低于全国平均水平①，这导致西部地区人力资源整体素质偏低。近年来，由于受地理位置和经济发展状况的制约，为追求更好的发展机遇和更好的资源，西部地区人才流失现象越发严重，博士、教授等高层次人才的流出又进一步削弱了西部地区技术水平提高和人才培养的能力。所以，资本和人才不足成为西部地区技术创新的一大限制性因素。

从非技术创新的层面来看，非技术创新主要考察地区的市场化和开放程度，由制度创新和商业模式的创新来体现。西部地区 2016 年网上零售额占社会消费品零售总额的比重仅为 6.73%，远低于全国 15.51% 的比重；关于有电子商务的企业比重这一指标，云南、重庆、四川、陕西四省发展较好，内蒙古、甘肃、宁夏和新疆都低于全国 10.9% 的水平，其余省份也仅略高于全国平均水平。这表明西部地区非技术创新水平也不高，因而接受新鲜事物需要较长的过程，也影响了绿色发展的进程。

（三）协同绿色化约束

协同绿色化主要以城乡的绿色协同来度量，当前西部地区协同绿色化得分除广西得分较高为 1.89 之外，其余省份得分都不高，尤以陕西、甘肃和青海最差。这首先是因为西部地区农村居民收入水平较低——2016 年农村居民人均可支配收入的全国平均值为 12363.4 元，东部地区为 15498.3 元，而西部地区仅为 9918.4 元，西部各省市中内蒙古最高只达到 11609 元，不足全国平均水平。较低的收入水平使农村人口大量流出到城市和东部发达地区，东部地区的发展部分建立在西部的人口和资本输出基础之上，对于西部地区来说，人口

① 数据来源：《中国统计年鉴》（网络版），http：//www.stats.gov.cn/tjsj/ndsj/2017/indexch.htm；资料经过整理加工。

减少削弱了农村发展的动力，最终结果是乡村衰落。此外西部地区城镇化水平不高，2016 年全国城镇化率为 57.35%，而西部地区除内蒙古和重庆高于全国平均水平之外，其余各省均低于全国平均水平①，这也限制了西部地区协同绿色化的发展。

（四）治理体系绿色化约束

治理体系绿色化的发展，主要在于政府、市场和非政府组织这几个方面。相对于东部发达地区来说，西部地区长期处于欠发达状态，经济发展水平落后。

从政府层面来看，东部地区比西部拥有更多的财政收入可用于生态环境建设和环境污染治理投资。2016 年西部地区一般公共预算收入总额为 17265.16 亿元，而东部地区仅北京、天津、上海、江苏四个省市就达到 22339.12 亿元，导致西部地区本来就高于东部的污染水平因治理投资不足而变得更加艰难。

从市场层面来看，当人民生活水平提高到某一水平时就会更加注重生活质量，增加对清洁环境产品的需求，进而倒逼政府改革。但是西部地区人民生活水平低于东部地区，2016 年全国居民人均可支配收入为 23821 元，东部地区为 30654.7 元，而西部地区仅为 18406.8 元，所以当前西部地区仍然相对更重视单纯的经济增长，而对清洁环境的商品需求较少，无法形成有效的“环境”市场运作体系，也就难以对政府改革形成倒逼机制。

从非政府组织层面来看，西部地区人民群众，甚至一些政府官员绿色发展的意识较为薄弱。在一些地区信息较为闭塞，思想观念落后，难以形成绿色发展的价值观念，对政府和市场绿色化建设的监督也就无从谈起。

四　提高西部地区绿色发展水平的路径选择

西部地区地域广袤，内部自然条件和人文环境复杂，各地区绿色发展水平

① 数据来源：《中国统计年鉴》（网络版），http：//www.stats.gov.cn/tjsj/ndsj/2017/indexch.htm；资料经过整理加工。

现状差异大，所以实施绿色发展不能一概而论，应当根据各地不同的特征制定适合当地需求的绿色发展战略。

（一）建设有西部特色的现代化产业体系

上文指出，西部地区在经济建设中过度依赖自然资源，高投入、高耗能、高污染引发的环境问题突出，经济建设与资源环境保护之间的矛盾加剧，所以提高西部地区经济绿色化水平的关键还在于产业的绿色化转型。可从以下几个方面展开。

第一，推动新型工业化战略，摆脱资源依赖型的发展。要摆脱资源依赖，需要进行产业转型和经济结构优化升级，用新技术来改造有发展潜力的传统产业；做好经济建设的“加法”，即积极挖掘有市场竞争力的新型产业，同时更加注重“减法”，及时淘汰高耗能、低效益的产业，以实现经济效益优、环境污染少的工业化发展。第二，装备制造业信息化改造，提高生产技术。第三，大力发展生态旅游和特色旅游产业。首先，西部地区作为国家的一大生态屏障，生态资源丰富，西部地区各类自然保护区面积占全国保护区总面积的81.63%，其中包括森林类、草原荒漠类、湿地类和野生动物保护区，因而生态功能齐全，这对于发展生态旅游业有得天独厚的优势。其次，西部地区少数民族众多，人文环境复杂，文化成分多样，可以充分利用这一特点结合西部地区独特的自然环境发展特色旅游产业。

（二）加大人力资本投资和制度创新

根据内生增长理论，人力资本能激发经济持续的增长，在当前绿色发展的时代背景下，人力资本对于绿色发展效率的提高也起着永续推进的重要作用。

首先，人力资本有助于消化吸收利用外来清洁生产技术和治污技术，为节能减排提供必要的支撑；此外，知识的溢出效应能加速先进技术的扩散，推动建立绿色生产方式。其次，人力资本积累有助于进行持续技术革新；除了引入外部技术之外，自身的生产与环保技术革新，即发展动能的创新也十分重要，而人力资本正是内部技术积累的重要因素①。最后，优秀的人才具有更加先进

① 赵领娣、张磊、徐乐、胡明照：《人力资本、产业结构调整与绿色发展效率的作用机制》，《中国人口·资源与环境》2016 年第 11 期。

的发展理念和认知，对于提升对非技术层面的创新具有不可忽视的作用——将优秀的人才引入政府或是管理层，一方面有助于制定更加科学和实际的绿色发展方案，促进制度创新；另一方面也能够普及绿色发展理念，改善当地群众对绿色发展的认知。所以，西部地区应当加大人力资本投资，具体的措施有：加强教育资助力度，首先从本地培养人才，提高当地的人口素质；实施人才引进战略，吸引外来优秀人才流入，当前，西安、成都等地已经相继推出人才引进政策。对于这方面，西部地区可向深圳等发达地区学习。

（三）制定乡村振兴战略的时间表和路线图

上文已经提出当前西部地区城乡协同绿色发展问题的症结在于乡村凋敝，党的十九大提出乡村振兴战略，为解决这一问题提供了参考。本文认为，改善城乡协同绿色发展问题需要从两个方面着手，即“资金流入”和“人口流出”。

一方面，实施乡村振兴战略，必须解决资金问题，这就需要健全财政投入保障制度，创新投融资机制，拓宽资金筹集渠道；推动农村金融机构回归本源，把更多的金融资源配置到农村经济社会发展的重点领域和薄弱环节①，确保高质量的资本和要素进入农村建设。

另一方面，对于农村居民收入水平低的问题，需要充分利用现有优势，以建设生态城市为发展目标，实施可持续城镇化发展模式。因为城镇化建设能够吸引投资，为地区提供新的发展机遇，创造就业机会，加快农村剩余劳动力转移；当城镇化的水平达到一定高度时，农村人口的城镇化将能够使农民有自己的产业，农民的生活水平才能从本质上得到改善。

（四）构建多元的治理体系

对于当前西部地区治理体系绿色化，需要从政府、市场和非政府组织这几个方面来努力。

政府层面构建系统的绿色发展指标考核体系。早在 2016 年，国家发改委等就已经颁布了《绿色发展指标体系》和《生态文明建设考核目标体系》等

① 《中共中央　国务院关于实施乡村振兴战略的意见》，2018 年 1 月 2 日。

一系列生态方面建设的考核依据，但是考虑到西部地区生态和社会环境的特殊性，还需要根据不同地区的发展基础和特色来制定绿色发展规划，并构建符合实际的绿色发展指标考核体系。要改变以经济总量和增长速度为中心的考核方法，把资源和生态环境保护优先的相关指标纳入对政府的绩效评价。

市场层面建立绿色发展相关的交易市场。西部地区地域广袤，便于开展各类生态交易机制，包括二氧化碳排放权交易、排污权交易以及林权和牧权交易等机制，通过这些机制可达到生态环境保护和经济建设的双赢。

非政府组织层面监督管理。西部地区人民大多对绿色发展缺乏正确和理性的认识，甚至在部分地区由于信息闭塞人们的观念十分落后，无法有效地监督政府和市场的行为。这就需要在西部地区普及绿色发展理念，增进人民群众对绿色发展的认知和热情，从而形成非政府组织层面的监督。

B.12
基于生态足迹理论的西北地区可持续发展能力研究*

周子锴　茹少峰**

摘　要： 西北地区可持续发展能力的测度是一个重要的问题。本文基于生态足迹理论，计算了2012~2016年西北地区的人均生态赤字，均值为2.09hm²/人；人均水资源赤字，均值为0.92hm²/人。西北地区的生态资源和水资源出现赤字说明人们对资源的需求超过了土地的供给。随后本文用人均生态赤字、万元GDP生态足迹和生态足迹多样性指数对西北地区经济可持续发展能力进行评估，结果显示西北地区万元GDP生态足迹增长了2.76%，生态足迹多样性指数降低了4.88%，这说明西北地区资源利用效率正在下降，经济生态系统的稳定性正在变弱。本文认为，西北地区的可持续发展能力面临严峻挑战，生态环境的超载已成为可持续发展的阻碍。

关键词： 生态足迹　水足迹　可持续发展　西部地区

---

* 本文为教育部人文社会科学重点研究基地重大项目“丝绸之路经济带战略背景下西部地区经济增长潜力开发推进全面建设小康社会研究”（项目编号：16JJD790046）研究成果之一。

** 周子锴，西北大学经济管理学院硕士研究生，主要研究方向为西方经济学；茹少峰，西北大学中国西部经济发展研究中心研究员，西北大学经济管理学院教授，博士生导师，主要研究方向为数量经济学。

引言

我国西北地区在行政范围上包括陕西、甘肃、宁夏、青海、新疆五省。一方面，西北地区大部分处于干旱半干旱地区，森林覆盖率低，生态环境脆弱，严重制约了西北经济社会的发展。另一方面，西北地区能源、矿物资源丰富，是主要的能源和原材料的输出地，在我国经济社会中占有重要地位。因此，西北地区经济可持续发展能力如何，生态环境能否支撑其长期持续发展成为西北地区经济发展问题的关键。

很多学者使用了生态足迹法对西北地区可持续发展能力做出了评估。陈东景等（2001）研究了西北五省的生态足迹和生态承载力，发现西北五省的生态足迹都超过了各自的生态承载力，即都出现了生态赤字。其中新疆生态赤字最大，陕西和青海最小。特别的是新疆的耕地出现了生态赤字，说明新疆本省的粮食产出难以维持本省居民的生产生活需求①。张志强等（2001）测算了西部12个省份的生态足迹和生态承载力，发现除了西藏和云南两个省份外，其余10个省份皆出现了生态赤字，其中新疆生态赤字最大。② 杨屹等（2015）研究了陕西省2000~2012年的生态足迹和承载力的变化，发现陕西省一直存在生态赤字，人均生态赤字同生态压力指数逐年增长，生态多样性指数持续下降，说明陕西经济生态系统处于不稳定状态。③ 张娜等（2017）研究了新疆2005~2015年的生态足迹和承载力的变化，也发现新疆一直存在生态赤字，化石能源用地的生态赤字最为严重④。从以上研究可以看出，关于西部生态足迹有作为一个整体进行研究，也有关于西部各省份的研究，但西部各省份资源禀赋差距大，不宜一起做研究。本文认为西北各省份具有相同的资源禀赋，可

① 陈东景、徐中民、程国栋、张志强：《中国西北地区生态足迹》，《冰川冻土》2001年第23卷第2期。

② 张志强、徐中民、程国栋、陈东景：《中国西部12省（区市）的生态足迹》，《地理学报》2001年第56卷第5期。

③ 杨屹、加涛：《21世纪以来陕西生态足迹和承载力变化》，《生态学报》2015年第35卷第24期。

④ 张娜、牛翠萍：《新疆经济可持续发展的动态演进分析》，《石河子大学学报》2017年第31卷第6期。

以一起研究。此外，学者们关于生态足迹研究时，就生态足迹内容常常不考虑水资源。因此，本文拟用生态足迹法对西北地区的生态足迹和生态承载力、水足迹和水资源承载力进行计算，分析各省份生态环境供求情况，评估各省份可持续发展能力，为西北经济社会发展提供决策依据。

一　生态足迹理论及其计算方法

（一）生态足迹理论

生态足迹理论认为人必须从自然中获取资源以生存，这些资源都必须由土地产生，同时产生的废物都必须由土地消化；并且人们在生产生活中消费的资源和产生的废物是确定的，假设这些资源和废物可以被折算成相应类型的土地面积，这样人们的生产生活需求就可以换算为一定的土地面积。人们消费的资源和产生的废物折算成的土地面积被称为生态足迹，反映了人们对资源的需求；实际各类型土地面积的加权平均被称为生态承载力，反映了土地能够供给的资源上限。这样，当需求（生态足迹）小于供给（生态承载力）时，就出现了生态赤字；反之，则为生态盈余。生态赤字或盈余反映了一个国家或地区的人们对资源需求（生态足迹）和土地供给资源（生态承载力）的大小关系，当出现生态赤字时，说明该地区资源难以满足该地区人们需求，发展是不可持续的。

生态足迹理论考虑的土地类型有 6 种：耕地、草地、林地、化石能源用地、建筑用地和水域。耕地主要提供农产品如粮食、棉花、蔬菜等。草地主要提供肉制品。林地是吸收 CO_2 和提供林产品的土地。建筑用地主要提供人们工作、生活和交通的土地。人们对化石能源用地的需求主要来自对石油、煤等能源的需求。水域在传统定义中只是提供水产品的土地，在《国家生态足迹账户（2016）》中，水域被更名为渔业用地。由于水域的概念和由此计算出来的生态足迹无法正确评估人们对水资源的需求，所以在本文中设置第七种土地类型：水资源用地。水资源用地主要为人们提供在生活、生产中所需的水资源。

（二）计算方法

1. 生态足迹的计算

Wackernagel 和 Rees 提出了生态足迹的计算模型，具体计算公式如下：

$$EF = ef \times N \quad (1)$$

其中，EF 为某地区总生态足迹，ef 为该地区人均生态足迹，N 为该地区人口数。

$$ef = \sum_i \lambda_i \sum_j C_{ij}/(Y_{ij} \times N) \quad (i = 1,2,3,\cdots,n) \quad (2)$$

其中，i 为某种土地类型；λ_i 为第 i 种土地类型的均衡因子；C_{ij} 为第 i 种土地上生产的第 j 种产品的地区消费量。Y_{ij} 为第 i 种土地上生产的第 j 种产品的全球平均产量。在计算时，首先，不同类型的土地具有不同的生产能力，将它们相加时，需要转化为具有相同生产能力的土地。均衡因子可以使生产能力不同的土地转化为生产能力相同的土地。所以在计算生态足迹时，需要将各类型土地面积乘以相应的均衡因子。其次，计算某地区的生态足迹需要其自然资源的消费量，而某地区自然资源的消费量可以由该地区生产量 P_{ij} 加进口量 I_{ij} 再扣除出口量 E_{ij} 得到。具体公式如下：

$$C_{ij} = P_{ij} + I_{ij} - E_{ij} \quad (i = 1,2,3,\cdots,n) \quad (3)$$

最后在计算化石能源的生态足迹时，要将能源的消费量通过转换系数换算成单位质量的发热量，再通过全球平均单位面积发热量计算化石能源用地的土地面积。本文能源转化系数采用了文献 1①。

2. 生态承载力的计算

生态承载力的具体计算公式如下：

$$EC = ec \times N \quad (4)$$

其中，EC 为总生态承载力；ec 为人均生态承载力；N 为该地区总人口。世

① 徐忠民、张志强、程国栋：《甘肃省 1998 年生态足迹计算与分析》，《地理学报》2000 年第 55 卷第 5 期。

界环境与发展委员会报告《我们共同的未来》建议，为了保护生物多样性，应当留出 12% 的土地面积[①]则：

$$ec = 0.88\sum_{i}\lambda_{i}\varpi_{i}L_{i} \qquad (i = 1,2,3,\cdots,n) \tag{5}$$

其中，i 为某种土地类型；λ_i 为第 i 种土地类型的均衡因子；ϖ_i 为第 i 土地类型的产量因子；L_i 为第 i 土地类型的实际面积。由于不同的国家和地区相同类型的土地生产能力差异很大，所以在土地面积加总时，需要将实际土地面积乘以相应的产量因子和均衡因子，使得其与生态足迹所计算出的土地属性相同，可以进行数量比较。产量因子是某一地区某种土地的生产能力与该种土地全球平均生产能力的比值，具体公式如下：

$$\varpi_{i} = \frac{Y_{i}^{N}}{Y_{i}} \tag{6}$$

其中，$Y_i^{\ N}$ 为某地区第 i 种土地的平均产量；Y_i 为第 i 种土地的全球平均产量。

3. 水足迹的计算

基于以下 2 个点的考虑，本文将水足迹从总生态足迹中分离出来单独计算。在传统的生态足迹理论中，水足迹并未被纳入，其具体计算过程虽然与传统的生态足迹计算相似，但仍有差异。西北地区作为极度缺水地区，水资源生态足迹和水资源承载力在各足迹最为重要，需要特别分析。

水足迹的具体计算公式如下：

$$EF_{w} = ef_{w} \times N = N\gamma_{w}(W_{d}/P_{w}) \tag{7}$$

其中，ef_w 为人均水足迹；γ_w 为水资源均衡因子；W_d 为水资源消费量；P_w 为全球水资源平均产量。

4. 水资源承载力的计算

根据研究，一个国家或者地区的水资源开发利用率超过 40% 则会引起生态环境恶化，所以必须扣除 60% 的水资源以避免环境恶化[②]，水资源承载力的

① 徐中民、程国栋、张志强：《生态足迹方法：可持续定量研究的新方法》，《生态学报》2001 年第 21 卷第 9 期。

② 范晓秋：《水资源生态足迹研究与应用》，河海大学，2005 年。

具体计算公式如下：

$$EC_w = ec_w \times N = N \times 0.4\gamma_w \varphi_w (W_s / P_w) \quad (8)$$

其中，ec_w 为人均水资源承载力；φ_w 为水资源产量因子；W_s 为水资源总量。

5. 生态赤字与水资源赤字的计算

人均生态赤字的具体计算公式如下：

$$ed = ec - ef \quad (9)$$

当 $ef \geqslant ec$ ，$ed \leqslant 0$ 时，ed 为生态赤字，生态赤字的大小为 $|ed|$ 。反之，当 $ef \leqslant ec$ ，$ed \geqslant 0$ 时，ed 为生态盈余，生态盈余大小为 ed 。

人均水资源赤字的具体计算公式如下：

$$ed_w = ec_w - ef_w \quad (10)$$

当 $ed_w \leqslant 0$ 时，ed_w 为水资源赤字，水资源赤字大小为 $|ed_w|$ 。反之，当 $ed_w \geqslant 0$ 时，ed_w 为水资源盈余，水资源赤字大小为 ed_w 。

二　可持续发展能力的测度指标

可持续发展能力与人均生态赤字、万元 GDP 生态足迹和多样性指数三个指标密切相关①。其中，一个地区人均生态赤字和万元 GDP 生态足迹越小，说明该地区资源利用效率越高，可持续发展能力越强。而一个地区多样性指数越小，说明该地区经济生态系统越不稳定，可持续发展能力越弱。

万元 GDP 生态足迹的具体计算公式如下：

$$\text{万元 GDP 生态足迹} = EF/GDP = ef/\text{人均}\ GDP \quad (11)$$

万元 GDP 生态足迹直接反映了每万元产值所消费的资源，所以本文用万元 GDP 生态足迹来反映资源利用效率。

生态足迹多样性指数可用 Shannon-Weaver 公式②计算，具体如下：

---

① 陈惠雄、鲍海君：《经济增长、生态足迹与可持续发展能力》，《中国工业经济》2008 年第 8 期。

② 陈惠雄、鲍海君：《经济增长、生态足迹与可持续发展能力》，《中国工业经济》2008 年第 8 期。

$$H = -\sum p_i \times \ln p_i \tag{12}$$

其中 P_i 是第 i 种土地类型在总生态足迹中的比列。H 越大，表明各种土地类型的需求越平均，经济生态系统越稳定；反之，越小则说明土地类型需求越单一，经济生态系统越不稳定。

三　西北地区生态足迹与生态承载力计算

（一）数据说明

1. 人们需要的资源选取

资源主要包括三类：生物资源、化石能源和水资源。生物资源包括该区域消费的农产品、林产品、畜产品和水产品，本文具体选取的产品有：稻谷、小麦、玉米、豆类、薯类、麻类、油料、糖料、蔬菜、烤烟、甜菜、核桃、板栗、生漆、油桐籽、五倍籽、棕片、花椒、水果、蚕茧、猪肉、羊肉、牛肉、奶类、山羊毛、绵羊毛、禽蛋、水产品。化石能源包括该地区消费的各种形式能源，本文具体选取的种类有：煤、石油、天然气、电力（水风电）。水资源则为该地区用水总量。

2. 数据与相关参数来源

本文选取的各类生物产品的产量、进出口量的数据来源于《陕西统计年鉴》（2013～2017）、《宁夏统计年鉴》（2013～2017）、《甘肃统计年鉴》（2013～2017）、《青海统计年鉴》（2013～2017）、《新疆统计年鉴》（2013～2017）。全球平均产量数据来源于1993 年联合国粮食及农业组织的统计，其中禽蛋、蚕茧、花椒、生漆、棕片、甜菜的全球平均产量因为联合粮食及农业组织未统计，所以本文借鉴了相关学者的研究。各种类型土地的均衡因子和产量因子以《国家足迹账户 2016：工作指导手册》公布为准。全球水资源平均产量采用了范晓秋的研究结果①。西北五省水资源的产量因子和水资源的均衡因子数据采用了黄林楠的研究②。

---

① 范晓秋：《水资源生态足迹研究与应用》，河海大学，2005 年。

② 黄林楠、张伟新、姜翠玲、范晓秋：《水资源生态足迹计算方法》，《生态学报》2008 年第 28 卷第 3 期。

表 1　各种土地类型的均衡因子和产量因子

土地类型	均衡因子	产量因子
耕地	2.52	1.66
草地	0.43	0.19
森林	1.28	0.91
化石能源用地	1.28	0
建筑用地	2.52	1.66
水域	0.35	1

表 2　各省水资源用地的均衡因子和产量因子

水资源用地	均衡因子	产量因子
陕西	5.19	0.68
甘肃	5.19	0.22
宁夏	5.19	0.06
新疆	5.19	0.17
青海	5.19	0.28

（二）生态足迹与生态承载力的计算结果分析

西北地区总量和人均量的计算结果见表3。2012～2016年，西北地区总生态足迹均值为6630.91万hm^2，总生态承载力均值为2363.90万hm^2，总生态赤字均值为4267.01万hm^2；人均生态足迹均值为3.36hm^2/人，人均生态承载力均值为1.27hm^2/人，人均生态赤字为2.09hm^2/人。五年间，西北地区总生态足迹增长了40.31%，总生态承载力增长了2.88%，这使得总生态赤字增长了68.23%，人均生态足迹增长了31.01%。人均生态赤字增长了30.63%。从表3可见，西北地区生态资源被过度消费，存在严重的生态赤字。

表 3　西北地区生态足迹和生态承载力

年份	$EF(10^4hm^2)$	$EC(10^4hm^2)$	$ED(10^4hm^2)$	$ef(hm^2/人)$	$ec(hm^2/人)$	$ed(hm^2/人)$
2012	5447. 81	2326. 94	-3120. 87	2. 87	1. 26	-1. 60
2013	6022. 03	2344. 08	-3677. 96	3. 14	1. 27	-1. 87
2014	6711. 78	2363. 65	-4348. 13	3. 39	1. 27	-2. 12
2015	7328. 87	2390. 96	-4937. 91	3. 62	1. 28	-2. 35
2016	7644. 04	2393. 86	-5250. 18	3. 76	1. 27	-2. 49
均值	6630. 91	2363. 90	-4267. 01	3. 36	1. 27	-2. 09
方差	822647. 67	847. 37	-821800. 30	0. 13	0. 00	-0. 13

西北各省份总量的计算结果见表 4。2012 ~2016 年西北各省份的总生态足迹均略有上升。2012 年，陕西省总生态足迹为 9433. 92 万 hm^2，到 2016 年增长到 14685. 77 万 hm^2，增长了 55. 67%，年均增速 11. 14%，增长速度最快。此外，青海增长了 44. 89%，新疆增长了 35. 65%，甘肃增长了 29. 25%。宁夏增长速度最慢，增长了 20. 63%。总生态足迹均值最大的是陕西，为 12333. 50 万 hm^2，最小的为青海，1773. 90 万 hm^2。总生态足迹增长的原因有两点：一是人均资源消费量的增加，反映在人均生态足迹的增长。二是人口的逐年增加。陕西省近年来总生态足迹增长最快，主要是因为人均资源消费量增长最快。从表 4 可见，2012 ~2016 年总生态承载力均值最大的是陕西，为 3708. 43 万 hm^2。新疆、甘肃、青海依次减小。宁夏总生态承载力均值最小，为 660. 19 万 hm^2。西北各省份总生态承载力变化幅度很小，陕西等四省份的总生态承载力增长都在 3% 左右。只有宁夏从 2012 年的 608. 96 万 hm^2 增长到了 2016 年的 700. 25 万 hm^2，增长了 15%。生态承载力增长缓慢的原因在于西北地区本身生态环境脆弱，现存可生产的土地再生产能力差，而每年新增的可以进行生产的土地面积有限。

西北各省份人均量的计算结果见表 5。2012 ~2016 年西北各省份人均生态足迹都在增长。2012 年，人均生态足迹最大的是新疆，为 3. 43hm^2/人，宁夏、甘肃、陕西依次减小，最小的是青海，为 2. 45hm^2/人。五年间，陕西省人均生态足迹增长最快，增长了 53. 39%。青海增长速度次之，为 40. 00%。

表 4　西北各省份总生态足迹和总生态承载力

单位：$10^4 hm^2$

年份	陕西		甘肃		新疆		宁夏		青海	
	EF	*EC*	*EF*	*EC*	*EF*	*EC*	*EF*	*EC*	*EF*	*EC*
2012	9433. 92	3705. 34	6539. 61	3105. 46	7665. 67	3220. 66	2194. 17	608. 96	1405. 68	994. 27
2013	10598. 67	3671. 41	7143. 10	3194. 97	8388. 80	3214. 20	2318. 23	644. 26	1661. 35	995. 55
2014	12675. 32	3707. 43	7803. 31	3236. 94	8862. 01	3212. 14	2405. 84	650. 28	1812. 43	1011. 45
2015	14273. 82	3734. 97	8169. 46	3214. 90	9724. 85	3293. 38	2522. 84	697. 19	1953. 39	1014. 36
2016	14685. 77	3723. 01	8452. 22	3197. 51	10398. 69	3332. 50	2646. 88	700. 25	2036. 66	1016. 05
均值	12333. 50	3708. 43	7621. 54	3189. 95	9008. 00	3254. 58	2417. 59	660. 19	1773. 90	1006. 33
方差	5208015	575	605691	2513	1163618	3040	30894	1488	62749	112

甘肃、新疆、宁夏增长较慢，分别为 27. 56%、26. 53% 和 15. 63%。2016 年，人均生态足迹均值最大的是新疆，为 3. 89hm^2/人，宁夏、陕西、青海依次减小，甘肃的人均生态足迹均值最小，为 2. 94hm^2/人。2012 ~ 2016 年，西北各省份人均生态足迹增速都大于人口增速，说明拉动西北地区总生态足迹增长的主要因素是人均资源消费量的增长。从表 5 可见，2012 ~ 2016 年西北五省份人均生态承载力变化各不相同。2012 年，人均生态承载力均值最大的是青海，为 1. 74hm^2/人，最小的是陕西，为 0. 99hm^2/人。五年间，陕西、新疆和青海的人均生态承载力出现了下降，分别为 1. 01%、3. 47% 和 1. 72%。在总生态承载力正增长的情况下，人均生态承载力的负增长说明总生态承载力的增长是人口增加带来的增长，并不是实际承载力的提高。宁夏人均生态承载力出现了正增长，增速为 10. 22%，这是由于 2000 ~ 2015 年是宁夏生态工程的快速发展时期。① 通过退耕还林、封山育林和减少煤炭开发，发展水电、风电等可再生能源，使得宁夏土地生产能力得到恢复，承载力得到提升。

① 皮泓漪、祖拜代・木依布拉、夏建新：《基于生态足迹理论的宁夏可持续发展研究》，《中央民族大学学报》2017 年第 26 卷第 4 期。

表 5　西北各省份人均生态足迹和人均生态承载力变化

单位：hm²/人

年份	陕西		甘肃		新疆		宁夏		青海	
	ef	*ec*	*ef*	*ec*	*ef*	*ec*	*ef*	*ec*	*ef*	*ec*
2012	2.51	0.99	2.54	1.20	3.43	1.44	3.39	0.94	2.45	1.74
2013	2.82	0.98	2.77	1.24	3.71	1.42	3.54	0.99	2.87	1.72
2014	3.36	0.98	3.01	1.25	3.86	1.40	3.63	0.98	3.11	1.73
2015	3.76	0.98	3.14	1.24	4.12	1.40	3.78	1.04	3.32	1.73
2016	3.85	0.98	3.24	1.23	4.34	1.39	3.92	1.04	3.43	1.71
均值	3.26	0.98	2.94	1.23	3.89	1.41	3.65	1.00	3.04	1.73
方差	0.34	0.00	0.08	0.00	0.12	0.00	0.04	0.00	0.15	0.00

从表 6 可见，化石能源用地占西北各省份总生态足迹绝大部分。2012～2016 年，西北各省份化石能源用地占总生态足迹的 70% 左右。其中，新疆从 62.31% 增长到了 69.43%，增长了 7.12 个百分点，年均增速 1.42%，增速最快。而宁夏下降了 0.31 个百分点。而 2012～2016 年新疆煤炭消费量增长了 36.65%，陕西为 19.81%，全国为 -1.9%①，宁夏为 7.04%，对比发现，能源消费量的增加与化石能源用地的增加有着明显的相关性。造成这个结果的原因有两点：一是在生态足迹计算中化石能源用地的均衡因子为 1.28，本身权重较大；二是跟地区经济发展方式有关。西北地区地处大陆腹地，能源储藏丰富，常年来经济发展依靠大量资源投入，能源需求量大，导致化石能源用地在生态足迹中占比较大。

表 6　西北各省份生态足迹的主要构成

单位：%

年份	陕西		甘肃		新疆		宁夏		青海	
	耕地	化石能源用地	耕地	化石能源用地	耕地	化石能源用地	耕地	化石能源用地	草地	化石能源用地
2012	15.39	68.35	24.67	71.94	23.00	62.31	14.78	70.45	14.86	73.74
2013	15.75	69.64	23.22	73.46	23.00	63.72	14.62	70.00	14.50	73.94
2014	14.84	71.40	21.55	75.43	22.00	65.49	14.18	70.40	14.00	74.00

① 按标准煤计算，数据来源于《中国统计年鉴（2012～2016）》。

续表

年份	陕西		甘肃		新疆		宁夏		青海	
	耕地	化石能源用地	耕地	化石能源用地	耕地	化石能源用地	耕地	化石能源用地	草地	化石能源用地
2015	14.16	72.67	20.81	76.43	20.00	68.58	13.94	69.23	13.00	74.00
2016	13.64	72.99	18.82	77.61	19.00	69.43	13.12	70.14	12.00	75.00
均值	14.76	71.01	21.81	74.98	21.40	65.91	14.13	70.04	13.67	74.14
方差	0.00	0.00	0.00	0.00	0.00	0.00	0.00	0.00	0.00	0.00

四　水足迹与水资源承载力的计算结果分析

西北地区总量和人均量的计算结果见表7。2012～2016年，西北地区总水足迹均值为2933.59万hm^2，总水资源承载力均值为837.79万hm^2，总水资源赤字均值为2095.80万hm^2，人均水足迹均值为1.56hm^2/人，人均水资源承载力均值为0.65hm^2/人，人均水资源赤字均值为0.92hm^2/人。五年间，总水资源赤字增长了6.47%，人均水资源赤字增长了12.20%。水资源承载力的下降是水资源出现赤字的主要原因，而水资源承载力下降主要是由于近年来水资源总量的下降。

表7　西北地区水足迹和水资源承载力

年份	EF_w(10^4hm^2)	EC_w(10^4hm^2)	ED_w(10^4hm^2)	ef_w(hm^2/人)	ec_w(hm^2/人)	ed_w(hm^2/人)
2012	2949.80	963.53	-1986.28	1.61	0.79	-0.82
2013	2959.89	851.16	-2108.72	1.61	0.62	-0.98
2014	2938.30	832.02	-2106.28	1.57	0.68	-0.89
2015	2938.76	775.76	-2163.01	1.55	0.56	-0.99
2016	2881.21	766.50	-2114.71	1.48	0.57	-0.92
均值	2933.59	837.79	-2095.80	1.56	0.65	-0.92
方差	936.75	6238.00	4286.65	0.00	0.01	0.01

西北各省份总量的计算结果见表8。2012年，新疆总水足迹最大，为9754.22万hm^2，青海最小，为436.36万hm^2。2012～2016年，陕西、甘肃和

青海三省总水足迹分别增长了3.14%、3.94%和3.82%。新疆和宁夏的总水足迹出现了下降，分别下降了4.19%和6.42%。总水足迹均值最大的是新疆，为9595.22万hm^2，最小的是青海，为446.77万hm^2。总水足迹的变化主要来源两个方面：一是人口的增长，二是人均水资源消费量的变化，人均消费量变化反映在人均水足迹的变化上。因为人口增长率总是正的，所以新疆、宁夏两省总水足迹的减少是由于人均水资源消费量的减少。而陕西、甘肃、青海在过去五年间人口增长率为1.6%、1.2%和3.5%。因此，甘肃总水足迹增长的主要原因是因为人均水资源消费量的增长，而青海总水足迹的增长是由于人口膨胀引起的。从表8可见，西北各省份中除新疆外总水资源承载力都出现了下降。2012年，总水资源承载力最大为陕西，达到1755.56万hm^2，其次是青海，最小为宁夏，仅为4.29万hm^2。2012~2016年，甘肃总水资源承载力下降最大，为36.92%。青海次之，下降了31.56%。陕西、宁夏分别下降了30.47%和11.19%。新疆则增长了21.40%。总水资源承载力变化的原因也有两个：一是人口的增长；二是人均水资源承载力的变化，人均水资源承载力的变化主要受到人均水资源总量的影响。由于西北地区人口总是增长的，所以陕西等四省份总水资源承载力的下降主要是因为人均水资源承载力的快速下降。2012~2016年，新疆总人口增加了7.39%，远小于总水资源承载力的增长速度，因此新疆总水资源承载力增长主要是因为人均水资源承载力的增长。

表8　西北各省份总水足迹和总水资源承载力

单位：10^4hm^2

年份	陕西		甘肃		新疆		宁夏		青海	
	EF_w	EC_w	EF_w	EC_w	EF_w	EC_w	EF_w	EC_w	EF_w	EC_w
2012	1455.18	1755.56	1956.99	388.28	9754.22	1012.26	1146.26	4.29	436.36	1657.24
2013	1474.52	1590.52	1970.22	391.12	9719.51	1074.48	1192.21	4.52	442.97	1195.16
2014	1484.44	1580.90	1992.86	288.55	9616.71	817.03	1162.13	3.99	435.36	1469.60
2015	1507.41	1498.90	2016.33	239.71	9540.34	1045.61	1163.62	3.65	466.11	1090.92
2016	1500.80	1220.61	2034.18	244.94	9345.31	1228.93	1072.71	3.81	453.05	1134.24
均值	1484.47	1529.30	1994.12	310.52	9595.22	1035.66	1147.39	4.05	446.77	1309.43
方差	437.46	38455.18	1012.42	5585.48	26665.47	21825.89	2017.00	0.13	166.60	59531.23

西北各省份人均量的计算结果见9。2012年，新疆人均水足迹最大，为4.37hm²/人，陕西最小，为0.39hm²/人。2012～2016年，陕西、甘肃和青海三省人均水足迹分别增加了1.51%、2.63%和0.32%。新疆和宁夏出现了下降，分别下降了10.76%和10.17%。2016年人均水足迹均值最大的是新疆，为4.16hm²/人。最小的是陕西0.39hm²/人。过去五年，新疆和宁夏人均水足迹出现了下降，说明人均水资源消费量的减小，社会越来越注重节约用水，但人口的膨胀会继续增加西北各省份总水足迹，在2013年新疆水资源的开发已经具有相当规模①，水资源开发潜力进一步减小，为了保证经济平稳发展，水资源利用效率必须得到提高。从表9可见，2012年青海的人均水资源承载力最大，为2.89hm²/人，宁夏的人均水资源承载力最小，为0.01hm²/人。2012～2016年，甘肃人均水资源承载力下降幅度最大，达到了40%，青海、陕西、宁夏下降幅度依次变小，分别为33.91%、31.91%和14.88%。新疆则增长了13.33%。2012～2016年，陕西、甘肃、宁夏和青海四省份水资源总量分别下降了30.47%、36.91%、11.11%和31.62%，新疆则增长了21.44%。可见水资源总量的变化，是影响人均水资源承载力变化的主要因素。

表9　西北各省份人均水足迹和人均水资源承载力

单位：hm²/人

年份	陕西		甘肃		新疆		宁夏		青海	
	ef_w	ec_w	ef_w	ec_w	ef_w	ec_w	ef_w	ec_w	ef_w	ec_w
2012	0.39	0.47	0.76	0.15	4.37	0.45	1.77	0.01	0.76	2.89
2013	0.39	0.42	0.76	0.15	4.29	0.47	1.82	0.01	0.77	2.07
2014	0.39	0.42	0.77	0.11	4.18	0.36	1.76	0.01	0.75	2.52
2015	0.40	0.40	0.78	0.09	4.04	0.44	1.74	0.01	0.79	1.86
2016	0.39	0.32	0.78	0.09	3.90	0.51	1.59	0.01	0.76	1.91
均值	0.39	0.40	0.77	0.12	4.16	0.45	1.74	0.01	0.77	2.25
方差	0.00	0.00	0.00	0.00	0.04	0.00	0.01	0.00	0.00	0.20

① 雷亚君、张永福、张敏惠、梁雪梅、邵新娟：《新疆水资源足迹生态核算与预测》，《干旱地区农业研究》2017年第35卷第5期。

五　可持续发展能力的评估

（一）人均生态赤字和人均水资源赤字

西北地区的计算结果见表10。2012～2016年，西北地区人均生态赤字均值为2.09hm^2/人，人均水资源赤字为0.92hm^2/人；人均生态赤字增长了55.63%，年均增速11.03%；人均水资源赤字增长了12.20%，年均增速2.46%。从表10可见，西北地区人均生态赤字和人均水资源赤字情况逐年变大，反映生态环境对西北地区可持续发展能力的支撑减弱。

表10　西北地区人均生态赤字和人均水资源赤字

单位：hm^2/人

年份	ed	ed_w	年份	ed	ed_w
2012	-1.60	-0.82	2016	-2.49	-0.92
2013	-1.87	-0.98	均值	-2.09	-0.92
2014	-2.12	-0.89	方差	0.13	0.01
2015	-2.35	-0.99			

西北各省份的计算结果见表11。2012年，人均生态赤字最大的省份是宁夏，为2.45hm^2/人，最小的省份是青海，为0.72hm^2/人。2012～2016年，青海人均生态赤字增长最快，达到了138.89%，其次是陕西，人均生态赤字增长了88.24%，甘肃和新疆分别增长了51.13%、48.24%，宁夏增长最少为17.55%。五年间，人均生态赤字均值最大是宁夏，为2.66hm^2/人，新疆、陕西、甘肃依次减少，青海最少为1.31hm^2/人。各省份人均生态赤字逐渐变大反映了，西北各省份生态足迹扩张的速度大于其生态承载力提高的速度。2012年，甘肃、新疆和宁夏三省份出现了人均水资源赤字，其中最大的是新疆，为3.91hm^2/人，其次是宁夏，为1.77hm^2/人，最小的是甘肃，为0.61hm^2/人。陕西、青海两省则出现了人均水资源盈余。五年间，由于水资源承载力的下降，甘肃省人均水资源赤字增长了13.11%，是人均水资源赤字增长最快的省份。到了2016年，除青海外，其余四省份都出现了人均水资

源赤字。新疆最大为 3. 38hm²/人，陕西最小为 0. 07hm²/人。从趋势来看，陕西、甘肃、青海三省水资源环境逐渐恶化，水资源生态压力加大。新疆、宁夏虽然在改善中，但水资源赤字水平却位列第一、第二。

表 11　西北各省份人均生态赤字和人均水资源赤字

单位：hm²/人

年份	陕西		甘肃		新疆		宁夏		青海	
	ed	ed_w	*ed*	ed_w	*ed*	ed_w	*ed*	ed_w	*ed*	ed_w
2012	-1. 53	0. 08	-1. 33	-0. 61	-1. 99	-3. 91	-2. 45	-1. 77	-0. 72	2. 13
2013	-1. 84	0. 03	-1. 53	-0. 61	-2. 29	-3. 82	-2. 56	-1. 82	-1. 15	1. 30
2014	-2. 38	0. 03	-1. 76	-0. 66	-2. 46	-3. 83	-2. 65	-1. 75	-1. 37	1. 77
2015	-2. 78	-0. 002	-1. 91	-0. 68	-2. 73	-3. 60	-2. 73	-1. 74	-1. 60	1. 06
2016	-2. 88	-0. 07	-2. 01	-0. 69	-2. 95	-3. 38	-2. 88	-1. 58	-1. 72	1. 15
均值	-2. 28	0. 01	-1. 71	-0. 65	-2. 48	-3. 71	-2. 66	-1. 73	-1. 31	1. 48
方差	0. 34	0. 00	0. 08	0. 00	0. 14	0. 05	0. 03	0. 01	0. 16	0. 21

（二）万元 GDP 生态足迹

西北地区的计算结果见表 12。2012～2016 年，西北地区万元 GDP 生态足迹均值为 0. 91hm²/万元，五年增长了 2. 76%，反映了西北地区资源利用效率正在下降，对西北地区可持续发展能力造成阻碍。

西北各省份的计算结果见表 12。2012 年，万元 GDP 生态足迹最小的是陕西，为 0. 65hm²/万元，最大的是甘肃，为 1. 16hm²/万元。这说明 2012 年陕西的资源利用效率最高，甘肃最低。2012～2016 年，除宁夏外各省份的万元 GDP 生态足迹都在逐渐增大，其中陕西增长了 15. 98%，甘肃增长了 1. 42%，新疆增长了 5. 51%，青海增长了 6. 65%；而宁夏减小了 10. 86%。反映了陕西、甘肃、新疆、青海四省份的资源利用效率在逐渐下降，宁夏的资源利用效率则在提高。五年间，万元 GDP 生态足迹均值最小的是陕西，0. 71hm²/万元，说明其平均资源利用效率最高；最大的是甘肃，1. 16hm²/万元，反映其平均资源利用效率最低。

表 12　万元 GDP 生态足迹

单位：hm^2/万元

年份	陕西	甘肃	新疆	宁夏	青海	西北地区
2012	0.65	1.16	1.02	0.94	0.74	0.90
2013	0.65	1.13	0.99	0.90	0.78	0.89
2014	0.72	1.15	0.96	0.87	0.79	0.90
2015	0.79	1.19	1.04	0.87	0.81	0.94
2016	0.76	1.17	1.08	0.84	0.79	0.93
均值	0.71	1.16	1.02	0.88	0.78	0.91
方差	0.00	0.00	0.00	0.00	0.00	0.00

（三）生态足迹的多样性

西北地区的计算结果见表 13。2012～2016 年，西北地区生态足迹多样性指数均指为 0.88，五年下降了 4.88%，说明西北地区经济生态系统稳定性正在变弱，反映了西北地区发展的不可持续性。

西北各省份的计算结果见表 13。2012～2016 年，生态足迹多样性指数均值最大的是新疆，为 0.99，最小的是甘肃，为 0.69，反映了新疆经济生态系统的稳定性最好，甘肃最差。2012～2016 年，西北各省份除宁夏外都有所下降，说明西北地区经济生态系统稳定性逐渐变差，可持续发展能力变弱。五年间，新疆的多样性指数下降最多，为 10.68%。原因在于 2012～2016 年新疆化石能源用地增速最快，达到了 7.12%，生态足迹中各种土地类型需求不均衡导致了生态足迹多样性指数的变小。而宁夏多样性指数的增长了 3.59%，反映了宁夏经济生态系统稳定性的增强，发展变得更加可持续。

表 13　生态足迹多样性指数

年份	陕西	甘肃	新疆	宁夏	青海	西北地区
2012	0.94	0.74	1.05	0.92	0.87	0.90
2013	0.92	0.72	1.02	0.93	0.87	0.89
2014	0.89	0.68	0.99	0.92	0.88	0.87
2015	0.87	0.66	0.95	0.97	0.87	0.86
2016	0.88	0.67	0.93	0.95	0.86	0.86
均值	0.90	0.69	0.99	0.94	0.87	0.88
方差	0.00	0.00	0.00	0.00	0.00	0.00

根据可持续发展的三个评估指标，结果显示：西北地区普遍存在人均生态赤字；资源利用效率在逐年下降；经济生态系统稳定性在逐年变差。因此，总体上西北地区可持续发展能力较弱，生态环境对地区经济发展的支撑能力有限。生态赤字和资源利用效率低是受西北地区依靠资源拉动经济增长的发展模式的影响。现在，西北地区经济处于经济增长速度放缓和生态环境保护双重压力叠加的困境，想要突破困境则必须要转变发展模式，转换发展理念，推进产业结构升级。这样才能在保护生态环境的情况下加快发展。

六　结论

通过上述研究得出的结论有如下。2012～2016年，西北地区生态足迹出现了增长，增长由人口膨胀和人们资源消费量的增加共同决定，主要原因是因为人们资源消费量的增加；生态承载力增长缓慢，主要是因为西北地区生态环境脆弱，生态系统的恢复能力弱；西北地区水足迹和水资源承载力都出现了下降。2012～2016年，西北各省份生态足迹总量和人均量、总生态承载力都在增长，而人均生态承载力增长缓慢，其中陕西、新疆、青海还出现了下降。西北各省份除新疆、宁夏外，总水足迹都出现了增长，但增长的原因不尽相同，甘肃是因为人均水资源消费量的增长，青海则主要因为人口膨胀，陕西两者皆有。另外也只有新疆、宁夏人均水足迹出现下降，其余三省份都在增加，人均水足迹下降的原因主要在于人均水资源消费减少；2012～2016年，西北地区除新疆外水资源承载力都出现了下降，下降的主要原因在于地区水资源总量的下降。2012～2016年，西北地区和各省份生态赤字、人均生态赤字都在变大。2012～2016年，西北地区总水资源赤字、人均水资源赤字都在逐渐变大，这是由于西北各省份除青海外，都存在水资源赤字，其中陕西、甘肃、青海三省水资源环境正在逐渐恶化。2012～2016年，西北地区万元GDP生态足迹出现增长；西北各省份除宁夏外，其余四省份万元GDP生态足迹都在变大，资源利用效率降低。2012～2016年，西北地区生态足迹多样性指数下降；西北各省份除宁夏外，其余四省份生态足迹多样性指数都在变小，经济生态系统稳定性变差。2012～2016年，总体上西北地区经济可持续发展能力变弱，出现了不可持续的发展信号。

为了扭转西北地区可持续发展能力变差的情况本文提出以下几点建议。继续推行生态保护工程，加大生态保护力度，以改善环境、提升生态承载力。调整产业结构，发展绿色产业、高新技术产业、附加值高的产业，降低经济增长对于资源和化石能源消耗的依赖，提高资源利用效率。加大对风电、太阳能等绿色能源的使用，减少化石能源的使用，以增强地区生态承载力。在社会开展节水教育，提高社会用水效率，减少水资源浪费；保护江河湖泊，预防水资源总量的减少。

开放高质量发展

High Quality Open Development

B.13
西部高水平开放推动高质量发展*

康 蓉 李 楠**

摘 要： 本文从对外开放、对外贸易及试点模式角度切入，对2017年西部各省份开放发展现状进行较为全面的总结。从对外开放角度来看，西部各省份对外开放程度存在较大差别，高新技术产业等发展水平参差不齐；随着“一带一路”建设的推进，各省份对沿线国家初步形成了较好的开放效果。从对外贸易角度来看，西部各省份对外贸易发展势头较好，但在“一带一路”沿线国家某些地区仍存在较大空白市场；从各省份出口类别来看，较少省份涉及高新技术产品；西部文化产品出口现状良好，出口项目数超过中部地区。从试点模式来看，

* 本文为国家社会科学基金项目“全球气候变化谈判困局与我国积极参与应对谈判的研究”（项目编号：16BZZ86）的阶段性成果。

** 康蓉，西北大学中国西部经济发展研究中心兼职研究员，西北大学经济管理学院副教授，经济学博士，研究方向为国际贸易；李楠，西北大学经济管理学院，在读博士研究生，研究方向为世界经济。

均对经济发展起到拉动作用。基于上述分析，本文提出西部各省份需要提高开放水平，推动高质量发展。

关键词： 西部　对外开放　对外贸易　高水平　高质量

一　西部对外开放格局现状

要了解西部当前对外发展的程度，必然需要较为全面掌握西部对外开放格局现状，本文主要从开放程度、开放声誉等角度来对西部地区进行详细描述，以期获得2017年西部发展总体概况。

（一）西部各省份对外开放程度及其空间相关性

从1978年十一届三中全会开始，中国正式拉开了对内改革、对外开放的序幕，2000年“西部大开发”战略的实施，对西部地区的发展、开放起到了积极的引领作用。2017年底中央经济工作会议强调了推动高质量发展这一根本要求，因此对于西部地区来说，以高水平开放姿态推动高质量发展是促进经济良性运行、保障人民生活高质量状态的必然选择，由此本部分主要从对外开放程度的角度来分析2017年西部地区发展的详细情况。

从表1和图1可以看出，西部地区各省份2017年实际利用外资额差距较大，其中重庆、四川、陕西、贵州和内蒙古均超过200亿元以上，说明这些省份在西部地区吸收外资能力方面处于领跑地位。2017年重庆能够吸引外资大量流入归因于其出台了一系列方便企业入驻投资的便利政策，诸如《进一步激励外商投资若干政策规定》，以及两江新区4个“黄金10条”招商引资政策，并且推行企业减负目录清单30余条，企业减负措施累计达188项。在提升外商投资服务水平方面，重庆全面实施准入前国民待遇加负面清单制度，这大大降低了企业的行政成本。此外，重庆还构建“1+2+5+7”的开放平台体系，规划建设20个国际合作产业园，全面地带动了重庆对外开放的格局。而对于贵州，2017年全面实施“大数据+产业深度融合2017年行动计划”，推动大数据与实体经济深度融合发展，进而吸引了诸多企业的一批大数据项目落地贵州，极大地推动了贵州大数据以及相关产业快速发展。其中成绩比较显著的城市有成都和西安，成都 2017 年实际利用外资 678.17 亿元，成都发展比较迅速的原因在于交通线路的大拓展，2017 年国际（地区）航线达 104 条，双流国际机场客货运量均达新高，以及自贸区（成都片区）的大力打造，并不断推动自贸区改革，推动了资本和企业落户成都的动力。西安 2017 年实际利用外资 358.47 亿元，增长 17.8%，同时西安还被评为“2017 年最受国际投资关注城市”中国五座城市之一，西安会有这样的成果源于交通的通达度高，目前开通的国内、国际航线 280 条，成为交通枢纽城市，此外西安市高度重视环境保护，实施了“秦岭生态保护”等一系列生态工程，良好的基础设施以及较优质的环境为吸引资本落户提供了坚实基础。

基于以上原因，这些地区才成为吸引外商投资的最佳选地。而实际利用外资能力较为薄弱的省份有青海、甘肃和宁夏，说明这些地区在实际利用外资方面还有较大提升空间。从图 2 的开放程度来看，重庆、贵州、陕西、四川和内蒙古等省份对外开放程度相对较高，均超过 1%，说明这些省份有着强劲的对外开放活力；与此相对比的是青海、甘肃和广西对外开放程度较低。

表 1　西部地区 2017 年对外开放情况

省份	实际利用外资(亿元)	GDP(亿元)	开放程度(%)
四川	586.00	36980.2	1.585
宁夏	21.03	3453.93	0.609
陕西	397.95	21898.8	1.817
广西	55.57	20396.3	0.273
甘肃	8.15	7677.0	0.106
贵州	262.71	13500.0	1.946
内蒙古	212.68	19377.9	1.098
青海	1.22	2642.8	0.047
新疆	51.44	10920.1	0.471
云南	82.64	16531.3	0.499
重庆	687.54	19500.3	3.526
西藏	122.03	1310.6	9.300

资料来源：2017 年各省份国民经济和社会发展统计公报及各省份商务厅官网。

注：西藏地区受到数据公布限制影响，此处选用外商投资企业投资总额近似替换实际利用外资额，并基于 2014 年公布的数据，按照同当地 GDP 等同增速估算 2017 年值。

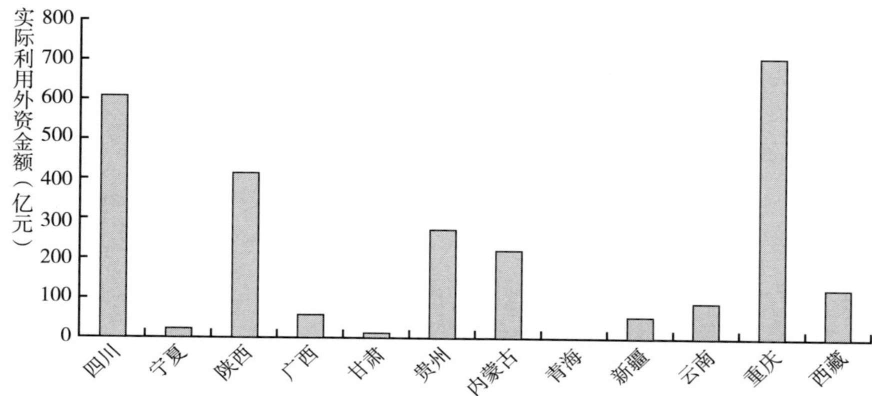

图 1　西部各省份实际利用外资情况

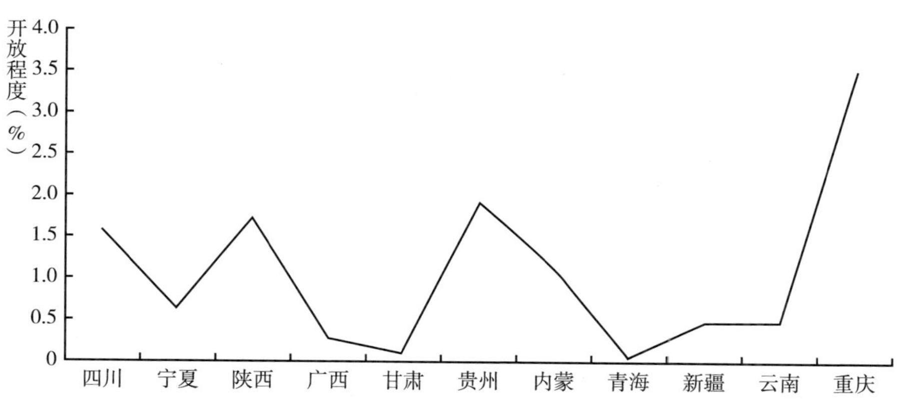

图 2　西部地区 2017 年对外开放情况

注：西藏自治区由于数据存在偏失故未列入图中。

从图 3 可见，对西部 12 个省份对外开放程度空间相关性进行的分析表明，莫兰指数 Moran's I = 0. 1702，且通过 10% 显著性水平上的检验，说明西部省份间对外开放程度存在空间上的相互影响性，意味着一个省份的对外开放程度对其周围省份的对外开放程度有着正向影响，一个省份的开放程度高会带动该省份周围省份开放度变高，因此存在着联动效应。西部地区各省份之间应当加强彼此间联系度，吸收和学习周围省份开放的先进经验，以形成良好的互动、提升、循环效应。

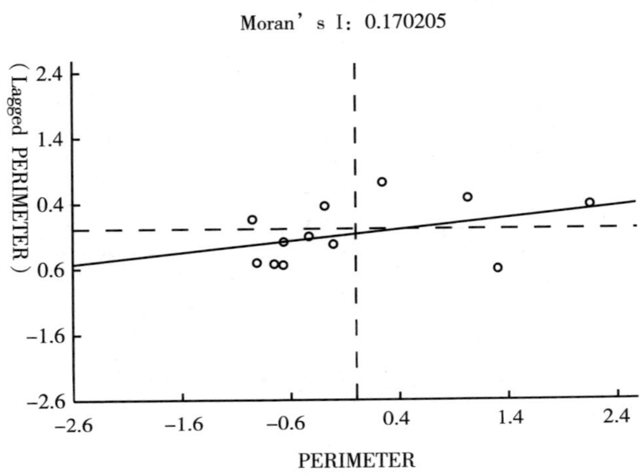

图 3　2017 年西部 12 省份对外开放水平空间相关性

注：图中横轴为周长，纵轴为滞后周长。

（二）西部各省份高新技术产业的发展概况

一个地区经济发展质量和对外出口质量，很大程度上受到该地区高科技水平的影响。一个地区高技术水平的腾飞可以影响地方经济高质量的发展方向，同时，其对于带动相关产业的升级、发展有着积极的带动作用。因此，本文选用西部各省份高新技术产业的发展来对其高技术水平情况进行分析，以期获得 2017 年西部各省份对外开放质量现状。

从表 2 可见，四川、陕西两省的高新技术产业总产值较为突出，反映出这两省在西部地区高新技术发展方面实力较为强劲，同时也可以近似认为这两省相较于其他西部省份来说出口产品质量较高。进一步讲，四川、陕西和重庆在高新技术企业引进方面成果突出，说明这三个省份高新技术基础性资源实力较为雄厚，企业在这三个地区能够形成良好的集聚效应。

表2　2017年西部各省高新技术产业发展情况概览

省份	高新技术企业总数（户）	高新技术产业总产值（亿元）	国家级高新技术开发区（个）	省级高新技术产业园区（个）	授权发明专利（件）	技术合同（项）	研发投入（亿元）
四川	3571	18000	8	6	11367	12853	640（预计）
宁夏	96	—	2	0	657	948	—
陕西	2209	16000（预计）	7	6	8774	31355	419
西藏	27	—	0	2	—	—	—
广西	1204	5444.97（前三季度）	4	8	4552	5951	—
甘肃	—	—	2	0	1188（1～11月）	—	—
贵州	702	4000	2	9	1875	—	—
内蒙古	—	—	3	3	848	3766	—
青海	145	—	1	0	240	1016	—
新疆	543	632.12（高技术、科技服务）	2	1	598（1～8月）	—	—
云南	1250	—	2	1	2259	3504	—
重庆	2027	—	2	2	6138	2129	350

资料来源：各地区人民政府官网、统计局官网、科学技术厅官网，2018版《中国开发区审核公告目录》及各地区《2017年国民经济和社会发展统计公报》等。

从图4可见，四川、陕西、广西和贵州这四个省份的高新技术开发区数量远远多于西部其他省份，其中四川、陕西国家级高新技术开发区数量占绝对优势，广西和贵州省级高新技术开发区数量占优势，反映出国家对四川、陕西高新技术基础资源的肯定及对这两地发展高新技术产业引领作用的期待。

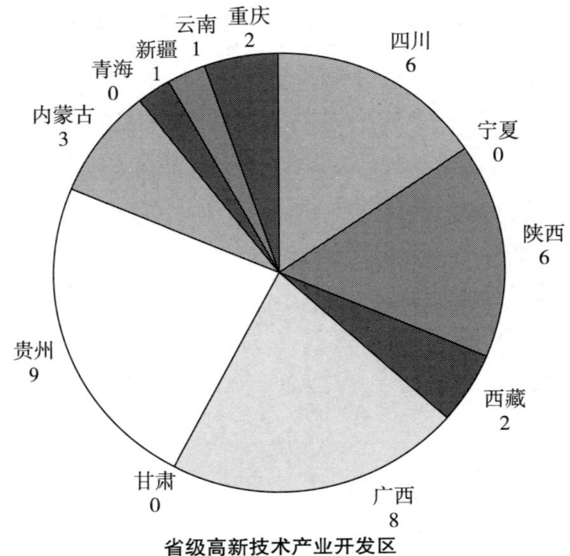

省级高新技术产业开发区

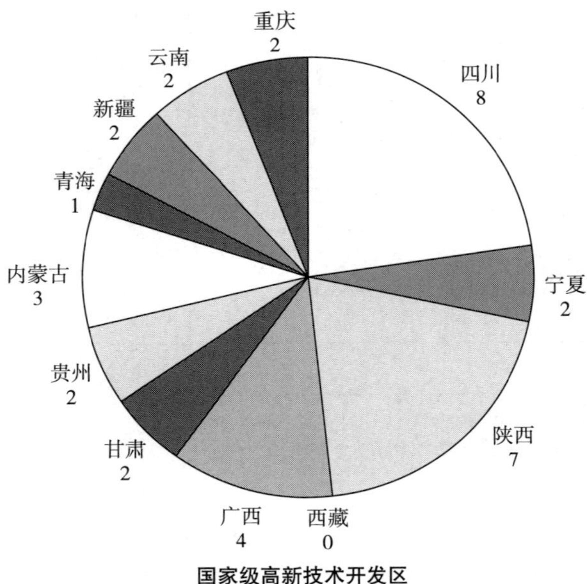

国家级高新技术开发区

图 4　2017 年西部各省份高新技术开发区情况概览

从图5和图6可见，陕西、四川、广西和重庆四省份的授权发明专利数和技术合同项较其他省份突出，反映出2017年这四个省份在科技发展方面较为高产，特别是陕西和四川省技术合同方面有着突出的成果，可以看出这两个省份技术转让流动性较高，技术发展及商业化运作较为活跃。

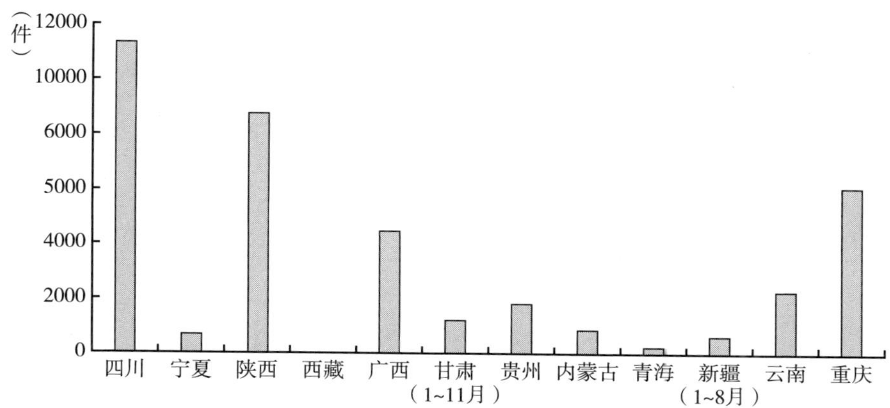

图5　2017年西部各省份授权发明专利情况概览

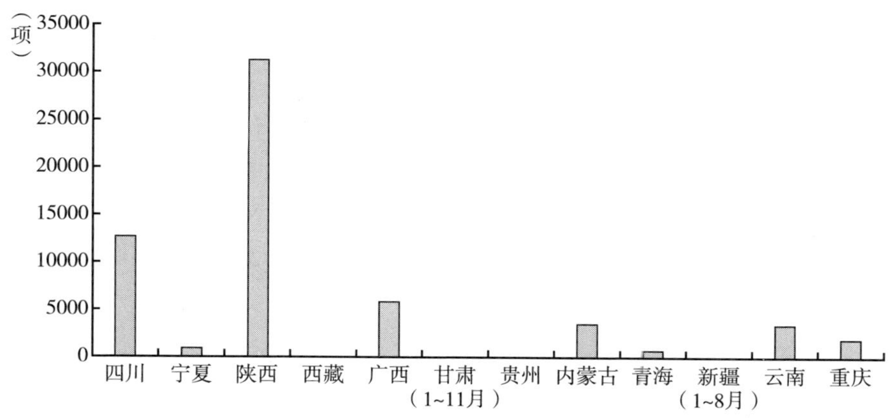

图6　2017年西部各省份技术合同签约情况概览

（三）西部各省份“一带一路”沿线国家开放现状

对西部各省份开放格局现状的研究，同时也需要对西部地区在“一带一

路”倡议推进中的发展现状进行总结分析。“一带一路”倡议的推进对于西部地区“走出去”是一个重大机遇，向西加强和中亚、西亚和中东欧国家贸易往来联系，向南加强对南亚国家和东盟各国贸易往来，向北联系俄罗斯、蒙古国等国，以及独联体国家的经贸往来，这对于西部地区各省份向外拓展经贸来往圈以及实现产业升级转移等有着良好的促进作用。随着“一带一路”倡议的推进，西部各省份对外发展脚步越来越快，这一进程推进的加速成为拉动西部地区经济高水平快速发展的引擎，在推进西部经济发展、搞活经济活力的同时，也带动了“一带一路”沿线国家经济发展，取得了互利双赢的局面。

2017 年西部地区对“一带一路”沿线国家开放发展情况从表 3 和图 7 可见，在国际及地区航线开通数量上来看，四川、云南、重庆和陕西通航数量在西部各省份中较有优势，在国内航线开通数量上看，数据显示西部省份基本上都较为充裕。开通的国际和地区航线有助于加强各省份和外界联系，为推动本地区“走出去”提供重要手段，这里的国际航线的通航数量包括客运和货运两种类型，这在一定程度上可以反映出地区对外人和货物往来的密集程度，因此可以判定四川等 4 个省份对外经贸往来、文化交流等较之西部其他省份而言要频繁密切得多。从已有数据来看，西部地区对“一带一路”沿线国家贸易往来额中，四川、新疆和广西较高，说明“一带一路”的推进使这三个地区受惠较西部其他省份多；就增长率而言，重庆、陕西和贵州增长幅度较大，说明这三个省份 2017 年对外发展势头较猛；对比中欧出境班列通班情况，新疆、四川和重庆的开通班列较为频繁，反映出这三个省份与“一带一路”沿线国经贸往来频繁，互利共赢局面开拓得较好。

表 3　2017 年西部地区对“一带一路”沿线国家开放情况

省份	贸易往来额（亿元）	增长（%）	主要贸易往来国	开通的国际及地区航线条数	开通的国内航线条数	中欧出境班列（列）	货值（亿元）
四川	1418.49	—	以色列、埃及、罗马尼亚、伊拉克、印度、白俄罗斯等	102（截至 9 月成都航空统计）	184	508（截至 9 月）	—

续表

省份	贸易往来额（亿元）	增长（%）	主要贸易往来国	开通的国际及地区航线条数	开通的国内航线条数	中欧出境班列（列）	货值（亿元）
宁夏	34 项旅游合作协议	—	埃及、马来西亚、阿联酋等	15	—	68	3.26
陕西	323.7	39.8	巴基斯坦、卡塔尔、马来西亚等	57	280	100	—
西藏	—	—	—	—	—	—	—
广西	999.2（上半年）	11.9	越南等	—	—	—	—
甘肃	135	32	新加坡、马来西亚、俄罗斯、哈萨克斯坦	21	204	—	—
贵州	—	38（上半年）	—	12	195	—	—
内蒙古	611	27.5	蒙古国、俄罗斯、伊朗、越南、印度	10（海拉尔国际航空港）	68（海拉尔国际航空港）	75 中欧（中亚）	12.83
青海	—	—	—	—	—	—	—
新疆	1242.19	24.8	哈萨克斯坦、吉尔吉斯斯坦、塔吉克斯坦、俄罗斯、乌兹别克斯坦、巴基斯坦、蒙古国、肯尼亚、老挝、以色列、乌克兰、新加坡、菲律宾、阿联酋	41（一季度）	197（一季度）	700	—
云南	—	—	缅甸、越南、老挝、沙特阿拉伯、印度	82	403	—	0.64
重庆	65.9（人民币结算量）	51.9	塔吉克斯坦、斯洛伐克、罗马尼亚、马来西亚、泰国、越南、新加坡、菲律宾、印尼	68	199	164	—

资料来源：中国公路网及各省市政府官网。

注：四川贸易往来额指的是项目往来额。

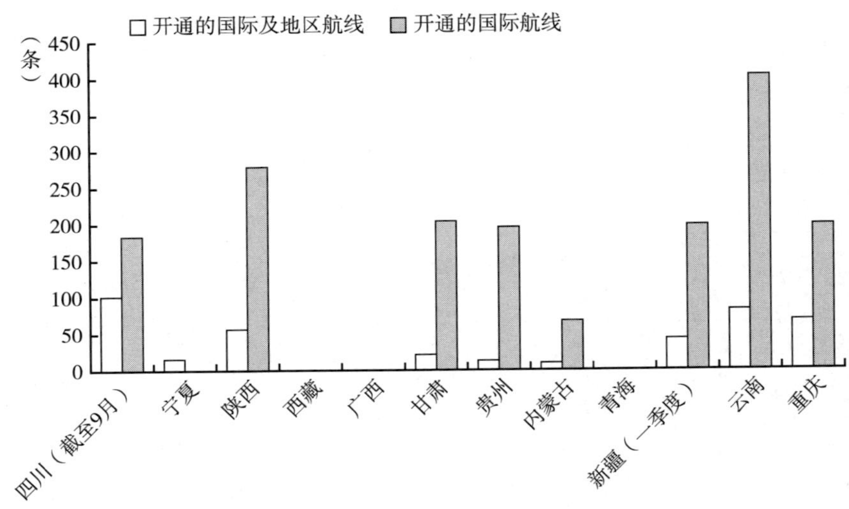

图 7　2017 年西部地区国内外通航线路数量情况

（四）西部地区微观企业国际化对比现状

随着中国国际化进程的推进，中国越来越多地并且深入地参与到世界经贸发展的进程中来，而参与的主体最终落实在微观企业上。衡量一个地区微观企业发展的国际化有诸多指标，其中每年《财富》公布的世界五百强企业名单就是对一个国家或地区整体发展状况以及上榜企业发展势头的肯定，因此这里汇总了 2017 年《财富》五百强上榜中国企业概况，并与 2016 年情况进行了对比。

从表 4 和图 8 可见，2017 年国际 500 强中国上榜企业中，东部、西部和总数量都有所增加，其中东部增加了 5 家企业，西部新上榜了 1 家企业，中国 2017 年较 2016 年上榜企业新增 5 家，可以看出，中国企业整体实力在上升中，而东部较全国其他地区而言经济发展活力依然最为强劲。西部地区 2017 年入围 500 强企业较 2016 年而言，新增了新疆 1 家企业，可以看出，整体而言虽然西部地区入围企业数量较少，但是呈现出数量的增长趋势。从表 4 可见，东部上榜企业涉及行业较为广泛，从第二产业到第三产业均有所涉及，相较之下中部和西部地区其主要侧重在第二产业领域。

表4　2017 年国际 500 强中国企业上榜情况概览

	500 强企业数量（2017 年）	所占全国比重（%）	500 强企业数量（2016 年）	所占全国比重（%）	上榜数量增加数	所涉行业
东部	92	80.0	87	79.1	5	金融、能源、炼油、采矿、房地产、工程建筑、互联网服务
中部	8	7.0	8	7.3	0	煤矿、汽车
西部	3	2.6	2	1.8	1	能源、石油化工
中国香港地区	6	5.2	6	5.5	0	食品、电子、综合类
中国台湾地区	6	5.2	7	6.3	-1	电子通信
总计	115	100	110	100	5	

资料来源：新浪科技、中商情报网。

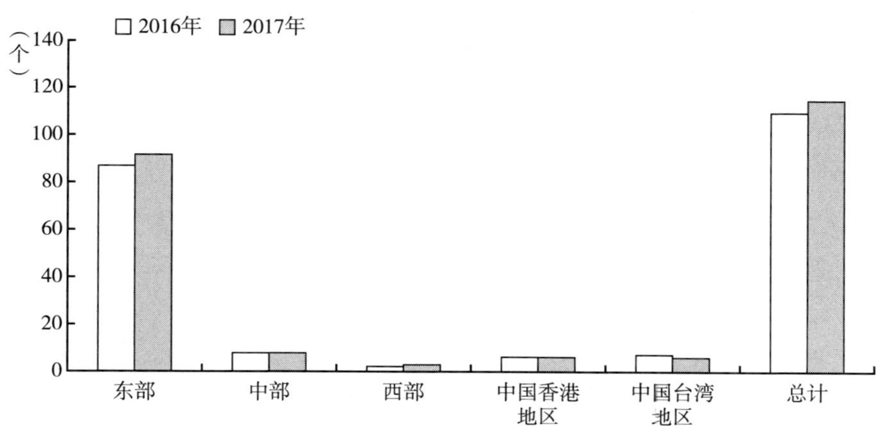

图8　2016、2017 年国际 500 强中国企业上榜数量对比

从图 9 和图 10 可见，东部地区上榜企业于全国其他地区而言占据着绝对比重优势，西部地区由 2016 年的 2% 上升到 2017 年的 3%，这是对西部地区企业整体实力上升的肯定。

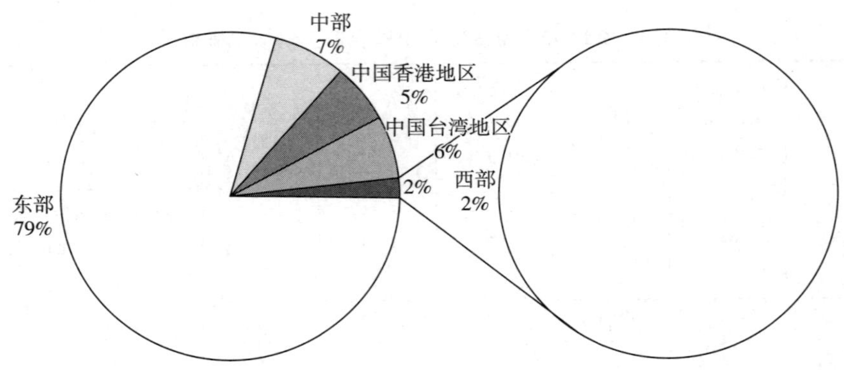

图9　2016年国际500强中国上榜企业地区占比

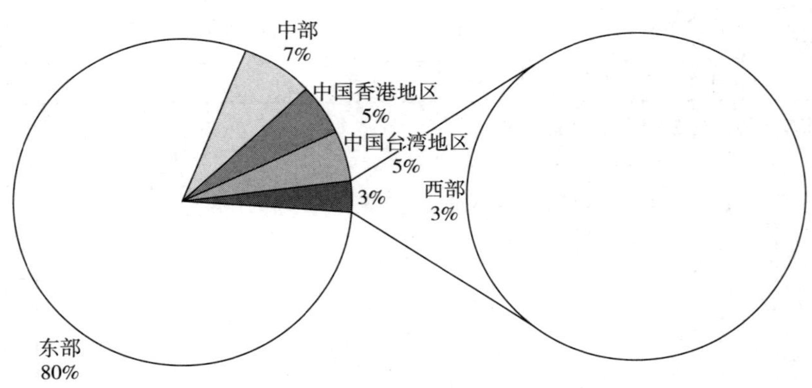

图10　2017年国际500强中国上榜企业地区占比

二　西部地区对外贸易现状

（一）西部各省份对外贸易及涉外范围分析

对外开放必然涉及对外贸易活动，二者是一种良性互动关系，基于此本文从外贸交易额和涉外范围角度来展开对西部地区2017年对外贸易情况的分析，从表5和图11可见，西部各省份除内蒙古、广西和甘肃外，其余各地区均呈现出口大于进口的情况。内蒙古 2017 年之所以出现进口大于出口情况主要因为民营企业成为进出口主力，且其进口额远大于出口额，同时从进出口结构来看，内蒙古主要以进口大量初级产品为主，增长达到 41.8%，此外也进口了大量资源性商品，包括锯材、铁矿砂、原油、纸浆等，进口幅度平均增长近 60%。广西也属于同样的情况，进口主要以农产品和资源型产品为主，进口幅度均超 50%，此外广西对机电产品的进口需求超过 350 亿元，增幅达 10%。同时也可以看到，西部地区对外贸易中进口额和出口额仍存在一定差距，基本上出口大于进口，说明西部地区需要积极扩大进口以促进贸易平衡。

此外，西部地区四川、重庆、广西和陕西四个省份对外贸易总额较高，通过对这四个省份的分析可以看出，其能够产生较高贸易总额的共同原因在于这四个省份 2017 年都产生了良好的政策效应，广西提高了通关效率，重庆优化了审批方式和作业流程，四川践行全国海关通关一体化改革，优化通关作业流程以及压缩了通关时间，陕西涉外贸易“单一窗口”的建设等促进贸易便利化措施运行。此外，交通因素也成为这四个地区外贸发展领先其他省份的另一主要原因，诸如重庆，中欧班列（重庆）累计“破千”，国际货运航线、客运航线数量达新高，其已形成铁空、铁海、铁公等多式联运的综合交通枢纽，而四川中欧班列（蓉欧快线）发车超千次，出境飞机新航线开辟速度提高，铁路运输对外开放步伐加快。这些因素综合起来使得以上这四个省份外贸总额领先于其他省份。

从表 5 可见，西部地区外贸涉及范围主要集中在西欧、东亚、南亚、东南亚等地，而“一带一路”沿线国家除哈萨克斯坦和吉尔吉斯斯坦是主要外贸国外，中亚其他国家尚未成为西部地区对外贸易中的主要对象，因此也可以看出“一带一路”沿线国家是今后西部地区拓展外贸交易的潜力目标之一。同时，欧洲中部和非洲地区同样是西部涉外贸易较少的地区，对于欧洲市场而言，西部省市应该充分利用中欧班列的开通，打通向欧洲运输的交通路线，诸如四川开通的中欧班列蓉欧快铁、重庆的中欧班列（重庆）以及陕西的中欧班列长安号等，这些都是助推西部地区经济“走出去”的良好运载中介。

表 5　2017 年西部地区对外贸易详情

省份	进口（亿元）	出口（亿元）	进出口总额（亿元）	贸易伙伴国及地区
四川	2067. 40	2538. 50	4605. 90	东盟、美国、欧盟、中国香港地区、日本、印度，韩国、中国台湾地区、以色列
宁夏	93. 59	247. 71	341. 29	美国、中国香港地区、日本、韩国、荷兰、印度、越南、马来西亚、阿联酋
陕西	1055. 13	1659. 80	2714. 93	韩国、中国台湾地区、中国香港地区、美国、日本
西藏	29. 35	29. 50	58. 85	尼泊尔、法国、比利时
广西	2011. 14	1855. 20	3866. 34	东盟、越南、中国香港地区、美国，
甘肃	218. 00	123. 70	341. 70	韩国、中国台湾地区、中国香港地区、美国、日本、新加坡、澳大利亚、马来西亚、俄罗斯、哈萨克斯坦
贵州	158. 86	390. 17	549. 03	东盟、中国香港地区
内蒙古	607. 67	334. 75	942. 42	蒙古国、俄罗斯、伊朗、越南、印度
青海	15. 67	28. 75	44. 42	美国、韩国、中国香港地区
新疆	198. 00	1200. 43	1398. 43	哈萨克斯坦、吉尔吉斯斯坦、美国
云南	806. 60	772. 10	1578. 70	缅甸、越南、老挝、沙特阿拉伯、印度、澳大利亚
重庆	1624. 54	2883. 71	4508. 25	美国、德国、荷兰、英国、法国、意大利、马来西亚、泰国、越南、新加坡、菲律宾、印尼、韩国、中国台湾地区、澳大利亚、日本、中国香港地区、印度

资料来源：各省份商务厅网站。

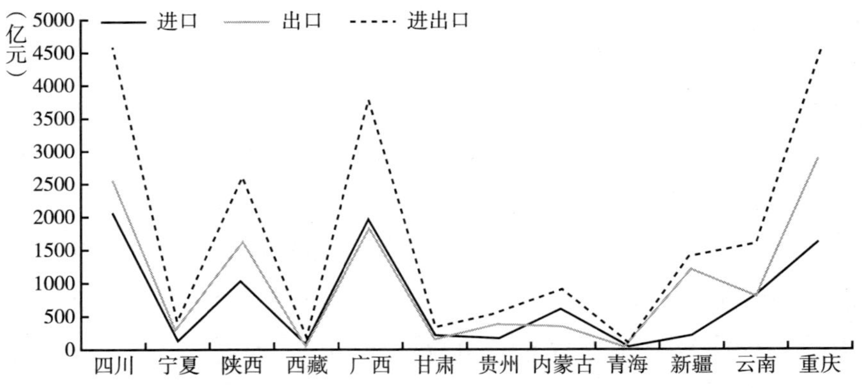

图 11　2017 年西部地区对外贸易情况概览

注：图中横轴为西部各省份，纵轴为对外贸易金额。

（二）西部地区贸易方式的发展及出口分类

西部地区贸易发展方式一般分为一般贸易和加工贸易两类，除此之外个别省份的贸易方式还有边境小额贸易的方式，受到数据公布的限制，个别省份会出现缺失数据的情况，但并不影响整体分析。对西部地区贸易方式及出口类别进行详细分析，有助于对当前西部地区外贸方式的把握，以及对各省份出口的优势产品的进一步了解。

从表6可见，四川、陕西和重庆对外贸易方式主要以加工贸易为主，其进出口总额数远超于一般贸易对应的进出口总额，以上三个省份加工制造业应较其他地区发达。而宁夏等其他省份主要以一般贸易为主。西藏、内蒙古、云南和新疆由于地理位置的关系，其除了发展一般贸易或者加工贸易外，还进行了边境小额贸易的交易，可以看出新疆、内蒙古和云南的边境小额贸易2017年取得了良好的成果，均呈现出增长态势。

表6　2017年西部地区贸易方式详情

省份	贸易方式					
	一般贸易		加工贸易		边境小额贸易	
	进出口额（亿元）	增长（%）	进出口额（亿元）	增长（%）	进出口额（亿元）	增长%
四川	1397.23	28.8	2588.0	43.5	—	—
宁夏	272.1	47.6	36.5	238	—	—
陕西	675.2	28.4	1735.1	33.5	—	—
西藏	34.77	69.9	—	—	20.86	-24.2
广西	1423.6	70.4	804.3	25.5	—	—
甘肃	27.1	100	—	—	—	—
贵州	336.3	9.5	190.1	252.6	—	—
内蒙古	535.2	24.7	—	—	302.9	45.3
青海	—	—	—	—	—	—
新疆	383.1	9.5	9	77.5	935.53	28.4
云南	910.2	14.3	197.4	73.4	231.6	18.5
重庆	1830	1.3	2074.4	25	—	—

资料来源：各省份商务厅网站及中国投资指南网。

从表7可见，西部地区2017年出口商品中机电类产品成为主要对象，且机电类产品出口增长幅度均为正。四川、广西、内蒙古、重庆以及宁夏主要出口商品类别中出现了高新技术产品，说明以上这些地区高新技术产业发展较其他地区更为迅速，因此呈现到对外主要出口商品类别中。此外，西部许多省份主要出口商品类别中有农产品，反映出西部大部分省份农业生产能力较强，因此应充分发挥地区农业生产特色，积极扩大特色农产品出口创汇。

表7　2017年西部地区主要出口商品类别

省份	主要出口商品类别	出口额(亿元)	增长(%)
四川	机电产品	78.7	51.1
	高新技术产品*	66.5	62.9
	农产品	1.8	5.7
宁夏	机电产品	55.34	—
	高新技术产品	23.9	—
	农产品	9.45	—
陕西	机电产品	1441.3	64.9
	农产品	42.3	18.6
西藏	传统劳动密集型产品	19.9	-17.6
广西	机电产品	793.9	31.8
	传统劳动密集型产品	504.3	26.9
	高新技术产品	315.3	37.4
	农产品	135.5	4.3
甘肃	机电产品	5.5	31.7
	贵金属	1.9	—
贵州	酒类	29.72	86.7
	烤烟	8.11	18.8
	茶叶	5.23	114.6
内蒙古	机电产品	61.1	75.5
	农产品	55.9	12.9
	钢材	53.2	45.8
	高新技术产品	38.1	52.8
青海	铁合金	7.40	142.9
	纺织品	5.45	-53.5
	未锻轧铝及铝材	3.36	346.1

续表

省份	主要出口商品类别	出口额(亿元)	增长(%)
新疆	服装类	330.56	21.4
	机电产品	259.99	6.7
	鞋类	196.85	24.7
	纺织及制品	99.37	23
云南	农产品	282.8	-4.6
	钢材	12.4	-17.4
	有色金属	11	-16.3
	电力	7	-6.7
重庆	机电产品	2536.16	13.3
	高新技术产品	1906.93	16.2

资料来源：各省份商务厅网站。

（三）西部各地区文化产业对外发展现状

文化产业的迅速发展是新常态下和调整经济发展结构背景下一个新亮点，一方面，大力推动文化产业发展对于传承地方特色文化起到直接的保护作用；另一方面，促进文化与现代数字传媒等新兴方式融合来发展经济，对于实现高质量经济发展有积极作用。同时，文化产业崛起对于带动相关第三产业发展有着良好连锁效果。《中共中央关于制定国民经济和社会发展第十三个五年规划的建议》明确提出“推动文化产业成为国民经济支柱性产业”的战略目标，可以看出大力繁荣文化产业供给、发展文化相关产业贸易对于拉动经济绿色可持续发展、提高外贸质量有着关键性影响。国家商务部 2017 年 11 月公布了“2017～2018 年度国家文化出口重点企业和重点项目名单的通知”，本文汇总了国家文化出口重点企业和项目名单。

从表 8 和图 12 可见，2017～2018 年度西部地区国家文化出口重点企业中，四川和云南汇集的企业较其他省份多，而文化出口重点项目数量排名前三的省份有云南、四川和广西，综合可以看出云南和四川在文化出口中发展较其他省份好。

表 8　2017～2018 年度西部地区国家文化出口重点企业和项目数量

单位：个

省份	企业数量	项目数量	省份	企业数量	项目数量
四川	15	3	贵州	1	1
宁夏	1	0	内蒙古	0	0
陕西	0	0	青海	2	1
西藏	0	1	新疆	0	0
广西	1	3	云南	7	8
甘肃	0	0	重庆	2	1

资料来源：中华人民共和国商务部官网。

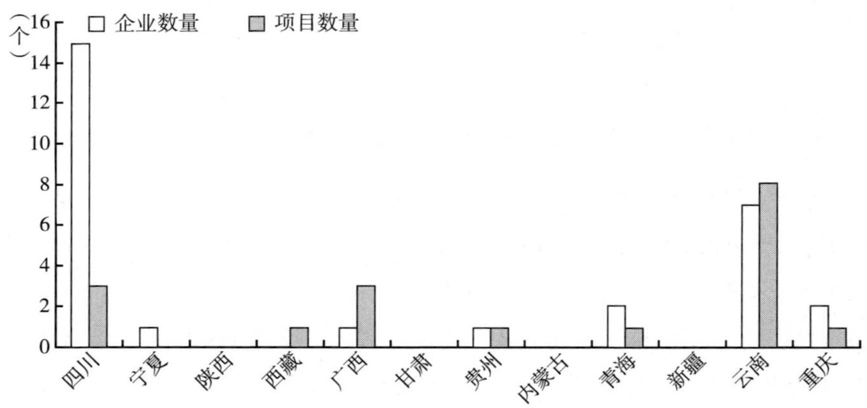

图 12　西部各省份 2017～2018 年度国家文化出口重点企业和项目概况

从表 9 和图 13 可见，中国东部地区不论是文化出口企业量，还是文化出口项目数都在全国占据着绝对领先地位，其占比均超过 50%。对比西部地区来说，其文化出口企业量较中东部少，但对比文化出口项目数来看，西部地区实力较为强劲，超过了中部地区，说明西部地区文化出口项目内容丰富，这应当成为西部地区今后拓展经济发展的方向。

此外，本文还梳理了西部各省“十三五”文化产业发展的相关规划，以期得出西部地区未来文化产业发展方向。西部地区大部分省份在“十三五”

表 9　2017～2018 年度国家文化出口重点企业和项目概况

省份	文化出口企业数量(个)	占全国比重(%)	文化出口项目数量(个)	占全国比重(%)
东部	193	65.4	59	54.6
中部	42	14.2	13	12.0
西部	29	9.8	18	16.7
中央文化企业	31	10.5	18	16.7
全国	295	100	108	100

数据来源：中华人民共和国商务部官网。

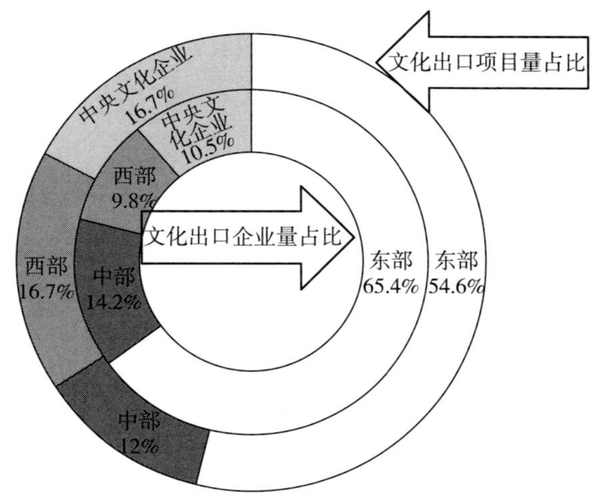

图 13　2017～2018 年度国家文化出口重点企业和项目概况

注：图中外圈为文化出口项目量占全国比重，内圈为文化出口企业量占全国比重。

文化发展规划内容中都有提及发展传承地方特色文化，打造地方文化品牌特色，从而拉动经济、带动消费就业等。发展文化产业，结合地方历史文化沉淀特色，融合“互联网+”等现代数字传媒新方式，提升地方文化服务质量，加强特色文化的辐射带动效应，是在新常态下和转变经济发展方式大背景下提升经济发展质量，提高对内、对外开放水平，创新经济发展方式的重要举措。此外，在各地区“十三五”文化产业发展目标中，此处主要梳理的是其在经济领域的目标，可以看出各地区均力争在2020年使文化产业创造的经济价值有质的飞跃，并均力图将文化产业打造成地方的支柱性产业，与国家顶层设计的大方向保持一致。文化产业发展的崛起，一方面丰富了外贸内容，相对于传统的货物出口贸易等形式，文化产业的发展可以产生文化附加产品的出口，将出口产品和地方文化相融合，充分发挥地方特色；另一方面，通过文化内涵的传播发展对外旅游业，吸引外地游客，从而拉动当地旅游业等相关产业的发展。

三　西部地区新型外贸试点模式情况

（一）西部地区开放口岸详情

中国在1978年改革开放之初，只有51个对外开放的口岸，经过了40年的发展，其对外口岸数量已经远超过200个，口岸在现代经济中产生着越来越深远的作用。口岸分为一类口岸和二类口岸，一类口岸是指由中央批准开放或管理的口岸，二类口岸指由省级政府批准开放或管理的口岸。不论是一类口岸还是二类口岸，在当今对外开放形式下都充当着对外交往的桥梁，边境贸易，商贸跨境运输，货物、客流中转或出境等都需要经过对外开放口岸的批准和监督管理，其已然成为对外贸易的重要桥头堡之一。因此，本文对西部各省一类口岸情况进行了汇总整理，并进一步对相关省份2017年主要口岸情况进行了梳理。

从表10可见，新疆、广西、云南和西藏四个地区开放的口岸较其他省份多，这四个省份地理位置均与他国接壤，因此对外开放口岸数量上的优势对于连接当地与国外跨境贸易的发展有着积极作用，因此这几个省份应当深化口岸的作用，积极扩充跨境贸易内容，充分利用这一优势发展当地特色经济，从而提高对外开放水平和经济质量水平。

表 10　西部各省份口岸情况汇总

地区	空港	陆港	水港
四川	成都		
宁夏	银川	惠农陆路口岸	
陕西	西安	西安国际港务区	
西藏	拉萨	樟木、聂拉木、普兰、吉隆、日屋、亚东	
广西	南宁，桂林，北海	友谊关，凭祥，东兴，水口，爱店，峒中	北海、防城、福州、钦州、柳州
甘肃	兰州		
贵州	贵阳		
内蒙古	呼和浩特、海拉尔	二连浩特、满洲里	
青海	西宁		
新疆	乌鲁木齐，喀什	巴克图、阿拉山口、红其拉甫、霍而果斯、红山嘴、老爷庙、乌拉斯台、塔克什肯、吉木乃、吐尔尕特、伊尔克什坦、红其拉甫、都拉塔、阿黑土别克（未开放）、木扎尔特（未开放）	
云南	昆明、西双版纳、丽江	畹町、瑞丽、河口、磨憨、天保、金水河、猴桥、孟定	思茅、景洪、关累
重庆	重庆		

资料来源：百度百科及作者整理。

从表 11 可见，西部地区主要口岸 2017 年进出境情况均呈现较为乐观的增长态势，不论是进出境货运量、客运量，还是出入境航班架次，均呈现出正向的增长，反映出地区对外经济活动对口岸的依赖作用加强，说明口岸在经济活动中扮演的角色越来越重要。

表 11　2017 年西部省份重要口岸进出境情况概览

口岸	口岸进出境货运量（万吨）	增长（%）	口岸进出境客运量（万人次）	增长（%）	出入境航班（架次）	增长（%）
四川成都航空口岸	—	—	539.86	—	30400	—
宁夏银川空港口岸	—	—	24.75	19.1	4096	10.6
陕西西安咸阳国际机场口岸	—	—	4185.7	13.1	318000	9.7
广西东兴口岸	—	—	997	28	—	—

续表

口岸	口岸进出境货运量（万吨）	增长（%）	口岸进出境客运量（万人次）	增长（%）	出入境航班（架次）	增长（%）
贵州贵阳机场	—	—	1810.9	19.9	149000	15.5
内蒙古二连浩特口岸	1503.1	4.7	223.4	6	—	—
新疆阿拉山口口岸	1665.68	14.2	—	—	—	—
云南河口口岸	512.2（1～10月）	111.1（1～10月）	400	22	—	—
重庆江北机场	—	—	3871.5	—	288600	4.3

资料来源：各省份政府官网及中国新闻网、人民网、民航资源网等。

（二）西部地区外贸转型示范基地情况汇总

为了推动外贸转型发展，提高贸易质量和水平，巩固并提升我国贸易大国地位，2011年商务部制定了《商务部外贸转型升级示范基地培育工作总体方案》及《2011年国家外贸转型升级专业型示范基地认定工作方案》，推动建立国家外贸转型示范基地，希望在此基础上发挥示范基地的引领带头作用。示范基地的评选一般要求其具有一定的示范带动效应，包括特定行业产业集聚能力、生产性龙头企业以及经政府和各级单位依法设立的经济开发区或特殊监管区。因此对西部地区外贸转型示范基地情况进行汇总，有助于对西部地区当前优势行业以及未来发展方向有相对清晰的了解，并为未来西部各省特色产业发展规划提供一定的现实参考。

从表12和图14可见，2018年西部地区内蒙古、四川、重庆和广西四省份的国家外贸转型示范基地数目较多，其中内蒙古以10个基地数量远远超过其他省份，反映出国家对内蒙古外贸转型发展的诸多期待。同时，从表12和图15可见，外贸转型升级基地最新公布的名单中，西部地区涉及的领域主要集中在农产品、纺织服装、新型材料及医药行业。总体来看，西部各省份特色农产品的发展成为外贸转型试点的重点扶持对象，诸如贵州的酒、云南的花卉、重庆的榨菜、陕西和甘肃的苹果、内蒙古的牛肉等，特色农产品发展的异军突起，反映出地方充分利用比较优势来发展对外贸易的思路。随着“一带一路”

倡议的推进，以及各地区积极打通向西的交通来看，西部地区应当充分发挥这一优势，基于本地特色农产品进一步提高产品附加值，延长产业链，起到积极的辐射带动作用。纺织服装行业主要集中在内蒙古、宁夏、四川、重庆、西藏和陕西这几个省份，内蒙古和西藏、宁夏有着良好的发展纺织服装的自然条件优势，而陕西等地又有着深厚的纺织业发展历史积淀，纺织服装行业属于轻工业，一方面投入的资金较重工业少，同时又可以带动大量就业，因此综合各种因素，这几个省份特别扶持纺织服装行业的发展对于社会经济综合效益而言有着积极带动作用。

表 12　西部地区 2018 年外贸转型示范基地汇总

省份	基地数量	基地所涉内容	领域
四川	5	蔬菜 女鞋 服饰 有色金属材料 功能聚合物及复合材料	农产品 轻工工艺产品 纺织服装 新型材料 专业化工
宁夏	2	羊绒制品 枸杞制品	纺织服装 医药
陕西	3	苹果 纺织 有色金属材料	农产品 纺织服装 新型材料
西藏	2	高原特色农产品 家纺	农产品 纺织服装
广西	4	水海产品 陶瓷 衣架 生物医药	农产品 轻工工艺产品 轻工工艺产品 医药
甘肃	2	苹果 种子	农产品 农产品
贵州	2	白酒 新型肥料	农产品 专业化工

续表

省份	基地数量	基地所涉内容	领域
内蒙古	10	籽仁 番茄 肉牛 杂粮杂豆 脱水菜 羊绒制品 羊绒制品 羊绒制品 黑色金属材料 有色金属材料	农产品 农产品 农产品 农产品 农产品 纺织服装 纺织服装 纺织服装 新型材料 新型材料
青海	2	藏毯 浆果及制品	农产品 医药
新疆	1	果蔬罐头	农产品
云南	3	花卉 蔬菜 蔬菜	农产品 农产品 农产品
重庆	5	榨菜 柠檬 牛肉 纺织 西药	农产品 农产品 农产品 纺织服装 医药

资料来源：中华人民共和国商务部网站。

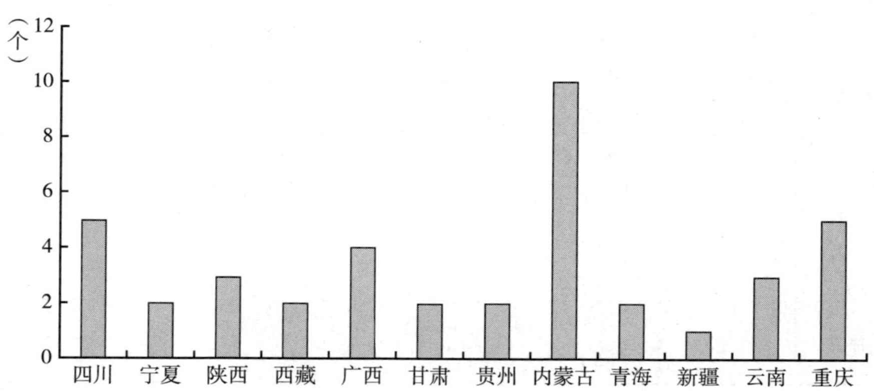

图 14　2017 年西部地区国家外贸转型示范基地数量

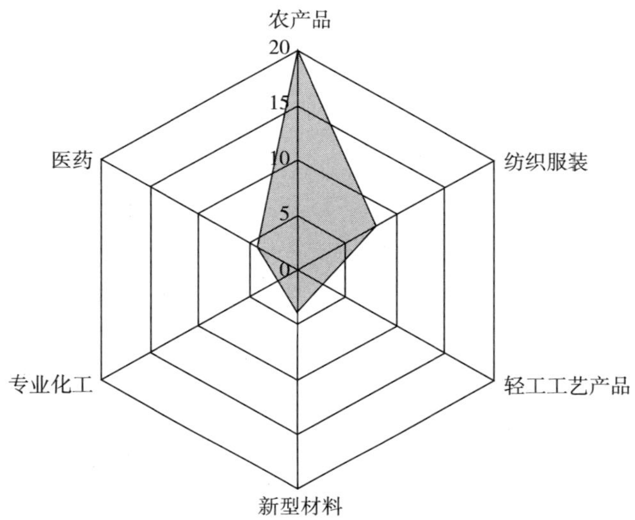

图 15　西部地区国家外贸转型示范基地涉及领域

注：图中外圈为外贸转型示范基地涉及领域，内圈为涉及领域数目。

（三）西部地区自贸区情况概览

为了提升中国对外开放水平和质量，与国际在各领域能够顺利接轨，同时也为了在政府行政管理方面能够实现体制机制的改革和创新，中国在 2013 年 9 月布局了第一个自由贸易试验区，即中国（上海）自由贸易试验区，这一举措标志着中国对外开放进入了一个全新试验时期，拉开了中国提升对外开放质量和水平及深化对内体制机制改革创新的序幕。自贸区的设立在于力图实现贸易自由化和便利化，通过相关优惠政策及便利的行政监管建立一种高效、联动且具有较强竞争活力的经济运行环境。随着自贸区进程的推进，中国目前出现了"1 +3 +7"的自贸区战略格局，分别为 2013 年 9 月 27 日第一批设立的中国（上海）自由贸易试验区，2015 年 4 月 20 日第二批设立的中国（广东）自由贸易试验区、中国（天津）自由贸易试验区及中国（福建）自由贸易试验区，2017 年 3 月 31 日第三批设立的中国（辽宁）自由贸易试验区、中国（浙江）自由贸易试验区、中国（河南）自由贸易试验区、中国（湖北）自由贸易试验区、中国（重庆）自由贸易试验区、中国（四川）自由贸易试验区、中国（陕西）自由贸易试验区。在第三批设立的自贸区名单中首次出现了西部地区省份，反映出国家对西部地区提升内陆贸易质量、全力发展内陆经济并发挥出其较强的示范带动作用有着较高期待，因此本文汇总了西部地区相关省份自贸区发展情况。

第三批自贸试验区中加入西部三省目的在于使其承接东中部并充分发挥战略枢纽作用，面向“一带一路”倡议的推进，对打造内陆省份经济引领、示范、带动作用在新时期下有必要意义。可以看出，在新注册企业数量和外资企业数量上来看，中国（四川）自由贸易试验区远远领先于重庆和陕西，说明中国（四川）自由贸易试验区运营环境较这两个省份好。首先中国（四川）自由贸易试验区实行网上填报材料，并进行审核管理，线下则缩短了取证时间；进行企业审批业务的效率提升了40%，并重点打造智能化政务，减少企业了解政策手续时间。除此而外，中国（四川）自由贸易试验区还着力打通科技、经济、金融相连接通道，全方位搞活市场活力；吸引全球顶尖人才，推动“全球顶级科技园区合伙人计划（TSPPP）”启动。正是以上这些因素的落实执行使得中国（四川）自由贸易试验区对企业的吸引力才如此强劲。在注册资本上，陕西吸引资本的能力强于成都和重庆，同时也可以注意到西安片区的发展远远领先于陕西其他两个片区。

表13　2017年西部省份自贸区发展概况

省份	四川	重庆	陕西
成立时间	2017年3月31日	2017年3月31日	2017年3月31日
涵盖片区	成都天府新区片区； 成都青白江铁路港片区； 川南林港片区	两江片区； 西永片区； 果园港片区	西安片区； 西咸片区； 杨凌片区
战略定位	西部门户城市开发开放引领区； 内陆开放战略支撑带先导区； 国际开放通道枢纽区； 内陆开放型经济新高地； 内陆与沿海沿边沿江协同开放示范区	发挥战略支点和连接点重要作用； 加大西部地区门户城市开放力度； “一带一路”和长江经济带互联互通重要枢纽、西部大开发战略重要支点	发挥“一带一路”建设对西部大开发带动作用； 加大西部地区门户城市开放力度的要求； 探索内陆与“一带一路”沿线国家经济合作和人文交流新模式

续表

省份	四川	重庆	陕西			
成立时间	2017 年 3 月 31 日	2017 年 3 月 31 日	2017 年 3 月 31 日			
新注册企业数（户）	1.92 万［中国（四川）自由贸易试验区］	11695	合计	西安片区	西域片区	杨凌片区
			9347	7565	1333	449
注册资本（亿元）	2950［中国（四川）自由贸易试验区］	773.16（新增）	3099.79	2142.25	918.67	38.87
外资企业数量（户）	211［中国（四川）自由贸易试验区］	220	107	90	12	5
外资企业注册资本（亿元）	—	15.81（新增）	45.2	34.79	9.46	0.95

资料来源：中国（四川）自由贸易试验区官网、重庆自贸区官网、中国（陕西）自贸区官网。

四　政策建议

在中国区域的划分中，西部地区的经济规模量同中东部相比稍逊，但是通过近些年对产业结构的不断摸索和调整，以及对经济高水平、高质量发展道路的认同，西部地区逐渐开辟出了一条符合生态发展要求及创新驱动经济发展的新道路。在中国经济发展新常态背景下，西部地区逐渐降低其对资源转换经济的依赖，合理调整产业结构，推动成熟产业转型升级，并加大鼓励新兴产业在西部地区的落成，从而带动一系列产业链向高端水平的发展，推动地区整体经济质量提升。在这一背景下，本文从对外开放的角度切入，分析了西部各省份2017 年对外开放的相关情况，并通过对各部分的深入剖析，得出其应该向高质量发展的相关政策建议。

首先，加大、拓深对外开放的广度和深度，树立良好的省份形象。西部各省份对外开放程度差距比较大，诸如重庆、贵州和陕西等省份其对外开放程度达到了 2% 左右甚至更高，但是其他省份诸如青海和甘肃相对就较低，对外开放程度直接影响着地区经济对外接触度和发展水平，因此加大各省份的对外开

放广度是保证其能够抓住发展经济的机会，拓展深度是为了保证各省份对外开放的质量。此外，提高各省份开放联动水平同样是很有必要的，通过加强西部各省份之间对外开放程度的关联性，产生开放的聚集性，形成良好的互动对外效应。

树立良好的省份形象是很有必要的，当今对外发展中越来越重视声誉程度，加大创新驱动发展力度，提高产品附加值，提高西部地区各省份声誉是西部地区“走出去”的关键。提高声誉对于各省份在“一带一路”倡议的推进中也是至关重要的，声誉对于各省份来说相当于对外发展的名片，尤其在“一带一路”推进的进程中，其沿线各国对西部省份了解较少，在相互接触过程中，西部省份出口的高质量产品可以在短时间内帮助“一带一路”沿线国家了解这些省份的实力，对外快速建立起良好的省份口碑品牌形象。推动高质量产品出口和高附加值产品出口，需要提升各地区的技术水平，因此由上而下加大对创新研发的支持，政府从补贴和政策方面给予最大力度的支持，企业层面应当积极地“走出去”参与国际竞争，从而与国际接轨，不断提高自身综合实力。

其次，平衡贸易进出口数量和类别的发展，支持文化产业“走出去”。通过前面分析可以看出，西部地区总体来说贸易存在失衡，出口量整体大于进口量，反映出西部地区部分省份进口不足且地区涉外并未得到充足发展，因此西部地区在拓展出口量、提升整体贸易出口额的同时，应当适当提高进口数量，积极扩大进口，高水平的开放不仅仅限于对外出口中，也包括对外进口这一方向上。高水平的开放意味着进一步地打开国门，互通有无，因此西部地区应当结合本地区发展需要有选择性地扩大进口，使本地区进一步地得到充足发展，同时平衡贸易。此外，西部地区出口中均涉及农产品和机电产品，只有个别省份出口中涉及了高新科技产品这一类别，因此，在这一基础上发展地区特色农业，推动地区特色农产品“走出去”是巩固农业生产基础地位、推动农业向更高端化发展的重要途径；发展高新科技产业是提升经济发展质量、落实绿色发展和生态发展的必要途径，因此西部其他省份应借鉴高新技术产品出口发展较好的省份经验，结合自身实际情况大力提升高新技术产品水平，使出口产品种类多样化。

同时，大力发展文化产业，结合地方特色传统文化，充分利用“互联网 +”

等新兴媒介工具带动并扩大地方文化传播的范围，使文化产业成为地区经济发展中的支柱性产业。文化产业发展的崛起，一方面有助于传统文化的传承，另一方面将其与现代经济、金融发展相融合，丰富了文化发展的途径，有助于提升文化产业发展的活力。推动文化产业发展、推动文化产品“走出去”同样是拓展地区文化，拉动地区经济发展的重要手段，“文化搭台，经济随行”是在新常态和高质量经济发展背景下做出的具有战略眼光的选择模式。基于前面的分析可以看出，西部各省份在重点文化企业数量和项目出口中存在较大差距，因此可以看出重点发展西部地区文化产业薄弱省份的相关产业，推动其“走出去”具有较大潜力，同时巩固发展当前文化产业做得较好的省份的发展力量，为西部其他省份起到一定的借鉴带头作用。想要推动文化产业大力发展并在“十三五”期间使其成为地区的支柱性产业，重要的是政府部门的支持和推介。政府部门的支持可以从政策倾向到补贴，首先从其弱小状态慢慢做大做强，直到其具有一定的规模实力能够支撑自身发展。其次，文化产业的崛起需要传播的力量。这方面一是需要政府的推介，二是媒介的传播，这对于非本地人对本地区传统文化的快速了解和地区文化的推广有着高效的意义。

最后，完善对外交通运输线，加强对本地区特色发展模式的总结和升级。中国共产党第十九次全国代表大会报告指出“中国开放的大门不会关闭，只会越开越大”，在肯定中国对外开放的脚步不会停止的同时，也指出了中国开放的格局、范围和层次上的提升。西部地区应当抓住这一新时期背景下改革的机遇，加强对外交往和互动联系，这就需要进一步完善西部各省份对外交通往来线路，完善陆、空交通系统，加大拓展对外往来线路。交通延伸的地方决定了本地区对外交往的范围，西部地区要拓宽、延长开放的范围，必不可少的就是应当完善交通的通达性，对内增加铁路、航空线路，对外向西增开中欧班列以及向北的线路的新修设等，一方面方便了本地区对外交往途径，另一方面也增加了西部省份与国际接触机会，防止故步自封的情况出现。

由于试点模式只是在个别地区展开，因此，对于本地区在特定试点模式下的总结和同样的试点地区的经验借鉴是有着重要的意义。试点省份采用相同的发展模式，但是基于基础和优势资源不同，最终的经验成果会有差别，但是正是这种差异化的出现使每个地区都有各自的特色，相互之间可以取长补短。同时，东中部地区较好的先行经验也是西部各省份拿来对比和借鉴的对象。不论是口岸的发展还是外贸转型示范基地的推广，抑或是新兴的自贸区试点的出现，本质上都是中国对外贸改革或升级的探索，是符合中国政府 2018 年重点工作中“推动形成全面开放新格局”要求的，西部地区应当抓住试点机会，积极探索经济发展新路子，拓宽外贸发展新模式，以典型示范推广开来。

中国的经济发展已经进入新时期，经济发展已不再单纯强调量的堆积，取而代之的是质的提高，同样在对外开放和外贸发展方面也是更加注重开放水平的升级和外贸质量的提升。在新时代背景下，西部地区各省份应当进一步开放思想，不断更新观念，全面激发市场上各类主体活力，为更高水平对外开放搭建连接平台。

B.14

“一带一路”建设背景下西部地区开发开放新机制研究*

马莉莉　程 锐　陈 璇　杨浩天**

摘　要： 当前中国特色社会主义建设进入新时代，经济体系和国家治理体系逐渐向现代化转型，这为长期处于竞争劣势的西部地区的开发开放提供了新的发展机遇。本文以模块网络化机制为分析视角，指出规模扩张与分工深化是实现自主转型升级的可行路径，而集聚大规模同质、异质消费需求是驱动模块网络化的关键所在。因此，西部地区应充分对接外部环境，以集聚促转型，以“转型－开放”协同原则为指导，驱动模块网络化新型发展机制，在此基础上依据公共性差异，创建层级网络结构的公共治理机制，定制全流程开发开放服务，以探索构建全流程开发开放新体制。本研究对西部内陆地区实现自身的转型发展，以促进国家的发展方式转变和战略转型具有重要的现实指导意义。

关键词： “转型－开放”协同原则　层级网络公共治理　全流程服务

---

* 基金项目：国家社会科学基金重点项目“‘一带一路’沿线价值链变革与区域产业转型”（16AZD010）、教育部人文社会科学重点研究基地重大项目“丝绸之路经济带战略背景下西部地区开发开放新体制研究”（16JJD790047）、陕西省社科基金重点项目“陕西省构建全方位对外开放新格局研究”（2016D001）。

** 马莉莉，西北大学经济管理学院副院长、教授、博士生导师，研究方向为世界经济、世界城市、经济转型；程锐，西北大学经济管理学院博士生，研究方向为世界经济；陈璇，西北大学经济管理学院硕士生，研究方向为世界经济；杨浩天，西北大学经济管理学院硕士生，研究方向为世界经济。

在陆权时代，诸如陕西等西部内陆地区曾代表着中华文明的鼎盛时期；随着海权时代到来，深处内陆、交通不便，成为制约这些地区发展的不利因素。新中国成立后，在高度集中的计划体制下，西部省会和中心城市作为计划体系的关键节点而获得新的资源配置；特别是20世纪五六十年代国际局势复杂、新中国面临安全威胁时，国家启动“三线建设”，大量科研、重工、军工等产业布局于西部，使其获得重要发展。十一届三中全会以后，中国开始转向社会主义市场经济，以“体制外先行、沿海先行、试点先行、增量带动存量”为特征的渐进式改革保障了国家的有序转型，然而西部再一次因地理条件、市场化改革相对滞后等因素而处于竞争劣势地位，东西部的差距不断拉大。

随着模块网络化生产方式的兴起、国家推进供给侧结构性改革和“一带一路”建设，以及国际开放格局面临深刻变迁，作为欠发达的西部不仅需要而且有可能通过主导产业的分工深化、嵌入全球及“一带一路”区域产业链，来实现自身的转型发展，并为国家的发展方式转变和战略转型做出应有贡献。对于处于不利竞争地位的西部内陆地区而言，与沿海发达地区有很大的差异，这就决定了西部内陆地区不仅仅是学习借鉴先行地区的开放经验，更重要的是，从自身的发展基础、条件和开放需求出发，创新发展模式。具体来说，就是需要创建“转型与开放协同”的全生态自主转型机制，提供全流程定制化开发开放服务，探索层级网络公共治理方式，以抓住追赶超越的发展机遇。

一　新时代中国特色社会主义的发展大局

改革开放以来，邓小平、江泽民等党和国家领导人逐步提出“社会主义可以与市场相结合”“社会主义初级阶段理论”“公有制可以与市场经济相结合”等重大的理论创新，指引国家展开中国特色社会主义建设，市场活力得以激发，各类要素特别是庞大的廉价劳动力资源被调动起来，中国经济实现较长时期快速增长，同时也累积日趋严峻的粗放发展问题。随着社会主要矛盾的变迁，习近平总书记指出中国特色社会主义建设进入新时代，经济体系向现代化转型、国家治理体系向现代化转型、“一带一路”建设等构成国家发展大局，这是当前阶段探讨西部开发开放问题的基本出发点。

（一）模块网络化新兴生产方式的特征

20 世纪末期，模块网络化生产方式兴起，作为一种循环累积的发展机制，它不仅有力改变了中国、东亚乃至世界的分工格局，还为中国的战略转型指明可行路径。

这种全球兴起的新生产方式在于，模块分解有利于各模块的专业化，模块的不同组合能够产出多样化产品，由此，生产流程依据模块分解、网络联结的方式，应对消费需求的差异化、小批量化与快速变化①；且所分解模块向上游提出更趋差异化和快速变化的需求，由此循环累积使模块网络化成为不断强化的发展机制。

更进一步，模块网络化机制的另一重要特征在于，模块专业化对创新的要求不断提升，进而加大了各模块对促进创新的公共服务的差异化需求；以及创新对人的心智开发需求大增，要求大幅供给围绕人力资源培育的多元公共服务；然而，各模块对保持敏捷的自身要求使其渐趋减少自主供给公共品，转而寻求从外部获得；由此，差异化、快速变化的公共服务需求攀升；相应地，公共服务同样需要转向以模块网络化的方式加大供给。传统上，公共服务主要由政府来组织供给，差异化、快速变化公共服务需求的大幅攀升，以及模块网络化公共服务的供给机制表明，公共服务需要在以政府为核心的多元组织共同参与的方式下提高供给水平和效率，进而推动社会生产的分工深化与转型升级。这意味着，政府与市场走向协同、公共治理体系创新，是新生产方式下分工深化的内在要求，代表着生产力发展方向②。

（二）融入东亚区域生产网络中的中国社会主要矛盾变迁

1990 年代末，在信息科技革命兴起、跨国公司积极推动、东亚各国不断推进贸易自由化特别是中国入世带动大规模廉价劳动力进入国际市场的过程中，模块网络化率先在东亚转变为现实，并深刻重构中国、东亚乃至全球的发

① Baldwin, C. Y. 、Clark, K. B. , *Managing in an Age of Modularity* ［J］. Harvard Business Review, 1997, 75 （5）.

② 马莉莉、张亚斌：《网络化时代的公共服务模块化供给机制》，《中国工业经济》2013 年第 9 期，第 95 ~ 107 页。

展格局。

东亚生产网络的鲜明特征是，东亚的贸易规模特别是区域内贸易规模快速攀升，中间产品贸易构成区域内贸易的主要组成部分，东亚以中国为加工制造中心而内在联结，同时中日韩、新马印等是互动联结的次区域生产网络①。从全球分工格局来看，东亚、北美、欧洲为三大贸易区域，分别以中国、美国和德国为各自分工网络联结中心，且三大区域主要通过各中心国间相互贸易而展开合作；通过中美间紧密联结，北美和东亚一体化水平显著提升，美国依托于两大生产体系聚集先进生产环节和服务，产业演进全球领先；欧洲以区域内一体化为主导，有限的市场范围使欧洲主要发展产业内分工，社会生产分工细化程度落后于以产品内分工为特征的亚太②。在发挥廉价劳动力资源优势、参与东亚及全球分工体系的过程中，中国的工业化、城市化并行推进，共同促使经济实现快速增长，1978 年，中国商品贸易总额占世界的 0.9%，2016 年攀升至 11.5%；国内生产总值占比由 2.3% 上升至 14.9%③。

然而，中国作为加工制造环节的新兴聚集地，缺乏先进生产技术，市场制度不完善，被锁定在全球价值链低端，这都使中国为快速增长付出渐趋高昂的资源、环境、社会等代价，从而更大规模、更深层地陷入粗放发展困局。2008 年金融危机暴露出中国既有的发展方式难以为继；十九大的召开，指明当前中国社会主要矛盾转化为人民日益增长的美好生活需要和不平衡不充分的发展之间的矛盾，正是对中国粗放发展实绩和教训的鲜明而深刻的总结。

（三）新时代的国家发展大局

面对当前社会新的主要矛盾，中央启动全面深化改革，表现出适应当前生产力发展需要而变革生产关系的显著特征。

党的十八大以来，习近平总书记在各种场合发表重要讲话，提出“中国梦”的发展愿景，“两个一百年”奋斗目标，中国特色社会主义的理论指导，“四个全面”战略布局，“创新、协调、绿色、开放、共享”发展理念，“五位

① 陈勇：《区域生产网络：东亚经济体的新分工形式》，《世界经济研究》2006 年第 2 期，第 82 ~ 88 页。

② 马莉莉：《世界城市：全球分工视角的发展与香港的选择》，商务印书馆，2014。

③ 根据 UNCTAD Database 数据计算，国内生产总值按 2005 年固定价格计。

一体”发展思路，新常态、供给侧结构性改革、强军建设、全球治理和人类命运共同体、合作共赢新型国际关系等新思想；并在十九大系统表述为中国特色社会主义建设的“基本方略”，其核心围绕“处理好政府与市场关系，使市场在资源配置中起决定性作用和更好发挥政府作用”，“推进国家治理体系和治理能力现代化”，依法治国、从严治党、重构对外交往等。这表明，中国特色社会主义建设已转向新阶段：如何实现社会主义国家治理体系现代化，以进一步解放生产力、发展生产力，驱动向现代化经济体系的战略转型，这构成新时代的重要理论内涵①。

模块网络化机制揭示，治理体系创新有助于推动生产体系通过模块分解、网络联结式分工深化，走上自我累积强化的转型升级道路；分工深化意味着生产能力与效率的提升，也意味着需要更广阔的国内外市场来拉动产业转型。②十八大以来，中国政府紧紧围绕供给侧结构性改革、“放管服”改革、“一带一路”建设等展开全面布局，表现出利用模块网络化机制驱动经济体系战略转型的发展思路。深化改革和扩大开放，驱动产业体系转型升级和建设“一带一路”，内外联结、不可分割，共同构成新时代国家发展大局。③

二　西部地区创建“转型－开放”协同新体制的必要性及原则

模块网络化机制提供了生产流程局部环节通过规模扩张、分工深化而实现技术演进、嵌入全球产业链条的可能性，这为后发国家和地区通过局部生产环节做大做强继而实现自主转型升级指出可行路径；这也表明，“一带一路”建设是为后发地区自主转型创造市场条件，而一个个地区的转型升级既支撑“一带一路”的延伸，又构成沿线地区包括中国转型升级的现实累积过程。因

① 毕吉耀、李慰：《创新完善我国全方位开放格局》，《中国特色社会主义研究》2018 年第 2 期。

② 国家发展和改革委员会学术委员会办公室：《“一带一路”构建全方位开放新格局》，中国计划出版社，2015。

③ 沈丹阳：《我国构建开放型经济新体制与推动建设开放型世界经济》，《世界经济研究》2017 年第 12 期。

此，国家发展大局中，“一带一路”建设与局部地区自主转型必须并行推进、互为支撑。

受地理位置、资源禀赋、发展基础、制度建设等因素制约，西部在市场化条件下处在并不十分有利的地位，面对国家发展大局，西部地区不仅承载着抓住开放形势实现自主转型升级的历史使命，也承载着开辟道路，为“一带一路”沿线落后地区树立转型升级样板的重大职责，依据国内外环境和新兴生产方式原理，西部内陆地区有必要抓住潜在的发展机遇，以“转型－开放”协同的原则探索新型体制机制（见图1）。

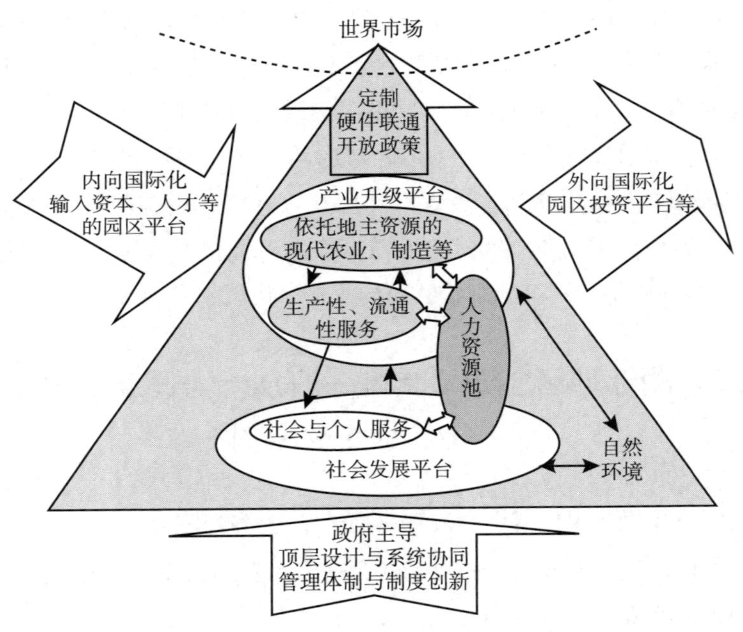

图1　内陆地区的全生态自主转型机制

第一，设立开放型试验区驱动开放与转型。由于一定地区的经济结构归根结底取决于社会群体的生产行为构成，受限于其所处环境决定的认知、能力的制约，以及组织、制度、文化等的约束，而具有相对稳定性，较难实现变迁；由此，通过持续引入新情境，进而改变群体认知、互动继而生产行为，是相对落后地区加快发展的必由之路。由于社会群体行为的变迁难以整体改变，西部内陆地区资源相对有限，全面开发的条件并不充分；以及地区间发展情况差异大、市场经济制度仍不完善，在缺乏前期探索的条件下，难以建立全国统一的符合国际经贸规则发展趋势的开放格局，因此，西部有必要基于自身条件，设立开放型经济试验区，从局部引入外来的、驱动内部重组的新情境，在持续性的情境更新中，改变局部生产行为，继而由局部带动整体，最终驱动系统性的地区产业转型升级。①

第二，基于差异化对接与助推“一带一路”分工网络以寻求发展。由于中心地区与分工网络的共生演化原理，一定地区所集聚产业的升级取决于所依托分工网络的规模，因此，西部地区在寻求发展时：首先，有必要开拓国际市场，寻求与国际分工网络的对接，特别在国家推动“一带一路”建设的背景下，需要对接“一带一路”分工网络的发展空间，以扩大本地产业集聚的支撑基础；其次，西部内陆地区普遍资源条件有限、经济发展水平较低，因此难以全方位的开发本地产业，各地区需要寻求差异化发展道路，选择各自主导产业，在做大做强的过程中，引领分工深化、产业升级；最后，“一带一路”沿线普遍是发展水平较低的国家和地区，这使“一带一路”分工网络还非常薄弱，其发展壮大本身也将依靠各个产业集聚中心的自主转型升级，由此，西部内陆地区新兴集聚中心的兴起将同“一带一路”分工网络共生演进、互为支撑。②

第三，选择产业链延伸至公共治理领域的系统化体制机制建设。模块网络化原理表明，产业升级可以依托销售规模扩大后，促使分工细化来实现；公共服务同样面临着模块分解和网络联结的需要，以及需要与产业发展需求相对接，以共同提升产品竞争力。因此，内陆地区在收窄产业选择范围、通过开放扩大潜在市场规模后，需要从内部创新公共治理，为产业集聚和分工深化提供定制化的政策措施和公共服务，以支撑产业集聚与升级。

第四，促使西部内陆开放型经济试验区多点协同发展。西部内陆开放型试验区在进行体制机制创新、驱动新型发展模式的过程中，不仅需要地方开拓进取，还需要国家发挥整体协调作用，这是由西部内陆地区自身能力薄弱，以及对国际公共服务有需求等因素决定的。从国家层面需要提供的公共服务来看，主要包括经验分享与推广、国际谈判与协议签署执行、区域发展协调、跨区域

① 王佳宁等：《长江上游地区对外开放战略的总体框架》，《重庆社会科学》2017 年第 4 期。

② 盛斌、黎峰：《中国开放型经济新体制“新”在哪里?》，《国际经济评论》2017 年第 1 期。

和跨国的软硬件联通等。

总体而言，西部内陆开放型试验区的建设，是借力开放以推动转型、以支点转型支撑新型开放的一项改造地区社会经济生态的系统性工程，转型与开放互为因果、不可分割，分散的支点转型与全面的开放格局协同发展，同样内在关联、相辅相成。

三　政府与市场协同创建西部内陆地区的全生态自主转型机制

驱动模块网络化的关键在于，集聚尽可能大规模的同质、异质消费需求，使产业体系得以模块分解与网络联结，并循环往复发展下去。在把握时代背景和地方发展特征的基础上，西部内陆地区建设的核心理念就是，充分利用外部环境，驱动模块网络化新型发展机制，通过内生的产业链网分工深化，形成内在关联的、具有自组织性的全生态产业系统，建构内陆型改革开放新高地。由此，结合产业链延伸至公共服务领域的特征，开放型试验区主要依据产业系统的内在关联性、自组织性建构自主转型机制（见图1）。

第一，遴选差异化的主导产业，作为率先突破的领域。主导产业选择的标准，一是具有初步发展基础和条件，能够充分利用地区既有资源和优势；二是符合社会发展需要，能够拓展与累积国内外市场需求；三是复杂程度越高、技术关联度越高，越有利于模块分解与网络化发展。主导产业的率先发展有利于形成初步经验，以服务于后续新兴产业的遴选与培育。促进产业链条的分工深化，将引致生产性服务、流通性服务的衍生，并构成生产流程的分支模块，反过来支撑生产制造的技术升级；生产制造、生产性服务、流通性服务协同发展，共同构成产业升级平台。

第二，发展个人及社会性服务，培育人力资源池，建构社会发展平台，支撑产业升级平台的运行。产业升级平台的运行对高素质人力资源的需求不断攀升，而人力资源的培育有赖于个人服务及社会性服务的供给，特别是教育、医疗、住房等社会性服务，对于提高家庭生活质量继而个人发育与成长至关重要。此外，人口与产业聚集的物理空间供给即园区与城市规划建设等，亦是产业升级平台高效运作的必要支撑。反过来，产业升级平台的技术升级和高效生产，可以为社会发展平台的分工深化提供生产与服务支持。

第三，产业升级平台和社会发展平台都需要与自然环境、生态系统相互协调。西部内陆地区生态系统相对脆弱，产业与社会发展需要考虑自然环境的可承载性；与环境协调发展本身可以催生新的生产与服务环节和产业，由此进一步扩张地区生产系统。

第四，选择定制化的硬件联通设施和开放政策，以促使软硬件联通助推主导产业进入国内外市场。主导产业的发展需要广阔的市场空间，深处内陆使物理设施的联通，特别是便利化、去除规管壁垒等软件设施的联通甚为重要。由于内陆地区的企业拓展国内外市场更为困难，担负成本高昂，因此软硬件设施的互联互通作为重要的公共品，需要政府协同各界力量提高其供给效率、水平与质量。

第五，设立内向国际化园区，吸引先进技术、资金和管理经验。为支撑本地产业升级，有必要提供贸易、投资便利化条件，设立开放程度更高的产业园区、自由贸易园区，吸引服务于产业链体系分工深化的先进技术和资金等；通过产业园区，一方面可以发挥集聚效应，另一方面便于集中提供公共治理领域的创新服务，以及规避外资流入带来的负面影响①。

第六，在本地资本具备条件、实力及具有发展需要的前提下，以有助于本地产业集聚为考量，设立外向国际化园区，如国际产能合作园区、国际投资平台等，促进本地资本"走出去"。在本地产业面临转型升级需要时，为了助推优势产能扩大市场拓展范围，可以助其向海外拓展。由于"一带一路"沿线国家大多经济发展水平不高、国内社会政治相对复杂、宗教文化影响广泛，对于中国企业而言，虽然存在一定优势，但将面对国际市场较大的投资风险；而且，沿线国家往往难以承受全面开放。因此，设立国际产能合作园区和投资平台等，其一是发挥集聚效应；其二是构筑公共平台，助推抗风险能力较弱的中小企业能够走向海外市场，并规避在东道国经营的各类风险；其三是尽量减少外资流入给东道国带去的市场冲击；其四是便于东道国局部开放；其五是有利于拉动投资管理等先进产业在国内的衍生。由此，选择合适的投资国和投资领域、洽谈合作条件等，是西部地方政府甚至国家需要提供的重要公共服务。为避免国际关系变动给国际产能合作园区带来的冲击，由第三国或多国合作设立园区，亦是可以探索的发展

① 肖前：《构建外资新体制　打造开放新格局》，《国际经济合作》2017 年第 1 期。

路径。但对于欠发达地区而言，海外园区的布局往往耗费资源且其本身具有更大范围甚至国家层面的公共产品属性，因而有必要以服务于本地产业聚集及发展需要而进行选择，积极借助国家层面的海外园区及平台①。

第七，基于全生态的系统协调。所谓全生态，就是产业集聚、生产性服务衍生、流通性服务发展、社会性服务兴起、产品产出、要素输入、内外经济联系形成，这并不是相互独立、彼此割裂的，而是内在联结、供求对接，具有自组织性、人口与产业有机融合的完整系统，这也是社会制度建构其上可以良性循环的经济基础，构成社会经济系统可持续发展的基本生态。由此，促成产业体系的全生态联结与协调，是自主转型机制得以建构的必要条件。

在内陆地区开辟发展空间过程中，内陆地区既有的资源条件和不利形势决定了，完全依靠市场使其较难走向产业集聚和深化，而完全依靠政府，也将不易持续。因此，西部内陆开放型试验区的建设和发展，既需要充分发挥市场机制作用，驱动模块网络化的自组织功能；还需要发挥政府的顶层设计、系统协调和有效服务等作用，创新公共服务供给方式和管理体制。

四　转型与开放协同原则下的全流程服务需求

将转型与开放协同，是西部内陆地区基于有限的资源和条件，充分利用模块网络化新兴生产方式和市场机制，走差异化发展道路的可行选择。对接开放环境促进集聚继而转型，为全流程服务提出相应需求。

（一）全流程服务的必要性

完成生产的循环，需要经历要素集中、生产组织、产品产出，最终到完成销售的整个过程。所有生产、流通等环节组成的整体，将之称为生产和再生产的全流程。驱动模块网络化机制，为欠发达地区嵌入全球或区域产业链、实现内生的转型升级提供了机遇和可行路径，但对生产与市场的联结性提出更高要求。作为局部模块的生产，只有与其他模块完成联结，才可能产出完整的产

① 陆明涛：《基于雁形模式的中国经济开放新体制构建》，《国家行政学院学报》2017 年第 10 期。

品；最终产品只有与消费需求联结，才可能完成销售；而任何环节的脱节，都将导致再生产不可循环，进而发展受阻。在产业集聚中走向转型升级，必要条件是与更广阔的外部市场紧密联结，转型与开放的协同是欠发达内陆地区追赶发展的必由之路；将分散、碎片化的环节联结起来，保障生产、再生产所有流程得以无缝连接、高效循环，是转型与开放协同的内在要求和集中体现。在需求分散、资源分散的现实条件下，市场是处理分散信息和组织资源配置的高效机制。然而，大量不同程度公共性产品的存在，表明市场又不是万能的；特别是在模块网络化机制下，异质性的准公共产品需求大幅攀升，有必要创新相应的机制保障供给；创新越趋重要，物质生产和服务劳动所依赖的并非既有的要素禀赋，而在于培育开发的全新资源，市场更难以对尚未存在的要素资源进行定价和配置。因此，欠发达地区在利用先进生产方式驱动内生发展时，有必要将市场机制和政府功能有机结合起来，通过提供全流程服务，保障生产和再生产的循环往复，继而实现产业集聚和转型升级（见图2）。

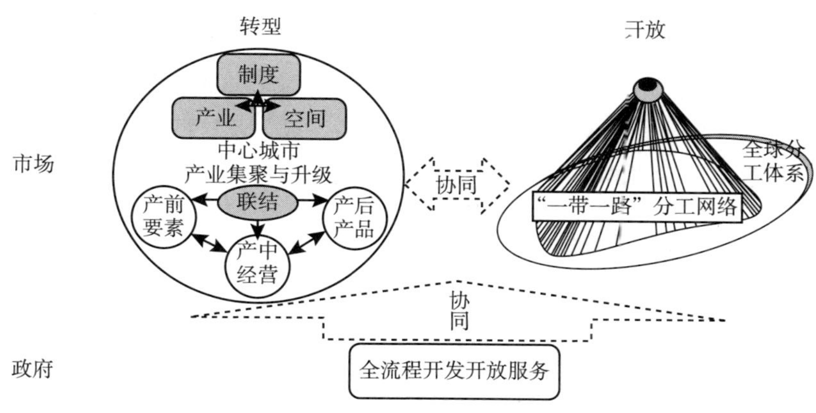

图2　全流程开发开放新体制建构原理

（二）全流程服务的内涵与类别

全流程服务就是根据生产和再生产各环节运作及其联结需要提供的各类服务。在一定空间范围的经济活动中，从生产和再生产全流程的基本环节来看，主要包括产前的要素获取阶段、产中的生产经营阶段，以及产后的产品销售阶段；各环节的经济活动又表现为需要相应的空间载体，并受到制度文化的激励或约束。因此，保障要素资源的聚集与供应、生产经营的自由便利、产品销售的顺畅广泛，生产系统对内、对外的高效联结，以及空间、制度等层面给予配套，是全流程服务的主要发展方向。

在生产流程分解以及连接过程中，所产生的具有私人品属性的生产、流通服务，市场具有组织供求对接的资源配置效率，它们可称为全流程市场服务；除此之外，还产生具有不同程度公共品属性的服务需求，这就要求社会机构、政府部门等多元主体共同参与服务供给，它们可称为全流程公共服务。由于全流程市场服务可以直接作为市场体系的内在组成部分，而无须专门研究；相对于市场自发对接服务供求，从生产系统和所有生产环节联结、制度保障等角度提供服务具有显著的公共性；以及市场外主体为再生产流程提供专门服务具有其特殊性，因此，全流程服务也主要指围绕再生产各环节和联结需要提供的非市场性服务。

由于要素的聚集一方面来源于外部流入，另一方面来源于本地培育；生产经营主要体现为本地运作；而产品输出除了本地消化，更重要的源于外部市场的消费，因此，从全流程服务的主要类别来看，包括本地开发和对外开放两大方面，两者方向、内容不同，但不可分割，共同构成促进本地产业集聚和升级的支撑力量。全流程开发开放服务的有效供给，成为开放型试验区进行体制机制创新的重要目标和内容。

（三）全流程服务的主要特征

全流程服务是应欠发达地区在资源禀赋、资源条件有限前提下驱动内生发展之需而产生，其范围涉及再生产循环各环节顺畅运作及系统联结的整个流程，内容繁杂、动态变化，其具有的鲜明特征包括以下几方面。

第一，需求驱动性。全流程服务的产生，是为了保障产业集聚的再生产循环得以持续进行，不管从产前、产中，还是产后，只要满足于生产与再生产的高效、有序展开，相关服务都属于全流程服务范围。这些服务的内容、数量、质量、组织方式、时间要求等，都取决于生产流程各环节的切实需要，定制化是全流程服务的基本特征。

第二，流程联结性。全流程服务的供给将使自身一并融入全产业链，共同提高本地产业及产品的市场竞争力。全流程服务强化流程联结性，不仅体现在助推再生产各环节之间相互联结，而且要求服务本身与再生产各环节分别紧密联结，并共同组成内在高效联结的产业链系统。分散基础上的联结、联结前提下的分散，是全流程服务发展的内在要求。

第三，动态调整性。由于各产业集聚点所聚集产业各异，且处在不停地动态演化过程之中，因此，全流程服务并不是各地统一、稳定不变的，而是各地显著差异、时刻处在动态调整过程之中。欠发达地区需要根据本地再生产循环持续运作的需要，定制化地选择开发开放服务；并依据不同的发展阶段和切实需要，持续调整、改进、优化全流程服务，以形成本地所聚集产业的市场竞争力和实现可持续发展。

第四，系统协调性。全流程服务并非夸大或无限扩张政府的干预力量，而是在把握和遵循市场规律的前提下，欠发达地区通过系统协调，识别世界走势，抓住发展契机，聚焦重点目标，统筹有限资源，从内部挖掘潜力，形成自主转型机制，走上追赶发展的道路。这主要是因为欠发达地区处于不利的竞争地位，纯粹依赖市场机制作用容易被边缘化；而全流程服务有助于补足竞争条件的缺陷，使欠发达地区有可能充分利用市场机制，实现有限产业的深度发展，以确定自身在全球或区域产业链中的竞争地位。从再生产各环节联结、空间布局、制度优化等各方面协调能力与目标之间的差距，强化系统整合与协调，是全流程服务的重要属性。

五　西部地区的全流程开发开放新体制

为了驱动自主转型机制在西部内陆地区的建构，需要创新全流程开发开放新体制，主要基于集聚的产前、产中、产后全流程提供定制化服务，并依据公共性差异，创建层级网络结构的公共治理机制，以提高地区经济发展的整体发展效率。

（一）全流程定制化开发开放服务的主要领域

全流程开发开放服务是应不同地区的产业集聚与发展需要定制化建构及相机调整变化的，根据需求来源和服务目标的差异，可对其主要领域进行归类。

从再生产的全流程特征来看，主要包括促进产品输出的产后服务、促进企业经营和产业集聚的产中服务、促进要素集中的产前服务，以及从整体而言的

系统协调服务（见图3）。

第一，产后服务主要是便利产品输出到更大市场范围的软硬件联通设施，包括构建多式联运系统以通达广泛的市场网络，以及通过贸易便利化提高商品内外流通效率。

第二，产中服务主要是从企业经营的各环节入手，减少行政壁垒和各项交易成本，提高运作效率。主要包括创新行政服务流程，减少规管造成的企业经营效率损失；优化空间布局，便利企业组织要素、资源及产品的流通；改善市场环境与制度，以充分发挥市场机制作用。

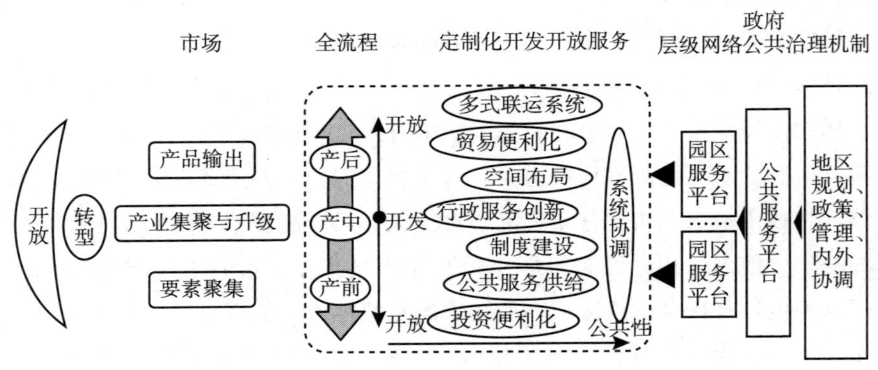

图3　全流程开发开放新体制的主要构成

第三，产前服务主要促进生产要素和资源的聚集，为企业生产经营创造条件。要素供给既可以来自本地既有资源禀赋，也可以来自其他地区的输入，特别在生产越来越依赖于创新继而人力资源的时代，要素的累积还有赖于开发和培育。因此，产前服务除了同样依赖于多式联运系统提高硬件通达性之外，主要包括提高投资便利化程度以吸引资本、管理、人才等本地供给不足的要素，以及进行教育、医疗、住房等公共服务创新，以培育地区发展所需的大规模人力资源。

第四，系统协调服务主要是从整体角度协调产业、空间、制度、全流程联结等关系，提高外部规模经济效应，减少地区发展系统的内部损耗。

由于产前的要素流动与产后的产品输出都需要与外部市场密切链接，因而多式联运系统和贸易投资便利化都属于开放服务范畴；而行政服务创新、空间格局优化、市场制度建设和公共服务供给等，起到保障经营顺畅、生产能力培育的作用，主要属于开发服务范畴。转型与开放的协同，要求开发服务与开放服务在全流程范围内实现协同，这有赖于系统协调服务发挥相应作用。

（二）层级网络公共治理机制

基于模块网络化原理，随着异质公共品需求的大幅攀升，公共品亦需要通过网络化组织的模式来提高供给效率和能力，专业化模块分解及网络联结构成其重要组成部分。欠发达地区在自然资源和条件有限的前提下，通过促进局部模块的生产规模扩张和分工深化，从而嵌入全球或区域产业链，这需要大量的资源开发特别是人力资源。由此，欠发达地区对异质公共品的需求将显著攀升。为了保障全流程服务的有效供给，内陆欠发达地区有必要在试验区创建层级网络公共治理机制，以提高地方政府促进地区发展过程中的敏捷反应能力。

所谓层级网络公共治理机制，就是基于模块网络化原理，根据全流程服务不同类别的公共性差异，建立服务于不同范围市场主体的组织机构，从不同层面提供全流程定制化开发开放服务；并以网络化的方式加强服务机构联结，在全流程优化中改进组织机构设置和服务质量，最终共同提高公共品供给效率，继而支撑地方产业集聚和可持续发展能力提升（见图3）。

从层级网络公共治理机制的主要构成来看，包括以下几点。

第一，面向一定范围内微观主体、直接提供各项服务的准公共服务平台，集中表现为园区服务平台。产业集聚必然表现为其相应的空间形态，促使要素、生产在空间上毗邻，有助于节约微观主体经营过程中的交通、信息传递等交易成本；企业集中共同分摊基础设施等的建设运营成本，有助于提高公用设施的利用率和规模经济效应；此外，不同产业集群所需要的公共服务存在差异，适用于一定范围微观主体所需公共服务，并不为其他区域的微观主体所需，由此体现为面向特定范围微观主体的准公共服务属性。将产业集中和空间相结合，就体现为产业园区。以园区作为准公共服务承载平台，面向所聚集经营主体直接提供全流程定制化开发开放服务，比如贸易投资便利化服务、行政服务、孵化器服务等，这是层级网络公共治理机制通过与市场主体对接来发挥作用的具体表现①。

① 甄晓英、马继民：《"一带一路"战略下西部地区的对外开放与机制创新》，《贵州社会科学》2017年第1期。

第二，面向整个地区微观主体的公共服务平台。在全流程开发开放服务中，诸如围绕人力资源培育而产生的教育、医疗、住房等公共服务，是促进要素累积的产前服务的重要组成部分，但并非局部地区或单个产业园区所需，其专业化方向也有自身特征，因此，从整个地区入手，组织这类公共服务的供应链网络，有助于提高地区的要素储备水平和素质，从而提升产前服务能力。

第三，负责系统协调的公共服务平台。与另两类公共服务平台不同，系统协调平台并不面向具体的微观主体，而是负责从转型与开放协同、全生态产业系统、产前产中产后全流程、产业聚集与定制化开发开放服务对接、全流程开发开放服务体系优化等整体角度，协调发展、布局、制度、内外等多元关系，主要包括含产业定位、空间布局、综合交通网络等在内的地区发展规划，协调各方关系和优化流程的政策制定与实施，市场制度、城市布局等软硬件基础设施建设，外部合作关系和网络拓展等。

第四，通过公共服务模块化网络的组织提高公共品供给效率。大量异质性公共品需求的存在，要求创新公共品供给方式。模块网络化通过模块分解与网络联结的方式，提高异质模块的专业化水平、模块组合满足定制化需求，以及优化流程、同步化提升敏捷响应能力，这都为公共品供给的组织提供了重要思路。设计和选择各层面公共品的供应链供给模式，是层级网络公共治理机制的重要创新内容。

同全流程服务一样，层级网络公共治理机制是应全流程服务需求而建构并需要不断调整优化地提供公共服务的专业化组织体系，因此，定制化、差异化、动态化是其显著特征。

总体而言，以转型与开放协同为原则、以驱动全生态自主转型机制为目标，建设包含全流程服务及层级网络公共治理机制在内的全流程开发开放新体制，是西部内陆地区在开放型试验区需要寻求突破的新型体制机制，由于定制化、差异化的要求，各地区并不存在统一的发展模式和架构，而是需要欠发达地区根据各自发展情况和需求，逐步建构和优化；并根据系统设计的协同程度特别是转型升级实绩进行考量和评价。

共享高质量发展

High Quality Shared Development

B.15
新时代西部地区共享发展*

韩海燕**

摘　要：西部作为我国经济欠发达地区，虽然近几年来在全国经济下行的压力下取得了较为快速的增长，但深入分析发现，西部地区仍是以投资驱动为主的经济发展方式，这种粗放的经济发展方式已不能适应新时代经济发展的要求。在以提高经济增长质量为主要发展目的，以创新为主要发展动力的新时代，西部地区应抓住以互联网、物联网等技术创新为驱动的新经济大发展所带来的历史机遇，改变各级地方政府观念、加大互联网基础设施建设、加速培养并吸引相关人才，利用"互联网+农业""互联网+旅游业"促进产业结构升级，改变过去以资源消耗和以投资为主的粗放型经济发展方式，进而促使劳动者更多地

* 国家社科基金项目"要素参与分配对构建合理有序城镇居民分配格局的影响研究"（项目号：14XJL006）。

** 韩海燕，陕西省社会科学院人文杂志，副研究员，研究方向为收入分配研究。

参与到经济发展的过程中来，以更好地实现共享发展。

关键词： 西部地区　共享发展　互联网　物联网　创新

在2015年10月召开的党的第十八届五中全会上，为了破解当今经济发展的难题，习近平总书记提出了“创新、协调、绿色、开放、共享”五大发展理念，并对这五大发展理念进行了系统的论述。在会议通过的《中共中央关于制定国民经济和社会发展第十三个五年规划的建议》（简称《建议》）中指出：“共享是中国特色社会主义的本质要求。必须坚持发展为了人民、发展依靠人民、发展成果由人民共享，作出更有效的制度安排，使全体人民在共建共享发展中有更多获得感，增强发展动力，增进人民团结，朝着共同富裕方向稳步前进。”① 共享发展理念的实质是坚持以人民为中心的发展思想，进而实现共同富裕②。

一　共享发展的基本特征及内涵分析

（一）共享发展的内涵特征

习近平总书记指出共享经济的内涵，主要包括四个方面。（1）共享主体的全民性。经济发展是手段，共享是目的，而共享的主体是人民。左鹏指出，发展成果主体应是全社会成员，其是发展成果的创造者，且应该突出劳动人民的主体地位③。邱耕田则指出，共享发展的主体不仅仅包括当代人，而且应该延续到后代，共享的范围应超越时空的限制④。苗瑞丹则指出，共享成果应侧重于全体人民中的弱势群体，这是共享发展中的重要问题⑤。（2）共享内容的

---

① 《中共中央关于制定国民经济和社会发展第十三个五年规划的建议》，《人民日报》2015年11月4日。

② 习近平：《习近平在省部级主要领导干部学习贯彻党的十八届五中全会精神专题研讨班上的讲话》，《人民日报》2016年5月10日。

③ 左鹏：《共享发展的理论蕴涵和实践指向》，《思想理论教育导刊》2016年第1期。

④ 邱耕田：《人民主体视域下的共享发展》，《学习时报》2016年2月29日。

⑤ 苗瑞丹：《西方公正理论对我国人民共享发展成果问题的启示》，《理论导刊》2012年第2期。

全面性。即共享包括国家经济、政治、文化、社会、生态等各方面的发展成果，从而保障人民各方面的合法权益。即共享的内容不仅仅局限于物质层面，应该有更广泛的内涵。如王永友等指出，共享不仅仅包括在物质层面上实现共同富裕的经济共享，还应包括文化共享①。吴忠民则指出应该从社会福利、社会救济等方面划分共享成果，应满足每个社会成员基本的生存条件②。任俊华指出共享还应包括生态共享和社会共享，即达成人与人之间、人与自然之间的共享关系③。因为伴随着经济发展水平的不断提高，人民从原有解决温饱的问题逐渐转向了要实现人自我发展的需要，共享的内容也就更加地全面。（3）共享成果的差异性。共享发展中强调的公平正义并不等同于平均共享，简单劳动和复杂劳动所创造的价值是不同的，且每个人能力及客观因素的影响，无差别的劳动是不可能实现的，因此，共享应是有差异的。再者，目前我国仍处于社会主义初级阶段，社会财富积累的程度远没有达到可以均等共享成果的阶段。共享发展理念并不是要消除差距，人人平均，而应该是得到与他们所做贡献相一致的收入，实现经济增长与人民生活水平提高同步发展④。共享发展不仅需要政府能够提供机会平等的社会，也需要人民提高自身的能力水平，以获得更多的成果。即共享发展并不是平均共享，而是在公平的环境下根据自身的能力获得差异性的共享，进而实现个人的自我价值，共享发展成果。（4）共享过程的参与性。人人参与、人人尽力是人人共享的前提。即人民作为社会财富的创造者，应该积极主动地参与到社会财富创造、生产力提高的过程中，而不是被施舍、被照顾。也只有充分发挥每个人的主动性，积极参与到经济社会建设中，不断累积物质财富，这样才能实现发展成果上的人人共享。左鹏、曹爱军指出，实现全体人民都能共享经济社会发展成果的前提是以参与为起点的，只有激发全体人民充分参与建设的激情和能力，在有一定物质基础的积累上，才能分享发展成果，但同时也要注意防止人民不能分享经济发展成果的现象⑤。

① 王永友、史君：《“文化共享”理念的理论演进与实践逻辑》，《南京社会科学》2016年第1期。

② 吴忠民：《论共享社会发展的成果》，《中国党政干部论坛》2002年第6期。

③ 任俊华：《五大建设视域中的共享发展》，《学习时报》2016年2月22日。

④ 王淑芹：《正确理解五大发展理念的内涵和要求》，《思想理论教育导刊》2016年第1期。

⑤ 左鹏：《共享发展的理论蕴涵和实践指向》，《思想理论教育导刊》2016年第1期；曹爱军：《包容性发展：战略要义与政策路径》，《中共天津市委党校学报》2016年第1期。

（二）共享发展所涵盖的范畴

习近平总书记明确指出："以人民为中心的发展思想，不是一个抽象的、玄奥的概念，不能只停留在口头上、止步于思想环节，而要体现在经济社会发展的各个环节。"① 即共享发展应包括经济社会发展的各个环节，包括生产、分配、交换和消费，而不仅仅局限于分配和消费环节。事实上，共享发展，如习近平总书记所说的，归结起来就是两个层面：一是将"蛋糕"努力做大；二是分好"蛋糕"。将蛋糕做大是要通过深化改革和提高创新能力，解放和发展生产力，以提高经济发展的质量。分好"蛋糕"是要让人民有更多的获得感，以体现中国特色社会主义制度的优越性。这是从共享和发展角度看的。同时，如果从宏观和微观层面去理解的话，既包括了宏观社会领域，也包括了微观的企业层面。正如《建议》中第七部分所指出的，共享发展的具体领域包括了教育、收入差距、医疗健康及社会保障、解决贫困问题等，这是宏观层面的问题。与此同时，《建议》中明确提到"建立和谐劳动关系""完善最低工资增长机制"等，这是微观层面的。可见，共享发展是贯穿于整个中国特色社会主义经济建设的逻辑主线，是宏观与微观的统一。

在此，需要说明的是，如上所述，共享发展包括的内涵丰富，但鉴于本书其他章节会详细分析生产发展、社会保障及贫困等共享发展的相关问题，本章仅就分配层面的共享发展问题做一深入讨论，即从收入分配的角度探讨西部地区在新时代共享发展的问题。

二　新时代西部地区共享发展的基础及必要性分析

（一）西部地区经济的发展为共享发展提供了基础保障

改革开放初期，根据我国经济发展整体安排，根据区域划分为"东部、中部、西部"三大经济带，借于地域的优势，东部沿海地区首先获得了开放的政策支持，经济取得了快速的发展。而西部地区由于自然地理条件的限制，处于内陆地区，对

① 《习近平在省部级主要领导干部　学习贯彻党的十八届五中全会精神专题研讨班上的讲话》，《人民日报》2016 年 5 月 10 日。

外贸易交流较少，加之政策对于中东部的倾斜，西部地区经济发展状况一直落后于中东部地区。为了平衡经济的发展，国家于2000年提出西部大开发发展战略，经过十几年的发展，虽说与中东部的差距仍然较大，但在西部大开发战略的支持下，西部各省份及地区经济取得快速的发展。加之，2013年“一带一路”倡议的提出，西部地区作为“一带一路”的重要沿线地区，在国家政策的支持下，使占国土面积三分之二的西部成为对外开放的前沿，伴随着对外开放力度的加大，对外贸易力度也逐年增强。在国家整体经济发展下行的压力下，西部地区却借助自身的优势，取得较为快速的发展。如表1所示，2017年西部地区经济在全国31个省份（港澳、台地区除外）中，GDP增长速度前四的全是西部的省份：贵州、西藏、云南、重庆，其增速分别为10.2%、10%、9.5%、9.3%，位于前十的还包括四川和陕西，分别为8.1%和8%，而高于全国平均增速6.9%的还有广西和青海，即在西部地区的12个省份中有8个超过了全国的平均经济增长速度。实际上，西部地区近些年经济增长的速度都是高于全国平均水平的，如2013~2016年，西部、中部、东部地区经济平均增长速度为9.2%、8.7%、8.2%，东北地区为5.3%，可见，在四大区域板块中，西部经济在近些年一直是独占鳌头的。

表1　2017年全国各省份GDP增速

排名	地区	GDP增速(%)	排名	地区	GDP增速(%)
1	贵州	10.2	17	山东	7.4
2	西藏	10.0	18	广西	7.3
3	云南	9.5	19	青海	7.3
4	重庆	9.3	20	江苏	7.2
5	江西	8.9	21	山西	7.0
6	安徽	8.5	22	海南	7.0
7	福建	8.1	23	上海	6.9
8	四川	8.1	24	河北	6.7
9	陕西	8.0	25	北京	6.7
10	湖南	8.0	26	黑龙江	6.4
11	湖北	7.8	27	吉林	5.3
12	河南	7.8	28	辽宁	4.2
13	浙江	7.8	29	内蒙古	4.0
14	宁夏	7.8	30	甘肃	3.6
15	新疆	7.6	31	天津	3.6
16	广东	7.5			

数据来源：根据各省份2017年国民经济和社会发展统计公报整理。

在经济的快速发展下，西部地区经济的总量也较之前有了明显的提高。如表2所示，西部地区在全国各省份中GDP总量有了大幅度的提高，各省份的位次也前进了不少，其中，四川、陕西、广西、重庆及云南分别位于第6、15、17、18、20名。

表2　2017年全国GDP总量及排名

单位：亿元

排名	地区	GDP总量	排名	地区	GDP总量
1	广东	89879.23	17	广西	20396.25
2	江苏	85900.94	18	重庆	19500.27
3	山东	72678.18	19	天津	18595.38
4	浙江	51768.26	20	云南	16531.34
5	河南	44988.16	21	黑龙江	16199.88
6	四川	36980.22	22	内蒙古	16103.17
7	湖北	36522.95	23	吉林	15288.94
8	河北	35964.00	24	山西	14973.51
9	湖南	34590.56	25	贵州	13540.83
10	福建	32298.28	26	新疆	10920.09
11	上海	30133.86	27	甘肃	7677.00
12	北京	28000.35	28	海南	4462.54
13	安徽	27518.67	29	宁夏	3453.93
14	辽宁	23942.00	30	青海	2642.80
15	陕西	21898.81	31	西藏	1310.63
16	江西	20818.50			

数据来源：2017年全国各省份经济总量GDP排名一览表，http://www.mrcjcn.com/n/259320_all.html。

（二）西部经济共享发展中的问题及必要性分析

1. 居民部门并未完全分享到经济发展的成果

经济的快速发展为居民收入水平的提高提供了坚实的基础，在西部地区经济取得快速发展的前提下，居民的收入水平也得到了普遍提高，进而收入的排名也有所改善（见表3）。但同时也要注意到，由于西部地区原有基础薄弱，大多数的西部省份的居民收入水平仍然较低，在全国中的位次大多处于较后位置，如新疆、广西、青海、云南、贵州、甘肃、西藏 7 个省份在 2017 年人均可支配收入中是连续居于最后几位的，即西部地区的居民并未充分分享到经济快速增长所带来的成果。

表 3　2016～2017 年全国人均可支配收入增长情况

排名	地区	2017 年人均可支配收入(元)	2016 年人均可支配收入(元)	名义增长率(%)	实际增长率(%)
1	上海	58987.96	54305.00	8.62	6.92
2	北京	57229.83	52530.00	8.95	7.25
3	浙江	42045.69	38529.00	9.13	7.43
4	天津	37022.33	34074.00	8.65	6.95
5	江苏	35024.09	32070.00	9.21	7.51
6	广东	33003.29	30296.00	8.94	7.24
7	福建	30047.75	27608.00	8.84	7.14
8	辽宁	27835.44	26040.00	6.89	5.19
9	山东	26929.94	24685.00	9.09	7.39
10	内蒙古	26212.23	24127.00	8.64	6.94
11	重庆	24152.99	22034.00	9.62	7.92
12	湖北	23757.17	21787.00	9.04	7.34
13	湖南	23102.71	21115.00	9.41	7.71
14	海南	22553.24	20653.00	9.20	7.50
15	江西	22031.45	20110.00	9.55	7.85
16	安徽	21863.30	19998.00	9.33	7.63
17	河北	21484.13	19725.00	8.92	7.22
18	吉林	21368.32	19967.00	7.02	5.32
19	黑龙江	21205.79	19838.00	6.89	5.19
20	陕西	20635.21	18874.00	9.33	7.63
21	四川	20579.82	18808.00	9.42	7.72
22	宁夏	20561.66	18832.00	9.18	7.48
23	山西	20420.01	19049.00	7.20	5.50
24	河南	20170.03	18443.00	9.36	7.66
25	新疆	19975.10	18355.00	8.83	7.13
26	广西	19904.76	18305.00	8.74	7.04
27	青海	19001.02	17302.00	9.82	8.12
28	云南	18348.34	17302.00	9.82	8.12
29	贵州	16703.65	15121.00	10.47	8.77
30	甘肃	16011.00	14670.00	9.14	7.44
31	西藏	15457.30	13639.00	13.33	11.63

数据来源：根据国家统计局公布的 2017 年全国及各省份居民人均可支配收入数据整理。

在2017年西部地区各省份GDP总量及人均可支配收入在全国处于不同的位置，且差距较大，如四川、陕西、广西、云南在2017年其GDP总量分别位于全国的第6、15、17、20位，而人均可支配收入却分别居于第21、20、26、28位，较大的位次差距说明了在这些省份的人民并未很好地分享到快速经济发展带来的成果（见表4）。

表4　2017年西部各省份及地区GDP总量及人均可支配收入在全国中的位次

地区	GDP总量的位次	人均可支配收入的位次	地区	GDP总量的位次	人均可支配收入的位次
四川	6	21	贵州	25	29
陕西	15	20	新疆	26	25
广西	17	26	甘肃	27	30
重庆	18	11	宁夏	29	22
云南	20	28	青海	30	27
内蒙古	22	10	西藏	31	31

数据来源：根据各省份2017年国民经济和社会发展统计公报整理。

2. 西部城乡收入差距较大

西部地区由于自然环境等多方面的因素影响，农村居民收入水平增长速度一直较为缓慢，农村居民的收入状况堪忧。一直以来，城乡收入比都是处于较高的水平，其大多年份城乡收入比均在3.0以上，高于当时的全国平均水平。其中，2002~2009年期间西部地区城乡收入比一直在3.5以上，最高年份达到3.76，之后虽有所下降，但也一直保持在高位。从2017年全国及各省份城乡收入比来看，全国的平均城乡收入比为2.71，而西部12个省份中有9个超过了全国的平均水平，且连续位于全国城乡收入比的前9（见表5）。可见，虽然近些年来西部经济增长的速度在全国的排名快速上升，但西部地区农民收入状况的改善还是很缓慢的，经济快速发展的成果更多地由城镇居民分享，对于最广大的农村居民来说，获得的经济成果较少。

表 5　2017 年全国及各省份城乡收入比

排名	地区	城镇	农村	收入比
1	甘肃	27763. 40	8076. 06	3. 44
2	贵州	29079. 84	8869. 10	3. 28
3	云南	30995. 88	9862. 17	3. 14
4	青海	29168. 86	9462. 30	3. 08
5	陕西	30810. 26	10264. 51	3. 00
6	西藏	30671. 13	10264. 51	2. 97
7	内蒙古	35670. 02	12584. 29	2. 83
8	新疆	30774. 80	11045. 30	2. 79
9	宁夏	29472. 28	10737. 89	2. 74
10	全国	36396. 94	13432. 00	2. 71
11	山西	29131. 81	10787. 51	2. 70
12	广西	30502. 07	11325. 46	2. 69
13	湖南	33947. 94	12935. 78	2. 62
14	广东	40975. 14	15779. 74	2. 60
15	北京	62406. 34	24240. 49	2. 57
16	重庆	32193. 23	12637. 91	2. 55
17	辽宁	34993. 39	13746. 8	2. 55
18	四川	30726. 87	12226. 92	2. 51
19	安徽	31640. 32	12758. 22	2. 48
20	山东	36789. 35	15117. 54	2. 43
21	海南	30817. 37	12901. 76	2. 39
22	福建	39001. 36	16334. 79	2. 39
23	河北	30547. 76	12880. 94	2. 37
24	江西	31198. 06	13241. 82	2. 36
25	河南	29557. 86	12719. 18	2. 32
26	湖北	31889. 42	13812. 09	2. 31
27	江苏	43621. 75	19158. 03	2. 28
28	上海	62595. 74	27825. 04	2. 25
29	吉林	28318. 75	12950. 44	2. 19
30	黑龙江	27445. 99	12664. 82	2. 17
31	浙江	51260. 73	24955. 77	2. 05
32	天津	40277. 54	21753. 68	1. 85

数据来源：根据国家统计局公布的 2017 年全国及各省份居民人均可支配收入数据整理。

3. 西部地区仍是以投资驱动型经济发展方式为主，收入分配更多向政府部门倾斜

近年来，西部地区经济增长的速度较快，很多省份名列前茅，但是深入分析西部经济增长的因素，发现西部经济发展的方式仍是投资驱动型。由表6可知，2016年绝大多数地区的投资率过高，其中青海、宁夏、西藏、云南、新疆五个省份投资率位居全国前5，青海、宁夏、西藏的投资率超过100%，在西部12个省份中除重庆和四川外，其余均远高于全国平均水平（65%）。再进一步分析内部投资结构，发现西部地区绝大多数投资率畸高，主要是由于政策拉动是在以“铁公机”为代表的基建投资，以市场驱动的民间投资疲软，而以政府政策驱动的投资是难以为继的，且常常伴随着投资效率低下的问题。

表6　2016年全国各省份投资率排名

排名	地区	投资率（%）	排名	地区	投资率（%）
1	青海	138.6	17	河北	58.1
2	宁夏	120.8	18	福建	57.7
3	西藏	101	19	湖北	57.5
4	云南	94	20	重庆	53.8
5	新疆	89.8	21	湖南	53
6	河南	73	22	安徽	51.2
7	山西	72.5	23	山东	50.9
8	内蒙古	69.6	24	江西	50.3
9	贵州	69.6	25	四川	49.1
10	吉林	68.7	26	浙江	45.3
11	甘肃	67.7	27	辽宁	43.5
12	广西	67.5	28	广东	42.9
13	陕西	66.5	29	江苏	42.8
14	海南	63.6	30	上海	40.2
15	黑龙江	60.8	31	北京	39.2
16	天津	59.2			

数据来源：根据《中国统计年鉴》整理而得。

以投资拉动的经济增长方式，特别是以政府驱动投资经济增长方式带来的不仅是经济结构的畸形化，同时也会带来居民部门收入偏低的情况。现有大量

研究表明，以高投资为主的经济格局保证了经济的高速增长，而这种资本偏向型发展模式，直接导致了劳动收入份额的下降，致使居民部门在国民收入中的比例不断降低。众所周知，我国长期以来经济保持着较高的增长速度，在很大程度上是以高投资和高出口为继的，地方政府为了吸引外资有意压低工资标准，同时为了在国际贸易中以价格优势增加出口，导致我国劳动力工资水平一直处于一个较低的水平。这也与我国经济发展的阶段相关，在发展的初级阶段，资本偏向的经济增长方式必然会带来劳动力要素被资本要素替代的现象，劳动力要素的收入在收入分配格局中呈现下降的趋势。随着经济的发展和经济结构的调整，会逐渐改变劳动力要素收入偏低的现象，因为当经济进入较高水平时，以服务业和制造业为偏向的经济结构会带来劳动收入份额的提升。这与我国过去长期以重工业为主的经济增长方式完全相吻合，在西部地区尤为明显。在建国初期，便确定了西部地区重工业为主的经济发展模式，而重工业是资本偏向型的，对于就业的带动并不显著，从而使西部地区人民的收入水平和生活状况一直落后于全国，人民分享到经济增长的成果非常有限。在我国经济发展进入新时代后，西部地区的各项经济政策应适应新时代的要求，与时俱进调整相关的产业政策，改变以投资为主的经济发展模式，借助以互联网、物联网、大数据等新的高科技手段，促进西部经济结构的转型，大力发展新兴行业、新兴农业、新兴服务业等。这些新兴经济体的发展，会改善就业状况，进而改善西部地区居民的收入状况。

三　新时代西部地区经济发展的契机

（一）新时代我国经济发展的特征

党的十九大报告指出，中国特色社会主义已进入了新时代，我国经济发展也进入了新时代。经济由过去以追求速度为主的发展方式，转向了追求质量的发展，经济发展的动力也从传统的以要素驱动的增长方式转变为以创新驱动的经济发展方式。新时代，从经济发展的角度来看，主要有以下几个特征。（1）从高速发展转为高质量发展。众所周知，我国在改革开放后，经济取得了快速的增长，但同时存在经济结构不合理的现象，在经济的三驾马车中，以投资驱动为主的经济发展模式，在导致投资效率愈来愈低的同时，在资本偏向的发展中，经济快速发展的成果并未由居民部门获得，而是更多地流向了政府及企业部门。这种状况在西部尤为明显，居高不下的投资率虽然刺激西部地区经济取得了较为快速的增长，但同时也带来了重复投资、投资效率低下、经济结构畸形的现象。新时代，对西部地区经济的发展带来了挑战，也带来了机遇。（2）经济结构战略性调整。经济的发展更加注重提高发展质量和效益，这是解决中国经济发展面临问题的关键，也是解决西部经济发展的关键。伴随着国家经济总量的不断增大，我国经济发展所处的环境和条件都发生了改变，经济的发展形态向更高级的、结构更合理的发展阶段演化。特别是西部过去以资源开采、重工业为主的经济发展模式，越来越多地受到了环境的约束，以资源耗竭、生态环境破坏为代价的低效率的经济增长方式难以为继，改变迫在眉睫。（3）以创新为根本动力。"加快建设创新型国家"是党在十九大报告中提出的，明确了"创新是引领发展的第一动力，是建设现代化经济体系的战略支撑"。而创新主要包括创新的体制机制、创新的动力及创新的主体。创新的体制机制则包括生产效率、投入与产出效率等，但核心是资源的配置效率。如何将资源有效率地分配到各个环节，才会实现效用最大。这一点，在十九大报告中也给予了阐释，即"使市场在资源配置中起决定性作用，更好地发挥政府作用。"从创新的动力看，科技是创新的主要推动力。在经济的发展史上，无论是以蒸汽机为代表的第一次工业革命，还是以电力为代表的第二次工业革命，再到以计算机兴起为代表的信息化革命，科技的不断创新为经济的增长注入了无限的活力，每一次大的经济飞跃和经济结构的重大调整都是以科技创新为依托的。当前，伴随以物联网、互联网、区块链为核心的技术的不断发展，新的经济结构也逐渐会形成。

（二）新时代互联网等新经济对经济发展及收入分配格局的改变

里夫金在《零边际成本社会》中指出："纵观历史，大规模经济转型都出现在人类发现新能源并建立新通信媒介之时。"① 互联网、物联网等新的技术方式正在改变着传统的经济模式，也将带来一种新的经济范式。如

① 〔美〕杰里米·里夫金：《零边际成本社会》，赛迪研究院专家组译，中信出版社，2016，第22页。

“互联网 +”带动电商的快速发展，线上线下改变了传统的消费方式；P2P 平台拆除了金融行业准入壁垒，降低了成本，可以在远低于传统交易成本的情况下提供各项服务；在服务行业则更是层出不穷，如 airbnb（爱彼迎）、优步和阿里巴巴等互联网企业，这些新兴服务行业的兴起，创造了大量的就业岗位，带来了工资收入水平的提高，使居民更多地分享到了“互联网 +”这种经济新形态所带来的经济增长成果，促使我国的收入分配更多地朝着居民部门方向，逐渐地在改变着过去长期以来收入分配向政府倾斜的格局，有力地促进了我国收入分配格局向合理的方向完善①。

1. 大力发展互联网等新经济，调整西部地区经济结构，促进人民分享经济发展的成果

西部地区经济的发展一直存在投资率偏高、重工业比重过高、第三产业发展滞后等问题。从全国的数据分析看，互联网等新经济形态能够有效地调整产业结构，促进服务业的发展。如，2017 年中国电子商务交易额超过 21.83 万亿元，同比增长 24.6%，增速较 2016 年提高了 10.2 个百分点②。这些新兴的互联网经济，如共享类、文娱类、网约车类、社交类、互联网金融类、物流类、零售类等主要集中于服务行业，有效地拉动了经济的增长，特别是随着移动互联网的发展，随时随地的互动方式极大地刺激了消费的需求，同时也激发了创业的热情，催生了大量的就业岗位。同时，在以互联网为主的新技术对传统制造业的升级改造中，企业的生产和商业的运营需要很多环节，如产品的研发、生产制造、市场调研、客户服务等，在这些方面会需要大量的人才，进而有效地促进了生产性服务业的发展，同时也催生了产业结构的升级。劳动要素在市场的作用下自然会流动到这些收益较高的新型行业，会促进劳动要素收入的提升。西部地区如果能够抓住新的历史机遇，大力发展新经济，促使互联网、物联网等新经济与原有传统产业的改造，将有效提高西部地区服务业在经济中的比重，并提高经济发展的质量，促进经济结构的转型，提高就业率，促使收入分配更多地向居民部门转型。

---

① 韩海燕、姚金伟：《“互联网 +”新经济对收入分配格局的影响研究》，《中国特色社会主义研究》2017 年第 5 期。

② http：//www. yxtvg. com/toutiao/5095727/20180301A1350Q00. html.

2. 新时代西部地区应发展以创新为主要驱动的新经济，催生更多的就业岗位，促进人民收入水平的改善

由于互联网、物联网等新经济的创新性，互联网作为典型的技术驱动型行业，新兴经济业态的发展会不断刺激产生新兴行业，且其不断的升级更新需要大量的研究、开发人员，催生了大量的就业岗位。根据《2017瀚纳什亚洲薪酬指南》报告中的信息显示，随着新兴行业的不断发展，分工越来越细，对于人才的专业化程度越来越高，仅在信息技术一项中会衍生出“信息技术电信开发、信息技术架构、信息技术业务”等多个岗位，而每一个岗位会不断细化，如信息技术开发这一岗位，又可细分为“方案与企业架构师、网络设计师、语音工程师、技术架构师”等。并且，由于其所具备的专业性，这些岗位的收入水平都较高，年薪大多在20万元以上。如国内耳熟能详的互联网公司，其待遇也远超传统行业。据有关数据显示，2017年，华为、百度、腾讯、京东在其招聘中对技术人才的薪酬分别为40万~50万元、25万~30万元、20万元、20万元①，这远高于其他行业具有相同学历者。这充分验证了熊彼特的“创造性毁灭理论”，即能够适应新技术的个体会获得更高的收入。这些对于西部地区来说有很重要的启示作用，一方面应通过各种优惠政策吸引新兴行业的企业落地西部，而这些新兴行业较高的收入水平会在一定程度上提升本地居民的收入状况；另一方面，技术的外溢效应会带动当地其他新兴相关产业的发展，进而激发更多的创新，催生更多的工作岗位，提升本地区的就业率及居民的收入水平，促进当地居民更好地共享经济发展的成果。

3. 新时代西部地区促进新兴行业，能够有效拓宽居民的收入渠道，有效提高低收入水平

互联网新兴行业的快速发展不仅直接创造了更多的就业岗位和就业机会，同时也改变了个体获得就业的渠道。互联网带来了点对点的连接方式，拓宽了人们的交际面，极大地促进人们之间的交流，同样也带来了更多获取就业信息的渠道。一项调查研究发现，人们越来越多地利用网络这一方式搜索工作信息。数据显示，在调查中有40.2%的人有通过网络找工作的经历，主要的方

① 《2017瀚纳什亚洲薪酬指南》，linkedin.com/company/hays。

式为微信朋友圈（30.6%）、微信群（28.5%）、微信好友（26.7%）和QQ（17.6%）[①]。另外，在传统经济中，创新或创业由于其沉没成本较高，以及传统行业的排他性，阻碍了大量的小微企业或初始创业者。但是，在互联网新经济中，共享是互联网发展的一大特征，越多的用户参与越能促进企业的发展，即没有了传统经济的排他性，可以吸引更多人共同参与其中。这在很大程度上激发了大众创业、万众创新的热情，拓宽了普通劳动者的收入来源。这些新兴经济形态为不同的群体创造了合适的就业机会，并以更加自由、更加多样化的方式分享到经济发展的成果。但目前的问题是，这些新兴的经济形态大多萌发于中东部发达地区，西部地区由于固有的观念较为根深蒂固，对于新兴经济形态的敏感度不足，并没有较好地把握新经济带来的契机。

4. 新时代西部地区应促进分享经济的发展，缩小收入差距，改善收入分配结构

“互联网+”促进了分享经济的快速发展，而这种分享完全不同于传统意义上熟人间的分享，是在陌生人之间交换货物或服务，这种行为方式能够远离“中间人”的操控，从而重新分配整个价值链中的财富。因为分享经济催生了一种新型的社会分工方式，改变了传统的雇佣模式和就业模式，人们可以根据自己的兴趣和技能，灵活选择工作机会，如教师利用业余时间做网络课程老师、传统手工艺人利用自己所具有的手艺满足人们个性化的需求、知识付费、普通的员工利用碎片时间在社交平台做起了微商等，各种模式层出不穷。有数据显示，2017年我国参与分享经济大约有7亿人，比2016年增长了1亿人，在城镇新增100个就业中，便有约10个是共享经济所创造的。共享经济的市场规模达到4.92万亿元[②]。而共享经济的发展也有效改善了一些低收入群体的收入水平，以共享汽车为例，2015年汽车共享司机的平均收入幅度达到了82%，总共带来了约460亿万元的收入，促使154万名司机提高了收入水平，使其中大部分摆脱了低收入困境[③]。

综上可见，在“互联网+”新经济形态下，互联网改变了原有的就业方

① 中国社会科学院社会学研究所、腾讯研究院、社交网络与赋能课题组：《社交网络与赋能研究报告》，2017年2月。

② 《中国分享经济发展报告2018》，http://www.sohu.com/a/224335630_274290。

③ 罗兰贝格亚太总部：《2018年中国汽车共享出行市场分析预测报告》，2017年7月。

式，拓宽了就业的渠道，为中、低收入阶层搭建了更为便利的平台使其参与到经济的发展中来，分享经济的成果。引起一个国家收入差距的原因不在于经济增长速度，而在于增长方式。在经济的发展过程中，如果贫困和低收入人群能够参与经济增长过程，更多地分享到经济增长的成果，收入差距将会缩小。“互联网+”促使劳动者更多地参与到经济活动中，分享到技术进步所带来的收入分配的改善。

四　新时代西部地区大力发展新经济，共享发展的政策建议

在西部地区长期以投资促进经济发展的方式下，收入分配更多地偏向资本要素，致使劳动要素收入比例一直呈下降趋势，即人民分享经济发展的成果是不充分的。而互联网、物联网等新兴的经济体在为经济注入新动力的同时，可以有效促进产业结构的高级化，从而改变过去西部以投资为主的驱动经济的发展方式，提升服务业在经济总量中的比例，进而改善居民的收入状况，使收入更多地向居民部门倾斜。而西部地区如何抓住这一历史的机遇，充分发展互联网、物联网等新兴经济，在提升西部地区经济增长质量的同时，可以有效改善过去不合理的收入分配状况，使人民更多地共享到经济发展带来的好处。

（一）西部地区地方政府要转变观念，以促进新经济发展，提高居民收入水平

诚如狄更斯所言“这是最好的时代，这是最坏的时代”，面对瞬息万变的市场环境，对各级政府均提出了更高的要求。针对新经济中不断出现的新问题，要求地方政府能够及时处理各种新的状况，这便要求政府首先要转变思想，由职能型政府向服务型政府转型，并利用新的媒介做到及时收集问题及时处理。如以网约车为例，其在为大众带来出行便捷、增加网约车司机收入的同时，其垄断经营、运营安全以及供需不稳等问题也备受质疑。国际上不同国家出台了不同的应对政策，美国科罗拉多州政府部门接受并认可网约车服务并在2014年6月出台相关法律条例，英国和法国虽然禁止了优步的专车服务，但由于市场的需求并没有停止其运行。再以网络购物安全为例，英国政府为了更

好地促进这一新兴的消费方式，同时为了保障消费者的利益，及时成立“获得网络在线安全”组织，通过行业自律和政府监管的方式促进其健康发展①。

可见，面对新兴的经济形态，世界各国政府都在积极地调整着相关的制度，出台了不同的政策以应对不断变化的市场环境，在实践中寻找政府与市场之间新的平衡点。西部在面对新经济形态时，有挑战也有机遇，需要以积极的态度应对。首先，政府需要营造一个自由开放、公平竞争的市场环境，建立并完善相应的制度规则，“以更大的放，更好的管，更优的服”来激发市场经济的活力，维持市场的秩序。正如我国在改革开放以来，采取的“先试验、再规范的”方式并取得了成功。确定的制度框架激励了创新行为，促使改革的成果得到持续化的发展并取得了显著的成果。如今，面对“互联网 +”瞬息万变的市场环境，市场的监管具有一定的滞后性，这就更需要强有力的制度以保障企业的健康发展。而不同的地方可以根据当地的实际情况不断进行调整，西部地区为了抓住新经济的历史机遇，应该采取“给风筝放线”的监管模式，避免相关政策过窄、过细的现象，在宽松的制度环境中不断测试其能飞多高，可有效刺激新兴经济形态的发展，这一点是非常重要的。其次，面对新时代新经济的快速发展，各种新的经济业态层出不穷，西部地区各级政府应根据当地的实际情况，完善地方的各项制度，细化各项法律条例，以积极的态度面对新经济中出现的各种问题，来促进新经济的发展。

（二）新时代西部地区应加大互联网基础设施的建设力度，提高互联网普及率，以促进居民更好地参与经济的发展并共享经济发展成果

一个值得注意的问题是，互联网的普及和广泛应用影响了知识储备和传播的本质，改变着知识传播的途径。互联网的使用者可以通过便捷的途径获取有用的信息资源，也可以通过“互联网 + 教育”获得优质的教育资源，从而进一步提升西部整体的人力资本水平，进而获得较高的收入水平。然而，据第 41 次《中国互联网络发展状况统计报告》显示，截止到 2017 年 12 月底我国

① 郁建兴、朱心怡：《“互联网 +”时代政府的市场监管职能及其履行》，《中国行政管理》2016 年第 6 期。

互联网普及率为55.8%①，即我国有近一半的人不能利用互联网带来的益处，从这个角度讲，“数字鸿沟”加剧了知识资源配置的不平衡，即互联网的使用者与非使用者的差距。因为一方面，能够使用互联网的劳动者会在新经济形态下有效改善生活状态和收入水平，但还有一部分人，因不会使用互联网从而带来新的不平等，应加大对这部分人的培训使其分享新经济发展的成果，尽量缩小新的不平等。而要消除这一差距，需要政府制定相应的政策，如加快互联网基础设施的建设步伐，在城市建立免费的社区网络，使低收入阶层也能免费使用互联网，在人口密度低的边远地区接入互联网，开放电信市场，以市场化和政府支持相结合的方式提高互联网的普及率，在一定程度上消除由于互联网使用所带来的收入差距。另一方面，由于移动互联网的快速普及，各种社交网络也影响着每一个人的生活及工作方式，如国外的Facebook、Youtube等，国内的微信、知乎、新浪微博等。人们以虚拟的身份进入了不同的社交网络进行交流、也可分享不同的信息资源，而现在一个明显的趋势是由于每一个所接受教育的不同，工作性质的不同，以及收入水平的不同，逐渐被分为不同的群体，而不同的群体所交流的信息也是不同的，一般具有良好教育的人在社交网络中可以获得有用的信息和资源，拓宽了交往的水平。经济学家格兰维特已证实了“弱关系”在找工作中的巨大作用，弱关系对一个人的发展和收入水平的提高起着不可忽视的作用。而收入水平较低者和教育水平较低者，由于受到自身知识的限制，由于认知的限制，在社交网络中仅仅停留在娱乐层面，并未通过网络改变获取新的知识和技能。政府需要通过进入社区辅导收入阶层较低者引导其加强“互联网+教育”以提升其技能，改善其收入状况。

因此对于西部地区而言，首先是要加快互联网基础设施的步伐，以提高互联网的普及率，使更多的人能够通过互联网参与经济的发展。其次是大力开展数字扫盲工作，地方政府应根据当地的情况建立相应的项目，解决贫困人群难以支付网络费用问题，并通过社会组织机构进行社区数字扫盲计划，促使更多的低收入家庭能够通过使用互联网提升其人力资本水平，提高其获得工作的能力和收入水平，共享经济发展成果。

---

① CNNIC发布第41次《中国互联网络发展状况统计报告》，http://www.cac.gov.cn/2018-01/31/c_1122346138.htm。

（三）新时代西部地区各级政府应加速培养并吸引“互联网+”等新兴产业所需的人才

西部地区在发展过程中，一直面临的一个问题是人才的缺乏，这一方面是由于自然环境的原因；另一个方面是缺乏能够吸引人才的制度因素，如收入待遇过低等问题。新时代，要改变原有西部地区以投资为主的经济发展方式，人才特别是掌握新技术的人才尤为关键。在以创新为主要推动力的新时代，经济的可持续发展需要新技术的应用与开发，则更需要强有力人才的支撑。而如今面临的一个重要问题是，面对新兴的行业以及不断细化的分工，人才的短缺成为新经济发展的掣肘。《2017 瀚纳什亚洲薪酬指南》中显示：对于“你认为技能短缺会影响到你公司的有效运作吗?”，有 96% 的被访者认为是会影响公司发展的。可见，新兴技术人才的短缺问题是中国以及整个亚洲共同面临的问题①。而西部经济结构的调整必然离不开互联网对传统制造业、传统服务业的改造与融合，在这一过程中也会产生大量人才的需求，加之原本就面临的对高级技术人才的短缺问题更加地凸显，这必然会影响到经济的发展，而经济保持高质量且较高速的发展是共享发展的前提，只有在保证一定经济发展速度的前提下，才有可能实现共享的发展。

可见，西部在实现共享发展中要解决的一个重要问题是：培养并吸引大量能够适应新技术要求的人才。对于此第一，西部地方政府应积极获取信息，前瞻性地指导当地高校及职业院校培养新经济所需的人才。如互联网、物联网、大数据、人工智能、跨境物流等应用层面的人才，同时也要加强对基础开发领域人才的储备工作，为在基础开发领域取得突破性进展储备人才。第二，西部地方政府应鼓励并加强企业与高校、科研院所之间的合作。如鼓励企业针对科研院所和高校建立系统的长期合作关系，如对企业和高校及科研院所的实习生开展“访问学者”项目，引导并鼓励企业优化企业环境，增进其融入感和归属感，以吸引人才留在本地工作。第三，西部地区应建立更加开放的平台、更加优惠的政策吸引国内外优秀的人才到西部发展，并制定新兴领域的相关政策为创业者和从业者提供更多的发展空间。各级政府和企业应走出去，加大对西

① 《2017 瀚纳什亚洲薪酬指南》，linkedin. com/company/hays。

部的宣传力度，创造更加优惠的政策和高额的薪酬吸引海内外优秀的人才到西部工作。第四，有效依托“互联网＋教育”，建立社会化培训体系。“互联网＋教育”的便利性，为社会化人才的培养提供了便利，可以有效共享优秀的师资资源。西部地区更应抓住这一难得的历史机遇，一方面可以培训当地没有技能的人提高技能水平，促使其能够参与到新经济的发展之中；另一方面，在西部经济结构的调整中，必然会产生由于传统行业中产能过剩冗余出一部分人才的情况，而这些人是有一定技能基础的，加强对这些人的转型培养，使其成为复合型的人才，弥补新经济发展过程中人才的短缺问题，也可更好地解决其就业的问题，使这些人积极地投入经济发展过程中，进而可以有效提高当地居民的整体水平，共享经济发展成果。

（四）新时代应助推西部地区“互联网＋农业”的大发展，有效提升西部农民的收入水平

根据《2017年中国互联网网络发展报告》数据显示，截至2017年6月，中国互联城镇普及率为73.3%，网民约5.5亿人，农村互联网普及率为26.7%，网民约2.01亿①。可见，农村与城镇居民在互联网的使用上有很大的差距，而对于欠发达的西部地区来说，互联网的普及率则更低。前文所述，西部地区在传统经济的发展中，存在城乡居民收入差距较大的问题。“互联网＋农业”通过物联网、大数据等现代信息技术作用于农业的生产过程，可以有效提升农业生产效率，从根本上改变原有的生产方式。西部地区资源丰富，国土面积广阔，农业在经济发展中占有较大的比重，但由于在传统的体制机制和思维方式下，农业生产方式粗放，产业化水平不足，导致农业生产效益低下。这也是西部地区农民收入水平一直偏低的主要因素。而如果能充分发挥互联网在农业生产要素中的优化和集成作用，将会有效提升西部地区农业生产的效率，进而大幅度增加农民收入。这些在较为发达的一些地区已取得了较大进展，有效提高了当地农民的收入水平。

但是西部地区，农村互联网的使用情况确实明显偏低。这一方面是源于西

---

① 《CNNIC：2017年第40次中国互联网络发展状况统计报告解读》，http://www.199it.com/archives/619827.html。

部地区农民的教育程度偏低，思想观念较为封闭。另一方面，也是由于一些地方政府和相关的企业没有意识到“互联网+”时代对农业产生的重大影响，仍然固守于传统的生产模式。而农业作为典型的弱势产业，需要政府的强力支持。西部地区各级政府应该充分发挥好统筹规划的各项功能，从全局性和方向性的角度，利用系统思维对全领域进行科学系统的规划，因地制宜制定区域特色的发展规划。同时，继续加大资金的投入力度，改善农村的网络基础设施，通过相关政策的激励，鼓励相关企业参与到当地农村互联网农业的发展中，以带动当地农民积极参与其中。第三，农民作为“互联网+农业”的主要使用主体，应采取各种方式鼓励并促使农民融入“互联网+农业”。如可以通过对互联网典型致富案例的宣传，增加农民对互联网的兴趣。同时，指导并鼓励有条件的农民和涉农企业利用网络平台从事农产品的营销工作，这样会更多地带动身边的农民融入互联网。第四，加大对西部地区教育力度，并开展有针对性的培训。在新经济时代，对于农民基本的教育水平有了更高的要求，这便要求应进一步提升农民的基本文化素质水平，使其能够适应新技术的发展。同时，也要大力开展有针对性的专业培训，对现有农业专业的技术人员加大培训的力度，使其能尽快实现知识的更新，以适应“互联网+农业”发展的要求等。总之，西部地区农业发展也应借助新经济带来的历史机遇，应用互联网这一新的技术手段有效改善生产的效率，改变原有农民较为保守的观念，充分利用“互联网+农业”，有效提升农业的生产效率，提高西部地区农民的收入状况，从而使西部农民在新时代、新经济的带动下，提高收入水平，有效改善原有收入水平较低状况，促使农民更好地共享经济发展的成果。

（五）新时代西部地区应助推“互联网+旅游业”，实现共享发展

西部地区旅游资源丰富，其独特的自然风光、人文历史以及民族文化等具有很大的潜力，旅游业可以全面贯彻推行“创新、协调、绿色、开放、共享”的五大发展理念，并可以助推西部地区经济结构的调整，促进产业升级。目前，西部地区的旅游发展仍是以政府为主导的，资源分散、管理粗放，严重阻碍了西部地区旅游业的发展。新时代，以创新为主要特征的“互联网+旅游”的模式已受到各个国家及地区的青睐，西部地区应抓住这一历史机遇，转变现有的发展模式，利用创新2.0进行变革，利用大数据、云计算等现代信息技术

构建“互联网+西部旅游生态圈”，促进西部地区旅游业健康持续地发展。首先，西部应加快完善相关的网络基础设施及设备，在此基础上创新行业内外组织，用信息技术实现西部旅游资源的数据化，应用互联网+等技术对传统的西部旅游产业进行拓展、优化和延伸。整合西部各个地区的旅游资源，建立西部互联网旅游平台，实现游客可以随时随地利用景区免费网络，及时获取天气、交通、餐饮、住宿等信息，并实现景点全覆盖的多媒体介绍资料，实现游客与网络平台的互动，以全方位实现数字化管理和经营。其次，实现旅游业的跨界融合，带动西部旅游产业的转型升级。旅游业实际上是一个综合产业，涉及旅游、交通、餐饮、住宿、娱乐等。西部地区各级政府应助推打破原有的行业门槛和区域限制，促使产业间互联互通实现融合发展。可以吸引有实力的金融机构、基金组织和风险投资者进入西部旅游产业，通过与互联网企业的合作，实现智能终端与网络平台与游客之间的无缝对接，以带动西部地区旅游业的快速发展。而通过这种跨界融合的方式能够催生出许多新型互联网旅游模式，与此同时，在提升旅游服务质量的同时，会衍生出更多的工作岗位，带动当地居民创收，促进共享发展。

B.16
新时代西部地区精准扶贫的历史成就、重点难点与政策取向*

吴丰华　崔浩博**

摘　要：　西部地区因其贫困人口多、贫困发生率高、深度贫困占比，成为我国扶贫攻坚的重点区域。十八大以来，在精准扶贫方略的推动下，无论是在整体还是在个案层面，西部减贫脱贫都展现出良好效果。因自身原因，深度贫困脱贫难、贫困户识别误差、返贫现象、贫困治理能力缺失等是精准扶贫中面临的共性问题，在西部表现得尤为突出。发挥西部县域在精准扶贫中的主体作用，以集中连片特困区为重点破解西部深度贫困，激发西部百姓内生动力，增强西部基层治理能力成为西部地区在新时代深入推进精准扶贫的政策重点。

关键词：　精准扶贫　西部地区　新时代　深度贫困　易地移民搬迁

一　问题提出

2013 年 11 月，习近平总书记在湖南湘西调研时首次提出了“精准扶贫”，

* 本文是国家社科基金项目“近代以来中国城乡关系演进与新型城乡关系的形成研究”（项目编号：14XJL013）、国家社科基金重大招标项目“西部地区易地移民搬迁工程的精准扶贫机制、综合效益评价与政策创新研究”（项目编号：16ZDA023）、西北大学“三大系列”研究项目——“新中国成立以来我国城乡关系发展研究”（项目编号：17ZX08）的阶段性成果。同时感谢2015年度西北大学“优秀青年学术骨干支持计划”的资助，文责自负。

** 吴丰华，经济学博士，西北大学中国西部经济发展研究中心研究员，西北大学经济管理学院副教授，复旦大学理论经济学博士后流动站博士后，主要研究政治经济学、城乡关系、市场经济理论；崔浩博，西北大学经济管理学院国家经济学基础人才培养基地本科生。

指出扶贫工作的开展应“实事求是、因地制宜、分类指导、精准扶贫[①]”。2014年，国务院《建立精准扶贫工作机制实施方案》出台，进一步明确了精准扶贫的内涵、主要任务及目标，精准扶贫的顶层设计落地。此后几年间，精准扶贫在全国上下如火如荼地铺陈开展，成效明显：截至2017年末，全国农村贫困人口从2012年末的9899万人减少至3046万人，累计减少6853万人；贫困发生率从2012年末的10.2%下降至3.1%，累计下降7.1个百分点[②]。作为反贫困理论的拓展性、创新性实践，精准扶贫已成为新时代我国扶贫开发的核心与主要内容。西部地区作为我国贫困人口最聚集、深度贫困最高发的区域，自然聚焦了更多的学术目光。

关于西部地区精准扶贫，学术界已进行了一定研究。有学者从西部整体精准扶贫的角度开展研究，如张建军（2017）[③]、汪三贵等（2017）[④]。有学者聚焦西部边疆民族地区，重点研究了西部少数民族地区开展精准扶贫的特殊性和有效模式，如万国威等（2016）[⑤]、李忠斌（2017）[⑥]。有的学者关注到了西部地区精准扶贫的具体路径和措施，如易地移民搬迁（邢成举，2016；何得桂、党国英，2016）[⑦][⑧]、产业扶贫（杨振强，2017）[⑨]、旅游扶贫（杨霞、刘晓鹰，2013）[⑩]、金融扶贫（邵传林等，2017）[⑪] 等。在精准扶贫战略的指导下，西部

---

① 习近平：《加强分类指导实施精准扶贫——在考察湘西十八洞村座谈时的重要讲话》，《人民日报》2013年12月3日。

② 2017年末我国农村贫困人口减少到3046万人，新华网，2018年2月1日。

③ 张建军：《全面建成小康社会背景下西部农村扶贫思路与模式的再创新》，《农业经济问题》2017第4期。

④ 汪三贵、殷浩栋、王瑜：《中国扶贫开发的实践、挑战与政策展望》，《华南师范大学学报（社会科学版）》2017年第4期。

⑤ 万国威、唐思思、王子琦：《西部民族地区精准扶贫机制研究：来自甘肃的实证调查》，《甘肃行政学院学报》2016年第2期。

⑥ 李忠斌：《民族地区精准脱贫的“村寨模式”研究——基于10个特色村寨的调研》，《西南民族大学学报（人文社科版）》2017年第1期。

⑦ 邢成举：《搬迁扶贫与移民生计重塑：陕省证据》，《改革》2016年第11期。

⑧ 何得桂、党国英：《西部山区易地扶贫搬迁政策执行偏差研究——基于陕南的实地调查》，《国家行政学院学报》2015年第6期。

⑨ 杨振强：《精准扶贫视域下西部贫困地区农业产业发展模式研究》，《学术论坛》2017年第3期。

⑩ 杨霞、刘晓鹰：《旅游流量、旅游构成与西部地区贫困减缓》，《旅游学刊》2013年第6期。

⑪ 邵传林、林安冉、王丽萍：《西部欠发达地区金融扶贫模式的比较研究——以甘青宁三省（区）为例》，《区域金融研究》2017年第3期。

地区脱贫攻坚取得了决定性成就，同时仍面临一些亟待破解的问题。站在建设新时代中国特色社会主义的历史关口，面临全面建成小康社会的关键期和精准脱贫的攻坚期，我们有必要系统总结新时代西部地区精准扶贫的成效，寻找西部地区精准扶贫的典型个案，并分析西部地区在脱贫攻坚过程中面临的重点难点以及可行的政策创新路径。

本文的剩余部分安排如下：第二部分总结新时代西部地区精准扶贫的历史成就，第三部分剖析西部两个地区典型的精准扶贫案例，第四部分转入对西部地区深入开展精准扶贫要关注的重点难点问题的分析，第五部分给出西部地区未来将精准扶贫推向深入的政策取向和重点，第六部分是总结。

二　新时代西部地区精准扶贫的历史成就

西部地区贫困人口多、贫困程度深、脱贫难度大，是国家重要的生态屏障和能源资源接续地，也是打赢脱贫攻坚战、全面建成小康社会的难点和重点，更是我国发展重要回旋余地和提升全国平均发展水平的巨大潜力所在①。自精准扶贫工作实施以来，习近平总书记高度关注西部地区精准扶贫工作和精准脱贫进展，多次深入西部各地调研考察，主持召开多次扶贫攻坚现场会、座谈会，一系列思想酝酿形成、一系列顶层设计自上而下铺陈开来。在以习近平同志为核心的党中央的关怀和直接领导下，在各级党委政府的通力协作下，在包括贫困户在内的各方面共同努力下，我国脱贫攻坚工作取得了决定性进展。特别是西部地区，扶贫减贫成效尤为突出，取得了决定性成就。

首先，西部地区农村贫困人口数量大幅度下降。国家统计局住户收支与生活状况调查的数据显示，按照现行农村贫困标准（年人均收入 2300 元），西部地区的农村贫困人口数量从 2010 年的 8430 万人减少到 2250 万人，为中国减贫做出重大贡献的同时，也为发展中国家的落后地区脱贫减贫输出了有中国特色的全新解决方案和生动事例（见图 1）。

① 国家发改委：《西部大开发“十三五”规划明确 10 方面重点任务》，《凤凰财经》2017 年 1 月 16 日。

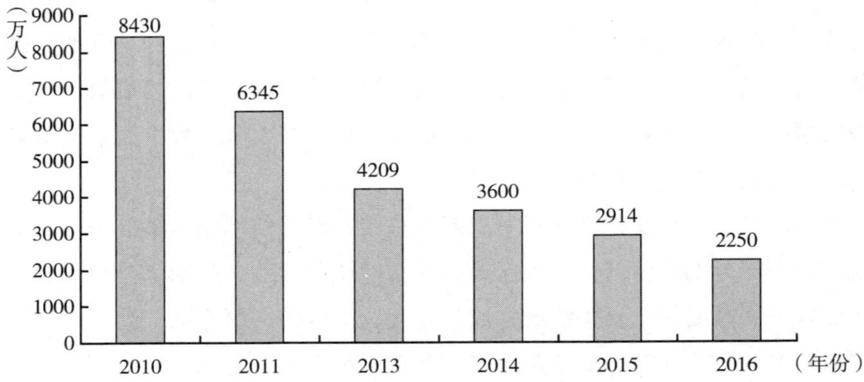

图1　2010～2016年西部地区农村贫困人口变化趋势

资料来源：根据国家统计局编著的《2017 中国农村贫困监测报告》数据整理计算。

其次，西部地区农村贫困居民的生活水平持续提高。国家统计局农村贫困监测调查数据显示，2016 年，西部 12 个省份贫困地区农村常住居民人均可支配收入 8128 元，人均消费支出 7097 元。西部贫困地区农村居民人均可支配收入实际平均增长达 10% 以上，远高于全国农村居民人均可支配收入 8.2% 的增速。

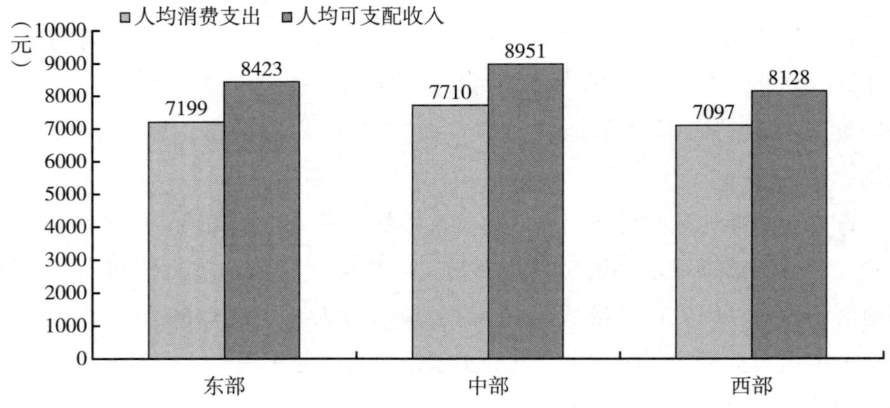

图2　2016年东部、中部和西部贫困地区农村常住居民人均可支配收入和人均消费支出

资料来源：根据国家统计局编著的《2017 中国农村贫困监测报告》数据整理计算。

再次，西部国家扶贫重点县减贫工作成效明显。国家统计局农村贫困监测调查数据显示，2011～2016年，在西部地区的扶贫重点县中，新疆农村贫困人口从127万人减少到69万人，贫困发生率从30.7%下降到13.0%；宁夏农村贫困人口从47万人减少到18万人，贫困发生率从22.4%下降到8.7%；青海农村贫困人口从61万人减少到18万人，贫困发生率从30.8%下降到10.3%；甘肃农村贫困人口从602万人减少到217万人，贫困发生率从45.1%下降到16.4%；陕西农村贫困人口从312万人减少到116万人，贫困发生率从26.2%下降到10.5%；云南农村贫困人口从782万人减少到316万人，贫困发生率从36.2%下降到15.5%；贵州农村贫困人口从722万人减少到279万人，贫困发生率从35.4%下降到12.6%；四川农村贫困人口从384万人减少到117万人，贫困发生率从27.9%下降到8.5%；重庆农村贫困人口从116万人减少到35万人，贫困发生率从13.5%下降到4.0%；广西农村贫困人口从252万人减少到84万人，贫困发生率从28.7%下降到9.4%；内蒙古农村贫困人口从153万人减少到46万人，贫困发生率从24.5%下降到6.6%（见图3）。

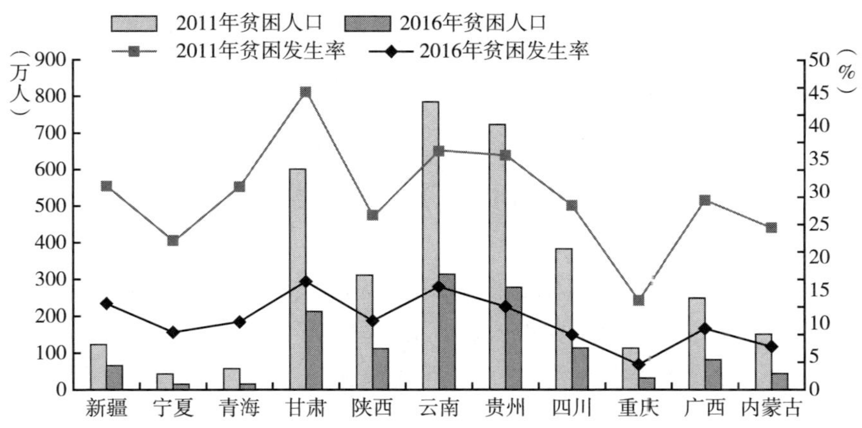

图3　2011～2016年西部各省份扶贫重点县贫困人口数量和贫困发生率

注：西藏自治区数据缺失较多，故未汇报。

资料来源：根据国家统计局编著的《2017中国农村贫困监测报告》数据整理计算。

最后，西部国家集中连片特困地区扶贫减贫工作取得重要的进展。集中连片特困地区生态环境脆弱，基础设施和社会事业发展滞后，自然灾害频发，属于深度贫困的重灾区。在国家 14 个集中连片特困区中，西部地区独占 9 个①，是西部脱贫攻坚的重点区域，也是西部全面建成小康社会的难点。近几年来，随着精准扶贫的深入推进，西部各集中连片特困区贫困人口数量显著减少（见图 4）。

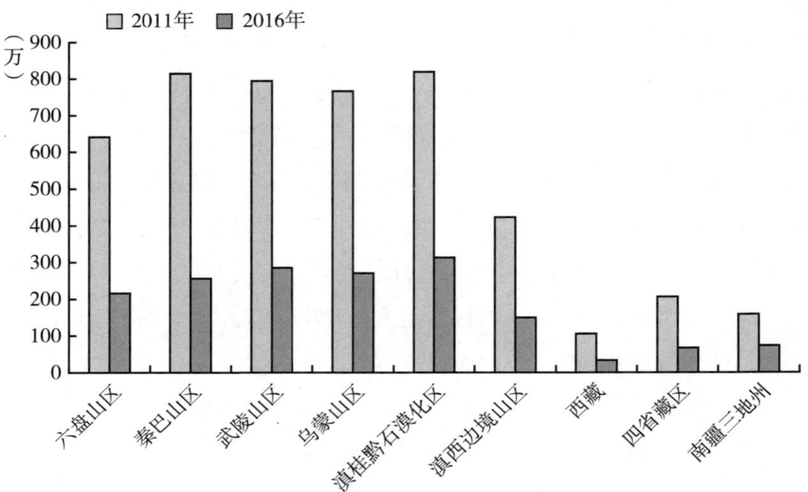

图 4　2011 年、2016 年连片特困地区农村贫困人口数量对比

资料来源：根据国家统计局编著的《2017 中国农村贫困监测报告》数据整理计算。

三　新时代西部地区精准扶贫的典型案例

进入新时代，西部地区在精准扶贫中逐渐形成了一批行之有效、针对性强且具有一定推广借鉴意义的精准扶贫典型案例。本文将重点分析笔者参加调研的两个典型案例。

（一）平利“社区工厂”精准扶贫模式研究

1. 平利“社区工厂”精准扶贫模式的产生背景与概况

陕西省安康市平利县地处陕西南部秦巴连片特困地区核心地带。陕南

① 包括六盘山区、秦巴山区、武陵山区、乌蒙山区、滇桂黔石漠化区、滇西边境山区、西藏、四省藏区、新疆南疆三地州。

地区自然灾害多、贫困程度深、生态责任重、发展差距大。为从根本上解决陕南灾害与贫困问题，加快陕南发展，推动陕南三市28个县（区）与全省同步建成小康社会，2011年7月陕西省政府正式通过《陕南地区移民搬迁安置总体规划（2011～2020年）》，计划从2011年起用10年时间，搬迁移民60万户、240万人。平利县从20世纪90年代开始试行“梯次搬迁”，一部分山区群众得以下山就川，但受政策限制，仍然有部分群众长期居留山区，生产生活很不方便。“十二五”末在册贫困人口44811人，占全县人口的1/5还多，致贫原因具体有三：一是自然环境差，“两灾”频发；二是生态脆弱，保护生态环境的责任重；三是经济基础比较薄弱。

为了解决搬迁户群众的可持续生计，破解搬迁户群众的增收难题，从2014年开始，平利县采取有力措施，按照“政府引导、能人引领，以厂兴社、厂社融合，基地孵化、连锁推进”的思路，在社区创办工厂，形成了一套行之有效的“社区工厂”精准扶贫模式，取得了显著成效，“小工厂”做成了“大产业”。截止到2016年7月，平利县已经建设集中安置区130个，转移搬迁群众4.8万人。

2. 平利“社区工厂”精准扶贫的做法及成效

（1）平利“社区工厂”助推脱贫的做法和成效

第一，社区工厂促增收。平利县把促进农民增收致富作为实施避灾移民搬迁扶贫的最终目标，坚持一手抓搬迁安置，一手抓产业建设。摸索出了“社区+X”的多重路径，通过“社区+家庭手工业”“社区+园区”“社区+景区”“社区+农场”“社区工厂+电商”等模式，促进了资源要素在社区的集聚，改变了传统的生产组织方式和资源配置方式，实现了“农村变社区、农房变工厂、农民变工人”的转变，让“小工厂”成为“大产业”，打造了社区产业集群，激活了社区生产力，培育了社区经济。“楼上居住、楼下就业”，在平利县的各个社区，已经形成了厂房式、门面式等多种灵活办厂的方式。截止到2017年1月，平利县建设农村社区75个，创办各类“社区工厂”43家，其中电子元件加工厂18家，手套、棉鞋等加工厂7家，其他行业16家，吸纳群众就近就业3000人（其中搬迁群众1800人、贫困群众600人）以上，年创造产值1.8亿元以上，先后帮助2500余户贫困户摘掉了“贫困帽”，就业人员月均收入近2500元①。规划到2018年底，全县100户以上的集中安置区均建有至少一家规范化运营的社区工厂，形成家庭手工业社区工厂产业集群，实现就业5000人以上，产值10亿元以上，就业群众年增收超亿元的目标。

第二，生计模式改变提高收入。地理空间的转换促使移民农户生计资本的转变，由单纯依靠耕地的农业生产向第二、第三非农产业转变，生产经营方式由单一式向多元化转变。移民搬迁前，平利县山区农民是自给自足的小农经济，靠天吃饭。搬迁后，一部分劳动力进入了社区工厂，一部分经过培训外出打工，仅有少部分从事农业生产，但耕作条件也得到了大大改善，不再肩挑背扛，机械化水平提高。外出务工年均收入6万元左右，而进入社区工厂工作的留守妇女年均收入也能达到3万至4万元。

第三，住有所居是最大的民生。各安其居而乐其业，平利县坚持“三优先，抓两头”② 的原则，将居住在深山区条件恶劣的居民搬迁到统一规划的安置点。平利移民安置点的选择充分考虑资源环境承载能力及地质和自然灾害威胁，避开险滩沟壑、陡坡山梁，将零星分散居住在高山深谷的农户迁移到相对平坦开阔的安全地带；移民农户的住房由之前安全性和稳定性较差的土坯房、石头房、木头房等变为砖混结构房屋，住房质量和居住条件得到极大改善。截止到2016年，平利县先后建成移民搬迁集中安置区130个，搬迁贫困群众4.8万人，使搬迁群众彻底远离了地质洪涝灾害，跳出“受灾——重建——再受灾”的恶性循环，百姓生命财产得到保障。

第四，不断完善基础设施，提高移民的生活便利度。“搬得出”是前提，“稳得住”才是关键。平利县坚持把基础设施建设作为移民搬迁的重要内容，加大财政投入，2016年累计整合资金3亿多元，对每个移民搬迁安置区的道路基础建设、绿化地、设施完善的社区广场和运动场、幼儿园、卫生室、社区服务中心等公共服务设施进行统筹规划建设，让搬迁群众享受到与城市居民一样的基础设施和公共服务，逐步解决了移民的子女教育和老人养老问题。

---

① 汪静、吴义亮、吴莉莉：《移民搬迁精准扶贫模式创新研究——以陕西省平利县“社区工厂”构建为例》，《管理观察》2017第4期。

② “三优先”是指地质灾害易发区域优先、高山深沟等生存条件恶劣区群众优先、危房户和困难户优先；“抓两头”，就是指一手抓有搬迁能力、有搬迁愿望的农户，一手抓贫困户特困户搬迁安置。

（2）平利“社区工厂”促进生态环境的做法和成效

第一，迁出地自然环境得以恢复。平利移民搬迁把生态环境保护摆在重要位置，通过人退林进，实现了陡坡地退耕还林、还草，缓解了人口过多与资源过少的矛盾，有效减少对自然环境的人为扰动，促进了群众搬迁地自然生态环境的恢复，为天然林保护、水源地保护和生态涵养奠定了基础。2016 年平利县高标准腾退农村住宅 2000 多亩，进行复垦还林，大力推进植树造林，完成植树造林 3.5 万亩，退耕还林 1.5 万亩，植被覆盖率提高 4.5%，森林覆盖率达 78%。

第二，迁入地生态环境优良。一方面，平利县移民搬迁安置工程 90% 是通过集中安置的方式，从根本上改变了搬迁群众的生存环境。居住条件从原来不通水、不通电、不通广播电视到搬迁后家家通自来水、通电、通广播电视，最体现卫生习惯和生活习惯变化的厕所也发生了革命性的变化。另一方面，平利县以社区工厂创新工业组织和发展形式，形成了一批小而精、小而美的企业，基本做到了无污染、低能耗，在满足加强生态环境保护约束的同时，实现了发展制造业。

（3）平利“社区工厂”促进农村文化进步的做法与成效

平利在推进易地移民搬迁工程中以社区文化建设推动社区的社会融合与社区居民生活方式的转型。一是加强社区文化活动中心建设，配齐电脑、图书，开办“农家书屋”，培养移民户爱好阅读和学习的好习惯；二是举办“文明社区”“文明户”等活动，通过活动增强移民维护社区环境，培育移民的社区归属感；三是以精神文明建设为纽带，在社区范围内的单位（如镇机关、供电所、学校、幼儿园等单位），悬挂古代二十四孝、现代二十四孝图，制作“弟子规”“孝德”文化墙，倡导廉政、传承孝德，弘扬了文明健康、积极向上的乡村文化风气。

3. 平利“社区工厂”精准扶贫模式的时代意义

第一，平利“社区工厂”精准扶贫模式是化解扶贫移民适应期困境的有效途径。扶贫移民适应期是指在移民自搬迁安置开始至其在安置区实现社会经济适应的所需要的时间段。这一时期的关键是“稳得住”，核心是解决移民户的生计资源接续、社会关系网络重构、生计能力提升等三个相互衔接的问题。平利“社区工厂”找到了移民搬迁后脱贫致富的好路子，通过“新建一个搬迁社区，必须配套兴办一个社区工厂”的举措，同时辅以“社区＋农业园区”“社区＋乡村旅游”等发展路径，使搬迁群众能够灵活就业、提升能力，最终实现安居乐业、脱贫致富。

第二，平利“社区工厂”精准扶贫模式是破解农村“三留守”问题的有力措施。“三留守”问题已然成为我国农村，特别是农村贫困地区十分头疼而又难以破解的社会问题。平利通过创办社区工厂，抓住“三留守”中留守妇女这个关键，让她们在家门口就业，做到“挣钱和顾家”两不误。丈夫外出打工“挣大钱”致富，妻子在社区工厂上班“挣工资”养家，既照顾了老人和孩子，又成就了个人发展，农村“三留守”问题迎刃而解。同时，妇女进入社区工厂，也有助于形成“人人有事干、村村讲和谐”的农村精神文明新风尚。

第三，平利“社区工厂”精准扶贫模式是陕南生态脆弱区发展制造业的有益尝试。陕南地区生态脆弱、地质灾害多发，安康全域都是国家主体功能区的试点示范地区，平利县又是国家“南水北调”的重要水源涵养区和国家主体功能区规划中的限制开发区。平利县以社区工厂创新工业组织和发展形式，形成了一批小而精、小而美的企业，基本做到了无污染、低能耗，在满足强生态环境保护约束的同时，实现了发展制造业，进而带动移民搬迁户“稳得住、能脱贫、快致富”，为陕南和国家其他生态脆弱区、限制开发区发展制造业进行了有益尝试。

第四，平利“社区工厂”精准扶贫模式是激发二次人口红利的积极探索。随着我国劳动力成本不断上升，我国经济发展中低成本劳动力向城市转移而形成的第一次人口红利已基本消退。而由移民搬迁集中安置所形成的社区，聚集了相当数量需要照顾家庭而留在社区的妇女和中老年人，这部分人是农村走不出去的剩余劳动力，人工成本相对低廉，为从事劳动密集型的手工制造业提供了新的劳动力资源。平利的社区工厂充分利用了部分劳动力资源，通过生产技术培训，让他们在社区工厂就地就业。这样也能有效降低企业的各项交易费用，使企业能够无后顾之忧地雇佣更多的劳动力。这一模式如能在类似地区推广，能大规模激发我国第二次人口红利，使人力资源优势转化为发展优势。

第五，平利“社区工厂”精准扶贫模式是我国中西部承接东部制造业转移的可行路径。经济新常态下，我国东部地区面临产业创新和升级发展的迫切任务，客观要求中西部地区主动承接东部地区部分传统制造业转移，但是，除重庆 IT 产业、广西汽车制造业等少数成功个案外，这一国家政策提出已久，理论界长期研究的区际产业转移并未广泛出现。平利“社区工厂”的出现是中西部，特别是中西部落后地区承接东部制造业转移的有益探索和积极尝试，也是我国在向制造业强国迈进的同时巩固制造业大国地位的可行路径。

（二）云南大关易地移民搬迁 + “造血”式扶贫案例

云南省大关县自然条件恶劣、生态环境脆弱、人均资源不足，基础设施建设和产业发展难度大、贫困群众增收渠道少，是集山区、民族、贫困为一体的国家级重点扶贫开发重点县之一，也是乌蒙山区发展与扶贫攻坚的 38 个县之一。为了从根本上解决贫困问题，加快大关经济发展，推动大关与全省同步建成小康社会，大关根据《昭通市易地扶贫搬迁“十三五”实施规划》对生存环境恶劣地区的农村贫困人口实施易地搬迁安置，根本改善其生存和发展环境，并从产业支持、教育技能培训、社会保障等方面彻底消除致贫根源，形成了易地移民搬迁 + “造血”式扶贫模式，值得从理论层面进行总结，在实践上进行推广。

1. 大关县贫困现状及贫困成因

云南省昭通市大关县位于乌蒙山区腹心地带，全县面积 1721 平方公里，辖 8 镇 1 乡 85 个村（社区），有苗、彝、回等 21 个少数民族，总人口 28.35 万人。截至 2016 年，大关县仍有 6 个贫困乡镇、68 个贫困行政村，建档立卡贫困户 19273 户、贫困人口 73026 人，贫困发生率 9.11%、居昭通市第 2 位。目前，大关县脱贫攻坚工作进入“攻坚拔寨”的冲刺阶段，计划 2016～2018 年每年实现 1 个贫困乡镇 15 个贫困村 1.8 万人脱贫出列，2019 年确保剩余 3 个贫困乡镇、23 个贫困村、剩余贫困人口全部脱贫出列，全县脱贫摘帽。

表 1 为大关县贫困人口年龄分布情况，贫困人口在各个年龄段分布较为均匀，但贫困人口呈现年轻化趋势。表 2 为大关县贫困人口受教育程度分布情况，初中以下贫困人口占据绝大多数，说明贫困人口受教育程度较低，教育缺乏是致贫的重要因素之一。

表 1　大关县贫困人口年龄分布

单位：人，%

年龄分组	18 岁以下	18～30 岁	31～40 岁	41～50 岁	51～60 岁	60 岁以上
人数	19163	18076	10100	10585	7000	8102
占比	26.24	24.75	13.83	14.49	9.59	11.09

资料来源：根据《大关县贫困人口摸底排查报告》整理。

表 2　大关县贫困人口受教育程度分布情况

单位：人，%

受教育程度	文盲半文盲	小学	初中	高中	大专及以上	其他
人数	6377	47224	13694	2282	836	2613
占比	8.73	64.67	18.75	3.12	1.14	3.58

资料来源：根据《大关县贫困人口摸底排查报告》整理。

造成大关县贫困问题突出的主要原因有五方面。第一，自然条件较差。大关县国土面积99%以上为坡地，大部分贫困人口居住在高寒地区、高二半山区。第二，资源贫乏。居住区可开发利用的资源较少，土地贫瘠，产出率低，人地矛盾突出。第三，基础设施落后。基础设施无法支撑农村经济的发展，农田水利灌溉设施不足，有效灌溉保证率仅35%。第四，自然灾害频发。滑坡、泥石流、洪涝等自然灾害易发、频发，无灾不成年，防灾减灾任务繁重。第五，教育、文化意识淡薄。劳动者受教育程度普遍较低，发展观念严重滞后。表3为大关县致贫原因的具体调查，缺技术、缺劳动力、缺资金是主要致贫原因。

表 3　大关县贫困人口致贫原因情况

单位：户，%

致贫原因	因病	因残	因学	因灾	缺地	缺水	缺技术	缺劳动力	缺资金	交通落后	自身发展不足	其他
贫困户数量	2239	456	1193	256	103	2486	3264	3874	2932	1460	493	517
占比	11.62	2.37	6.19	1.33	0.53	12.9	16.94	20.1	15.21	7.58	2.56	2.68

资料来源：根据《大关县贫困人口摸底排查报告》整理。

2. 大关县易地移民搬迁 + “造血”式扶贫的做法及取得的成效

围绕2019年脱贫摘帽出列、2020年全面建成小康社会总目标，云南大关县以脱贫攻坚统领“十三五”经济社会发展全局，紧扣6个贫困乡镇、68个贫困村出列、19273户73026人建档立卡贫困人口脱贫目标，按照政府规划制定扶贫的工作思路，通过易地搬迁工程挪穷窝、通过产业支持换穷业、通过教育技能培训斩穷根、通过社会保障医疗帮扶惠民生。

第一，移民搬迁挪穷窝。大关县易地扶贫搬迁的对象是生活在环境恶劣、不具备基本生产和发展条件、“一方水土养不活一方人”的深山区、石山区、荒漠区、地方病多发区等地区且具备搬迁和安置条件的农村贫困人口。根据迁出地的村落分布情况，主要采取以自然村落为单元整体迁出和以自然村落为单元部分迁出两种方式。对于零散分布的自然村落和零散住户，一次性全部迁出；对于规模较大且必须全部迁出的自然村落，根据安置地情况统一规划，分批迁出。运用“干部上山、群众下山”工作法，按照“六搬五近”① 的易地扶贫搬迁原则，2016~2018年完成9个乡（镇）47个行政村47个易地扶贫安居工程项目，安置搬迁农户3412户13898人（其中建档立卡贫困农户2578户10620人）。

安置住房建设根据安置区实际，采取“统规自建、统规联建、统规统建”三种方式。建档立卡贫困人口按照人均2万元的标准补助，签订旧房拆除协议并按期拆除的建档立卡贫困人口人均奖励0.6万元，同步搬迁户户均补助不低于1.5万元。有贷款意愿的，可按6万元/户的限额通过县级扶贫公司申请农发行易地扶贫搬迁项目贷款。全县易地扶贫搬迁项目总投资79153.3万元。计划新建安居房3412套290520平方米（其中建档立卡户2578套265500平方米）；项目投资33867万元（其中建档立卡户投资27612万元）；安置区配套设施建设投资40376.95万元（其中配套基础设施投资30375.71万元，公共服务设施投资8255万元，土地整治投资1746.24万元）；迁出区生态修复投资400.24万元；其他项目投资4509.11万元。截至2016年底，累计完成投资19721.81万元，已经竣工1106户。分散安居房竣工377户（建档立卡280户），入住55户194人。集中安置竣工729户（建档立卡529户），入住24户

① “六搬”指高搬矮、远搬近、寒搬暖、散搬聚、危搬安、差搬好；“五近”指近村委会、近学校、近卫生室、近乡村公路干线、近城镇。

88 人。建设道路 19.49 公里、饮水管道 5.3 公里。

第二，产业扶持换穷业。大关县产业扶贫以打造高原特色农业品牌为主攻方向，以“企业 + 合作社 + 基地 + 农户”为主要模式，重点发展茶、竹、药、菜、畜五个优势产业。取得了不错效果，贫困户和移民搬迁户增收明显。

第三，实施岗位安置、技能扶贫工程增收入。大关县采取各种办法提高贫困户的非农就业能力，千方百计提高贫困户的工资性收入。一是就地安置一批，为 2.22 万名贫困劳动力建档立卡账，制定《大关县技能扶贫和农村贫困劳动力转移就业专项行动四年规划（2016～2019 年）》，县内党政机关、企事业单位开发公益性岗位、临时用工、护林员等岗位时优先招录建档立卡贫困户劳动力，2016 年共招聘 102 人。二是技能培训输出一批，技能培训对移民外出务工就业结构的提升发挥了重要的作用。通过培训以后，一些移民可以从事有一定技术含量的工作，如钢筋工、电焊工、种植养殖、汽车修理、芦笙制作等。2016 年，大关实施技能培训 9990 人，对 2016 年出列的 15 个贫困村，培训贫困劳动力 1 万多，转移输出农村劳动力 5000 人以上，其中各类技能扶贫培训 8036 人，抓住广东中山市对口帮扶协作机会，加大与广州、江苏、浙江等用工密集地区企业联系，组织开展“订单式”培训和“定向式”输出。

此外，大关县在提高贫困人口社会保障和公共服务、引进社会力量参与扶贫、改善贫困地区生态环境等方面形成了一系列行之有效的做法，取得了良好效果。

四　新时代西部地区精准扶贫的重点难点

自党的十八大提出到 2020 年全面建成小康社会的目标以来，西部在精准扶贫、精准脱贫方面做了大量工作，取得了历史性成效。随着一般性贫困人口实现脱贫，要求未来的精准扶贫工作不断细化深化，对于西部，更是面临一些亟待解决的重点难点。

首先，西部深度贫困地区脱贫攻坚难度巨大。从 2013 年底算起，国家实施精准扶贫战略已有 4 年多时间，西部地区大量一般性贫困人口实现了脱贫，现在剩下的基本是居住在深度贫困地区的贫困人口。这部分人口未来脱贫难度十分大，新常态下，经济增长速度放缓使得西部财政专项资金的增长空间有限①；而且，经过多个阶段的侧重不同的扶贫开发，西部剩余贫困人口居住高度分散和高度集中在连片特困区，呈现两种极端。根据2300元/年的农村贫困标准，2016年我国集中连片特困地区农村扶贫对象总数仍有2182万人，其中大部分分布在国家14个集中连片特困区中地处西部的9个特困区。这些地区的共有特点是经济基础差，基础设施建设和社会发育滞后，生态环境脆弱，自然灾害频发，环境承载能力十分有限，自然地理、经济社会、民族宗教、国防安全等问题交织叠加，加大了脱贫攻坚的复杂性和难度，成为未来西部扶贫中难啃的硬骨头。

其次，西部仍然存在识别不精准的问题。我们在陕西、贵州、云南等省份调研过程中发现，部分地区仍存在识别不精准、变迁不精准的问题，或是没有将贫困户纳入脱贫攻坚计划，没有将需要搬迁的群众纳入易地移民搬迁计划；或是虚报增报贫困人口和易地移民搬迁规模，强制不需要搬迁的农民居民进行搬迁。最新的经验研究也支持了我们的调研结论，殷浩栋等（2017）对中西部易地扶贫搬迁人口较为集中的省份进行了精确识别测度与研究，结果发现搬迁对象的识别存在一定比例的漏进，其中陕西、四川和云南三省搬迁农户的识别漏进比率最高②。造成这种情况的原因客观来自西部地域广袤、贫困户居住相对分散、基层干部人力不足，主观则是地方的某些自利性动机。对此，习近平总书记在2018年2月主持召开的打好精准脱贫攻坚战座谈会上强调，"建档立卡要继续完善，精准施策要深入推进"③。所以，西部未来精准扶贫工作面临的又一挑战便是如何进一步提高精准率，如何真正做到"真扶贫、扶真贫"。

再次，返贫问题在西部尤为突出。西部地区自然地理条件恶劣，经济体量小、产业规模小，先进制造业和现代服务业培育不足，贫困人口的自我积累缓慢、生计资本改善困难，"等靠要"思想严重，难以生成长久的可持续发展能

---

① 李晓辉、徐晓新、张秀兰等：《应对经济新常态与发展型社会政策2.0版——以社会扶贫机制创新为例》，载《江苏社会科学》2015年第2期。

② 殷浩栋、王瑜、汪三贵：《易地扶贫搬迁户的识别：多维贫困测度及分解》，《中国人口·资源与环境》2017年第11期。

③《习近平主持召开打好精准脱贫攻坚战座谈会并发表重要讲话》，新华网，2018年2月14日。

力，最终陷入“陷贫—扶贫—脱贫—返贫”的恶性循环。对于西部来说，扶贫脱贫不能只是农村贫困人口尽一时之力、享一时之功，跳出贫困的恶性循环需要阻断返贫的路径，构建可持续的扶贫长效机制。

最后，基层贫困治理能力缺失的问题在西部尤为严重。汪三贵、殷浩栋、王瑜（2017 年）列举了我国的扶贫工作机制在扶贫模式、返贫预防、绩效考核和资金管理等四方面的不足①。其原因在于任何工作机制都需要人来落实和执行，而落实和执行的扶贫政策的党委政府，特别是县乡两级党委政府的人员配置、人员素质等都难以达到现在高强度和高要求的精准扶贫工作的需要。基层干部能力和任务要求的不匹配在西部表现得更为严重。“乡镇人才流失与人员不足是常态。贫困村的集体经济基本上是空壳，几乎没有村干部可支配的资源”②。所以，在考虑脱贫人口的可持续生计的同时，西部还需着力解决扶贫干部的能力提升、动力提升和可持续发展问题。

五　新时代西部地区精准扶贫的政策取向和重点

未来西部精准扶贫重点难点的破解，有赖于国家精准扶贫政策和对策的持续性创新。在政策、对策研究方面，精准扶贫模式、政策运行机制和政策实施成为学术界研究的重点。

精准扶贫模式创新是依靠现实精准扶贫工作的扶贫经验，基于不同的理论视角试图探索适于指导精准扶贫实施的现实工具。学者们结合现实发展状况，提出或总结了“互联网 +”扶贫模式（张玉强、李祥，2016）③、“PPP 模式”（廉超，2017）④、GTP 和 GSP 路径（李志平，2017）⑤、旅游扶贫（邓维杰，

① 汪三贵、殷浩栋、王瑜：《中国扶贫开发的实践、挑战与政策展望》，《华南师范大学学报（社会科学版）》2017 年第 4 期。

② 唐丽霞、罗江月、李小云：《精准扶贫机制实施的政策和实践困境》，载《贵州社会科学》2015 年第 5 期。

③ 张玉强、李祥：《集中连片特困地区的精准扶贫模式》，《重庆社会科学》2016 年第 8 期。

④ 廉超：《PPP 模式助推精准扶贫、精准脱贫》，《贵州社会科学》2017 年第 1 期。

⑤ 李志平：《“送猪崽”与“折现金”：我国产业精准扶贫的路径分析与政策模拟研究》，《财经研究》2017 年第 4 期。

2014①；杨祎等，2016）等多种精准扶贫创新模式。如何结合贫困地区和贫困人口的实际情况，进一步创新精准扶贫的运行机制已成为当下扶贫开发亟待研究的重要课题。陆益龙（2016）②提出了“三个综合”——建立精准扶贫的综合性机制需要将政府、市场、社会、社区的扶贫力量综合起来，将经济、政治、社会与文化的扶贫措施综合起来，将扶贫与发展综合起来。黄承伟（2017）③从国家治理的宏观角度指出，深化精准扶贫需要把握和处理好脱贫攻坚目标的“当前”与“长远”，顶层设计的“理论”与“实践”，扶贫脱贫的“主体”与“客体”，政府、市场与社会间的“协同”与“动员”等六个方面的辩证关系。李棉管（2017）④则提出中国“精准扶贫”更需要在政治过程考察和文化因素分析这两方面建构起本土性解释框架和运行机制。随着精准扶贫实践不断走向深入，很多研究者就精准扶贫政策的创新提出了更为细致的对策，研究主要是围绕着精准扶贫的主要任务和目标展开的。有的学者关注到了精准识别的创新，如杨园园等（2016）⑤、张全红等（2017）⑥、杨瑚（2017）⑦。有学者重点研究精准帮扶的创新，如左停等（2015）⑧、汪三贵、郭子豪（2015）⑨、何仁伟等（2017）⑩、莫光辉（2017）⑪、张李娟（2017）⑫、

① 邓维杰：《精准扶贫的难点、对策与路径选择》，《农村经济》2014 年第 6 期。

② 陆益龙：《构建精准、综合与可持续的农村扶贫新战略》，《行政管理改革》2016 年第 2 期。

③ 黄承伟：《深化精准扶贫的路径选择——学习贯彻习近平总书记近期关于脱贫攻坚的重要论述》，《南京农业大学学报（社会科学版）》2017 年第 4 期。

④ 李棉管：《技术难题、政治过程与文化结果——“瞄准偏差”的三种研究视角及其对中国“精准扶贫”的启示》，《社会学研究》2017 年第 1 期。

⑤ 杨园园、刘彦随、张紫雯：《基于典型调查的精准扶贫政策创新及建议》，《中国科学院院刊》2016 年第 3 期。

⑥ 张全红、李博、周强：《中国多维贫困的动态测算、结构分解与精准扶贫》，《财经研究》2017 年第 4 期。

⑦ 杨瑚：《精准扶贫的贫困标准与对象瞄准研究》，《甘肃社会科学》2017 年第 1 期。

⑧ 左停、杨雨鑫、钟玲：《精准扶贫：技术靶向、理论解析和现实挑战》，《贵州社会科学》2015 年第 8 期。

⑨ 汪三贵、郭子豪：《论中国的精准扶贫》，《贵州社会科学》2015 年第 5 期。

⑩ 何仁伟、李光勤、刘运伟、李立娜、方方：《基于可持续生计的精准扶贫分析方法及应用研究——以四川凉山彝族自治州为例》，《地理科学进展》2017 年第 2 期。

⑪ 莫光辉：《精准扶贫：贫困治理的价值之维与实践突破——精准扶贫绩效提升机制系列研究之五》，《改革与战略》2017 年第 2 期。

⑫ 张李娟：《西部地区金融支持精准扶贫的难点与对策》，《改革与战略》2017 年第 2 期。

覃志敏、岑家峰（2017）①、高飞、向德平（2017）②。还有学者关注到了扶贫后的精准管理创新问题，汪三贵、刘未（2016）③、杨园园等（2016）④ 郑瑞强、王英（2016）⑤，以及脱贫后的精准考核创新，邓维杰（2014）⑥、陈爱雪、刘艳（2017）⑦。

借鉴以上学者分析，并结合前文分析西部地区未来开展精准扶贫工作的重点难点，以下四方面构成了西部地区在2020年之前开展精准扶贫工作的政策重点。

第一，以壮大西部县域经济为抓手，发挥县域在精准扶贫中的主体作用。县域是我国精准扶贫和精准脱贫工作开展的主战场，县域经济发展的程度直接决定了脱贫攻坚的成败，直接决定了贫困人口能否真正获得生计资本的提升，能否实现可持续发展。与东部发达地区相比，西部地区县域经济发展滞后。所以，一要重点发展县域产业，为贫困人口提供和配套充足的、他们能力可以达到的产业，如陕西平利县逐渐发展形成的“社区工厂”模式，解决了易地移民搬迁后的农村留守妇女的就业问题；贵州大方县在恒大集团的支持下，在大方县县城发展乡村旅游产业，在农村引入了大棚蔬菜、养牛等产业。二要做大县城规模，聚集人口，增强县城的带动聚集效应。否则，即使短期依靠转移支付和政策兜底完成了脱贫攻坚的任务，也难以使这部分百姓获得持续发展资本和自行能力。

第二，以集中连片特困地区为重点，解决西部深度贫困问题。深度贫困属于多维贫困的长期沉淀，脱贫难度巨大。在我国，深度性贫困发生地区集中分

---

① 覃志敏、岑家峰：《精准扶贫视域下干部驻村帮扶的减贫逻辑——以桂南 s 村的驻村帮扶实践为例》，《贵州社会科学》2017 年第 1 期。

② 高飞、向德平：《社会治理视角下精准扶贫的政策启示》，《南京农业大学学报（社会科学版）》2017 年第 4 期。

③ 汪三贵、刘未：《“六个精准”是精准扶贫的本质要求——习近平精准扶贫系列论述探析》，《毛泽东邓小平理论研究》2016 年第 1 期。

④ 杨园园、刘彦随、张紫雯：《基于典型调查的精准扶贫政策创新及建议》，《中国科学院院刊》2016 年第 3 期。

⑤ 郑瑞强、王英：《精准扶贫政策初探》，《财政研究》2016 年第 2 期。

⑥ 邓维杰：《精准扶贫的难点、对策与路径选择》，《农村经济》2014 年第 6 期。

⑦ 陈爱雪、刘艳：《层次分析法的我国精准扶贫实施绩效评价研究》，《华侨大学学报（哲学社会科学版）》2017 年第 1 期。

布在西部边远山区和少数民族地区，面临现代性伦理缺失、经济性贫困陷阱、公共物品供给失衡、现代市场机制下的扶贫效益漏出等深层次问题[①]。面对这种情况，需要对西部深度贫困进行综合治理。首先，要治理“志穷”，鉴于贫困文化是长期积累形成的，那么贫困文化的消解就难以单纯依靠教育宣传来实现。关键是要加强农村基础教育、学前教育，关注农村儿童的身体发展权、教育机会均等权，从基础做起。否则即使到了2020年绝对贫困被消灭之后，西部的相对贫困问题又将成为新的难题。其次，要治理的是空间贫困问题。西部深度贫困区很多是不适宜人居也不适宜发展生产的“一方水土养不活一方人”的地区，这类地区的特点是生产空间、生活空间和社会空间三个空间维度都处在贫困状态。对这部分贫困群体，要进一步加大易地移民搬迁的力度，做好他们的产业配套、生活配套和社会配套（包括公共服务和社会文化）。最后，注意深度贫困治理中的民族问题和边疆问题。西部9个国家级集中连片特困区大都存在着一定的民族、边疆问题。民族问题的核心是少数民族地区尽快发展、少数民族群众尽快致富和少数民族与汉族的融合，边疆问题的核心是边疆地区在安全基础上的发展，而安全本身又依赖于发展的长久维持。这样看，破解深度贫困就成了西部推动少数民族地区发展、拱卫边疆安全的有效途径。所以，西部集中连片特困区的深度贫困治理一定要考虑少数民族群众在生产生活方面的特殊诉求，通盘考虑脱贫、经济发展、民族融合、国家安全、宗教文化等问题。

第三，整合多重扶贫资源，特别注重激发西部百姓的内生动力。扶贫从来都不只是政府的事情，也不仅仅与贫困户有关。在中国特色社会主义新时代下，一方面，要发挥社会主义制度的优越性，强化党委政府对精准扶贫和精准脱贫工作的统一领导、部署安排和组织，同时引导社会力量关注、支持、参与扶贫工作，如通过“万企帮万村”的形式，引导民营企业参与到精准扶贫工作中。另一方面，要积极运用市场的手段和方式，依靠市场的力量来推动。此外，要特别注重激发贫困户的内生动力。习近平总书记指出，“要加强扶贫同扶志、扶智相结合，激发贫困群众积极性和主动性，激励和引导他们靠自己的

① 李小云：《把深度性贫困的治理作为精准扶贫的重中之重》，光明网，2017年4月24日。

努力改变命运。改进帮扶方式，提倡多劳多得，营造勤劳致富、光荣脱贫氛围”①。

第四，增强西部基层治理能力，理顺组织和政策执行两大关系。前文已经分析，西部地区县、乡、村的组织配置和干部素质都难以很好匹配当前高强度、高标准、高要求的精准扶贫工作。这就需要西部采取多种途径提高基层扶贫干部的水平，如通过轮训、与先进地区干部互换挂职等方式；采取多种方式提高西部基层扶贫干部的积极性，如发放特别补助、高套行政级别等；采取多种方式充实基层扶贫干部队伍、增强队伍力量。同时，特别要注意贫困户的参与和诉求，理顺扶贫治理组织、政策执行中的关系。现在我们开展的精准扶贫和精准脱贫实践是一种混合了行政性和政治性、常规性与运动型的模式，这种模式有利于发挥党的集中领导的优势，而且有助于完成紧急性、攻坚性任务，但是也可能导致“作为末端的建档立卡户和村民的需求在很大程度上被淹没在混合型的自上而下治理之中而得不到有效体现，反过来又在一定程度上抵消了政策的实施效果”②。所以，关键在于构建能激发贫困户参与和投身脱贫的积极性的机制，“让贫困户自下而上的表达和呼声与自上而下的决策和执行，形成长期的、常规的互动、回应运行关系”③。

六　结语

精准扶贫从习近平总书记的扶贫思想上升为新时代脱贫攻坚的总方略，从中央顶层设计落实到数以千万计的农村贫困百姓，时间已 4 年有余，成绩斐然。当前，精准扶贫已进入边际效益递减阶段，未来扶贫减贫难度大大提高。对西部尤其如此，西部剩余贫困人口居住分散、深度贫困严重，扶贫难度大、成本高，同时还肩负数量巨大的生态避灾搬迁、易地扶贫搬迁任务，更提高了西部脱贫减贫的难度系数、加大了西部脱贫攻坚的工作量。基于当前现实，必须抓住重点、创新扶贫模式：在五级党委行政体系中，要特别注重发挥县域作

① 《习近平主持召开打好精准脱贫攻坚战座谈会并发表重要讲话》，新华社，2018 年 2 月 14 日。

② 王春光：《政策执行与农村精准扶贫的实践逻辑》，《江苏行政学院学报》2018 年第 1 期。

③ 王春光：《政策执行与农村精准扶贫的实践逻辑》，《江苏行政学院学报》2018 年第 1 期。

为脱贫攻坚主战场的作用；在地理空间体系中，要以9个集中连片特困区作为重中之重，集中破解深度贫困问题；在精准扶贫参与主体中，要特别注重激发贫困群体内生动力，理顺“政府—社会—贫困户”三方关系；在扶贫治理体系中，要特别注重贫困治理目标和贫困户脱贫诉求的耦合，做到扶真贫、真扶贫，“打好”而非简单“打赢”之精准脱贫攻坚战①。

① 注：习近平总书记在2018年2月12日成都举行的座谈会上提出，“要打好精准脱贫攻坚战”，而在以前的表述中，是“打赢精准脱贫攻坚战”。

B.17

新时代西部地区全面建成小康社会的现状、差距和对策*

刘家旗　茹少峰**

摘　要： 截至2020年，西部地区能否实现全面建成小康社会的宏伟目标是社会各界关心的重要课题。因此，本文首先介绍了国家关于全面建成小康社会的统计监测指标体系及实现目标值。参照指标体系的各目标值对比分析了2010～2016年西部地区各指标的实现程度；采用灰色预测模型预测了2020年西部地区各指标的实现程度；对预测值与目标值进行了差距分析；最后针对差距较大指标提出了相应的追赶对策建议。

关键词： 西部地区　建成小康社会　灰色预测模型

引　言

全面建成小康社会的目标提出一共历经了三个阶段：第一个阶段是1982～2002年。1982年党的十二大首次提出小康建设的理念。1984年从经济发展方面提出"到20世纪末，国民生产总值人均达800美元"的小康建设目标。第二个阶段是2002～2012年。2002年党的十六大从经济、民主、科教、社会、人民生

---

* 教育部人文社会科学重点研究基地重大项目"丝绸之路经济带战略背景下西部地区经济增长潜力开发推进全面建设小康社会研究"（项目编号：16JJD790046）。

** 刘家旗，西北大学经济管理学院硕士研究生，主要研究方向为西方经济学；茹少峰（1962～），西北大学中国西部经济发展研究中心研究员，西北大学经济管理学院教授、博士生导师，主要研究方向为数量经济学。

活等方面提出要全面建设小康社会的宏伟目标，即“实现人均国内生产总值到2020年比2000年翻两番”。第三个阶段是2012～2020年。2012年党的十八大从经济、政治、文化、社会、生态五大方面提出要全面建成小康社会的新目标，即“到2020年实现国内生产总值和城乡居民收入比2010年翻一番”。目前距2020年仅剩两年时间，进入了全面建成小康社会的决胜期。习近平主席对小康社会建成做过深入解读，指出“全面建成小康社会指的是建设的目标要达到‘小康’，实现的范围要‘全面’，‘全面’意味着覆盖的领域要全面，覆盖的人口要全面，覆盖的区域要全面。其中，覆盖的区域要全面是指全国各个地区都要迈入小康社会。但是目前部分农村，特别西部地区发展仍然滞后，只有把落后地区的发展搞上去，才能真正实现全面小康”。习近平主席的讲话明确了建成小康社会的特征就是“全面”，能否实现全面的重点在“西部地区”。学者们的研究也认为西部是全国能否全面建成小康社会的重点区域，例如陈仁安（2013）认为实现2020年全面建成小康社会战略目标的难点和重点在西部[①]。姜英华、王维平（2014）认为找出制约西部欠发达地区建成小康社会的因素对达成小康社会的目标具有重要意义[②]。和军、樊寒伟（2016）测算发现2004～2014年西部地区小康社会实现程度最低[③]。目前距2020年仅仅剩余不到两年，西部地区能否达到全面建成小康社会的目标是政府和学者亟须关注的问题，本文试图回答这一问题。研究安排是厘清西部地区小康社会发展的现状，预测2020年西部地区小康实现程度，对照建设目标找出发展中的差距，最后提出相应的对策建议。

一　全面建成小康社会指标体系与目标

（一）全面建成小康社会的评价指标体系及目标值

20世纪90年代中期，国家统计局制定了《全国人民小康生活水平的基本

① 陈仁安：《西部地区全面建成小康社会面临的挑战与对策》，《经济研究导刊》2013年第18期。

② 姜英华、王维平：《破解西部欠发达地区全面建成小康社会制约因素的现实路径分析》，《贵州社会科学》2014年第8期。

③ 和军、樊寒伟：《2004～2014年全国四大区域全面小康建设比较研究》，《中国特色社会主义研究》2016年第1期。

标准》来评价小康的进程。指标体系包括 5 个二级指标，经济发展、精神生活、物质生活、人口素质和生活环境，共 16 个三级指标；2008 年，国家统计局对之前评价指标体系做了补充和调整，建立了更科学反映和监测小康社会建设进程的指标体系，具体包括经济发展、民主法制、生活质量、社会和谐、文化教育、资源环境 6 个二级指标，共 23 个三级指标；2013 年，国家统计局根据党的十八大提出的新要求，对全面建成小康社会指标体系进行了进一步细化和完善，形成了《全面建成小康社会统计监测指标体系》，包括经济发展、民主法制、文化建设、人民生活、资源环境 5 个二级指标，共 39 个三级指标。目前，全国各省各地区基本采用该指标体系比对全面小康社会的实现程度。因此，本文依据 2013 年国家统计局制定的指标体系和 2020 年各指标的实现目标值进行西部全面建成小康社会的现状分析，指标体系如表 1 所示。

表 1　全面建成小康社会统计监测指标体系及各指标目标值

指　标	权重	单　位	目标值（2020 年）	指标属性
一、经济发展	22	%		
1. 人均 GDP(2010 年不变价)	4	元	≥57000	正向
2. 第三产业增加值占 GDP 比重	2	%	≥47	正向
3. 居民消费支出占 GDP 比重	2.5	%	≥36	正向
4. R&D 经费支出占 GDP 比重	1.5	%	≥2.5	正向
5. 每万人发明专利拥有量	1.5	件	≥3.5	正向
6. 工业劳动生产率	2.5	万元/人	≥12	正向
7. 互联网普及率	2.5	%	≥50	正向
8. 城镇人口比重	3	%	≥60	正向
9. 农业劳动生产率	2.5	万元/人	≥2	正向
二、民主法制	10.5	%		
1. 基层民主参选率	3.5	%	≥95	正向
2. 廉政指数	0	人/万人	≤8	逆向
3. 社会安全指数	4	—	100	正向
4. 每万人拥有律师数	3	人	≥2.3	正向
三、文化建设	14	%		
1. 文化产业增加值占 GDP 比重	3	%	≥5	正向
2. 人均公共文化财政支出	2.5	元	≥150	正向
3. 有线广播电视入户率	3	%	≥60	正向

续表

指　标	权重	单　位	目标值（2020 年）	指标属性
4. 每万人拥有“三馆一站”公共文化设施建筑面积	2.5	平方米	≥400	正向
5. 城乡居民文化娱乐服务支出占家庭消费支出比重	3	%	≥5	正向
四、人民生活	26.5	%		
1. 城乡居民人均收入(2010 年不变价)	4	元	≥25000	正向
2. 地区人均基本公共服务支出差异系数	0	%	≤60	逆向
3. 失业率	2	%	≤6	逆向
4. 恩格尔系数	2	%	≤40	逆向
5. 基尼系数	0	—	0.3～0.4	区间
6. 城乡居民收入比	3	以农为 1	≤2.8	逆向
7. 城乡居民家庭人均住房面积达标率	2	%	≥60	正向
8. 公共交通服务指数	2	—	=100	正向
9. 平均预期寿命	2	岁	≥76	正向
10. 平均受教育年限	2	年	≥10.5	正向
11. 每千人口拥有执业医师数	1.5	人	≥1.95	正向
12. 基本社会保险覆盖率	3	%	≥95	正向
13. 农村自来水普及率	1.5	%	≥80	正向
14. 农村卫生厕所普及率	1.5	%	≥75	正向
五、资源环境	20	%		
1. 单位 GDP 能耗(2010 年不变价)	3	吨标准煤/万元	≤0.6	逆向
2. 单位 GDP 水耗(2010 年不变价)	3	立方米/万元	≤110	逆向
3. 单位 GDP 建设用地占用面积(2010 年不变价)	3	公顷/万元	≤60	逆向
4. 单位 GDP 二氧化碳排放量(2010 年不变价)	0	吨/万元	≤2.5	逆向
5. 环境质量指数	4	—	=100	正向
6. 主要污染物排放强度指数	4	—	=100	正向
7. 城市生活垃圾无害化处理率	3	%	≥85	正向

注：各地区单位 GDP 二氧化碳排放量、基尼系数、每万名公务人员检察机关立案人数、人均基本公共服务支出差异系数数据尚未公布，所赋权重为 0。

（二）指标评价方法

1. 单指标评价方法

该套指标体系共 39 项单指标，计算方法如下：

$$z_i = \begin{cases} \dfrac{x_i}{x_i^*} \times 100\%（正指标） \\ \dfrac{x_i^*}{x_i} \times 100\%（逆指标） \end{cases}$$

其中，z_i 为指标 x_i 的评价值，x_i 为实际值，x_i^* 为标准值。

2. 多指标综合评价方法

在单指标评价基础上，采用加权平均法进行多指标的综合分析。计算公式如下：

（1）二级指标实现程度计算公式：$F_j = \sum_{i=1_j}^{n_j} w_i z_i / \sum_{i=1_j}^{n_j} w_i \times 100\%$

（2）一级指标实现程度计算公式：$F = \sum_{j=1}^{5} F_j W_j / \sum_{j=1}^{5} W_j \times 100\%$

其中，F_j（j = 1，2，3，4，5）为第 j 个二级指标的实现程度，并设第 j 个二级指标下有 n_j 个三级指标，每一个三级指标权重为 w_i，权重 w_i 为国家统计局给出的固定值。F 表示一级指标实现程度，即全面建成小康社会的实现程度，W_j 为各方面权重。F 越接近 100% 说明小康社会实现程度越高。

二　西部地区全面建成小康社会的现状分析

根据以上指标体系并参照 2020 年目标值对 2010 ~ 2016 年西部地区小康实现程度进行测算。各三级指标数据来源于西部地区 12 个省（自治区、市）统计年鉴及各部门统计公报。

（一）西部地区全面建成小康社会的单指标分析

1. 经济发展方面分析

2016 年，经济发展 9 项指标中有 4 项实现程度达 100%，分别为居民消费支出占 GDP 比重、每万人发明专利拥有量、工业劳动生产率和农业劳动生产率；实现程度在 90% ~100% 的指标有 2 项，分别为互联网普及率和第三产业增加值占 GDP 比重。2010 ~2016 年第三产业增加值占 GDP 比重平均增长率为 3. 17%，2016 年实现程度为 96. 16%，距离目标值 3. 84 个百分点。2010 ~2016 年互联网普及率平均增长率达 9. 13%，2016 年实现程度为 96. 69%，距离目标值3.31个百分点；实现程度在80%～90%的指标1项，为城镇人口比重，2010～2016年城镇人口比重平均增长率达2.99%，2015年实现程度为85.83%，距目标值14.17个百分点；实现程度在70%～80%的指标1项，为人均GDP（2010年不变价），2010～2016年人均GDP平均增长率达9.66%，2016年实现程度为73.26%，距离目标26.74个百分点；实现程度在70%以下的指标1项，为R&D经费支出占GDP比重，2010～2016年R&D经费支出占GDP比重平均增长率达2.29%，2016年实现程度为43.02%，距离目标56.98个百分点（见表2）。

表2　2010～2016年经济发展方面单指标实际值及2016年实现程度

指标	2010年	2011年	2012年	2013年	2014年	2015年	2016年	2020年目标值	2016年实现程度(%)
1. 人均GDP(2010年不变价)(元)	24045.54	27192.56	30342.67	33350.88	36131.18	38902.61	41760.80	≥57000	73.26
2. 第三产业增加值占GDP比重(%)	37.53	37.29	38.14	40.54	41.18	43.74	45.19	≥47	96.16
3. 居民消费支出占GDP比重(%)	35.46	34.53	35.15	35.45	36.65	38.43	39.33	≥36	100.00
4. R&D经费支出占GDP比重(%)	0.94	0.92	0.96	0.98	0.99	1.03	1.08	≥2.5	43.02
5. 每万人发明专利拥有量(件)	0.76	1.16	1.63	2.36	2.98	3.74	3.97	≥3.5	100.00
6. 工业劳动生产率(万元/人)	10.74	12.65	14.44	14.24	14.51	14.13	14.53	≥12	100.00
7. 互联网普及率(%)	28.70	32.14	36.47	40.61	42.41	45.88	48.35	≥50	96.69

续表

指标	2010 年	2011 年	2012 年	2013 年	2014 年	2015 年	2016 年	2020 年目标值	2016 年实现程度(%)
8. 城镇人口比重(%)	43.16	44.66	46.22	47.40	48.81	50.11	51.50	≥60	85.83
9. 农业劳动生产率(万元/人)	1.16	1.36	1.54	1.67	1.80	1.90	2.03	≥2	100.00

2. 民主法制方面分析

2016 年，民主法制 3 项指标实现程度均未达到 100%。实现程度在 80% ~ 90% 的指标有 2 项，分别为基层民主参选率和社会安全指数。2010 ~ 2016 年基层民主参选率平均增长率达 0.34%，2016 年实现程度为 89.93%，距离目标 10.07 个百分点。2010 ~ 2016 年社会安全指数平均增长率达 0.42%，2016 年实现程度为 88.65%，距离目标 11.35 个百分点；实现程度在 70% ~ 80% 的指标有 1 项，为每万人拥有律师数。2010 ~ 2016 年每万人拥有律师数平均增长率达 8.01%，2016 年实现程度为 72.78%，距离目标 27.22 个百分点（见表 3）。

表 3　2010 ~ 2016 年民主法制方面单指标实际值及 2016 年实现程度

指标	2010 年	2011 年	2012 年	2013 年	2014 年	2015 年	2016 年	2020 年目标值	2016 年实现程度%
1. 基层民主参选率(%)	83.73	84.21	84.68	85.48	85.17	85.20	85.43	≥95	89.93
2. 社会安全指数	86.43	86.55	86.65	86.67	87.33	87.87	88.65	100	88.65
3. 每万人拥有律师数(人)	1.06	1.17	1.26	1.40	1.54	1.61	1.67	≥2.3	72.78

3. 文化建设方面分析

2016 年，文化建设 5 项指标中有 3 项实现程度达 100%，分别为城乡居民文化娱乐服务支出占家庭消费支出比重、人均公共文化财政支出和每万人拥有“三馆一站”公共文化设施建筑面积；文化产业增加值占 GDP 比重和有线广播电视入户率的实现程度均在70%以下。2010～2016 年文化产业增加值占 GDP 比重平均增长率为6.03%，2016 年实现程度为58.93%，距离目标41.07 个百分点。有线广播电视入户率从 2013 年开始出现下降，2010～2016 年平均增长率达0.38%，2016 年实现程度为61.7%，距目标差距 38.3 个百分点（见表4）。

表4　2010～2016 年文化建设方面单指标实际值及2016 年实现程度

指标	2010 年	2011 年	2012 年	2013 年	2014 年	2015 年	2016 年	2020 年目标值	2016 年实现程度(%)
1. 文化产业增加值占 GDP 比重(%)	2.09	2.10	2.20	2.57	2.57	2.78	2.95	≥5	58.93
2. 人均公共文化财政支出(元)	197.88	201.40	207.50	231.83	242.09	264.41	266.65	≥150	100.00
3. 有线广播电视入户率(%)	36.35	37.59	39.88	39.58	39.44	39.59	37.02	≥60	61.70
4. 每万人拥有“三馆一站”公共文化设施建筑面积(平方米)	444.46	539.57	582.11	627.78	704.23	717.65	728.10	≥400	100.00
5. 城乡居民文化娱乐服务支出占家庭消费支出比重(%)	7.49	7.53	7.50	7.56	7.65	7.79	7.87	≥5	100.00

4. 人民生活方面分析

2016 年，人民生活的12 项指标中有 5 项实现程度达到 100%，分别为恩格尔系数、城乡居民家庭人均住房面积达标率、失业率、每千人口拥有执业医师数和基本社会保险覆盖率；实现程度在 90%～100%的指标有4 项，分别为城乡居民收入比、农村自来水普及率、平均预期寿命和农村卫生厕所普及率。2010～2016年城乡居民收入比年均下降3.02%，2016年实现程度为95.44%，距离目标差距4.56个百分点。2016年平均预期寿命实现程度为96.15%，距离目标3.85个百分点。2010～2016年农村自来水普及率平均增长率达3.23%，2016年实现程度为99.75%，距离目标差距0.25个百分点。2010～2016年农村卫生厕所普及率平均增长率达4.96%，2016年实现程度为93.04%，距离目标6.96个百分点；实现程度在80%～90%的指标有1项，为平均受教育年限。2016年平均受教育年限实现程度为82.65%，距离目标差距17.35个百分点；实现程度在70%～80%的指标有1项，为公共交通服务指数，2010～2016年公共交通服务指数平均增长率达3.91%，2016年实现程度为75.97%，距离目标24.03个百分点；实现程度在70%以下的指标有1项，为城乡居民人均收入（2010年不变价）。2010～2016年城乡居民人均收入平均增长率达10.17%，2016年实现程度为65.70%，距离目标差距34.3个百分点（见表5）。

表5　2010～2016年人民生活方面单指标实际值及2016年实现程度

指标	2010年	2011年	2012年	2013年	2014年	2015年	2016年	2020年目标值	2016年实现程度(%)
1. 城乡居民人均收入(2010年不变价)(元)	9189.93	10249.31	11556.12	12789.52	13956.87	15187.99	16423.79	≥25000	65.70
2. 失业率(%)	3.81	3.71	3.51	3.47	3.43	3.37	3.30	≤6	100.00
3. 恩格尔系数(%)	40.70	38.82	39.55	37.11	33.73	33.04	31.58	≤40	100.00
4. 城乡居民收入比(以农为1)	3.54	3.42	3.37	3.28	2.96	2.95	2.93	≤2.8	95.44
5. 城乡居民家庭人均住房面积达标率(%)	86.75	92.03	92.91	93.91	96.28	97.83	98.73	≥60	100.00

续表

指标	2010 年	2011 年	2012 年	2013 年	2014 年	2015 年	2016 年	2020 年目标值	2016 年实现程度(%)
6. 公共交通服务指数	60.48	63.04	66.51	72.16	74.18	75.20	75.97	=100	75.97
7. 平均预期寿命(岁)	73.02	73.02	73.02	73.07	73.07	73.07	73.07	≥76	96.15
8. 平均受教育年限(年)	7.69	8.41	8.43	8.54	8.56	8.62	8.68	≥10.5	82.65
9. 每千人口拥有执业医师数(人)	1.72	1.78	1.87	2.00	2.04	2.12	2.20	≥1.95	100.00
10. 基本社会保险覆盖率(%)	71.03	77.90	101.22	104.78	106.89	109.35	109.88	≥95	100.00
11. 农村自来水普及率(%)	65.95	68.53	71.76	73.90	76.50	78.16	79.80	≥80	99.75
12. 农村卫生厕所普及率(%)	52.23	56.08	59.40	62.28	64.39	68.25	69.78	≥75	93.04

5. 资源环境方面分析

2016 年，资源环境 6 项指标中有 2 项达到 100% 实现目标，分别为主要污染物排放强度指数和城市生活垃圾无害化处理率；实现程度在 90% ~100% 的指标有 1 项，为环境质量指数。2010 ~2016 年环境质量指数平均增长率达 0.33%，2016 年实现程度为 97.83%，距目标差距 2.17 个百分点；其余 3 项为单位 GDP 建设用地占用面积、单位 GDP 水耗和单位 GDP 能耗实现程度均在 70% 以下。其中，2010 ~2016 年单位 GDP 建设用地占用面积年均减少 4.32%，2016 年实现程度为 69.82%，距离目标 30.18 个百分点。2010 ~2016 年单位 GDP 水耗年均减少 9.37%，2016 年实现程度为 69.22%，距离目标差距 30.78 个百分点。2010 ~2016 年单位 GDP 能耗年均减少 4.24%，2016 年实现程度为 57.27%，距离目标 42.73 个百分点（见表 6）。

表 6　2010～2016 年资源环境方面单指标实际值及 2016 年实现程度

指标	2010 年	2011 年	2012 年	2013 年	2014 年	2015 年	2016 年	2020 年目标值	2016 年实现程度(%)
1. 单位 GDP 能耗(2010 年不变价)(吨标准煤/万元)	1.36	1.33	1.29	1.21	1.16	1.11	1.05	≤0.6	57.27
2. 单位 GDP 水耗(2010 年不变价)(立方米/万元)	286.98	253.10	232.22	209.57	189.45	174.94	158.92	≤110	69.22
3. 单位 GDP 建设用地占用面积(2010 年不变价)(公顷/万元)	112.19	105.90	96.98	93.40	92.35	89.30	85.93	≤60	69.82
4. 环境质量指数	95.96	96.99	97.61	96.31	97.45	97.53	97.83	=100	97.83
5. 主要污染物排放强度指数	47.10	36.02	41.37	47.06	52.90	61.05	112.48	=100	100.00
6. 城市生活垃圾无害化处理率(%)	80.61	81.61	83.65	86.49	90.16	90.53	91.38	≥85	100.00

（二）西部地区全面建成小康社会的综合指标分析

1. 西部整体小康社会实现程度分析

从各综合评价指标实现程度变化趋势看，经济发展实现程度 2010 年排名仅高于资源环境实现程度（63.26%），但经过 6 年的大力发展，2016 年达到 88.60%，年均提升 4.22%；2010 年民主法制实现程度较高（75.43%），但在 6 年中年均提高速度相对较慢，年均提高 1.52%；文化建设实现程度从 2010 年的 79.08% 起步，年均增速最慢，为 0.65%，2016 年增加到 82.99%，是分项实现程度中最低；人民生活 2010 年实现程度为 76.41%，2012 年率先跃上

80%的台阶，2016年实现程度最高，达90.48%，年均提高2.35%；资源环境实现程度从63.23%起步，2011年略有下降，为62.77%，之后稳步上升，年均增速达2.61%（见表7）。

从总体小康实现程度来看，2010～2016年西部地区小康实现程度不断上升。2010年从70.76%起步，2012年提升到76.26%，2014年跨上80%的台阶，达到81.40%。2016年提升到86.85%。2010～2016年，全面建成小康社会实现程度上升了16.09个百分点，年均提高2.68%。2016年西部地区小康实现程度距离100%全面实现目标还差13.15个百分点，剩余4年时间年均还需提高13.15%（见图1）。

表7　2010～2016年西部地区小康实现程度

单位：%

年份	2010	2011	2012	2013	2014	2015	2016
经济发展	63.26	68.11	72.86	77.80	81.67	85.82	88.60
民主法制	75.43	77.01	78.32	80.47	82.24	83.42	84.54
文化建设	79.08	79.57	80.83	82.30	82.26	83.21	82.99
人民生活	76.41	79.71	83.66	85.77	88.03	89.36	90.48
资源环境	63.23	62.77	65.93	68.59	71.28	74.33	84.01
小康实现程度	70.76	73.00	76.26	79.07	81.40	83.70	86.85

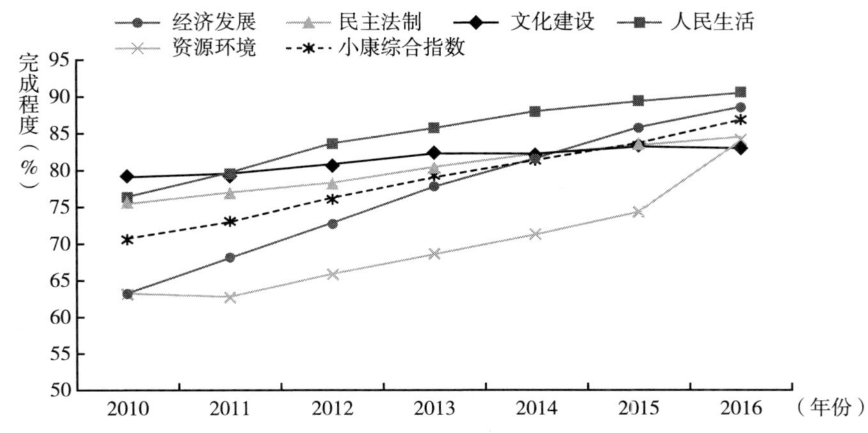

图1　2010～2016年西部地区小康实现程度

2. 西部各地区小康社会实现程度的总体分析

（1）总体实现程度

2016 年，西部地区小康实现程度为 86.85%。在西部地区 12 个省（自治区、市）中，陕西、内蒙古、重庆和四川小康实现程度超过了西部平均水平，具体如图 2 所示。小康社会建设进度最快的是重庆，2016 年小康实现程度达到 92.95%；排名第 2 的是陕西，小康实现程度为 92.81%；排名第 3 的是内蒙古自治区，小康实现程度为 89.37%。小康实现程度在 80% ~90% 的省（自治区、市）有 5 个，从高到低分别是内蒙古、四川、广西、宁夏、青海；小康实现程度在 70% ~80% 的省（自治区、市）有 4 个，由高到低分别是新疆、云南、贵州、甘肃；仅西藏小康实现程度低于 70%。12 个省（自治区、市）小康实现程度间离散程度较大，标准差达到了 7.64。发展最快的重庆市比西藏自治区小康实现程度高 25.47 个百分点。

图 2　2016 年西部地区各省（自治区、市）全面小康实现程度

（2）综合指标实现程度

内蒙古、重庆和四川发展结构相似，经济发展、民主法制、人民生活、资源环境均已基本达到目标值但文化建设相对落后，还需加大投入；广西的资源环境优势显著，在文化建设和经济发展上面需要继续提升；贵州和陕西在 5 个方面发展较为均衡，其中贵州各要素发展程度在 80% 左右，陕西各项发展程度已基本接近全面小康；云南 5 个要素发展不均衡，文化建设和经济发展两方面的低水平综合作用，使得其不占优势；西藏各要素发展程度均较为落后，经济发展是最大制约因素；甘肃和青海发展情况类似，人民生活方面是其优势所在；宁夏和新疆整体水平处于中下游，资源环境是制约其建成全面小康的短板。2016 年西部各省（自治区、市）小康社会二级指标实现程度如图3 ~ 图 14 所示。

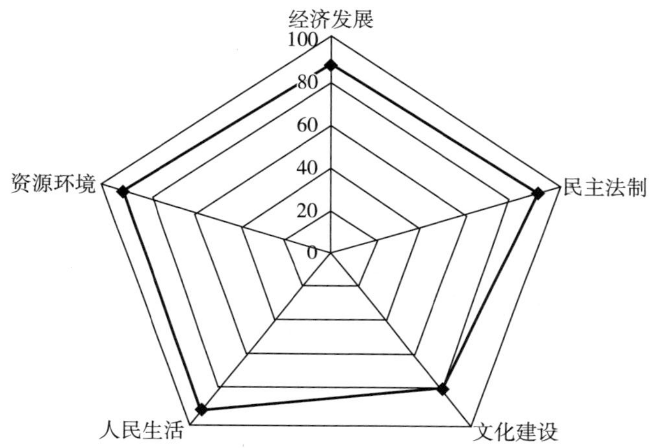

图 3　2016 年内蒙古小康二级指标实现程度雷达示意

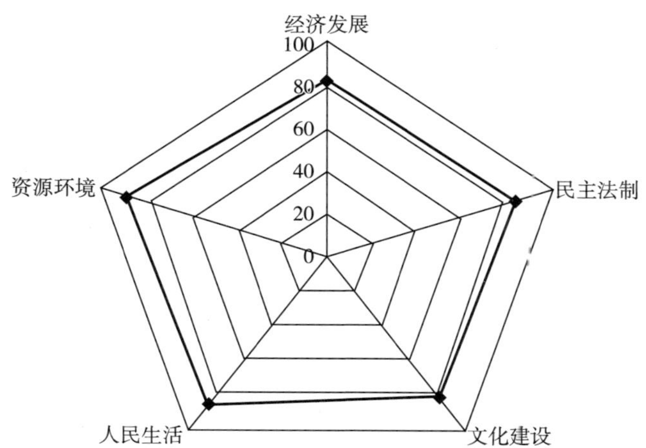

图 4　2016 年广西小康二级指标实现程度雷达示意

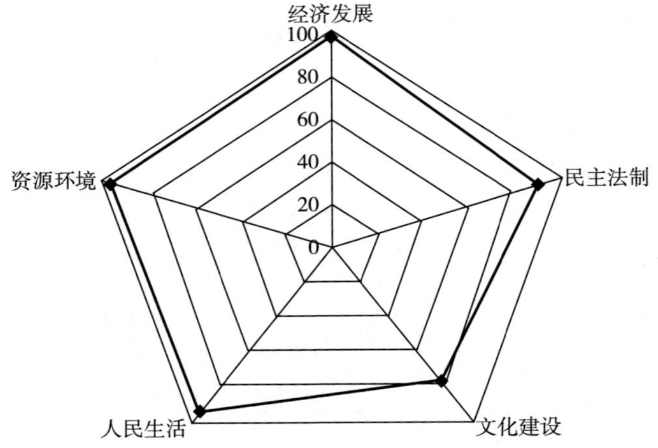

图5 2016年重庆小康二级指标实现程度雷达示意

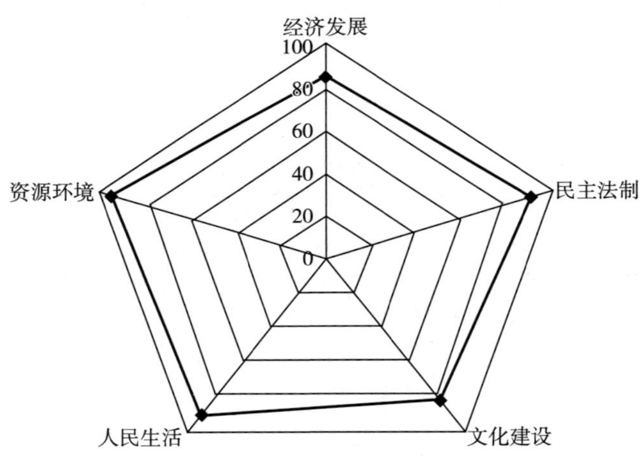

图6 2016年四川小康二级指标实现程度雷达示意

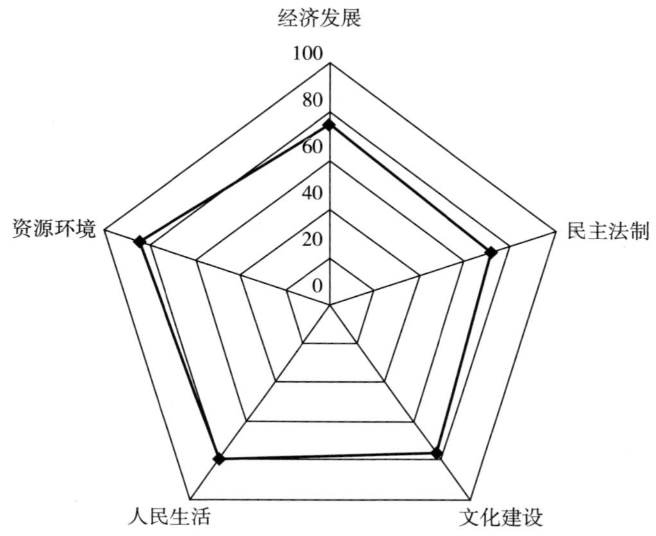

图7　2016年贵州小康二级指标实现程度雷达示意

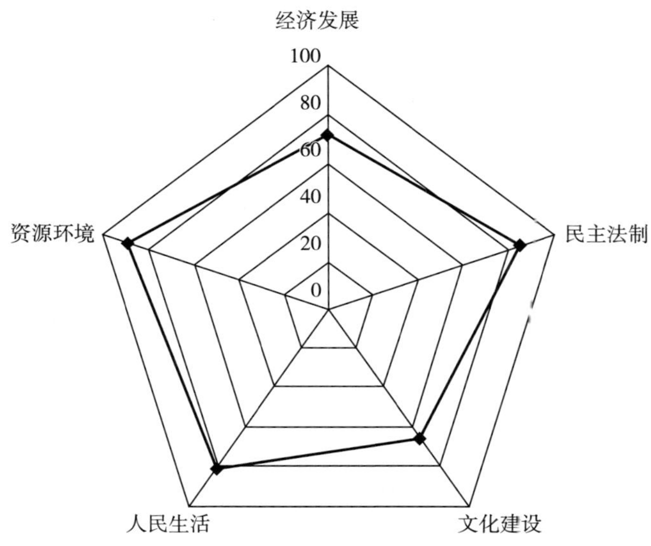

图8　2016年云南小康二级指标实现程度雷达示意

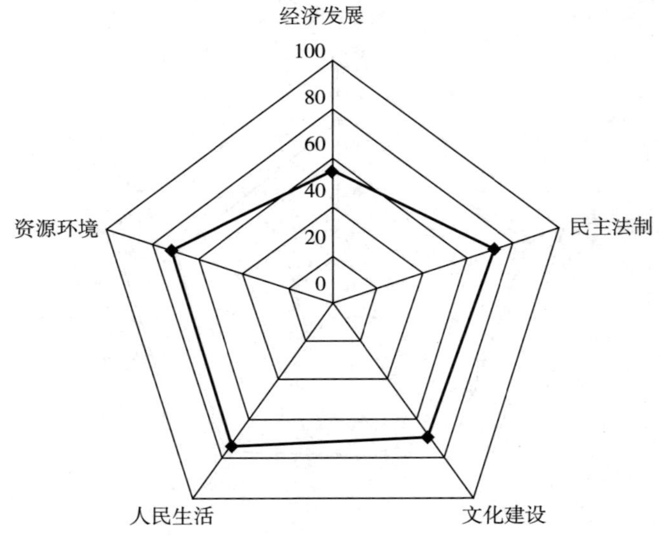

图 9　2016 年西藏小康二级指标实现程度雷达示意

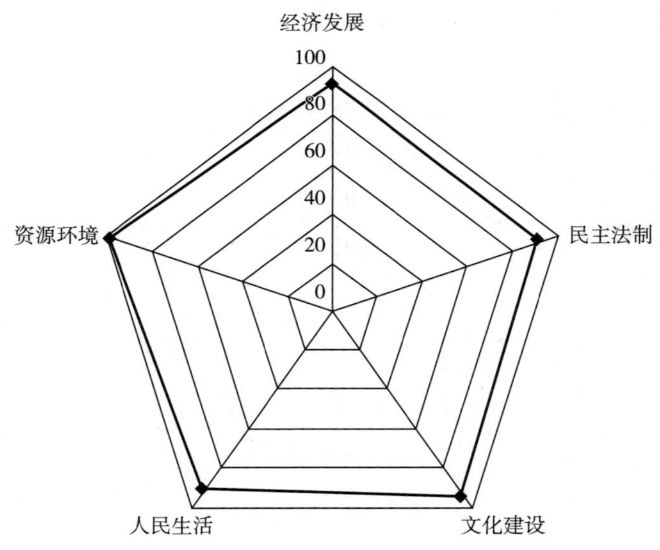

图 10　2016 年陕西小康二级指标实现程度雷达示意

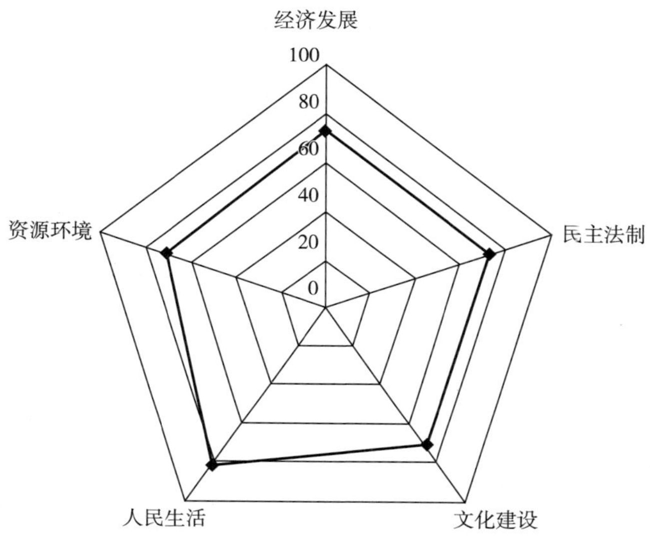

图 11　2016 年甘肃小康二级指标实现程度雷达示意

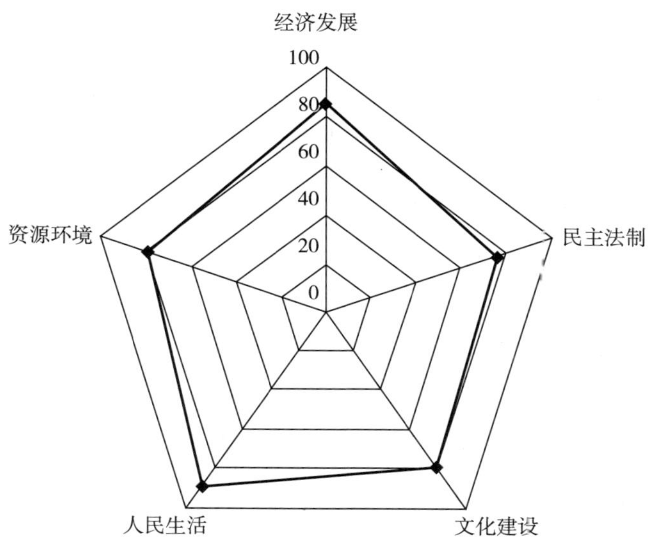

图 12　2016 年青海小康二级指标实现程度雷达示意

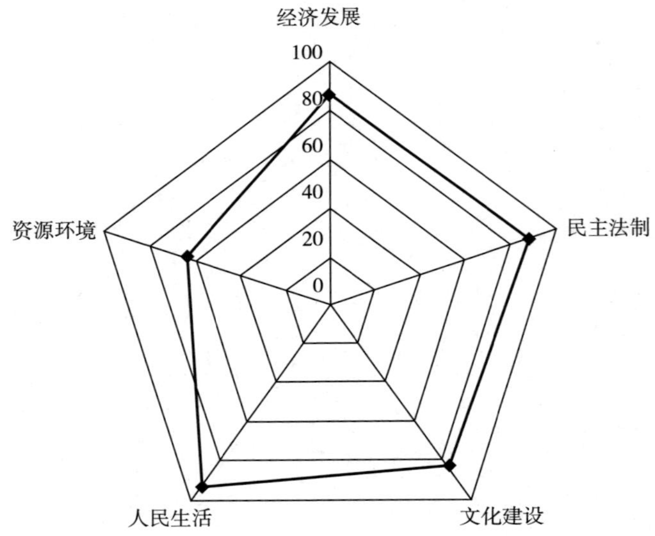

图 13　2016 年宁夏小康二级指标实现程度雷达示意

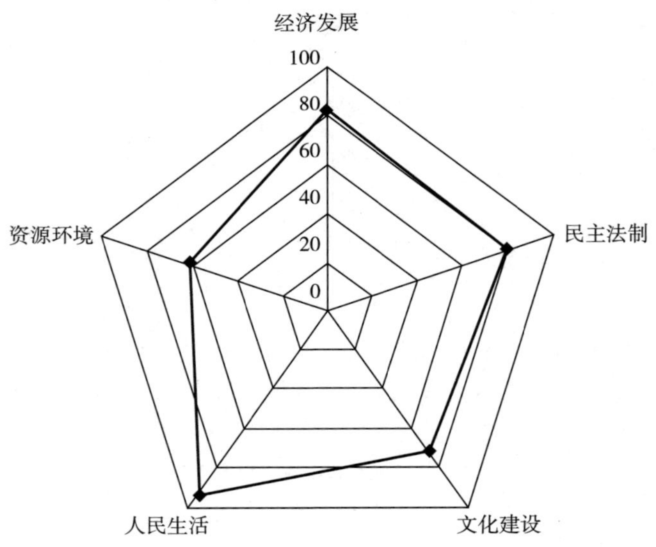

图 14　2016 年新疆小康二级指标实现程度雷达示意

三　西部地区全面建成小康社会进程预测

（一）预测模型选取

本文期望通过 2010～2016 年西部地区全面建成小康社会各项指标的实际情况来预测 2017～2020 年各项指标的实现程度，以揭示未来西部地区全面建成小康社会的发展进程以及与全面小康标准间的动态差距，使用样本量较小且时间短。灰色预测模型（Grey Forecast Model）恰好适用于对时间序列短、统计数据少的样本进行预测。因此，本文选取灰色预测模型 GM（1，1）（Grey Model，一阶一个变量的灰微分方程模型）对未来小康社会的实现程度进行预测。GM（1，1）模型计算过程如下。

设原始序列：

$$X^{(0)} = \{x^{(0)}(1), x^{(0)}(2), x^{(0)}(3), \cdots, x^{(0)}(n)\}$$

对原始序列做一阶累加，生成序列：

$$X^{(1)} = \{x^{(1)}(1), x^{(1)}(2), x^{(1)}(3), \cdots, x^{(1)}(n)\}$$

其中

$$x^{(1)}(k) = \sum_{i=1}^{k} x^{(0)}(i), k = 1,2,\cdots,n$$

利用累加生成数列 $x^{(1)}$ 建立一阶白化微分方程：

$$\frac{dx^{(1)}}{dt} + ax^{(1)} = u$$

通过下式估计参数 $(a,u)^T$：

$$(\hat{a},\hat{u})^T = (B^TB)^{-1}B^TY$$

$$B = \begin{bmatrix} -z^{(1)}(2) & 1 \\ -z^{(1)}(3) & 1 \\ \vdots & \vdots \\ -z^{(1)}(n) & 1 \end{bmatrix}, Y = \begin{bmatrix} x^{(0)}(2) \\ x^{(0)}(3) \\ \vdots \\ x^{(0)}(n) \end{bmatrix}$$

$Z^{(1)} = \{z^{(1)}(2), z^{(1)}(3), \cdots z^{(1)}(n)\}$ 为 $X^{(1)}$ 的紧邻均值生成序列，其中 $z^{(1)}(k)$ 为：

$$z^{(1)}(k) = \frac{1}{2}[x^{(1)}(k) + x^{(1)}(k-1)], k = 2,3,\cdots,n$$

求解白化方程，得到时间响应函数为：

$$x^{(1)}(t) = [x^{(1)}(1) - \frac{u}{a}]e^{-at} + \frac{u}{a}$$

再根据 GM（1，1）的基本形式：

$$x^{(0)}(k) + az^{(1)}(k) = u$$

得灰色预测的离散时间响应序列为：

$$\hat{x}^{(1)}(k+1) = [x^{(0)}(1) - \frac{u}{a}]e^{-ak} + \frac{u}{a}, k = 1,2,\cdots,n$$

从而其预测值为：

$$\hat{x}^{(0)}(k+1) = \hat{x}^{(1)}(k+1) - \hat{x}^{(1)}(k)$$

（二）模型预测结果

1. 经济发展水平预测结果

根据模型预测结果，2017～2020 年，西部地区经济发展指标的实现程度将分别达到 90.81%、92.25%、93.99%、96.05%。2020 年，经济发展衡量的 9 项指标中有 6 项实现程度将达到 100%，分别为人均 GDP（2010 年不变价）、第三产业增加值占 GDP 比重、居民消费支出占 GDP 比重、每万人发明专利拥有量、互联网普及率和农业劳动生产率。未完成的指标中 R&D 经费支出占 GDP 比重实现程度最低，仅为 48.8%（见表 9）。

表 8　西部地区经济发展各项指标 GM（1，l）模型预测结果

指标	2017 年	2018 年	2019 年	2020 年
1. 人均 GDP(2010 年不变价)(元)	45045.94	48532.25	52288.38	57010.22
2. 第三产业增加值占 GDP 比重(%)	47	49	51	53

续表

指标	2017 年	2018 年	2019 年	2020 年
3. 居民消费支出占 GDP 比重(%)	41	43	44	46
4. R&D 经费支出占 GDP 比重(%)	1. 11	1. 15	1. 18	1. 22
5. 每万人发明专利拥有量(件)	4. 86	5. 73	6. 77	8
6. 工业劳动生产率(万元/人)	14. 48	14. 54	14. 59	14. 64
7. 互联网普及率(%)	51	55	58	62
8. 城镇人口比重(%)	53	54	56	58
9. 农业劳动生产率(万元/人)	2. 16	2. 3	2. 45	2. 61

表 9　2017～2020 年西部地区经济发展各项指标预期实现程度

单位：%

类别	2017 年	2018 年	2019 年	2020 年
经济发展实现程度	90. 81	92. 25	93. 99	96. 05
1. 人均 GDP(2010 年不变价)	79. 03	85. 14	91. 73	100. 00
2. 第三产业增加值占 GDP 比重	100. 00	100. 00	100. 00	100. 00
3. 居民消费支出占 GDP 比重	100. 00	100. 00	100. 00	100. 00
4. R&D 经费支出占 GDP 比重	44. 40	46. 00	47. 20	48. 80
5. 每万人发明专利拥有量	100. 00	100. 00	100. 00	100. 00
6. 工业劳动生产率	100. 00	100. 00	100. 00	100. 00
7. 互联网普及率	100. 00	100. 00	100. 00	100. 00
8. 城镇人口比重	88. 33	90. 00	93. 33	96. 67
9. 农业劳动生产率	100. 00	100. 00	100. 00	100. 00

2. 民主法制水平预测结果

根据模型预测结果，2017～2020 年，西部地区民主法制指标的实现程度将分别达到 86. 17%、87. 66%、89. 27%、91. 01%。2020 年，民主法制衡量的 3 项指标均未达到目标值。其中基层民主参选率实现程度最低，为 89. 74%。社会安全指数和每万人拥有律师数实现程度分别为 91. 25% 和 92. 17%（见表 11）。

表 10　西部地区民主法制各项指标 GM（1，1）模型预测结果

指标	2017 年	2018 年	2019 年	2020 年
1. 基层民主参选率(%)	85.29	85.28	85.27	85.25
2. 社会安全指数	89.26	89.92	90.59	91.25
3. 每万人拥有律师数(人)	1.79	1.89	2	2.12

表 11　2017～2020 年西部地区民主法制各项指标预期实现程度

单位：%

类别	2017 年	2018 年	2019 年	2020 年
民主法制指数	86.17	87.66	89.27	91.01
1. 基层民主参选率	89.78	89.77	89.76	89.74
2. 社会安全指数	89.26	89.92	90.59	91.25
3. 每万人拥有律师数	77.83	82.17	86.96	92.17

3. 文化建设水平预测结果

根据模型预测结果，2017～2020 年，西部地区文化建设实现程度将分别达到 85.39%、86.47%、87.56%、88.75%。2020 年，文化建设衡量的 5 项指标中有 3 项实现程度将达到 100%，分别为人均公共文化财政支出、城乡居民文化娱乐服务支出占家庭消费支出比重、每万人拥有“三馆一站”公共文化设施建筑面积。未完成指标中文化产业增加值占 GDP 比重 3.57%，实现程度为 71.4%，有线广播电视入户率仅 45.67%，实现程度为 76.12%（见表 13）。

表 12　西部地区文化建设各项指标 GM（1，1）模型预测结果

指标	2017 年	2018 年	2019 年	2020 年
1. 文化产业增加值占 GDP 比重(%)	3.07	3.23	3.39	3.57
2. 人均公共文化财政支出(元)	284.27	298.88	314.24	330.39
3. 有线广播电视入户率(%)	42.25	43.36	44.50	45.67
4. 每万人拥有“三馆一站”公共文化设施建筑面积(平方米)	774.93	810.12	846.91	885.37
5. 城乡居民文化娱乐服务支出占家庭消费支出比重(%)	7.99	8.10	8.21	8.32

表 13　2017～2020 年西部地区文化建设各项指标预期实现程度

单位：%

类别	2017 年	2018 年	2019 年	2020 年
文化建设实现程度	85.39	86.47	87.56	88.75
1. 文化产业增加值占 GDP 比重	61.40	64.60	67.80	71.40
2. 人均公共文化财政支出	100.00	100.00	100.00	100.00
3. 有线广播电视入户率	70.42	72.27	74.17	76.12
4. 每万人拥有“三馆一站”公共文化设施建筑面积	100.00	100.00	100.00	100.00
5. 城乡居民文化娱乐服务支出占家庭消费支出比重	100.00	100.00	100.00	100.00

4. 人民生活水平预测结果

根据模型预测结果，2017～2020 年，西部地区人民生活实现程度将分别达到92.28%、93.51%、94.67%、95.91%。2020 年，人民生活衡量的 12 项指标中有 8 项实现程度将达到 100%，分别为失业率、城乡居民收入比、恩格尔系数、每千人口拥有执业医师数、城乡居民家庭人均住房面积达标率、基本社会保险覆盖率、农村自来水普及率、农村卫生厕所普及率。公共交通服务指数和平均受教育年限实现程度未超过 90%，分别为 81.5% 和 84.48%（见表 15）。

表 14　西部地区人民生活各项指标 GM（1，1）模型预测结果

指标	2017 年	2018 年	2019 年	2020 年
1. 城乡居民人均收入(2010 年不变价)(元)	17870.64	19419.75	21103.13	22932.44
2. 失业率(%)	3.27	3.24	3.21	3.19
3. 恩格尔系数(%)	29.71	28.22	26.8	25.45
4. 城乡居民收入比(以农为 1)	2.77	2.67	2.58	2.49
5. 城乡居民家庭人均住房面积达标率(%)	101	102	104	106
6. 公共交通服务指数	77.53	78.83	80.16	81.5
7. 平均预期寿命(岁)	73.12	73.17	73.22	73.27
8. 平均受教育年限(年)	8.72	8.77	8.82	8.87
9. 每千人口拥有执业医师数(人)	2.27	2.34	2.42	2.50
10. 基本社会保险覆盖率(%)	112	114	116	118
11. 农村自来水普及率(%)	82.04	84.12	86.25	88.44
12. 农村卫生厕所普及率(%)	0.73	0.76	0.79	0.82

表 15　2017～2020 年西部地区人民生活各项指标预期实现程度

单位：%

类别	2017 年	2018 年	2019 年	2020 年
人民生活实现程度	92.28	93.51	94.67	95.91
1. 城乡居民人均收入(2010 年不变价)	71.48	77.68	84.41	91.73
2. 失业率	100.00	100.00	100.00	100.00
3. 恩格尔系数	100.00	100.00	100.00	100.00
4. 城乡居民收入比	100.00	100.00	100.00	100.00
5. 城乡居民家庭人均住房面积达标率	100.00	100.00	100.00	100.00
6. 公共交通服务指数	77.53	78.83	80.16	81.50
7. 平均预期寿命	96.21	96.28	96.34	96.41
8. 平均受教育年限	83.05	83.52	84.00	84.48
9. 每千人口拥有执业医师数	100.00	100.00	100.00	100.00
10. 基本社会保险覆盖率	100.00	100.00	100.00	100.00
11. 农村自来水普及率	100.00	100.00	100.00	100.00
12. 农村卫生厕所普及率	97.33	100.00	100.00	100.00

5. 资源环境水平预测结果

根据模型预测结果，2017～2020 年，西部地区资源环境实现程度将分别达到85.77%、87.72%、89.74%、91.99%。2020 年，资源环境衡量的6 项指标中有 4 项实现程度将达到 100%，分别为单位 GDP 水耗（2010 年不变价）、环境质量指数、主要污染物排放强度指数和城市生活垃圾无害化处理率。未完成的指标中，单位 GDP 能耗实现程度最低，仅为 68.97%。单位 GDP 建设用地占用面积实现程度较低，为 77.62%（见表 17）。

表 16　西部地区资源环境各项指标 GM（1，l）模型预测结果

指标	2017 年	2018 年	2019 年	2020 年
1. 单位 GDP 能耗(2010 年不变价)(吨标准煤/万元)	1.00	0.95	0.91	0.87
2. 单位 GDP 水耗(2010 年不变价)(立方米/万元)	145.06	132.42	120.89	109.36
3. 单位 GDP 建设用地占用面积(2010 年不变价)(公顷/万元)	84.08	81.76	79.50	77.30
4. 环境质量指数	98.44	98.91	99.39	100.26
5. 主要污染物排放强度指数	141.47	198.20	277.68	389.03
6. 城市生活垃圾无害化处理率(%)	93.44	95.01	96.60	98.23

表 17　2017～2020 年西部地区资源环境各项指标预期实现程度

单位：%

类别	2017 年	2018 年	2019 年	2020 年
资源环境实现程度	85. 77	87. 72	89. 74	91. 99
1. 单位 GDP 能耗(2010 年不变价)	60. 00	63. 16	65. 93	68. 97
2. 单位 GDP 水耗(2010 年不变价)	75. 83	83. 07	90. 99	100. 00
3. 单位 GDP 建设用地占用面积(2010 年不变价)	71. 36	73. 39	75. 47	77. 62
4. 环境质量指数	98. 44	98. 91	99. 39	100. 00
5. 主要污染物排放强度指数	100. 00	100. 00	100. 00	100. 00
6. 城市生活垃圾无害化处理率	100. 00	100. 00	100. 00	100. 00

6. 小康实现程度预测结果

根据 5 项子目标的 GM（1，1）模型预测结果可以计算出 2017～2020 年西部地区小康社会实现程度的预测值分别为 88. 81%、90. 25%、91. 77%、93. 47%（见表 18）。35 项实际测算的指标中，100% 实现的有 22 个，实现程度在 90%～100% 的有 5 个，80%～90% 的有 3 个，70%～80% 的有 3 个，70% 以下的有 2 个。

表 18　2017～2020 年西部地区小康实现程度预测结果

单位：%

类别	2017 年	2018 年	2019 年	2020 年
经济发展	90. 81	92. 25	93. 99	96. 05
民主法制	86. 17	87. 66	89. 27	91. 01
文化建设	85. 39	86. 47	87. 56	88. 75
人民生活	92. 28	93. 51	94. 67	95. 91
资源环境	85. 77	87. 72	89. 74	91. 99
小康实现程度	88. 81	90. 25	91. 77	93. 47

四　预测结果与目标差距分析

根据以上预测结果可以看出，按照当前的发展速度，2020 年西部地区小康实现程度将达到 93. 47%，距离全面实现小康社会的目标值 6. 53 个百分点。

五大方面的实现程度与全面建成小康的目标间差距由大到小分别为文化建设、民主法制、资源环境、经济发展、人民生活。

（一）经济发展指标预测结果与目标差距分析

从总体分析看，2020 年经济发展实现程度预测值为 96.05%，距离 100% 的目标值相差 3.95 个百分点。从单指标分析看，差距主要体现在：R&D 经费支出占 GDP 比重和城镇人口比重。

1. R&D 经费支出占 GDP 比重

2020 年 R&D 经费支出占 GDP 比重预测值达 1.22%，距离 2.5% 的目标值仍有 1.28 个百分点，实现程度仅为 48.8%，距离目标值相差 51.2%，是所有指标中实现程度最低的。为在 2020 年达成目标，年均增长率需从 2.29% 提升到 23.35%。

2. 城镇人口比重

2020 年城镇人口比重预测将达 58%，与目标值 60% 相差 2 个百分点，实现程度达 96.67%，接近 100%。年均增长率达到 3.64% 方可在 2020 年实现目标。

（二）民主法制指标预测结果与目标差距分析

从总体分析看 2020 年民主法制实现程度预测值为 91.01%，距离 100% 的目标值相差 8.99 个百分点。从单指标分析看差距主要体现在：基层民主参选率、社会安全指数以及每万人拥有律师数。

1. 基层民主参选率

2020 年基层民主参选率预测值达 85.25%，与 95% 的目标值相差 9.75 个百分点。实现程度为 89.74%，距离 100% 实现值 10.26 个百分点。2010 ~ 2016 年实际增长率为 0.34%。为在 2020 年顺利实现目标值，年均增长率应达到 2.69%。

2. 社会安全指数

2020 年社会安全指数预测值为 91.25，距 100% 实现相差 8.75 个百分点。为保证 2020 年达成目标，年均增长率应从 2010 ~ 2016 年的 0.42% 增加到 3.06%。

3. 每万人拥有律师数

根据预测结果，每万人拥有律师数在2020年将达2.12人，距2.3人的目标值0.18人，实现程度92.17%，距离100%实现还差7.83个百分点。为保证2020年实现目标，从2017年起，应保持0.16人的年均增长。

（三）文化建设指标预测结果与目标差距分析

从总体分析看2020年文化建设实现程度预测值达88.75%，距100%的目标值仍差11.25个百分点。从单指标分析看差距主要体现在：文化产业增加值占GDP比重以及有线广播电视入户率。

1. 文化产业增加值占GDP比重

2020年文化产业增加值占GDP比重预测将达3.57%，与5%的目标值相差1.43个百分点。实现程度为71.4%，与目标相差28.6个百分点。年均增长率只有从6.03%提升到14.1%才能达到目标。

2. 有线广播电视入户率

根据预测结果，有线广播电视入户率在2020年达45.67%，与60%的目标值相差14.33个百分点，实现程度76.12%，距离全面实现目标23.88个百分点。2010~2016年西部地区有线广播电视入户率年均增长率仅为0.38%，年平均增长率需达12.85%才能在2020年达成目标。

（四）人民生活指标预测结果与目标差距分析

从总体分析看2020年人民生活实现程度预测值为95.91%，与100%的目标值相差4.09个百分点。从单指标分析看差距主要体现在：城乡居民人均收入、公共交通服务指数、平均预期寿命以及平均受教育年限。

1. 城乡居民人均收入

2020年，西部地区城乡居民人均收入水平将达到22932.44元，距离25000元的目标值相差2067.56元，实现程度达91.73%，与全面实现目标相差8.27个百分点。2017~2020年，年均增长率需达到11.08%才能实现目标。

2. 公共交通服务指数

2020年西部地区公共交通服务指数预测值达81.5%，实现程度与100%的目标值相差18.5个百分点。年均增长速度从2010~2016年间的3.91%提高到

7.11%才可实现目标。

3. 平均预期寿命

2020年预测平均预期寿命距离76岁的目标值2.73岁，实现程度为96.41%，距100%实现目标值差3.59个百分点。为达成目标，年均需增加0.73岁。

4. 平均受教育年限

2020年预测平均受教育年限为8.87年，距10.5年的目标值差1.63年，实现程度与目标相差15.52个百分点。2017～2020年，年均增加0.46年即可实现目标。

（五）资源环境指标预测结果与目标差距分析

从总体分析看2020年资源环境实现程度预测值为91.99%，距离100%的目标值差8.01个百分点。从单指标分析看差距主要体现在：单位GDP能耗和单位GDP建设用地占用面积。

1. 单位GDP能耗

2020年单位GDP能耗预期将达到0.87吨标准煤/万元，仍需降低0.27单位才能达到0.60吨标准煤/万元的目标值。实现程度68.97%，与100%实现目标值差31.03个百分点。为达成目标，2017～2020年均需降低0.11吨标准煤/万元。

2. 单位GDP建设用地占用面积

单位GDP建设用地占用面积预测值为77.3公顷/万元，高出目标值17.3个单位，实现程度77.62%，距100%实现目标值差22.38个百分点。2017～2020年平均减少6.48单位才能在2020年实现60公顷/万元的目标。

五　新时代西部地区全面建成小康社会的对策建议

（一）全面实现经济发展目标的对策建议

1. 加大R&D经费投入力度

R&D经费支出占GDP比重是西部地区全面建设小康社会实现程度最低的

指标。经测算，2020 年 R&D 经费支出须达到 5000 亿元才能实现目标，2016 年西部地区 R&D 经费支出仅 1694 亿元，2017～2020 年需增加 3306 亿元，可见其任重道远。R&D 投入是支持科技活动开展的投入，其活动主体包括：政府、企业、高校及科研院所，加大 R&D 投入需三方面进行共同努力。政府部门应发挥带头作用，明确规定各级财政每年 R&D 经费占财政预算的比重；企业作为 R&D 投入主体，需依靠政府有关激励政策，自觉加大 R&D 投入，加强创新能力，提高企业竞争力，从而增加 R&D 经费投入力度，形成良性循环；高校及科研院所应加强与企业和政府间的产学研合作，以 R&D 活动研究成果产生的经济效益和社会效益激励高校及科研院所加强 R&D 投入力度。

2. 提高城镇人口比重

城镇人口比重是衡量国家经济发展水平的重要指标。2016 年全国城镇人口比重为 57.35%，西部地区 12 个省（市、自治区）中仅内蒙古和重庆的城镇人口比重超过了全国平均水平。西部地区的少数民族人口总量占全国 80% 以上，民族人口集中在西部偏远农村地区，农业生产技术落后，农业生产效率低下，成为制约西部农村人口向城镇人口转移的主要原因。为提高西部地区城镇人口比重，首先应提高农业劳动生产率，同时加快第二、第三产业，尤其是第三产业发展，以吸纳农村劳动人口向城镇转移；健全如放宽落户条件、简化落户手续、申请住房保障等制度体系，疏通农村人口转变为城镇人口的阻碍。

（二）全面实现民主法制建设目标的对策建议

1. 加强基层民主参选率

加强法制宣传力度，尤其是像宁夏、西藏、广西等少数民族地区，积极引导居民参与各项基层民主自治活动；建立健全村级民主自治机制，规范化村级自治程序；落实民主决策和民主管理制度，充分发挥村（居）民会议及代表会议的议决功能。

2. 加快律师队伍建设

律师队伍建设一是培养，二是引进。培养方面需规范律师执业资格考试，为律师业的建设和发展营造良好的环境。加大律师行业整合力度，提升规模、塑造品牌，建立律师实习补贴等激励制度；引进方面，通过制定优惠的政策，吸引优秀法律人才入驻西部。

（三）全面实现文化建设目标的对策建议

文化产业建设方面主要是文化产业增加值占 GDP 比重指标不达标。经测算，2017～2020 年文化产业增加值占 GDP 比重年均增长率需从 6.03% 提升到 14.1% 才能达到目标值。为顺利实现目标，应从以下几方面增大文化产业增加值。以文化企业为主体，充分调动社会资源，加快建设一批具有重大示范效应和产业拉动作用的文化产业项目；以文化创意、影视制作、演艺娱乐、文化会展等产业为重点，完善产业政策体系，加大扶持力度；扩大文化消费。开发与文化结合的服务性消费，带动相关产业发展。加大文化产品和服务创新力度，培育新的文化产业增长点；依托“一带一路”建设，扩大文化产业国际合作，扶持具有民族特色的文化艺术、展览、电影、电视剧、动画片、出版物等产品和服务的出口。

（四）全面实现人民生活目标的对策建议

1. 增加城乡居民收入

2016 年西部地区城乡居民人均收入达 16423 元，比全国城乡居民人均收入低 7397 元。为增加城乡居民收入，一要加大对农业的补贴和对农村基础设施建设的投入，推进土地确权登记、土地流转，促进土地增值，提高农业劳动生产效率，提高农村居民收入水平；二要着重发展县域经济，以三产转移升级为抓手，实施差异化政策，发挥县域禀赋资源优势，推动县域经济发展，提高城镇居民收入水平；三要通过提高退休职工的收入水平，完善最低生活保障制度等，为中低收入群体收入增长提供有力保障。

2. 优化提升公共交通服务

公共交通服务指数由城镇居民每万人口拥有公共交通车辆总数和行政村客运班车通达率构成。为提升公共交通服务指数，应合理增加西部各地区，尤其是西藏、青海、宁夏等的公交车、出租车数量，加快推进轨道交通建设；完善农村客运基础设施建设。对西部地区未通客运班车行政村公路现状进行摸查，完善未通客运班车行政村农村公路改扩建；创新发展农村客运经营模式。

3. 强化对教育事业的支持力度

平均受教育年限指 6 岁及以上人口平均接受教育的年数，受教育程度包括小学、初中、高中和中专、大学专科及以上。2020 年预测平均受教育年限为 8.87 年，距 10.5 年的目标值仍有 1.63 年的差距。为使 2020 年目标能顺利实现，应在普及和巩固九年制义务教育的基础上加快推行十二年义务教育的步伐，增加小学、初中、高中教育程度人数；通过利用网络教育资源，开展网络中专（高中）教育。以适度扩大地方普通高等教育规模等方式增加大学专科及以上教育程度人数。

（五）全面实现资源环境目标的对策建议

1. 降低单位 GDP 能耗

根据预测结果，2020 年西部地区单位 GDP 能耗比目标值高出 0.27 个单位。2016 年全国单位 GDP 能耗最高的十个省份中，西部地区占了 7 个。单位 GDP 能耗过高反映出西部地区以高能源消耗为代价的粗放型经济增长方式。为降低单位 GDP 能耗，首先落实可持续发展战略，转变经济增长方式，变粗放型经济增长方式为集约型经济增长方式，提高资源利用效率，从而减少能源消耗量；树立和践行绿水青山就是金山银山的理念，将绿色 GDP 纳入经济发展考核指标，发展低碳经济；对于能源消耗程度高的企业，采取征收高税收或加大罚款力度等措施促使企业降低能源消耗水平。同时，对能源消耗水平低的企业给予适当的税收优惠。

2. 减少单位 GDP 建设用地占用面积

2020 年单位 GDP 建设用地占用面积预测值为 77.3 公顷/万元，超出 60 公顷/万元的目标值 17.3 个单位，2017～2020 年年均需减少 4.32% 才能达成目标。为此，西部各地区应严格管控建设用地的总量。通过控制总量来倒逼建设用地利用效率增加；盘活存量建设用地，加快闲置土地利用；推广空间立体开发、土地复合利用等，增加用地的科技水平，提高用地的利用率。

Abstract

Western Blue Book: *Report on Economic Development in Western Region of China* is a research report published by Social Science Academic Press (China), Written by experts and scholars who are researching the economic development of western region and organized by Centre for Studies of China Western Economic Development of Northwest University, one of Ministry of Education. The book has been recognized as major landmark of philosophy and social sciences by Ministry of Education during the 10th Five-Year Plan period and published yearly since2005.

Since the 18th National Congressof the Communist Party of China, the Western Region has made great progress in innovative development, coordinated development, green development, open development and shared development. It is emphasized in the reports of the 18th National Congress of the CPCthat China's economy has been transitioning from a phase of rapid growth to astage of high quality development. The Central Economic Work Conference also indicated that China's economic development has entered a new era. Therefore, the core mission that both for now and for quite a long time to come of the Western Region is to promote the high-quality development and deliver on the two centenary goals. In this connection, the theme of the *Report on Economic Development in Western Region of China (2018)* is the high-quality development in western region.

Report on Economic Development in Western Region of China (2018) consists of eight parts: General Report, High-quality Development of Economy, High-quality Development of Society, High-quality Development of Innovation, High-quality Development of Coordination, High-quality Green Development, High-quality Open Development and High-quality Shared Development. The General Report analyzed the major accomplishments and weaknesses of the economic and social development, evaluated the development in the past 5 years based on the "five development concepts". In addition, suggestions for promoting high quality development in western region is also made in this part. Economic High-quality

Development takes the quality of economic development as the core, analyzing and studying the path of transforming growth model, improving economic structure, and fostering new drivers of growth and developing a modernized economy of western region from aspects of Western economic development quality, industrial development quality and financial quality. Social High-quality development discussed the high-quality development of society in western region based on the evolution of the principal contradiction facing Western society and provides some policy suggestions. Innovative High-quality development puts emphasis on analysis of innovation ability, competitiveness of strategic emerging industries, contribution rate of higher education on scientific and technological innovation and offers policy proposals as well. Coordinated development in Western, Eastern, Southern and Northeast Region was evaluated objectively, based on " coordination " . Green development estimated the status of green development in Western and Northwestern regions on the subject of Developing an Ecological Civilization and Building a Beautiful Westward according to the characteristics of the resources and environment in the western region. Based on the characteristics of the open development of western region under the Belt and Road Initiative, High-quality Open Development studied the innovation path of open development in western area from the perspective of foreign trade. In order to explore solutions for enjoying the gains of socialist development benefit better and enhancing sense of fulfillment as people contribute to and gain from development, High-quality Shared Development analyzed the targeted poverty reduction and the building of a moderately prosperous society in all respects systematically.

Keywords: New Era the Western Region; High Quality;

Contents

Ⅰ General Report

Abstract: Since the beginning of the new era, the western region has ushered in a great development through the "One Belt and One Road" east wind, and the economic growth rate has remained a leading position in all major regions. Based on the basic connotation of the "Five Development Ideas", this paper first analyzes the major achievements in economic and social development since the beginning of the new era in the western region and highlights shortcomings. Second, it constructs the economic development quality evaluation index system from the five parts of innovation, coordination, green, openness, and sharing. Analyzing the development of economic and social development in the western region in the past five years based on the "five development concepts", and finally provide a path and policy recommendations for the western region to seek high quality development.

Keywords: Five Development Concepts; Economic Development Quality Evaluation Index System; High Quality Development

Ⅱ High Quality Economic Development

Abstract: Solving the problem of regional unbalance is an important part of

China's economic development in the new era. In order to further form a new pattern of high quality development in the western region, this paper constructs the quality evaluation system of economic development based on the definition of the theory and practice of the economic development quality with analytical framework of the economic development quality, and uses the principal component analysis method to measure and evaluate the quality of economic development in western region from 2000 to 2016. The results show that: The overall index of the economic development quality of the western region is unstable and low and fluctuating as a "N" type. And the quality of economic development in the regions is badly differentiated in the regional level. Besides, the linkage mechanism of regional coordinated development has not been established. Therefore, this paper puts forward a feasible path to promote the development of high quality in western regions from the aspects of improving the innovation mechanism, optimizing the industrial structure, improving the efficiency of resource allocation, improving the foundation of happiness and reducing the economic gap.

Keywords: Quality of Economic Development; Growth Momentum; Economic Structure

Abstract: In the new era, the development of industrial quality has become the direction of industrial development in the western region of China. From the perspective of the quantity, quality and coordination degree of industrial growth in the western region, this paper sets up an index system to measure the growth of industrial quantity, the quality development and its coordination degree, measure the quantity growth, the quality development and the coordination degree of the industry in the western region. It is pointed out that the fluctuation of industrial development quality and the limited extent of promotion are important issues in the development of the western region's industries. They are also the key reasons that restrict the coordinated development of the quantity and quality of industries in the western region. Therefore, the realization of the high quality development of industry has become the direction of industrial development in the western region. Then, the factors and routes to improve the quality of industrial development and the direction of furthering the "Belt and Road" in the western region are analyzed.

Keywords: Western regions of China; Quality of Industrial Development; Coordination Degree of Industrial Development

Abstract: This report makes a comprehensive evaluation and analysis of the financial development quality of the western region from 2006 to 2016 through the construction of the evaluation index system of the financial development quality including financial scale, financial structure, financial efficiency, financial function and financial conservatism, and uses entropy method to analyze the quality of financial development in the western region of China in the period of 2006 to 2016, and finds that in this period, the western region finance has been found. The quality of the industry has been steadily improved, but this promotion depends more on the expansion of the scale of the financial industry, and there are still many shortcomings in the financial function, financial efficiency and financial structure. The quality of the financial development in the western provinces is different, both in general and in various dimensions. There is a short board factor that restricts the quality of financial development. Based on this, the report puts forward policy recommendations to improve the quality of financial development in the western region.

Keywords: Western Region; Financial Development; Quality Evaluation

Ⅲ High Quality Development of Society

B. 5 High Quality Development of National Lives in Western Region in New era.

Guo Han / 091

Abstract: This report studies the conceptual framework and connotative characteristics of the people's quality of life in the new era, and uses the fuzzy comprehensive evaluation method based on AHP to evaluate the high quality development of the people's life in the western region of the 2010 – 2016 years, and further analyses the time series and regional differences. It is found that the quality of life of the western region has been greatly improved since 2010, especially since 2012. The improvement of living standard and living facilities is higher than that of living environment and living conditions. However, there is a big gap between the provinces in the western region in terms of quality of life. The difference of economic development level is the key factor affecting the difference of quality of life. Therefore, improving the living environment and living conditions and narrowing the gap of regional development is the policy implication of this research conclusion.

Keywords: New Era; Quality of Life; High Quality Development; Western Region

B. 6 Demand for High Quality: Research and Evaluation on Social Development in Western Region in New era.

Hou Bin, *Mo Sifan* / 106

Abstract: In the past four decades of reform and opening up, China's demand for development has shifted from high-speed growth to a new era of high-quality development. Based on the present situation and opportunity of social development in the western region, this paper establishes an evaluation index system that includes innovation level, ecological benefit, openness degree, people's livelihood and coordination degree, and then comprehensively evaluates and analyzes the social development quality in the western region by establishing the internal logic of "high quality demand of new era—new development concept—western social development quality evaluation index system" Adopt principal component analysis (pca) of 9 provinces from 2010 to 2016 in western social development quality comprehensive score and ranking, and review according to the results of the research and planning countermeasures and suggestions of improving the quality of social development.

Keywords: New Era; the West Area; Social Development; High Quality

Ⅳ High Quality Development of Innovation

Abstract: The innovation and development of western region depends on the improvement of innovation ability of western region. On the basis of containing 22 subdivision index in building the evaluation index system of regional innovation ability, utilize factor analysis method to evaluate and compare innovative ability of China's 31 provinces and regions in 2015, at the same time to evaluate strategic emerging industry competitiveness of 29 provinces and regions in 2015. Results show that innovation ability of western region as a whole is obviously on the low side, there is significant difference in innovation ability between various provinces of western region, it is urgent to improve the level of enterprise innovation to promote innovation ability of western region. Governments should increase investment in research and development of western region, implement differentiation innovation support policy, attract high-tech enterprises to settle in western region, strengthen the effect of demonstration and radiation of the superior enterprises, promote enterprise innovation ability to ascend.

Keywords: Western Region; Innovation Ability; Strategic Emerging Industry; Factor Analysis

Abstract: Using the method of qualitative and quantitative analysis, this paper constructs the index system of Shaanxi Higher Education's contribution rate to science and technology innovation on the basis of systematically combing the mechanism of the contribution of higher education to science and technology innovation, and analyzes the contribution level of Shaanxi higher education to science and technology innovation in 2006 – 2015 years. The results show that the contribution level of Shaanxi higher education to scientific and technological innovation is generally low and declining. Furthermore, it is concluded that the main reasons for the low contribution of Shaanxi higher education are the insufficient investment in science and technology, the shortage of scientific and technological manpower and the low market transformation level of scientific research. Put forward to increase the investment of science and technology funds in universities, establish the long-term mechanism of scientific and technological funds input, strengthen the introduction and training of science and technology talents in universities, establish the talent cultivation mechanism of "local cultivation + external introduction", improve the policy environment of market transformation, and set up the mechanism of scientific and technological achievements.

Keywords: Shanxi; Higher Education; Scientific and Technological Innovation; Contribution Rate

V High Quality Development of Coordination

Abstract: The high quality of the West China development is bound to proceed with the coordinated development of regions. The coordinated development of western region means the coordination of development quality and speed in the western region, coordinated development of the western region and other three major regions, coordination of development process among provinces and cities in the western region, coordinated development of urban and rural areas in the western region, coordination of industrial structure in the western region, coordination of economic development and ecological environment in the western region, coordination of education, social security and other aspects in the western region. In recent years, great achievements have been made in many aspects of development in the western region, and the integral economic development capability has been significantly enhanced. With the construction of infrastructure and the improvement of modern network systems, the market liquidity in the western region has been remarkably strengthen, and the process of regional integration and economic transition has been constantly acceleratea. However, there are so many problems in the coordinated development of the western region. There are still some obstacles in the development of provinces and cities, urban and rural development and industrial development. The relevant laws and regulations also need to be further improved. The integral coordinated development process in the western region is affected by factors such as geographical environment, human resources, level of technological development, and capital markets and so on. Therefore, it is necessary to adopt relevant policies to eliminate development barriers and improve drawbacks to promote high-quality development in all field, including the development strategy of the "Belt and Road Initiative" and the Yangtze River Economic Belt, they will increase the opening of the western region and promote the coordinated development of West China. Western provinces have also continuously issued relevant policies to promote the development of the region and gradually narrow the development gap between regions of the West China.

Keywords: West China; Coordinated Development; High Quality Development

B. 10 Coordinated Development of Economy and Society in Western Region in New era. *Zhang Li* / 194

Abstract: In this article, we construct a index system of economic development and a index system of society development, and we use principal analysis method to construct the index of economic development and society development respectively. Based on the index, we propose the coordinated development model to evaluate the development of economy and society. The results of year 2016 indicate that the coordination degree relatively large in Western-China, regional difference is obvious, the coordination degree is low in general, and society development is lower than economic development on average.

Keywords: Economic Development; Society Development; Coordinated Development Model

Ⅵ High Quality Green Development

Abstract: Green development of western China is important to China's green growth strategy. In order to grasp the green development of western area systemically, the Factor Analysis has been used to clarify the level of green development in western region. The results shows that the green development in the southwest is better than that in the northwest and the disproportion of green development among four aspects is evident. Therefore, some proposals about how to realize green development in western China based on the factors that are associated with green growth has also been proposed.

Keywords: Western China; Green Development; Factor Analysis

Abstract: The measurement of sustainable development capacity in Northwest

China is an important issue. Based on the theory of ecological footprint, this paper calculates the per capita ecological deficit and water deficit in Northwest China for 2012 – 2016 years. The mean value of the former is 2.09hm^2/cap and the mean value of the latter is 0.92hm^2/cap. The deficit of ecological resources and water resources in Northwest China indicates that people's demand for resources exceeds the supply of the resources. Then this paper evaluates the economic sustainable development capacity of Northwest China with the per capita ecological deficit, the ecological footprint for ten thousand Yuan GDP and the ecological footprint diversity index. The results show that the ecological footprint for ten thousand Yuan GDP in Northwest China has increased by 2.76%, and the ecological footprint diversity index is reduced by 4.88%. This shows that the utilization efficiency of the resources in Northwest China is decreasing. The stability of the economic ecosystem is weakening. This paper argues that the capacity of sustainable development of the northwest area is facing severe challenges, and the overload of the ecological environment has become an obstacle to sustainable development.

Keywords: Ecological Footprint; Water Footprint; Sustainable Development Capacity; Western Region

Ⅶ High Quality Open Development

Abstract: A comprehensive review on the opening situation of provinces in the western part of China in 2017 is done from the points of opening, foreign trade and demonstration models. In terms of opening to outside world, the degree of opening in these provinces varies, especially in the development of high-tech industry; with the launching and development of "the Road and the Belt" initiative, all the provinces' opening to the related countries have achieved good effects. Although the foreign trade in these provinces shows good trend, there do exist some blank markets along the Road and the Belt; when the export product category is concerned, few covers high-tech products, but compared with the central and eartern part of China, the cultural and creative products show good export status. The demonstration projects have all contributed well to the local economy. Hence, it is proposed that the western part of China should focus on bettering the opening to the outside world, in order to contribute the overall high-quality economy development in China.

Keywords: Western Part of China; Opening; Foreign Trade; High-level; High-quality

B. 14 Study on the New System of Opening up in Western China under the Background of the Belt and Road Initiative.

Ma Lili, Cheng Rui, Chen Xuan and Yang Haotian / 273

Abstract: At present, the construction of socialism with Chinese characteristics has entered a new era. The transformation of economic system and national governance system to modernization has provided new opportunities for the development and opening up of the western region with long competitive disadvantage. Based on the analysis of modular networking mechanism, this paper points out that scale expansion and division of labor is a feasible path to achieve independent transformation and upgrading. Agglomeration of large-scale homogeneous and heterogeneous consumption demand is the key to drive module networking. Therefore, the western region should fully docking external environment, to gather to promote transformation, guided by the "transformation-open" synergy principle, driver module network new development mechanism, on the basis of public differences, public governance mechanism to create a hierarchical network structure, the whole process of the development of customized open services, to explore the construction of the whole process of development open a new system. This study is of great practical significance to realize the transformation and development of the inland region of the western region and to promote the transformation and strategic transformation of the country.

Keywords: Network of Modules; Transformation-open Cooperation Principle; Hierarchical Network Public Governance; Full Process Service

Ⅶ High Quality Shared Development

B. 15 Shared Development of Western Region in New era.

Han Haiyan / 289

Abstract: As underdeveloped regions of China, the western regions have made a rapid growth under the pressure of the economic downturn for the recent years. While it is still the investment driven economic development mode, which can't adapt to the requirements of the new era of economic development. In the new era, to improve the quality of economic growth as the main purpose of development, to take innovation as the main driving force, the western regions should catch the opportunity of "the internet" and "the internet of things" to bring the new economic mode. It has some suggestions to change the thoughts of local government, to increase the construction of internet infrastructure, to speed up the training and attract related personnel, and to promote the upgrading of industrial structure by the "internet plus agriculture" and "internet plus travel" in order to change the past with resource consumption and investment based extensive economic development. Under this way, it should encourage more workers to participate in the process of economic development to better realize the sharing of development.

Keywords: Western Region; Shared Development; Internet; Internet of Things; Innovation

B. 16 Achievements, Difficulties and the Policy Orientation in Targeted Poverty Alleviation in Western Region in New era.

Wu Fenghua, *Cui Haobo* / 311

Abstract: The western region has become a key area for poverty reduction in China due to its large poor population, high incidence of poverty, and high proportion of deep poverty. Since The 18th national congress of the communist party of China, the western region has shown good results in alleviating and eliminating poverty with the impetus of the targeted poverty alleviation strategy, whether in the whole or at the individual level. The common problems are faced by targeted poverty alleviation, such as difficulty for deep poverty people out of poverty, errors of poor household identification, poverty returning, and lack of poverty governance capacity, are particularly outstanding in the west. County in the western region to play the core role in poverty alleviation, accurately crack depth of poverty in the west, stimulate endogenous dynamic of western people, and enhance the capacity of the grassroots governance have become the focus of promoting targeted poverty alleviation further in the new era.

Keywords: Targeted Poverty Alleviation; Western Region; Deep Poverty; the New Era; Relocation of Emigration

Abstract: By 2020, whether the western region can achieve the goal of building moderately prosperous society is an important issue of concern to the government. Therefore, this paper first introduces the national statistical monitoring index system on building moderately prosperous society and the target value. According to the target value of the index system, this paper studies the realization degree of each index in the western region from 2010 to 2016, predicts the realization degree of each index in the western region in 2020 by the grey forecast model, analyzes the gap between the predicted value and the target value. Finally, the paper puts forward the corresponding countermeasures and suggestions for the large gap index.

Keywords: Western Region; Building Moderately Prosperous Society; Gray Forecast Model

✤ 皮书起源 ✤

“皮书”起源于十七、十八世纪的英国，主要指官方或社会组织正式发表的重要文件或报告，多以“白皮书”命名。在中国，“皮书”这一概念被社会广泛接受，并被成功运作、发展成为一种全新的出版形态，则源于中国社会科学院社会科学文献出版社。

✤ 皮书定义 ✤

皮书是对中国与世界发展状况和热点问题进行年度监测，以专业的角度、专家的视野和实证研究方法，针对某一领域或区域现状与发展态势展开分析和预测，具备原创性、实证性、专业性、连续性、前沿性、时效性等特点的公开出版物，由一系列权威研究报告组成。

✤ 皮书作者 ✤

皮书系列的作者以中国社会科学院、著名高校、地方社会科学院的研究人员为主，多为国内一流研究机构的权威专家学者，他们的看法和观点代表了学界对中国与世界的现实和未来最高水平的解读与分析。

✤ 皮书荣誉 ✤

皮书系列已成为社会科学文献出版社的著名图书品牌和中国社会科学院的知名学术品牌。2016 年，皮书系列正式列入“十三五”国家重点出版规划项目；2013~2018 年，重点皮书列入中国社会科学院承担的国家哲学社会科学创新工程项目；2018 年，59 种院外皮书使用“中国社会科学院创新工程学术出版项目”标识。

中国皮书网

（网址：www.pishu.cn）

发布皮书研创资讯，传播皮书精彩内容
引领皮书出版潮流，打造皮书服务平台

栏目设置

关于皮书：何谓皮书、皮书分类、皮书大事记、皮书荣誉、
皮书出版第一人、皮书编辑部

最新资讯：通知公告、新闻动态、媒体聚焦、网站专题、视频直播、下载专区

皮书研创：皮书规范、皮书选题、皮书出版、皮书研究、研创团队

皮书评奖评价：指标体系、皮书评价、皮书评奖

互动专区：皮书说、社科数托邦、皮书微博、留言板

所获荣誉

2008 年、2011 年，中国皮书网均在全国新闻出版业网站荣誉评选中获得“最具商业价值网站”称号；

2012 年，获得“出版业网站百强”称号。

网库合一

2014 年，中国皮书网与皮书数据库端口合一，实现资源共享。

基本子库

SUB DATABASE

中国社会发展数据库（下设 12 个子库）

全面整合国内外中国社会发展研究成果，汇聚独家统计数据、深度分析报告，涉及社会、人口、政治、教育、法律等 12 个领域，为了解中国社会发展动态、跟踪社会核心热点、分析社会发展趋势提供一站式资源搜索和数据分析与挖掘服务。

中国经济发展数据库（下设 12 个子库）

基于"皮书系列"中涉及中国经济发展的研究资料构建，内容涵盖宏观经济、农业经济、工业经济、产业经济等 12 个重点经济领域，为实时掌控经济运行态势、把握经济发展规律、洞察经济形势、进行经济决策提供参考和依据。

中国行业发展数据库（下设 17 个子库）

以中国国民经济行业分类为依据，覆盖金融业、旅游、医疗卫生、交通运输、能源矿产等 100 多个行业，跟踪分析国民经济相关行业市场运行状况和政策导向，汇集行业发展前沿资讯，为投资、从业及各种经济决策提供理论基础和实践指导。

中国区域发展数据库（下设 6 个子库）

对中国特定区域内的经济、社会、文化等领域现状与发展情况进行深度分析和预测，研究层级至县及县以下行政区，涉及地区、区域经济体、城市、农村等不同维度。为地方经济社会宏观态势研究、发展经验研究、案例分析提供数据服务。

中国文化传媒数据库（下设 18 个子库）

汇聚文化传媒领域专家观点、热点资讯，梳理国内外中国文化发展相关学术研究成果、一手统计数据，涵盖文化产业、新闻传播、电影娱乐、文学艺术、群众文化等 18 个重点研究领域。为文化传媒研究提供相关数据、研究报告和综合分析服务。

世界经济与国际关系数据库（下设 6 个子库）

立足"皮书系列"世界经济、国际关系相关学术资源，整合世界经济、国际政治、世界文化与科技、全球性问题、国际组织与国际法、区域研究 6 大领域研究成果，为世界经济与国际关系研究提供全方位数据分析，为决策和形势研判提供参考。

法律声明